Collana dell'Unione Femminile Nazionale

3

Paola Stelliferi

Tullia Romagnoli Carettoni nell'Italia repubblicana

Una biografia politica

viella

Prima edizione: ottobre 2022
ISBN 979-12-5469-086-4

Le opere pubblicate in questa collana sono sottoposte a *peer review*.

STELLIFERI, Paola
Tullia Romagnoli Carettoni nell'Italia repubblicana : una biografia politica / Paola Stelliferi. - Roma : Viella, 2022. - 278 p., [4] c. di tav. : ill. ; 21 cm. (Collana dell'Unione femminile nazionale ; 3)
Indice dei nomi: p. [271]-278
ISBN 979-12-5469-086-4
1. Carrettoni Romagnoli, Tullia <1918- > 2. Donne politiche italiane - Sec. 20.-21.
945.092092 (DDC 23.ed) Scheda bibliografica: Biblioteca Fondazione Bruno Kessler

viella
libreria editrice
via delle Alpi, 32
I-00198 ROMA
tel. 06 84 17 758
fax 06 85 35 39 60
www.viella.it

Unione Femminile Nazionale
Corso di Porta Nuova, 32
20121 Milano
tel. 02 6599190
unionefemminile.it

Indice

Abbreviazioni

AAMOD	Archivio audiovisivo del movimento operaio e democratico di Roma.
ACS, Nenni	Archivio centrale dello Stato di Roma, Archivio Pietro Nenni.
ACS, Ricompart	Archivio centrale dello Stato di Roma, Archivio per il servizio riconoscimento qualifiche e per le ricompense ai partigiani.
ACS, Sinistra indipendente	Archivio centrale dello Stato di Roma, Gruppo Sinistra indipendente, Senato.
ACUDI, Cronologico	Archivio centrale Unione donne italiane (Roma), Archivio cronologico 1943-1980.
ACUDI, Dnm	Archivio centrale Unione donne italiane (Roma), Archivio tematico Donne nel mondo.
ACUDI, Scuola	Archivio centrale Unione donne italiane (Roma), Archivio tematico Scuola.
AUFN, TRC/I	Archivio dell'Unione femminile nazionale di Milano, Archivio Tullia Romagnoli Carettoni 1932-2002, Fondo Carettoni I.
AUFN, TRC/II	Archivio dell'Unione femminile nazionale di Milano, Archivio Tullia Romagnoli Carettoni 1932-2002, Fondo Carettoni II.
AFB, Fondo Basso	Archivio storico della Fondazione Lelio e Lisli Basso di Roma, Fondo Lelio Basso.
AFB, Fondo Bruni	Archivio storico della Fondazione Lelio e Lisli Basso di Roma, Fondo Gerardo Bruni.

AFB, Fondo Issoco	Archivio storico della Fondazione Lelio e Lisli Basso di Roma, Fondo Istituto per lo studio della società contemporanea.
AFB, Sezione internazionale	Archivio storico della Fondazione Lelio e Lisli Basso di Roma, Raccolta documentaria "Sezione internazionale – Diritti dei popoli anni 1960 – anni 2000".
AFN	Archivio della Fondazione Pietro Nenni di Roma.
AFT	Archivio della Fondazione Studi Storici Filippo Turati 1944-1994 (Firenze), Fondo Partito socialista italiano (Psi), Direzione Nazionale.
AIS, MEM	Archivio storico dell'Istituto Luigi Sturzo di Roma, Fondo Maria Eletta Martini.
SDR	Senato della Repubblica, sito storico.

Introduzione

In una ormai classica storia culturale delle italiane, Michela De Giorgio racconta che lungo tutto il Novecento il peso della tradizione è stato, per la grande maggioranza delle italiane, più gravoso di quello della storia. La sottomissione ad abitudini secolari avrebbe intralciato in loro la coscienza del passato e, di conseguenza, anche la formazione di una coscienza collettiva. Soltanto «poche riottose (facilmente quantificabili)» sarebbero state consapevoli del loro passato storico e «frementi di liberazione politica».[1] Tra queste rare donne possiamo immaginare Tullia Romagnoli Carettoni (1918-2015):[2] partigiana, insegnante, militante socialista, esponente dell'Unione donne italiane fin dalla sua fondazione, senatrice per quattro legislature (dal 1963 al 1979) e figura di spicco in vari organismi nazionali e internazionali, tra cui l'Unesco.

Nonostante i numerosi incarichi istituzionali ricoperti nel corso della sua intensa vita politica, Tullia Romagnoli Carettoni è stata finora poco studiata. Il suo nome non è generalmente annoverato tra quelli dei protagonisti e delle protagoniste dei primi decenni della storia repubblicana. Eppure è stata una figura di primo piano sulla scena politica del secondo Novecento.

1. Michela De Giorgio, *Le italiane dall'Unità a oggi*, Roma-Bari, Laterza, 1992, p. IX.

2. Il cognome da sposata (Carettoni) è stato utilizzato nel resoconto di tutta la prima fase della attività politica (quindi prevalentemente nei primi quattro capitoli), mentre per gli anni successivi al suo divorzio (1975) compare il doppio cognome. Questa scelta è dovuta sia a un rispetto filologico per le fonti, sia al significato politico che questo passaggio ha nella sua biografia. Il "recupero" del cognome paterno (Romagnoli) avviene infatti mentre lei è impegnata in prima persona nella riforma del diritto di famiglia, che concerne anche la questione del cognome dei coniugi.

La sua biografia permette di ripercorrere molti degli eventi politici e culturali che hanno caratterizzato il primo trentennio repubblicano, dalla sconfitta elettorale del "Fronte democratico popolare" nel 1948 fino alla soglia degli anni Ottanta. Tra questi, la transizione postfascista e "l'invenzione della Repubblica"; le contraddizioni del decennio «bifronte»[3] (gli anni Cinquanta); gli effetti di uno snodo periodizzante (gli anni 1958-1963) con il culmine del Miracolo economico e la svolta di centro-sinistra; il procedere della modernizzazione sociale e i cambiamenti della mentalità (di quella giovanile e femminile, in particolare); i fermenti politici culturali della seconda metà degli anni Sessanta; le lotte anticoloniali; infine, l'intensa attività legislativa riformista degli anni Settanta.

Sebbene al cuore di questa ricerca vi sia una parte della sua biografia (gli anni Cinquanta, Sessanta e Settanta), il volume guarda oltre, abbracciando tutto il "secolo breve". I fili della giovinezza nell'Italia fascista, infatti, vengono raccolti e annodati con quelli dell'impegno politico-culturale di stampo internazionale, divenuto prevalente negli anni Ottanta e Novanta. Grazie a una forte passione per la politica estera e per le relazioni internazionali, inoltre, il vissuto di Tullia Romagnoli Carettoni permette di adottare uno sguardo ampio non solo cronologicamente ma anche geograficamente, e di inquadrare la storia nazionale nelle varie fasi della Guerra fredda, all'interno di uno scenario internazionale di decennio in decennio sempre più interconnesso a livello globale.

1. *Storia politica, questioni di genere, biografia*

Dal punto di vista di genere questo excursus non è, né potrebbe essere, neutro; neppure volendo, però, potrebbe dar luogo a una storia separata, né tantomeno separatista.[4] A guidarlo vi è infatti il percorso di una donna che, fin dai suoi primi passi nella sfera politica, è immersa in un mondo prevalentemente maschile: un'esponente della galassia socialista che proviene

3. Simonetta Piccone Stella, *La prima generazione. Ragazzi e ragazze nel miracolo economico italiano*, Milano, FrancoAngeli, 1993, p. 115.

4. Andreina De Clementi, *Introduzione*, in «Genesis», VIII/1 (2009), *Il mestiere di storica*, p. 8; Anna Rossi-Doria, *Gli studi di storia politica delle donne sull'Italia repubblicana*, in «Contemporanea», 3 (2010), pp. 487-511; Maria Rosaria Stabili, *Il genere come categoria analitica nella storiografia politica italiana*, in «Ricerche di storia politica», 1 (2015), p. 60.

dalle file del Partito d'Azione, che diventa una dirigente del Psi e che, una volta uscita dal partito, rimane una «socialista autonoma»[5] attiva dentro il gruppo parlamentare della Sinistra indipendente. Durante il trentennio repubblicano preso in considerazione, Tullia Romagnoli Carettoni fa parte del Comitato direttivo nazionale dell'Udi (viene eletta in occasione del II Congresso e confermata ininterrottamente fino al X); tuttavia, al di fuori dell'associazione delle donne socialiste e comuniste, si confronta con una politica (e con una leadership) quasi esclusivamente maschile (fig. 5). In particolare, è l'unica donna nella Direzione del Psi (1959-1966) e nel gruppo del Senato della Sinistra indipendente (1968-1979).

Gli studi di storia delle donne e di genere hanno riconosciuto le donne come protagoniste, fin dalle origini della Repubblica, delle trasformazioni sociali e delle battaglie per una effettiva attuazione dei principi costituzionali. Hanno inoltre messo in luce come tutte – laiche e cattoliche insieme – abbiano contribuito attivamente al processo di modernizzazione.[6] Il loro ruolo è stato considerato particolarmente determinante durante gli anni Settanta: decennio in cui la cosiddetta "questione femminile" è al centro della crisi del sistema politico (due legislature si chiudono anticipatamente su temi – il divorzio e l'aborto – che riguardano direttamente la vita delle donne), e in cui un nuovo protagonismo femminile si manifesta tanto nei partiti, quanto nei movimenti sociali.[7]

Tuttavia, il legame tra storia delle donne e storia politica (molto forte negli anni Sessanta quando la storia delle donne è nata in Italia) con il tempo si è allentato. All'inizio degli anni Duemila Simonetta Soldani, in un bilancio sullo stato degli studi delle donne in Italia, ha rilevato come il lunghissimo periodo postbellico fosse ancora in gran parte inesplorato,

5. Zeffiro Ciuffoletti, Maurizio Degl'Innocenti, Giovanni Sabbatucci, *Storia del PSI*, vol. 3, *Dal dopoguerra a oggi*, Roma-Bari, Laterza, 1993, p. 413.

6. Anna Rossi-Doria, *Le donne sulla scena politica italiana agli inizi della Repubblica*, in Ead., *Dare forma al silenzio. Scritti di storia politica delle donne*, Roma, Viella, 2006, pp. 127-207 (ed. or. 1994); Paola Gaiotti De Biase, *Cattoliche e cattolici di fronte all'aborto e il mutamento degli equilibri della Repubblica*, in «Genesis», III/1 (2004), pp. 57-86; Tiziana Noce, *Donne di fede. Le democristiane nella secolarizzazione italiana*, Pisa, ETS, 2014.

7. Paola Di Cori, *Culture del femminismo. Il caso della storia delle donne*, in *Storia dell'Italia repubblicana. L'Italia nella crisi mondiale. L'ultimo ventennio*, Torino, Einaudi, 1997, vol. 3, t. II., pp. 803-861; «Genesis», III/1 (2004), *Anni Settanta*, a cura di Anna Bravo e Giovanna Fiume; *Di generazione in generazione. Le italiane dall'Unità a oggi*, a cura di Maria Teresa Mori, Alessandra Pescarolo, Simonetta Soldani e Anna Scattigno, Roma, Viella, 2014.

fatta eccezione per l'ingresso delle donne nella cittadinanza con l'ottenimento del diritto di voto.[8] Da allora non molto è cambiato.[9] Nonostante la progressiva istituzionalizzazione degli studi di genere anche in Italia,[10] la partecipazione politica delle donne nell'Italia repubblicana resta un terreno ancora poco frequentato (anche se non mancano, all'orizzonte, segnali promettenti di inversione di rotta).[11]

Obiettivo di questo lavoro è rinsaldare il legame tra studi di genere e storia politica, contribuendo all'analisi della cosiddetta "anomalia italiana": quella di una «democrazia incompiuta», per usare la definizione di Nadia Filippini e Anna Scattigno.[12] Sebbene Tullia Romagnoli Carettoni abbia a lungo "silenziato" la sua identità di genere – tanto che un suo compagno di vecchia data l'ha definita «"uomo politico" ad alto livello»[13] – la sua parabola non solo aggiunge alcuni tasselli alla storia "generale" (il ruolo delle sue protagoniste o quello delle politiche rivolte alle donne); ma, soprattutto, complica la lettura della genesi e dell'evoluzione dell'Italia repubblicana. Grazie alla varietà delle questioni nazionali e internazionali di cui Tullia Romagnoli Carettoni si è occupata, inoltre, la sua biografia permette di mettere a frutto quello che Silvia Salvatici ha definito «il punto di osservazione nuovo» introdotto dalla storia delle donne e di genere: ossia, la connessione della dimensione sovranazionale, nazionale, locale con quella domestica.[14]

8. Simonetta Soldani, *L'incerto profilo degli studi di storia contemporanea*, in *A che punto è la storia delle donne in Italia?*, a cura di Anna Rossi-Doria, Roma, Viella, 2003, pp. 66-71.

9. Elda Guerra, *Donne e relazioni di genere nell'Italia postbellica*, in *L'Italia repubblicana. Costruzione, consolidamento, trasformazioni, 1. Il primo ventennio democratico (1946-1966)*, a cura di Maurizio Ridolfi, Patrizia Gabrielli ed Enzo Fimiani, Roma, Viella, 2020, p. 96.

10. Rimando a *Women's History at The Cutting Edge. An Italian Perspective*, a cura di Teresa Bertilotti, Roma, Viella, 2020.

11. In questo panorama fa eccezione la storia del movimento femminista degli anni Settanta per la quale non è più corretto parlare di vuoto storiografico come invece, a ragione, si faceva fino a quindici anni fa: cfr. Paola Stelliferi, *Fare storia del neofemminismo italiano. Origini, ipotesi, risultati e prospettive*, in *L'Italia degli anni Settanta. Narrazioni e interpretazioni a confronto*, a cura di Fiammetta Balestracci e Catia Papa, Soveria Mannelli, Rubbettino, 2019, pp. 145-164.

12. *Una democrazia incompiuta. Donne e politica in Italia dall'Ottocento ai nostri giorni*, a cura di Nadia Maria Filippini e Anna Scattigno, Milano, FrancoAngeli, 2007.

13. Giuseppe Petronio, *Premessa*, in Tullia Carettoni, Simone Gatto, *L'aborto. Problemi e leggi*, Palermo, Palumbo, 1973, p. 7.

14. Silvia Salvatici, *Introduzione*, in *Storia delle donne nell'Italia contemporanea*, a cura di Silvia Salvatici, Roma, Carocci, 2022, p. 20.

Aggiungo un'ultima considerazione storiografica. Questa ricerca si colloca nell'ambito della storia delle donne anche per l'approccio biografico adottato. Questo, infatti, è stato considerato «la prima forma di storia delle donne» grazie alla sua capacità di scardinare gli stereotipi e di offrire modelli «alternativi all'immagine di una femminilità passiva, futile o poco interessante».[15] Oltre a essere rimedio contro la desertificazione del passato, quindi, il metodo biografico ha anche la capacità di rompere l'omogeneità di una categoria astratta ("la Donna", appunto) e di riconoscere la molteplicità delle strade che le donne possono scegliere di seguire per affermarsi come individui a pieno titolo.[16] In questo caso, l'approccio biografico permette di osservare le trasformazioni di una soggettività femminile nel suo rapporto, strettissimo, con la politica.

2. *Costruire un archivio, costruire una memoria: il fondo Tullia Romagnoli Carettoni*

> È evidente che, per ogni categoria sociale alla quale si nega il diritto all'autodefinizione, l'esercizio della storia, ossia della ricostituzione e riflessione sul proprio passato, implica la ricerca di una verità su se stessa diversa da quella delle versioni ufficiali che non sono servite che a perpetuare e a rendere naturale l'oppressione.[17]

Questa riflessione di Eleni Varikas, relativa al rapporto tra storia delle donne e scrittura biografica, rimanda a un tema strettamente legato alla genesi di questo libro: il rapporto tra la costruzione di un archivio e la costruzione di una memoria.

Per comporre il percorso politico di Tullia Romagnoli Carettoni attraverso tre decenni della storia italiana e della Guerra fredda ho attinto soprattutto (anche se non esclusivamente) al suo archivio personale, conservato presso l'Unione femminile nazionale di Milano, la più longeva associazione femminile italiana, costituita nel 1899. Il fondo è diviso in due sezioni: la prima, precedentemente conservata presso la sede dell'Istituto

15. Eleni Varikas, *L'approccio biografico nella storia delle donne*, in *Altre storie. La critica femminista alla storia*, a cura di Paola Di Cori, Bologna,Clueb, 1996, p. 352.

16. Sul rapporto tra biografia e storia delle donne si rimanda anche a Mori, Pescarolo, Soldani, Scattigno, *Le italiane sulla scena pubblica: una chiave di lettura*, in *Di generazione in generazione*, pp. 18-19.

17. Varikas, *L'approccio biografico nella storia delle donne*, p. 365.

Italo-Africano (a Roma, in via Aldrovandi) e organizzata in gran parte dalla sua segretaria personale (Barbara Dini), è stata donata dalla senatrice stessa agli Archivi riuniti delle donne, presso l'Ufn, nel 1996;[18] la seconda parte della documentazione nel 2011.[19]

È quindi in un momento peculiare della sua vita – all'età di 78 anni circa, quando termina il suo mandato a capo dell'Istituto Italia-Africa (e inizia quello di presidente onoraria dell'IsIAO, Istituto Italiano per l'Africa e l'Oriente) – che Tullia Romagnoli Carettoni inizia ad occuparsi del suo archivio personale decidendo di donarlo agli Archivi riuniti delle donne, in questo periodo formati dai patrimoni archivistici dell'Ufn e della Fondazione dedicata ad Elvira Badaracco, femminista e socialista con cui la senatrice aveva collaborato negli anni Settanta.[20]

La storiografia è da molto tempo consapevole della non neutralità degli archivi, del fatto cioè che questi siano specchio dei fenomeni politici e sociali. Parimenti, è ormai acquisita l'idea che sia importante conservare i criteri originali di formazione e di ordinamento di un fondo perché la progettazione di un archivio personale è "un atto di comunicazione": un processo molto simile alla costruzione memoriale.[21] Nel caso in questione, è evidente (e affascinante) il significato che il soggetto produttore ha desiderato dare al proprio vissuto e l'immagine che di sé ha voluto tramandare alla storia, attraverso le sue carte.

I due fondi archivistici donati all'Ufn offrono l'immagine di una figura pubblica: sono totalmente dedicati al personaggio politico. Pur met-

18. Attualmente le carte della prima sezione (AUFN, TRC/I) sono conservate in 65 buste ripartite in 778 unità archivistiche che coprono un arco temporale che va dal 1963 al 1984; provengono in parte dagli uffici del Senato della Repubblica e documentano l'attività politica istituzionale al Parlamento italiano e in quello europeo.

19. Le carte della seconda sezione (AUFN, TRC/II) sono conservate in 78 buste che coprono un arco temporale che va dal 1932 al 1986, sono inerenti all'attività politica e istituzionale della senatrice ma, parzialmente, anche alla sfera personale. C'è inoltre una Appendice che raccoglie 6 buste con il materiale relativo a convegni e conferenze a cui la senatrice partecipò negli ultimi anni di vita. Questo materiale è stato inviato alla sede dell'Unione femminile successivamente alla morte della senatrice dal figlio Ettore Carettoni.

20. Si veda a titolo di esempio la lettera, dal tono molto amichevole, che le scrisse Elvira Badaracco il 28 marzo 1975 invitandola a un'iniziativa per la depenalizzazione dell'aborto (in AUFN, TRC/I, b. 11, fasc. 634, *Atti vari 1972-1975*).

21. Mi limito a segnalare il saggio di Linda Giuva, *Considerazioni archivistiche a margine di un censimento di fonti*, e quello di Paola Di Cori, *Non solo polvere. Soggettività e archivi*, entrambi pubblicati in *Archivi delle donne in Piemonte. Guida alle fonti*, Torino, Centro studi piemontesi, 2014.

tendo in conto lo smarrimento di alcuni materiali (soprattutto di quelli più datati), la scarsità di documenti privati, quali agende o diari, fa pensare a una selezione consapevole. Questa potrebbe essere considerata riflesso di una personalità molto riservata; ma anche frutto del desiderio di evitare il rischio di una rappresentazione femminile che antepone il privato al politico, con l'effetto di sminuire (se non addirittura delegittimare) il valore della funzione politica ricoperta. Le sue carte fanno quindi emergere il vissuto di una donna delle istituzioni che ha dedicato la sua vita alla politica e che, grazie alla sua determinazione e alle sue competenze, ha cercato di affermarsi anche in quegli ambiti dai quali le donne erano tradizionalmente escluse.[22]

Il suo archivio, inoltre, permette di ricostruire prevalentemente l'attività politica istituzionale al Parlamento italiano (e, in misura ridotta, in quello europeo). Il materiale prodotto in qualità di esponente della Sinistra indipendente e di vicepresidente del Senato è dunque prevalente. I venti anni di militanza nel Psi hanno lasciato, nel complesso, molte meno tracce, fatta eccezione per il primo periodo della V Legislatura (1963-1966) per il quale sono documentati i tentativi (vani) di realizzazione di alcune riforme auspicate agli albori del centro-sinistra.

Se il vuoto documentale relativo al primo ventennio repubblicano può essere interpretato come una conseguenza del doloroso distacco dal Psi, c'è un'altra assenza sulla quale vale la pena interrogarsi perché potrebbe aprire squarci interessanti sulla sua personalità: quella di fonti "corali". Mi riferisco, ad esempio, a scambi epistolari, a verbali di riunioni e a tutte quelle fonti che aiuterebbero a contestualizzare meglio lo sviluppo del suo pensiero e della sua azione all'interno di uno scenario collettivo, fatto di relazioni (professionali e amicali), scambi, confronti o scontri.[23] Un'assenza tangibile, che non mi sembra giustificabile soltanto con la prassi – tipica della Sinistra indipendente – di non redigere i verbali delle proprie riunioni[24] e che induce a formulare ipotesi interpretative su quella che appare

22. Le due donazioni archivistiche, in particolare, contengono bozze manoscritte e dattiloscritte di disegni di legge; relazioni, interpellanze, mozioni e interrogazioni presentate a Palazzo Madama; corrispondenza (in particolare, lettere della cittadinanza rivolte alla vicepresidente del Senato e alla senatrice eletta nel mantovano); articoli e materiale a stampa.

23. Tra le eccezioni, la corrispondenza in entrata e in uscita con la cittadinanza rispetto, soprattutto, ai disegni di legge in discussione.

24. Giambattista Scirè, *Gli indipendenti di sinistra. Una storia italiana dal Sessantotto a Tangentopoli*, Roma, Ediesse, 2012, p. 10.

come una stridente contraddizione. Tullia Romagnoli Carettoni è stata indubbiamente immersa in una vasta e fittissima rete di relazioni che abbracciava l'associazionismo femminile italiano e internazionale, i sindacati, le organizzazioni politiche di qualsiasi colore, i centri culturali nazionali e internazionali, le amministrazioni locali, le basi e i vertici di organismi nazionali e sovranazionali. Al tempo stesso, le sue carte descrivono una figura autonoma. Il suo archivio, nel complesso, sembra costruire la memoria di una "battitrice libera", ma anche solitaria.

L'interpretazione del suo archivio fa emergere infine un'altra caratteristica della sua personalità, oltre che del suo *modus operandi*: Tullia Romagnoli Carettoni era una donna preparata, scrupolosa, severa (come molte testimonianze confermano),[25] che studiava moltissimo. La diligenza con cui approfondiva qualsiasi argomento sul quale avrebbe dovuto prendere la parola o abbozzare un intervento legislativo (testimoniata dai materiali di studio, dalle numerose versioni dei suoi scritti, dai suoi appunti) è la stessa con cui da giovane insegnante preparava le lezioni di storia dell'arte, temendo di non essere all'altezza.[26] Questa meticolosità tratteggia la figura di una donna responsabile, che dava un grande valore all'impegno civico e politico così come al lavoro intellettuale; ma lascia anche intravedere tracce di un'insicurezza nascosta nelle pieghe di una proverbiale rigidità.

3. *Attraverso le sue carte: una lunga transizione postfascista*

Dopo un incipit dedicato alla sua famiglia, alla formazione e alle prime, decisive scelte politiche (quelle che fanno di una giovane donna cresciuta in una famiglia intellettuale, conservatrice e vicina al regime fascista, una partigiana attiva nelle formazioni liberali), il primo capitolo vede Tullia Romagnoli Carettoni attiva nell'Udi, nel PdA e poi nel Psi.

Scuola, famiglia, arte e cultura: sono questi i temi di cui Tullia Romagnoli Carettoni si occupa nell'Italia postbellica mostrando intransigenza nei confronti di qualsiasi traccia residuale di fascismo che possa intralciare

25. Si rimanda alle interviste con amici, parenti, collaboratori di Carettoni pubblicate in appendice a Roberta Yasmine Catalano, *La felicità è come un pezzo di pane e cioccolata. Conversazioni con Tullia Romagnoli Carettoni*, s.l., Narcissus, 2013. Il titolo è tratto da una intervista di Gisella Panico per «La domenica del corriere» conservata in AUFN, TRC/I, b. 42, fasc. 8, 1979.

26. Ivi, p. 17.

il processo di democratizzazione. Sono gli anni in cui si traccia «la via italiana alla democrazia»;[27] la Repubblica si consolida e partecipa al processo di integrazione europea; lo stato sociale si delinea; e la ricostruzione postbellica include anche l'educazione alla democrazia: le italiane e gli italiani iniziano a confrontarsi con i diritti e i doveri della cittadinanza. Sono infine gli anni in cui lo sguardo rivolto al futuro dell'Assemblea costituente viene proiettato sul presente attraverso il rifiuto della guerra, il desiderio di rifondare le relazioni internazionali e, soprattutto, la volontà di rimuovere al più presto gli ostacoli presenti sulla via della giustizia sociale e della parità. La sua biografia racconta la tenacia di quante e quanti, dopo la Liberazione, hanno cercato di realizzare una società più giusta e, per farlo, hanno scelto di agire in prima persona il cambiamento, scontrandosi non di rado con profonde e diffuse resistenze conservatrici.

Il suo apprendistato alla politica si svolge nell'Udi ma anche nel Sindacato nazionale della scuola media. Grazie alla sua militanza in queste organizzazioni (oltre che nel partito), il primo capitolo delinea le culture del socialismo italiano dall'immediato dopoguerra fino alla stagione del centro-sinistra: un periodo che vede l'evoluzione del Psi «da "partito di classe" per la "lotta di classe"» a un partito che, avendo il «socialismo come fine» e la «democrazia come valore permanente», si appresta all'incontro con il mondo cattolico.[28]

In queste pagine la vediamo conquistare, di anno in anno, sempre più incarichi e responsabilità che si sommano, in modo a tratti sfiancante, al lavoro di insegnante e al ruolo materno. Da questo punto di vista, Tullia Romagnoli Carettoni appare un emblema di quella generazione politica di donne che – con esperienze politiche risalenti al fascismo e alla Resistenza – vive la conquista della libertà, dei diritti politici e della democrazia come un'occasione per costruire nuove forme di partecipazione e militanza politica, ma anche nuovi modelli femminili. Una «generazione di frontiera» (come l'ha definita Franca Pieroni Bortolotti)[29] al confine tra modelli femminili remissivi e altri liberi ed emancipati. Una generazione politicamente molto longeva (che ricoprirà incarichi fino agli anni Novanta e, nel suo caso, anche oltre) e che,

27. Paolo Soddu, *La via italiana alla democrazia. Storia della Repubblica 1946-2013*, Roma-Bari, Laterza, 2017.

28. Enzo Bartocci, *Presentazione*, in *I riformismi socialisti al tempo del centro-sinistra (1957-1976)*, a cura di Enzo Bartocci, Roma, Viella, 2019, p. 7.

29. Espressione di Franca Pieroni Bortolotti citata in Mori, Pescarolo, Scattigno, Soldani, *Le italiane sulla scena pubblica*, p. 27.

nel complesso, identifica l'azione politica nell'adesione a un partito di massa più che nell'associazionismo emancipazionista.[30]

Più giovane della media delle cosiddette "madri della Repubblica",[31] Tullia Carettoni Romagnoli fa fatica ad adattarsi ai limiti posti in quegli anni all'azione politica delle donne. Come scritto da Tiziana Noce, i partiti di massa prevedono per le elette attività considerate tipicamente femminili (l'istruzione, l'assistenza, le politiche sociali e, eccezionalmente, il lavoro) con l'effetto di promuovere un'immagine convenzionale delle militanti «che non comprende solo l'identificazione fra donne e lavoro di cura, ma riprende anche altri stereotipi, quali l'assenza di ambizione o l'attitudine "naturale" a mediare e ricomporre gli scontri».[32]

Mentre il paese beneficia del decollo economico degli anni della ricostruzione, la professoressa Carettoni è sempre più determinata a godere a pieno della libertà del nuovo contesto democratico. È così che alla soglia dei quarant'anni, quando il paese sta per essere scosso dal Miracolo economico, Tullia Romagnoli Carettoni appare una donna colta, autonoma economicamente, madre e moglie non soggetta al richiamo della vocazione domestica, desiderosa di alimentare la sua passione civica e politica. Riletti alla luce della sua biografia, gli anni Cinquanta appaiono un decennio vitale, gravido di possibilità. Non sono semplicemente gli anni che anticipano il suo ingresso sulla scena istituzionale; sono gli anni in cui avviene la sua presa di coscienza politica, in cui i suoi desideri prendono forma e diventano progetti realizzabili, in cui l'austerità della ricostruzione lascia spazio al rinnovamento culturale e persino alla "frivolezza": la cura del corpo, l'attenzione per abiti e gioielli, il piacere del viaggiare.[33]

Quest'ultimo è un elemento fondamentale. Per lei, come per tutte le donne che si affacciano alla politica attiva all'inizio della Guerra fredda, la partecipazione alle delegazioni culturali lascia il segno. L'eredità della solidarietà internazionale antifascista si rintraccia nei valori della democra-

30. Tiziana Noce, *Una vita nel partito: fedeltà e autonomia*, in *Di generazione in generazione*, p. 245. Sull'attività delle prime elette si rimanda a Molly Tambor, *The Lost Wave. Women and Democracy in Postwar Italy*, New York, Oxford University Press, 2014.

31. Più di due terzi delle 21 elette all'Assemblea costituente erano nate nel decennio a cavallo tra Ottocento e Novecento (cfr. Giulia Galeotti, *Storia del voto alle donne in Italia. Alle radici del difficile rapporto tra donne e politica*, Roma, Biblink, 2006, pp. 267-279).

32. Noce, *Una vita nel partito*, p. 228.

33. Piccone Stella, *La prima generazione*; Cecilia Dau Novelli, *Politica e nuova identità nell'Italia del "Miracolo"*, Roma, Studium, 1999; Paola Gaiotti De Biase, *Donne e politica nella Repubblica, dal dopoguerra agli anni '60*, in *Una democrazia incompiuta*, pp. 91-130.

zia, della pace e dei diritti umani che sopravvivono nel mondo bipolare. In questo nuovo sistema internazionale, il "pellegrinaggio politico" è un'occasione per tessere relazioni, esplorare paesi al di là delle frontiere nazionali ma anche dei blocchi, in una stagione in cui l'Italia appare veramente come un luogo di transito, «confine poroso e permeabile» tra l'Ovest e l'Est.[34] Le esperienze fatte viaggiando sembrano plasmare il suo carattere, e la mettono in contatto e sempre più a suo agio con le alterità.

Quando nel 1959 viene eletta nella Direzione del Psi, Tullia Romagnoli Carettoni decide di lasciare l'insegnamento per dedicarsi a tempo pieno alla politica nel Psi: un partito di massa che sfiora il mezzo milione di iscritti, che ambisce ad accompagnare l'evoluzione della società e a farsi protagonista nella crisi del centrismo.[35] Inizia così una nuova storia – quella della politica come appartenenza, raccontata nel secondo capitolo – che trova un momento spartiacque nel 1963: l'anno in cui viene eletta al Senato e in cui nasce il primo governo di centro-sinistra "organico". Nelle nuove vesti di senatrice socialista si impegna per tenere alta l'attenzione del Parlamento sulle battaglie che fino a quel momento ha condotto nelle associazioni (alla guida del Movimento femminile socialista, nella Commissione "scuola e famiglia" dell'Udi, nel Sindacato nazionale per la scuola media). Si dedica alla scrittura di progetti di legge che possano incoraggiare la modernizzazione del "costume", realizzare un sistema scolastico laico e democratico e tutelare il patrimonio artistico e culturale colpito dalla guerra e dai saccheggi, per farne un motore dello sviluppo economico.

Gran parte delle proposte che firma e sostiene al Senato, inoltre, riguardano in modo specifico quella che allora veniva chiamata "la questione femminile". Sono proposte che anticipano "la stagione dei diritti civili". Non vengono approvate, infatti, se non molto tempo dopo, con una lentezza che non sorprende se si pensa che la funzione «essenziale» della donna all'interno della famiglia, codificata dalla Costituzione, è in quegli anni difficile da mettere in discussione: è un assunto della Chiesa, così come delle sinistre.

All'entusiasmo con cui si inaugura la stagione del centro-sinistra, segue la disillusione per le riforme mancate e per quelle neppure abbozzate: prima

34. Emanuela Costantini, Olga Dubrovina, Stefano Pisu, Maurizio Zinni, *Introduzione,* in «Mondo contemporaneo», 2-3 (2020), p. 12. Cfr. Guido Formigoni, *Storia d'Italia nella Guerra Fredda (1943-1978),* Bologna, il Mulino, edizione e-book 2016, p. 16.

35. *I riformismi socialisti al tempo del centro-sinistra 1957-1976*, a cura di Enzo Bartocci, Roma, Viella, 2019.

fra tutte, il divorzio. Il terzo capitolo si apre quindi con la sofferta decisione di lasciare il Psi. Fortemente contraria all'unificazione socialdemocratica, Tullia Romagnoli Carettoni prende una strada diversa da quella del suo maestro, Riccardo Lombardi: esce dalla Direzione, lascia la guida del Movimento femminile socialista, rinuncia alla tessera del partito e si lancia in una nuova avventura. Mossa da una profonda stima per Ferruccio Parri, aderisce al suo appello per l'unità delle sinistre che si sostanzia nella creazione della Sinistra indipendente. Quando si forma per la prima volta al Senato, il 5 giugno 1968, il Gruppo è composto da 12 membri e Tullia Romagnoli Carettoni, anche qui unica donna, viene nominata segretaria del gruppo, incarico che ricopre fino al maggio 1972, quando assume la carica di vicepresidente del Senato: la carica più alta fino a quel momento ricoperta da una eletta.

Come si evince dal terzo capitolo, la progettazione, la realizzazione e poi la crisi del centro-sinistra innescano reazioni diverse tra le varie anime del socialismo italiano. Con Tullia Romagnoli Carettoni è possibile seguire il percorso di un gruppo di socialisti che, deluso dalle riforme mancate dei primi anni Sessanta, subito si rimette in gioco credendo nel progetto di Parri. Seguendo questo passaggio (dal Psi a un gruppo parlamentare ospitato dal Pci), tuttavia, la ricerca fa emergere i conflitti interni all'area socialista, e valorizza il ruolo che vari esponenti si ritagliano al di fuori dei confini del Psi per continuare a contribuire allo sviluppo del sistema democratico nel corso degli anni Settanta.

In questo decennio il Pci mantiene fede all'impostazione inziale del nuovo esperimento politico e garantisce effettivamente ampia libertà a ciascuna delle personalità che compongono il Gruppo della Sinistra indipendente al Senato. Senza tessere di partito, la senatrice Romagnoli Carettoni appare meno condizionata nelle sue scelte e più determinata a farsi spazio nel campo della politica estera e delle relazioni internazionali, ambiti rimasti tra i più maschili. Come ricostruito nel quarto capitolo, in questi anni si dedica al sostegno delle lotte di liberazione dei popoli oppressi e alla difesa dei diritti umani, accetta il peso del doppio mandato (nel 1974 diventa rappresentante al Parlamento europeo), entra nella Commissione Affari esteri, è attiva nell'Unione interparlamentare, così come negli istituti culturali nati sulla scia dei fermenti politici e culturali del Sessantotto.

Nel frattempo, non trascura le battaglie per le donne. Mentre la sua vocazione per la cooperazione e il dialogo interculturale si fa sempre più forte, la senatrice dedica gran parte delle sue energie all'approvazione di alcune fondamentali "leggi delle donne" che non hanno trovato spazio nei vari programmi del centro-sinistra ma che, al tramonto degli anni Sessanta, secondo lei non sono più procrastinabili. Il divorzio è una di queste. Subito dopo il referendum del 1974, è il turno della riforma del diritto di famiglia, dell'istituzione dei consultori famigliari e della depenalizzazione dell'aborto.

Come racconta il quinto capitolo, l'obiettivo di questa attività legislativa è duplice: cancellare «la memoria del fascismo» (cancellare in particolare le norme a tutela della «sanità e integrità della stirpe» che sono sopravvissute alla transizione democratica);[36] porre fine alla «discrasia tra uguaglianza nella sfera pubblica e inferiorità nella sfera privata»[37] che – sancita dalla Costituzione – è ancora imperante nell'Italia degli anni Settanta. Se le innovazioni normative degli anni Cinquanta e Sessanta avevano riguardato la sfera pubblica – senza accogliere le riforme che intervenivano sulla dimensione privata – quelle degli anni Settanta puntano invece alle radici delle asimmetrie di potere che ancora plasmano i rapporti tra i generi nelle relazioni sessuali, nella famiglia, nella società.[38]

Da questo punto di vista, l'attività della senatrice riflette l'impatto che il movimento femminista ha sulla politica dei partiti e dei governi quando, alla metà degli anni Settanta, dilaga nello spazio pubblico, scuote le istituzioni e al loro interno interroga anche le elette più anziane o più diffidenti, come lei. Tullia Romagnoli Carettoni, infatti, diffida dello slogan "il personale è politico" e dei processi di politicizzazione della sessualità; tuttavia, è convinta che le radici dell'oppressione femminile siano profonde e che obiettivo della politica sia scovarle e sradicarle non solo nel sistema giuridico, nel mondo della produzione o in quello della politica, ma anche nella sfera privata.

Le vittorie non mancano (soprattutto se si adotta la prospettiva di chi è abituata a stare all'opposizione), ma in molti casi sono pagate al prezzo di lunghe mediazioni e di compromessi accettati in nome del pragmatismo. Lo mostra chiaramente l'ultimo capitolo, dedicato a una sua proposta di legge – *Norme per la tutela dell'uguaglianza tra i sessi e istituzione di una Commissione parlamentare di indagine sulla condizione femminile in Italia* – la n. 4 del 1976. Questo testo induce il Senato a confrontarsi in termini nuovi con antichi problemi: propone di voltare pagina sia rispetto alla legislazione

36. Anna Treves, *Le nascite e la politica nell'Italia del Novecento*, Milano, Led, 2001, parte terza (*La memoria del fascismo e la questione delle nascite nell'Italia repubblicana*).
37. Rossi-Doria, *Le donne sulla scena politica*, p. 200.
38. Perry Willson, *Italiane. Biografia del Novecento*, Roma-Bari, Laterza, 2010, pp. 262-263.

sociale improntata alla tutela della funzione materna, sia rispetto a un'idea di uguaglianza intesa come omologazione. La proposta di legge che porta il suo nome, infatti, cancella dai Codici qualsiasi elemento di discriminazione sessuale, retaggio della cultura patriarcale fascista di cui sono il prodotto; e crea uno spazio, all'interno delle istituzioni, in cui dare voce ai movimenti sociali e ideare strumenti correttivi. L'iter legislativo è lungo, sconfina da una legislatura all'altra e ha il sapore della sconfitta, se non della beffa. La legge 4/1976 viene smantellata e snaturata fino a far sopravvivere soltanto i primi due articoli, dedicati all'abrogazione della causa d'onore. Questi due punti alla fine vengono approvati, ma ben cinque anni dopo, quando lei ha ormai terminato il suo ultimo mandato al Parlamento italiano. Di conseguenza, l'importantissima legge 442/1981, *Abrogazione della rilevanza penale della causa d'onore*, non porta il suo nome ma quello di Carla Ravaioli, eletta al Senato con la Sinistra indipendente nella VIII Legislatura.

La scelta di dedicare l'ultimo capitolo a questo tema è dovuta a due considerazioni. La prima è che il progetto di legge sulla tutela dell'uguaglianza, che prevede anche la cancellazione della causa d'onore, è una risposta alle trasformazioni sociali registrate negli anni Sessanta e, al tempo stesso, un passaggio fondamentale nella lunga storia della legge contro la violenza sessuale: una vicenda legislativa che muove i primi passi alla metà degli anni Settanta, quando il movimento delle donne, la cronaca nera e il dibattito pubblico accendono i riflettori sul tema della violenza maschile contro le donne. In questa cornice, la legge 442/1981 può essere considerata il primo risultato del lungo e tortuoso percorso che, iniziato in Sicilia nel 1966 con la ribellione di Franca Viola a un matrimonio riparatore, porterà trenta anni dopo alla legge n. 66 del 1996 in cui la violenza sessuale viene finalmente trattata come un reato contro la persona e non più come un delitto contro la moralità pubblica e il buon costume.[39]

La seconda motivazione sta nell'interesse riscontrato nei dibattiti parlamentari. Le parole di senatori e senatrici sono fonti preziose se lette con la categoria analitica di genere. Esse mostrano come, agli albori degli anni Ottanta, ci sia (quasi) unanimità nel considerare l'onore sessuale una costruzione arcaica e anacronistica, ma quanto questa (quasi) unanimità formale nasconda, appena velate, resistenti nostalgie patriarcali. L'abrogazione della causa d'onore è lenta, problematica, dibattuta per anni. Quando

39. Laura Schettini, *La violenza maschile contro le donne*, in *Storia delle donne nell'Italia contemporanea*, pp. 135-162.

poi nel 1981 la legge viene approvata – cancellando tutti i reati che la prevedono (tranne «l'infanticidio per causa d'onore» che viene configurato come reato autonomo) – diventa chiaro il motivo vero di tanti indugi, al di là dei pretesti: come dimostra il sesto capitolo, l'antica attenuante dell'onore viene cancellata soltanto al momento di fare spazio a nuovi valori, non necessariamente conflittuali o antitetici rispetto ad essa, ma nel frattempo diventati più meritevoli di tutela.

Il volume, infine, si chiude con un epilogo dedicato all'attività politica e culturale che Tullia Romagnoli Carettoni porta avanti una volta uscita dal Parlamento italiano: l'elezione al Parlamento Europeo, la direzione dell'Associazione di amicizia Italia-Ddr, del Centro Thomas Mann e della Commissione italiana dell'Unesco, la presidenza dell'Istituto italo-africano, la fondazione del Forum delle donne del Mediterraneo, e così via. Questo suo impegno di stampo internazionale ruota attorno al rapporto tra universalismo e differenza. L'obiettivo è affermare un'idea di uguaglianza che non lasci spazio all'omologazione culturale, né tantomeno a identità totalizzanti e antagoniste. A partire dagli anni Ottanta, pertanto, si dedica sempre più assiduamente alla promozione dei diritti umani e, contemporaneamente, alla valorizzazione delle differenze religiose, etniche, culturali.

Quello offerto nell'epilogo è uno sguardo sicuramente parziale e assolutamente non esaustivo sulla seconda parte della sua biografia politica. La sua funzione è quella di chiudere il cerchio, se così si può dire, rinsaldando il legame tra la dimensione individuale della biografia e quella ampia, plurale, ricchissima dello scenario transnazionale in cui si snoda.[40] Come spero il libro riesca a mostrare, per tutta la sua vita la «piccola x» di Tullia Romagnoli Carettoni è immersa in una intensa rete di relazioni sociali e in un mondo sempre più globale che lei, viaggiatrice instancabile, esplora curiosa fino alla fine, sognandolo solidale e fiero delle sue diversità.

Questo libro è frutto di un assegno di ricerca annuale che ho svolto nel 2019 presso il Dipartimento di Scienze politiche dell'Università degli Studi Roma Tre dietro la supervisione di Stefania Bartoloni. A lei va il primo ringraziamento, perché mi ha incoraggiata ad avventurarmi in terreni di indagine per me inconsueti e mi ha accompagnata nel percorso che ho tracciato passando dalla storia dei movimenti sociali a quella della politica istituzionale. La ricerca è stata inoltre sostenuta dal

40. Sabina Loriga, *La piccola x. Dalla biografia alla storia*, Palermo, Sellerio, 2010.

"Premio Tullia Romagnoli Carettoni" istituito dalla famiglia della senatrice presso l'Unione Femminile Nazionale. A questa associazione devo molto: ringrazio per la fiducia e per l'amicizia la ex presidente Concetta Brigadeci e l'attuale presidente Angela Gavoni; per la disponibilità e per le competenze Donata Diamanti, Daniela Bellettati (che mi hanno assistita nella ricerca archivistica) ed Eleonora Cirant (che mi ha ospitata per molti mesi nella ricca biblioteca dell'Unione). Sono molto felice che questa monografia sia stata accolta nella collana dell'Ufn della casa editrice Viella e per questo ci tengo a ringraziare Cecilia Palombelli e il comitato editoriale.

Non avendo avuto l'opportunità di conoscere personalmente Tullia Romagnoli Carettoni, è stato per me significativo l'incontro con Ettore Carettoni, Alfredo Casiglia e Giacomina Nenci e utile la lettura della lunga intervista raccolta e pubblicata dalla scrittrice Roberta Yasmine Catalano quando la senatrice aveva già compiuto 92 anni. Per quanto riguarda gli anni della militanza nel Psi, è stata preziosa la doppia intervista che ho raccolto nell'estate 2019 con Enrica Lucarelli, sua stretta collaboratrice nel Movimento femminile socialista, purtroppo venuta a mancare alla fine di quell'anno: avrei voluto godere molto di più dei racconti dei suoi viaggi da una parte all'altra del mondo, con le delegazioni femminili socialiste.

Ho svolto la ricerca d'archivio in più tempi. Il momento più intenso per la raccolta dei documenti è stato il 2019, un anno eccezionalmente frenetico, vissuto con la valigia sempre pronta e spendendo un'infinità di ore in treno: da Roma a Milano per la ricerca d'archivio, da Milano a Padova dove insegnavo, e da lì verso altre città dove continuamente si tenevano riunioni, convegni, seminari in presenza. La scrittura, invece, si è diluita nei primi due anni della pandemia, in una condizione di lavoro sedentario e, per lo più, solitario. Sono consapevole di quanti stimoli io abbia perso in questa stagione di relazioni rarefatte ma, proprio per questo, sono particolarmente grata per aver avuto comunque occasioni di confronto con Vinzia Fiorino, Alessandra Gissi, Silvia Salvatici e Alessandro Volterra; per aver potuto contare sulla disponibilità di Chiara Colangelo, Alessandro Santagata e Roberto Ventresca, che hanno gentilmente letto e commentato alcuni paragrafi; per essere stata accompagnata in tutte le fasi (e in tutti gli aspetti) di questo lavoro da Francesca Capece. Preciso, come di consuetudine, che la responsabilità di quanto scritto è soltanto mia.

Arrivata alla fine della scrittura, sfoglio le pagine e mi accorgo di quanto mi siano mancati (e in realtà ancora manchino) amic* e colleg* che vivono lontan*. Al tempo stesso mi rendo conto che al "gruppo romano" devo tantissimo. Per tutti loro ringrazio Ludovico Griguoli Lanza, fin dall'inizio particolarmente partecipe di questa ricerca. Infine, la mia gratitudine va ad Andrea Dessì; e ai miei genitori, Nicoletta e Pietro.

Dedico questo libro alla memoria di Saman Abbas.

1. Tra le giovani donne della nuova Repubblica

1. *Da Tullia Romagnoli a Tullia Carettoni*

Tullia Romagnoli nacque a Verona il 30 dicembre 1918 da una famiglia borghese di alto spessore culturale. La madre, Eugenia Monzani, aveva lontane origini austriache ed era nata e cresciuta a Verona. Il padre Ettore (1871-1938) era nato a Roma, dove si era formato ed era diventato un esimio grecista, un raffinato traduttore dal latino e dal greco nonché poeta originale e autore di sceneggiature teatrali. Nel pieno della Grande guerra, Ettore aveva accresciuto la sua fama animando il dibattito interno alla filologia italiana dando alle stampe *Minerva e lo Scipione*:[1] un libro che ne aveva fatto «il campione dell'antifilogismo» e l'avversario di primo piano del "metodo scientifico" tedesco.[2]

Dopo il matrimonio, i coniugi Romagnoli si stabilirono a Milano, città in cui Ettore, esperto di storia della musica antica e moderna, partecipava attivamente alla vita culturale dedicandosi ad attività di divulgazione. Il lavoro accademico lo portò a viaggiare molto in Italia, da Nord a Sud. Divenuto docente di letteratura greca, prestò servizio in varie università tra cui quelle di Catania e di Padova, fin quando venne chiamato all'Università di Pavia. Condividendo l'impostazione filologica di Giuseppe Fraccaroli, alla morte di questi fu infatti scelto come suo successore alla cattedra di lette-

1. Ettore Romagnoli, *Minerva e lo scimmione*, Bologna, Zanichelli, 1917.

2. Per la figura di Ettore Romagnoli si rimanda alla voce biografica scritta da Giorgio Piras per il *Dizionario biografico degli italiani*, Roma, Treccani, vol. 88 (2017), www.treccani.it/enciclopedia/ettore-romagnoli_%28Dizionario-Biografico%29/. L'infanzia e la gioventù trascorse prima a Trastevere e poi all'Esquilino, oltre al percorso di studi, sono narrati nel volume autobiografico: Ettore Romagnoli, *Ricordi romani*, Milano, Treves, 1936^{2}.

ratura greca pavese. Questo prestigioso incarico arrivò alla fine del 1918, proprio mentre Ettore si apprestava a diventare padre.

L'avvio del primo anno accademico a Pavia, tuttavia, coincise con un evento drammatico. Durante le vacanze di Natale del 1918, trascorse a Verona presso la famiglia Monzani, Eugenia contrasse l'influenza "spagnola" che in quei mesi aveva iniziato a colpire il mondo intero. Eugenia morì nel giro di pochi giorni, dopo aver messo al mondo una neonata prematura che, stando ai racconti famigliari, venne data per morta.

> Si narra – ha raccontato Tullia nel 2011 – che fossi stata messa in una scatola da scarpe perché nata morta, si potrebbe pensare che io ero nata così piccola, invece no, è che all'epoca si portavano gli stivaletti, ma l'ho capito dopo! Si racconta che mi misero le candele intorno. A un certo punto, si sentirono degli strilli tremendi, accorsero e videro che ero viva. Ed ero anche vivace, perché sono ancora viva 92 anni dopo… Mio marito sosteneva che da quella volta non avevo mai smesso di gridare.[3]

Orfana di madre, Tullia crebbe a Milano dove nel 1922 il padre si risposò con Maria Aldìsio di Bona (1894-1965), una donna siciliana, proveniente da una famiglia altolocata di Gela e parente di Salvatore Aldìsio (poi tra i fondatori della Democrazia cristiana locale) che condivideva con Ettore la passione per la musica: Maria era infatti diplomata in arpa e pianoforte. Questa seconda unione portò a Tullia due fratelli: Emilio detto Mimmo (1923-2004), che diventerà un giurista specializzato in diritto agrario e a cui Tullia sarà fortemente legata; e Lucio (1925-1982), architetto e artista.

Quella formata dai coniugi Romagnoli-Aldìsio di Bona fu una famiglia prestigiosa e stimolante dal punto di vista culturale: è quel che emerge dall'articolo del poeta Giuseppe Villaroel, pubblicato nel 1932 per la rubrica *Visite e incontri* della «Gazzetta del popolo». In questo affresco domestico compare, oltre ad Ettore ed Maria, anche il piccolo Mimmo:

> Sorprendo Ettore Romagnoli, in salotto, col violino sotto il mento e l'archetto in mano. Mi fa cenno di entrare. La moglie l'accompagna al piano. Nel mezzo della stanza, sopra un leggio, quasi monumentale, di mogano, sta aperta la Settima di Beethoven. La cosa è, per me, sorprendente. Sapevo che Romagnoli era anche musicista e compositore; ma violinista non lo sospettavo ancora. Uno zirlio sottile, un'arcata e il prodigio musicale comincia. Tutta la stanza vibra, le note sobbalzano, languono, s'inseguono, frusciano,

3. Catalano, *La felicità*, p. 6.

gridano; pare, a volte, che passino ali invisibili sullo strumento e paesaggi di sogno si profilino nell'aria, evocati dalla magìa delle corde. Romagnoli è in *trance*; tutto il suo corpo sussulta, il capo ondeggia sul violino. Poi: un silenzio improvviso in cui le cose sembrano sospese e la sera irrompe dalle grandi vetrate oltre lo sfondo umido della metropoli [...]. Adesso suona la sua signora, sola, al piano. Non dita, ma piume e fiocchi toccano i tasti. Romagnoli, disteso sulla poltrona, è assorto, ad occhi chiusi, nell'incantesimo di un sogno melodioso. A un tratto s'affaccia dal corridoio un bimbo; mi guarda, interdetto, coi suoi begli occhi innocenti. Poi, si avanza sicuro. Romagnoli lo attira a sé e gli domanda: «Cosa suona la mamma?».
- Il chiaro di luna – risponde.
- *Claire de lune* – corregge il padre.
- No, – ribatte il bimbo – bisogna parlare in italiano; – e scandisce: - Chia-ro di lu-na![4]

Il salotto dell'abitazione milanese, a pochi passi da piazza Sempione, era un luogo di incontro per l'élite culturale del tempo che d'inverno veniva accolta anche nella villa in montagna, a Malesco, nella Val Vigezzo. Le vacanze estive, invece, si trascorrevano al mare, a Gela: città dove Ettore, promotore della cultura classica locale, ricevette il titolo di cittadino onorario, e dove Tullia – portata in spiaggia in carrozza – ebbe modo di sviluppare, molto più che nel suo abituale ambiente urbano, una sensibilità peculiare per il peso delle differenze sociali e culturali.

Figlia di uno dei primi "accademici d'Italia" (Ettore ottenne la nomina nel 1929, nella prima tornata), Tullia crebbe nel pieno della fase di istituzionalizzazione dei simboli, dei miti e dei rituali del fascismo. L'ambiente intellettuale dell'epoca (di cui Ettore era espressione) diede un sostanziale supporto a questo processo di stabilizzazione del consenso al regime anche prima che divenisse obbligatorio il giuramento fascista. Sebbene Tullia nel tempo abbia preferito descriverlo come un «nazionalista risorgimentale», negando che fosse un sostenitore di Mussolini – Ettore Romagnoli fu, negli anni Venti e Trenta, uno degli esponenti più illustri dell'alta cultura del suo tempo. Ai classicisti, del resto, il regime fascista attribuiva grande valore e, tra questi, Romagnoli era in prima fila nella difesa della "purezza" della filologia classica italiana, contro le tendenze all'internazionalismo.[5] Non sor-

4 Giuseppe Villaroel, *Ettore Romagnoli in salotto*, in «Gazzetta del popolo», 23 marzo 1932, p. 3, disponibile al link: www.dioramagdp.unito.it/items/show/423 (ultima consultazione il 6 ottobre 2021).

5. Luciano Canfora, *Ideologie del classicismo*, Torino, Einaudi, 1980, p. 93.

prende dunque che nel 1925 Romagnoli abbia partecipato al Convegno per la cultura fascista di Bologna (meglio noto come il I° Convegno degli intellettuali aderenti al fascismo) e abbia ricevuto la tessera onoraria del Pnf, probabilmente per iniziativa di Margherita Sarfatti, alla quale era legato da un rapporto di amicizia.[6] Due anni dopo, inoltre, venne nominato direttore di un ente morale – l'Istituto nazionale del dramma antico – frutto della fascistizzazione del Comitato per le rappresentazioni classiche del Teatro greco di Siracusa dove nel 1921 aveva allestito la prima tragedia del dopoguerra. Nel 1932, infine, tenne a Malta un discorso per il decennale della rivoluzione fascista con il quale comunicò «ai cari fratelli italiani di Malta» il suo «universale sentimento di ammirazione e d'affetto» verso il Duce.[7]

Se il nazionalismo culturale di Romagnoli può apparire a tratti fideistico, il suo approccio alla religione mostra invece un orientamento laico, scevro da qualsiasi dogmatismo religioso. Lo dimostra il fatto che, negli anni immediatamente successivi alla firma dei Patti Lateranensi (che avevano mostrato una scarsa sinergia tra Mussolini e Pio XI sul terreno dell'educazione scolastica), Romagnoli scelse, per la primogenita, una scuola statale: l'istituto Manzoni di Milano. In questo liceo ginnasio prestigioso, prevalentemente maschile (come era normale al tempo), Tullia strinse una profonda amicizia con due compagne di classe ebree, Giuliana Foà e Tullia Zevi (futura presidente della Comunità ebraica italiana).

Il 1936 fu un anno spartiacque per tutta la famiglia: Ettore ottenne la cattedra di filologia greco-latina alla Università la Sapienza cui sarebbe seguita, l'anno dopo, anche la nomina come direttore dell'Istituto di filologia classica di Roma. Questo successo professionale comportò necessariamente il trasferimento di tutta la famiglia nella Capitale. Anche Tullia, terminato il liceo da privatista, lasciò la sua amata Milano, dove era cresciuta godendo di una inconsueta autonomia e libertà di movimento, e giunse a Roma. Lontana dalle sue amicizie, frequentò per lo più l'alta borghesia e la piccola nobiltà romana che permeava l'ambiente lavorativo del padre.

> A Roma ovviamente non conoscevo nessuno, i miei amici erano a Milano, le persone con cui venni a contatto erano i figli delle persone che mio padre conosceva (ex ministri del Regno tipo il Baccelli, gruppo dirigente conformi-

6. Catalano, *La felicità*, p. 9.

7. Ettore Romagnoli, *Nel decennale della rivoluzione fascista*, Bologna, Zanichelli, 1933, pp. 24-25.

sta ma non proprio fascista, alta borghesia, piccola nobiltà, insomma nobiltà, fasce piuttosto elevate), e queste ragazze uscivano accompagnate, mentre io ero un esempio di libertà, perché uscivo da sola, e ho memoria di alcune, pochissime, che facevano l'università, e che venivano scortate, dalla governante, o da altri...[8]

Attratta dall'idea di iscriversi a medicina, Tullia optò alla fine per una scelta più convenzionale per una giovane donna degli anni Trenta: Lettere e filosofia.

All'inizio del percorso universitario si appassionò particolarmente alla letteratura spagnola (analizzò la produzione di García Lorca) e si dilettò nella pratica della traduzione dallo spagnolo provando a tradurre uno dei romanzi della trilogia autobiografica di Antonio Azorìn. Si cimentò inoltre nella scrittura di saggi di stampo archeologico.[9] Abituata com'era a una realtà sociale conformista (se non proprio fascista), individuò uno spazio di socialità nei Guf (i Gruppi universitari fascisti dipendenti dal Pnf) e si dedicò anche alla scrittura di alcuni articoli per «Civiltà fascista» e «Roma Fascista».[10]

La nuova vita romana venne segnata molto presto, nel 1938, da due eventi dolorosi. A maggio la morte del padre, che avvenne pochi giorni prima della visita di Hitler a Roma (evento che, secondo Tullia, avrebbe ferito lo spirito antitedesco del padre, se vi avesse assistito);[11] a settembre la proclamazione delle leggi razziali, poi sancite dalla *Dichiarazione sulla razza*. Scossa dalla persecuzione di ebrei ed ebree che si abbatté su molti dei suoi affetti (comprese le sue ex compagne di classe), Tullia si avvicinò all'ambiente antifascista universitario e avviò un processo di presa di coscienza politica e civile che, nel giro di un paio di anni, la porterà fuori dai Guf. Da

8. Catalano, *La felicità*, p. 8.

9. AUFN, TRC/II, b. 34, fasc. 1, *Articoli pubblicati e manoscritti vari [1937-1947]* che contiene, tra i vari documenti, l'analisi di un romanzo di Federico Garcia Lorca Yerma; un blocco note con appunti sullo scrittore spagnolo Azorìn (pseudonimo di José Augusto Trinidad Martìnez Ruiz); traduzioni di una parte di uno dei romanzi della sua trilogia; un componimento dattiloscritto di 64 pagine, *L'Isola di Riunione*, scritto a Roma nel 1937; infine un componimento sia manoscritto sia dattiloscritto dal titolo *Di un'anfora di Gela di maturo stile severo*, relativo ad un vaso appartenente alla collezione di donna Maria Romagnoli Aldisio.

10. Mi riferisco a *I littoriali femminili*, pubblicato in «Civiltà fascista» nel giugno 1939 e ed altri due articoli per «Roma Fascista» (*La donna nello stato fascista*, 22 settembre 1939 e *I prelittoriali femminili*, 15 marzo 1939) conservati nell'archivio dell'Ufn insieme a una nota di Catalano che spiega la genesi di questi scritti (cfr. AUFN, TRC/II, b. 34, fasc. 2).

11. Catalano, *La felicità*, p. 10.

questo punto di vista, il suo percorso di formazione e di politicizzazione mostra molti punti di contatto con l'esperienza di altre studenti (studiate recentemente da Giulia Albanese) che, «minoranza nella minoranza maturano, tra gli anni trenta e i primi anni quaranta, a volte proprio tra i banchi dell'Università, una consapevolezza politica che avrà riflessi sulle scelte future».

> Sono giovani donne – spiega Albanese – con un profilo generazionale specifico e con un'emergente coscienza politica, che non era necessariamente la norma tra le pur non moltissime studentesse di quegli anni, e inclini a ricoprire ruoli non tradizionali.[12]

Anche in queste storie di vita è evidente l'impatto delle leggi razziali nel mettere in crisi la sincera e crescente adesione al regime. Nel caso di Tullia, però, fu fondamentale anche un altro fattore: l'incontro all'Università con Gianfilippo Carettoni (1912-1990).

Giovane assistente alla cattedra di Topografia Antica, Gianfilippo era nato come lei a Verona, ma era proveniente da una prestigiosa famiglia socialista riformista che fin da subito ebbe un forte ascendente sulla giovane Tullia. Il padre, il genovese Alessandro Carettoni, era un banchiere con molti legami internazionali (in particolare con esponenti della socialdemocrazia tedesca) che dopo la caduta del fascismo avrebbe partecipato al collegio sindacale della Banca d'Italia;[13] la madre, la milanese Anna Scanziani, era stata invece una collaboratrice di Filippo Turati e di Anna Kuliscioff.[14]

Dopo un breve fidanzamento, Tullia entrò a far parte della famiglia Carettoni. Scoppiata la Seconda guerra mondiale, prima di partire per il fronte, Gianfilippo le chiese di sposarlo e lei – orfana di entrambi i genitori e intimorita dall'idea di doversi trasferire a Gela presso gli Aldìsio di Bona – accettò. Non fu una scelta scontata: fino a quel momento, infatti, non aveva guardato al matrimonio con trepidazione, come da lei stessa raccontato:

12. Giulia Albanese, *Donne nell'università fascista*, in *L'università delle donne. Accademiche e studentesse dal Seicento a oggi*, a cura di Andrea Martini e Carlotta Sorba, Roma, Donzelli, 2021, p. 108.

13. Alessandro Carettoni era a quel tempo Amministratore dell'Istituto italiano di credito marittimo, vicepresidente dell'Associazione commerciale industriale agricola romana, consigliere della Società Generale Immobiliare di Roma, del Consorzio Aereo Italiano, della Compagnia Finanziaria Marittima di Genova, della Società Elettrica Ligure-Piemontese di Genova e infine della Società A. "Pubblicità" di Genova. Fu tra i promotori della ricostruzione del Tempio di Vesta al Foro romano. Cfr. Angelo Fortunato Fomiggini, *Chi è? Dizionario degli italiani d'oggi*, Roma, 1931^2, p. 150.

14. Catalano, *La felicità*, p. 11.

non ebbi il coraggio di entrare nella facoltà di medicina, dove le donne si contavano su una mano. Così mi laureai in lettere. Dicevo che non mi volevo sposare. Ero graziosa, attenta al vestire, con una certa facilità di chiacchiera, non come quantità ma come qualità, e devo dire che vedevo questi matrimoni e non mi convincevano, questi fidanzati che diventavano protagonisti e la cosa non mi piaceva. La mia matrigna, marchesa siciliana, era preoccupatissima, mi presentava della gente e io scappavo come il vento. Mi piaceva essere corteggiata, allora però voleva dire accettare il matrimonio. Poi all'università conobbi Gianfilippo Carettoni, era assistente universitario, era un noto archeologo, la sua famiglia era antifascista, lui si sarebbe fatto più in là molti anni di guerra. Venne la dichiarazione di guerra e prima di partire mi disse: "sposiamoci". Mio padre era morto, la mia matrigna si sarebbe forse ritirata in Sicilia... mi spaventò molto l'idea di finire a Gela, quindi accettai la proposta di quest'uomo. Avevo vent'anni.[15]

Il 6 giugno 1940, a 22 anni, da poco laureata in archeologia, Tullia si sposò.[16] Il primo anno di matrimonio lo passò a Napoli poiché nel frattempo Gianfilippo aveva iniziato a lavorare per la Soprintendenza alle Antichità della Campania. L'anno dopo mise al mondo il suo primo e unico figlio – chiamato Ettore, in memoria del nonno – il quale nacque proprio nei giorni in cui iniziarono i bombardamenti del porto partenopeo. Degli anni passati a Napoli avrebbe serbato un ricordo piacevole:

La popolazione napoletana è straordinaria. È un gran caravanserraglio, io ci andai da sposa e non conoscevo nessuno. Abitavo a Mergellina, dove c'era un parco virgiliano dietro casa, ma io portavo mio figlio al Vomero dove c'era un parco piacevole che era un po' in alto, mi ci portava la metropolitana; l'omino della periferica mi vedeva arrivare con questo bambinetto e mi aiutava; all'epoca le carrozze non erano comunicanti, lui aveva la cortesia di farsi trovare alla fermata dove io scendevo, per aiutarmi a scendere con la carrozzina. Non posso dimenticare quell'anno durante la guerra, di come trovai assistenza nel condominio e ovunque presso la popolazione napoletana. Ho passato tutti i bombardamenti in cantina col bambino, e devo dire che quei pochi condomi-

15. *Ibidem.*

16. Cfr. Biblioteca Estense-Universitaria di Modena, Fondo Bertoni, Carteggio manus.iccu.sbn.it//opac_SchedaScheda.php?ID=170834 (ultima consultazione il 21 gennaio 2022). Si ricorda che era allora in vigore il Codice civile del 1942 che – non ancora riformato dalla legge 151/1975 – prevedeva che la moglie assumesse il cognome del marito, cancellando il proprio. La riforma del 1975 avrebbe stabilito invece che la moglie aggiungesse il cognome del marito al proprio.

ni hanno sempre dato prova di straordinaria disponibilità e generosità, con me che poi non sono molto espansiva, anzi.[17]

Al termine della guerra, tutta la famiglia si trasferì stabilmente a Roma presso l'appartamento dei Carettoni in via Boncompagni. Dopo l'incarico di soprintendente in Campania, infatti, Carettoni ne ottenne altri di grande prestigio, tra cui la nomina a direttore della Soprintendenza romana grazie alla quale, con il tempo, sarebbe diventato un punto di riferimento imprescindibile negli studi archeologici di Roma antica.[18]

2. *Partigiana combattente*

La maternità coincise per Tullia Carettoni con l'inizio dell'impegno politico attivo, nella sua memoria collocato nel 1942, anno della sua prima riunione clandestina antifascista. Le fonti d'archivio sulla sua attività partigiana sono scarne, ma nel 1947 la Commissione regionale Laziale per il riconoscimento della qualifica di partigiano[19] la riconobbe come «partigiana combattente quale appartenente alla formazione P.l.i. per il periodo 15 ottobre 1943 - 4 giugno 1944»:[20] un riconoscimento che spettava a chi aveva portato le armi per almeno tre mesi e compiuto almeno tre azioni di guerra o sabotaggio.[21] Nonostante ciò, i suoi racconti hanno generalmente sminuito il suo ruolo nella Resistenza, in linea con «l'occultamento» del

17. Catalano, *La felicità*, p. 24.

18. Nel 1946 Gianfilippo Carettoni divenne ispettore della Soprintendenza del Foro Palatino e poi, dal 1960 al 1976, titolare della Soprintendenza di tutta Roma antica. Cfr. Maria Antonietta Tomei, *Augusto sul Palatino. Gli scavi di Gianfilippo Carettoni. Appunti inediti (1955-1984)*, Milano, Electa, 2014.

19. Il decreto legislativo luogotenenziale n. 518 del 21 agosto 1945 emanò le *Disposizioni concernenti il riconoscimento delle qualifiche dei partigiani e l'esame delle proposte di ricompensa* e istituì undici Commissioni regionali. Il 1947 fu l'anno di più intensa attività per la Commissione del Lazio. Cfr. il sito del fondo "Ricompart" www.partigianiditalia.beniculturali.it/commissione/commissione-10/ (ultima consultazione il 21 gennaio 2022).

20. ACS, Ricompart. Nel fascicolo c'è la scheda e la Dichiarazione della Commissione Regionale Laziale redatta nella seduta del 21 marzo 1947 dove si legge che Tullia Carettoni rivestì funzione di gregario dal 15 ottobre 1943 al 4 giugno 1944 (data rettificata: 11 maggio 1948). Il "foglio notizia", insieme con la domanda di rilascio della dichiarazione integrale dovrebbe essere stato inoltrato da Tullia Carettoni al Distretto Militare Roma I° il 4/5/1953 ma non si è trovata una copia di questo materiale.

21. Le altre motivazioni attenevano all'esperienza del carcere, del confino, dei campi di concentramento o di lavoro nelle strutture logistiche (cfr. Alessandro Santagata, *Una*

carattere politico della scelta partigiana delle donne che a lungo è stato operato dalla memorialistica e dalla storiografia: «ero una bimba, e avevo gradi militari»; «onestamente feci molto poco rispetto a tanti altri»; «Altri sono stati eroi».[22] Soltanto in anni recenti, per dare credito ai suoi allarmi contro l'avanzata del neofascismo, Tullia Carettoni ha attinto alla sua memoria di partigiana e, intervistata da Roberta Yasmine Catalano, ha affermato: «Ho visto i miei compagni impiccati. Avevo la pistola. Ho sparato. Non ho ucciso nessuno. Sto vedendo avanzare il fascismo, lo rivedo. Io e chi come me l'ha conosciuto».[23]

La sua parabola (da giovane donna cresciuta in ambienti se non filofascisti di certo non antifascisti, a partigiana combattente) può apparire a prima vista eccezionale. In realtà, porta con sé molti aspetti paradigmatici della storia della Resistenza (e della storia delle donne nella Resistenza). Stando ai suoi racconti, fu durante la guerra che iniziò a sviluppare una coscienza antinazionalista, prima ancora che antifascista: un processo doloroso per lei e in generale per la sua generazione.

> Va detto innanzitutto che la nostra generazione è venuta su in una scuola fascista [...]. Siamo stati una generazione educata all'idea di patria, per cui il concetto di patria era molto vivo, ne erano permeati i libri di testo e tutta quanta la nostra cultura. Pertanto, quando ci rendemmo conto di cosa era il fascismo (e la cosa spaventosa era che la mia generazione non conosceva altro, a parte quelli che erano di famiglia antifascista), avevamo solo l'idea di patria, di nazione, dell'unità d'Italia ecc. Superare tutto ciò in nome di cosa? Non sapendo nulla poi di democrazia [...]. Ora lei pensi per una persona cresciuta in questo modo, appartenente a un certo ceto sociale, di famiglia privilegiata, cosa abbia significato a un tratto desiderare la sconfitta del proprio paese. Fu una cosa molto, molto difficile. Io ebbi una forte crisi spirituale. Oggi può sembrare retorica, ma fu molto penoso, perché tutto sommato noi siamo arrivati ad approvare i bombardamenti su Milano e su Torino, non a esultare, ma a considerarlo positivo, a superare il concetto di patria, a essere contenti per la disfatta della patria. Fu lacerante non sentire dispiacere per i bombardamenti.[24]

La miseria della guerra, insieme con la dimensione ideologica del conflitto, favorì il diffondersi di uno spirito critico anche tra coloro che erano

violenza "incolpevole". Retoriche e pratiche dei cattolici nella Resistenza veneta, Roma, Viella, 2021, p. 248, nota 130).

22. Catalano, *La felicità*, p. 11. Cfr. Rossi-Doria, *Le donne sulla scena politica*, p. 129.
23. Catalano, *La felicità*, p. 117.
24. Ivi, pp. 12-13.

cresciuti, come lei, «con in testa solo l'idea di patria, di nazione, dell'unità d'Italia» e «non sapendo nulla di democrazia»:

> Eppoi il fatto reale, che oggi si contesta ma che è reale, era che mezza Italia era diventata antifascista, certo anche perché avevamo preso le bombe, avevamo fame, però il nord Italia era con noi. C'era una canzone che girava, "le donne non ci vogliono più bene, perché portiamo le camicie nere", questo vuol dire che l'opinione pubblica non era con loro.[25]

Per le donne, inoltre, la violenza della guerra (perpetuata sia dagli occupanti sia dagli alleati) acquisì specifici connotati di genere perché si abbatté su di loro soprattutto attraverso lo stupro, in tutta Europa.[26] Specifici connotati di genere furono presto assunti anche da tutta la fitta trama di attività resistenziali che si svilupparono in Italia dopo l'8 settembre. La partecipazione delle donne alla lotta contro il nazifascismo fu ampia e articolata; costituì una parte integrante della Resistenza italiana e, come sottolineato da Silvia Salvatici, «contribuì a conferirle quei tratti di specificità che la contraddistinsero nel panorama europeo».[27] Questo tipo di impegno politico ebbe, per le donne, un significato peculiare. Per le italiane crescere durante il ventennio aveva significato essere educate in una società contradditoria. Il processo di fascistizzazione della società civile, infatti, aveva previsto da un lato che bambine e adolescenti fossero attivamente coinvolte nei corpi femminili dell'Opera nazionale Balilla; dall'altro che fossero educate alle virtù domestiche, inchiodate alla funzione riproduttiva e a un destino interno alla sfera famigliare. Le attività di Resistenza (armata o civile)[28] furono quindi per le donne (più spesso che per gli uomini) la prima forma di impegno politico diretto: una esperienza inedita che le portò a trasgredire i ruoli di genere e a irrompere sullo spazio pubblico, "colonizzandolo" temporaneamente con nuovi modi di essere.[29]

25. Ivi, p. 14.

26. Silvia Salvatici, *Le donne nelle guerre mondiali*, in *Storia delle donne nell'Italia contemporanea*, p. 128.

27. *Ibidem*.

28. La categoria di "resistenza civile" si è diffusa grazie al lavoro dello storico francese Jacques Sémelin che l'ha utilizzata per indicare una pratica di lotta condotta da civili, senza armi ma con strumenti come il coraggio morale, la duttilità, la capacità di manipolare i rapporti. Si veda: Anna Bravo, Anna Maria Bruzzone, *In guerra senza armi. Storie di donne. 1940-1945*, Roma-Bari, Laterza, 1995; Santo Peli, *La Resistenza in Italia. Storia e critica*, Torino, Einaudi, 2004, pp. 217-224.

29. Sull'esperienza delle donne nella Seconda guerra mondiale e, nello specifico, sul rapporto tra donne e Resistenza si rimanda (oltre ai testi già citati) a *Donne e uomini*

La guerra di liberazione, inoltre, coinvolse uomini e donne di orientamento comunista, socialista, cattolico, liberale ma, nella maggioranza dei casi, "persone comuni", svincolate da ideologie e da specifiche appartenenze, e senza competenze politiche pregresse. È questo il caso di Tullia: una giovane donna che, fino alla guerra, non aveva avuto altra esperienza se non una adesione ai Guf più di circostanza che "di fede" ma che, a seguito delle leggi razziali, aveva iniziato a covare dentro di sé un silenzioso dissenso.

Non è chiaro come questo suo dissenso abbia preso progressivamente corpo e voce ma sappiamo che, dopo il matrimonio, divenne per lei abituale la frequentazione di esponenti di Giustizia e libertà, spesso ospiti nella seconda casa dei Carettoni ad Alessandria. L'incontro con Andreis, Galante Garrone e altre figure apicali della Resistenza al Nord segnò con ogni probabilità uno spartiacque nella sua vita: nel corso del 1942 prese parte alle prime riunioni clandestine e maturò la decisione di impegnarsi in prima persona nella guerra di liberazione.[30] Quando i tedeschi fecero irruzione nel suo condominio di via Boncompagni 16, fu tra coloro che nel cuore della notte – d'accordo con il portiere – aprirono le porte di casa per permettere a quanti più ebrei possibile di nascondersi negli appartamenti dei cristiani.[31] Dopo l'armistizio cominciò dunque a svolgere in Piemonte e nel Lazio una serie di attività clandestine (parte integrante della Resistenza) che comportavano rischi anche molto alti (dalla denuncia alla deportazione fino alla pena di morte) e che, a due anni dalla Liberazione, le sarebbero valse la qualifica di partigiana combattente con «funzione di gregario».

3. *«Tornata a valle», la Resistenza continua*

Il 1945 fu un anno intenso, tra i più decisivi per la storia personale, politica e lavorativa di Tullia Carettoni. La cultura familistica del tempo prevedeva che, terminata la parentesi eccezionale della guerra, le donne dessero la priorità al ruolo di mogli e di madri. La signora Carettoni, in-

nelle guerre mondiali, a cura di Anna Bravo, Roma-Bari, Laterza, 1991; *Donne guerra politica: esperienze e memorie della Resistenza*, a cura di Dianella Gagliani *et al.*, Bologna, Clueb, 2000.

30. Nei suoi racconti non è specificato se lei abbia avuto contatti con Alessandro o con Carlo Galante Garrone.

31. Catalano, *La felicità*, p. 15.

vece, desiderò conquistare un lavoro stabile e, contemporaneamente, dare seguito al suo impegno civile nel nuovo contesto democratico. Convinta della dignità del lavoro femminile e decisa ad affermare la sua personalità nella sfera pubblica quanto in quella privata, dopo la laurea si dedicò intensamente ai concorsi per l'insegnamento (dal liceo alla scuola media) e svolse il praticantato, ottenendo un primo incarico a Latina.

Il pendolarismo non la portò a trascurare gli impegni politici, tutt'altro: fu proprio in questo periodo che mosse i primi passi di quello che sarebbe stato un lungo percorso.[32] Nel 1945, infatti, Tullia Carettoni confluì nel Partito d'Azione insieme con altri antifascisti ("spontanei" o "politici") che erano stati attivi, come lei, nelle formazioni partigiane liberali. Fu probabilmente in questi mesi che ebbe occasione di conoscere il "comandante Maurizio" – Ferruccio Parri – simbolo dell'antifascismo liberaldemocratico e presidente del Consiglio nel primo governo dell'Italia liberata. Con lui, anni dopo, avrebbe sancito un sodalizio politico di lunga durata.[33]

Al 1945 appartiene anche un altro evento fondamentale della sua storia politica: l'ingresso nella più grande associazione femminile di massa di matrice laica e social-comunista, la neocostituita Unione donne italiane - Udi.

Come nelle altre società occidentali, il secondo dopoguerra conobbe un processo di generale emancipazione femminile che fu senz'altro trainato dalla fondazione (talvolta ri-fondazione) di associazioni femminili, e dalla organizzazione dal basso di gruppi di donne impegnati in attività di assistenza ai bisognosi. Tra queste esperienze, quelle destinate ad avere maggiore successo furono quelle legate alle culture politiche dominanti: il Centro italiano femminile - Cif (di orientamento cattolico) e, per l'appunto, l'Udi, verso cui Tullia Carettoni fu indirizzata, come da lei stessa ricordato:

> nel gruppo che io frequentavo, non c'era l'idea di continuare, di fare politica. Poi però tornata a valle mi diedero dei piccoli incarichi, cominciarono a farmi fare dei viaggi, mi dissero che dovevo andare all'Udi a rappresentare il Partito d'Azione. Tant'è vero che dopo la Liberazione, nel novembre, partimmo in una delegazione di tutti i partiti democratici che avevano co-

32. Ivi, pp. 11-12.

33. Cfr. la voce "Ferruccio Parri" in *Dizionario della resistenza*, vol. 2, *Luoghi, formazione, protagonisti*, a cura di Enzo Collotti, Renato Sandri e Frediano Sessi, Torino, Einaudi, pp. 607-609.

stituito il sottogoverno Parri, andammo a Parigi per un congresso internazionale sulle donne.[34]

L'iniziativa a cui fa riferimento è il Congresso internazionale delle donne convocato dall'Union des femmes françaises (Uff) e ospitato alla fine del novembre 1945 nella sala della *Mutualité* della sede delle Nazioni Unite. Il "Congrès international des femmes pour la démocratie et la paix" fu un evento decisivo nella storia dell'associazionismo femminile del secondo dopoguerra. Promosso dall'Unione Sovietica, il congresso tentò di riannodare antichi legami internazionali e di avviare un processo che sfuggisse alla logica geopolitica dei blocchi, attraverso la creazione di una Lega unitaria che andasse oltre le differenze di classe, razza, religione e partito politico. In realtà, fu invece il primo ed ultimo atto unitario dell'attivismo femminile della Guerra fredda.[35]

La delegazione italiana era composita: vi aderirono molte associazioni, dall'Udi al Cif, dalla Federazione italiana donne arti professioni e affari - Fidapa alla Associazione femminile italiana per la libertà, l'uguaglianza e la pace - Afi, quest'ultima fondata la prima volta nel 1909.[36] Il viaggio fu però complicato non tanto dalle divergenze politiche delle partecipanti, quanto dalle notevoli difficoltà logistiche legate al suo finanziamento e alla sua organizzazione. Come ricostruito da Giulia Cioci, le partenze per raggiungere il primo "Congrès International des Femmes pour la démocratie et la paix" del dopoguerra furono programmate da città diverse e in giorni diversi:

> alcune intrapresero il viaggio da Torino, altre da Milano, alcune si sistemarono nei vagoni letto, altre scelsero l'automobile, mentre il gruppo più numeroso volò il 24 novembre dall'aeroporto di Centocelle «con un traballante aereo militare [fornito dalle autorità Alleate] accomodandoci alla meglio su un sedile di ferro che correva sui due lati lungo la carlinga». Le delegate ar-

34. Catalano, *La felicità*, p. 16.

35. Giulia Cioci, *L'Udi e il Cif nelle reti transnazionali. Politiche associative e strategie di genere dal 1945 al 1966*, tesi di Dottorato in Scienze documentarie, linguistiche e letterarie, Curriculum Studi storico-letterari e di genere (XXXII ciclo), "Sapienza" Università di Roma, pp. 39-62; Patrizia Gabrielli, *Il 1946, le donne, la Repubblica,* Roma, Donzelli, 2009, p. 19.

36. Patrizia Gabrielli, *Una galassia femminile: associazionismo laico nell'Italia del secondo dopoguerra*, in «Transalpina», 20 (2017), online: journals.openedition.org/transalpina/398?lang=it (consultato il 12 ottobre 2021).

rivarono nella capitale francese dopo sei giorni e «una forzata sosta a causa del maltempo a Istres».[37]

La giovane Tullia Carettoni – aveva allora 27 anni – fu tra coloro che partirono in aereo da Milano.[38] Questo evento, organizzato in una capitale europea ancora devastata dalla guerra, lasciò il segno perché si rivelò "un bagno di verità" rispetto alla condizione sociale delle donne in tutto il mondo. In questa occasione, Tullia Carettoni scoprì che i problemi che affliggevano le donne travalicavano i confini geografici e che la condizione femminile era arretrata anche in molti altri paesi europei, non solo in Italia.[39]

> A Parigi si mangiava senza tessera, lì ci rendemmo conto che sulle donne erano tutte chiacchiere e che c'erano ancora tante cose da fare. Toccammo con mano la condizione di inferiorità femminile mondiale. L'aggravante era che mentre negli altri paesi c'erano movimenti, da noi no.[40]

A Parigi, dunque, maturò la convinzione che fosse necessario organizzare presto, anche in Italia, un unico e solido movimento laico delle donne in grado di contrapporsi all'associazionismo cattolico e confessionale. Al rientro decise dunque di impegnarsi attivamente, oltre che in un partito politico, anche nell'Udi (che a ottobre 1945 aveva organizzato a Firenze il primo congresso fondativo), spinta dalla certezza che l'Italia democratica avrebbe mantenuto quella promessa di parità tra uomini e donne insita nella lotta antifascista.

Il nuovo protagonismo politico delle donne – simboleggiato dal diritto di voto attivo decretato all'inizio del 1945 dall'accordo tra Alcide de Gasperi e Palmiro Togliatti e, l'anno dopo, anche dal diritto all'eleggibilità – venne però presto depotenziato: la smobilitazione postbellica rallentò di fatto il processo di modernizzazione appena avviato. Alle donne si chiese di essere pienamente attive nella ricostituzione del legame sociale e nel

37. Cioci, *L'Udi e il Cif nelle reti transnazionali*, p. 43. Cfr. *La nostra volontà di pace espressa dalla delegazione italiana*, in «Noi Donne», 15 (1945), pp. 1-2.

38. Nell'elenco delle partecipanti, il suo nominativo è accompagnato dalla qualifica di «invitata» e «privata», appartenente al Partito liberale italiano. Come spesso accade, il suo cognome è riportato erroneamente con due r (Carrettoni). Cfr. ACUDI, Dnm, b. 1, fasc. 5, sottofasc. 2, *Elenco ufficiale delle delegate italiane.*

39. Si rimanda a Mariette Sineau, *Le donne nella sfera politica: diritti delle donne e democrazia*, in *Storia delle donne. Il Novecento*, a cura di George Duby e Michelle Perrot, Roma-Bari, Laterza, 1992, p. 541.

40. Catalano, *La felicità*, p. 15.

superamento del trauma bellico: era necessario «chiudere rapidamente non solo con la guerra, ma anche con il dopoguerra, sinonimo di illegalità generalizzate e di licenze morali», spiega Vinzia Fiorino.[41] La fine dell'emergenza comportò quindi il rientro delle donne nella sfera domestica e il ripristino di norme di genere rigide, in gran parte sistematizzate in codici civili e penali ereditati dal passato, che a lungo avrebbero continuato a plasmare il rapporto delle donne con il diritto.[42] La conferma dei tradizionali doveri femminili nello spazio domestico (si pensi al lavoro riproduttivo e di cura delle donne, considerato «essenziale» anche nella Carta costituzionale) confliggeva con i nuovi doveri connessi all'uguaglianza politica e configurava un modo di essere "cittadina" ben diverso da quello maschile. Come scritto da Elda Guerra, dunque, gli anni che vanno dal 1943 al 1948 costituirono «uno dei capitoli più intensi della storia delle donne italiane», ma gli esiti, dal punto di vista del cambiamento di un sistema fortemente asimmetrico delle relazioni di genere, «non corrisposero a quella intensità».[43]

All'entusiasmo e alle aspettative diffuse alla fine della guerra seguì, già agli albori della Repubblica, il disincanto. La strada dell'eguaglianza apparve disseminata di ostacoli e di pregiudizi soprattutto a coloro che, dopo aver aderito alla Resistenza, vollero continuare a fare politica dedicandosi alla «dimensione quotidiana dell'esistenza» (l'assistenza ai reduci, agli sfollati, ai bambini),[44] impegnandosi nella campagna per il diritto di voto, o partecipando attivamente alla vita di uno dei partiti del Cln. Fu il caso di Tullia Carettoni la quale si accorse presto che una visione intrinsecamente maschilista permeava la cultura politica dell'Italia

41. Vinzia Fiorino, *Lo spazio pubblico delle donne: suffragio, cittadinanza, diritti politici*, in *Le donne nell'Italia contemporanea*, p. 75.

42. Sulle continuità tra fascismo e Repubblica si rimanda a: Claudio Pavone, *Alle origini della Repubblica: scritti su fascismo, antifascismo e continuità dello Stato*, Torino, Bollati Boringhieri, 1995; Mario Sbriccoli, *Caratteri originari e tratti permanenti del sistema penale italiano (1860-1990)*, in *Storia d'Italia*, *Annali*, 14, *Legge diritto giustizia*, a cura di Luciano Violante, Torino, Einaudi, 1998, pp. 487-551; *Dal fascismo alla Repubblica: quanta continuità? Numeri, questioni, biografie*, a cura di Marco De Nicolò e Enzo Fimiani, Roma, Viella, 2019.

43. Guerra, *Donne e relazioni di genere nell'Italia postbellica*, p. 96.

44. Paola Gaiotti De Biase, *Donne e politica nella Repubblica, dal dopoguerra agli anni '60*, in *Una democrazia incompiuta*, pp. 108-109. Sulla svalutazione della dimensione politica dell'impegno delle donne dopo la Liberazione si rimanda a Rossi-Doria, *Le donne sulla scena politica*.

repubblicana nel suo complesso, e che tutti i partiti condividevano «una visione non egualitaria delle donne», come ha raccontato nei primi anni Duemila in una intervista per «Dwf»:

> Durante la guerra, mentre facevamo lavoro clandestino, noi eravamo convinte di avere conquistato la parità: caduto il fascismo, eravamo alla pari, avremmo avuto gli stessi compiti, gli stessi incarichi. Io ero assolutamente convinta che saremmo tornati a casa con la parità conquistata. Invece no! A cominciare dai nostri partiti![45]

C'è di più. Finita l'emergenza, molte partigiane videro svalutato il loro impegno politico nella Resistenza: svalutazione che avrebbe cementato stereotipi di lunga durata. Basti pensare ai ruoli ausiliari (staffette, infermiere, cuoche, sarte) che per molto tempo sono stati giudicati accessori o che a lungo, anche in ambito storiografico, sono stati ammessi come gli unici ricoperti dalle donne.

> Finì la guerra e tornati a casa – racconta ancora Tullia Romagnoli Carettoni – ci sentimmo dire dai nostri partiti che noi donne dovevamo occuparci delle cose delle donne… che delusione, avevamo rischiato con gli uomini, e credevamo di aver meritato la parità! Avevamo dormito tutti insieme, avevamo lottato tutti insieme, Dc, Pci, Psi.[46]

Dopo la Liberazione, ricostruita una "normalità", il lavoro di cura organizzato dalle associazioni femminili venne per lo più considerato, come già accaduto nell'Ottocento, "non politico". Questo accadde perché – citando Anna Rossi-Doria – «si delega volentieri alle donne il "fare la carità"».[47] Di conseguenza, il primo ceto politico dell'Italia repubblicana stentò a riconoscere anche a coloro che erano state in prima linea nella guerra di Liberazione la possibilità di rappresentare la nuova Italia e non favorì la loro presenza nei luoghi di rappresentanza e dirigenza istituzionali.[48] Le donne si sarebbero dovute occupare «dei fatti delle donne»:

> Alle donne della Resistenza che volevano continuare a fare politica nei partiti di sinistra si rispondeva "Andate all'Udi". Molte ci andarono e fu una esperienza molto bella, ma non eliminava il pregiudizio degli uomini di partito,

45. *Noi giovani donne della nuova Repubblica. Un incontro con Tullia Carettoni*, a cura di Paola Masi, in «Dwf», 2-3 (2003), p. 45.

46. Catalano, *La felicità*, p. 15.

47. Anna Rossi-Doria, *Le donne nella modernità,* Villa Verucchio, Pazzini, pp. 46-47.

48. Gabrielli, *Il 1946, Le donne e la Repubblica.*

> quelli che ci dicevano "occupatevi dei fatti delle donne, punto e basta, non impicciate qua".[49]

Tullia Carettoni accettò di entrare nell'Udi, desiderosa di tradurre in realtà gli ideali della Liberazione. La sua voglia di contare, di partecipare e contribuire alla vita politica democratica – al pari degli uomini – l'avrebbe portata, però, a "impicciarsi" e a sfidare i confini che allora delimitavano l'azione politica delle donne.

4. *Con Rodolfo Siviero: il recupero delle opere d'arte trafugate*

Gli ultimi mesi del Regno d'Italia furono un periodo molto faticoso per Tullia Carettoni. Conciliare l'insegnamento fuori città con la maternità e con una passione politica dal crescente impegno, non era facile. Divenne quindi per lei prioritario l'ottenimento di un incarico a Roma. Determinata a raggiungere questo obiettivo, conseguì ben dieci abilitazioni, tra cui quella in storia dell'arte che avrebbe segnato la fortuna della sua carriera di docente.

In questo periodo fu fondamentale l'incontro con Pasquale D'Abbiero – professore di liceo, figura di spicco della Resistenza nelle scuole romane, segretario del Sindacato scuola – che la orientò nel complesso mondo del reclutamento scolastico.[50] Fu anche grazie ai suoi consigli, infatti, che appena vennero istituite le cattedre di ruolo in storia dell'arte moderna (una novità nell'assetto scolastico del tempo), Tullia Carettoni si candidò e venne assunta come insegnante di liceo. Fu una tra le prime in Italia visto che, fino al decreto legislativo n. 239 del 1945, la docenza nei licei era stata preclusa alle donne.[51]

> Io avevo dieci abilitazioni e avevo vinto tante cattedre, desideravo avere una cattedra di liceo a Roma. Quando a D'Abbiero dissi che avevo l'abilitazione

49. *Noi giovani donne della nuova Repubblica*, p. 45.

50. Giorgio Caputo, *La Resistenza della scuola romana*, in «Il movimento di liberazione in Italia», 67 (1962), pp. 3-30.

51. Nel 1926 le donne erano state escluse dalle cattedre di lettere, latino, greco, storia e filosofia nei licei e di italiano e storia negli istituti tecnici. Cfr. Albanese, *Donne nell'università fascista*, p. 105; Liviana Gazzetta, *Sulle orme di Elena. Docenti e studiose di filosofia nel primo Novecento*, in *Cittadinanze incompiute. La parabola dell'autorizzazione maritale,* a cura di Stefania Bartoloni, Roma, Viella, 2021, pp. 165-184.

in storia dell'arte, saltò su e mi informò che avevano istituito le cattedre di ruolo, per cui chi aveva l'abilitazione si presentava e gli davano cattedre fino a ricoprirle tutte. Io avevo l'abilitazione per insegnare storia dell'arte [...]. Dabbiero [*sic*] mi disse: "Tu sei di ruolo, sarai la prima in Italia!". Ebbi la cattedra a Roma al liceo Tasso, dietro casa, non andavo più fuori Roma e all'intervallo riuscivo persino a passare per casa, dove avevo un bambino piccolo. C'è da dire però che la storia dell'arte moderna non era la mia materia, sicché mi toccava studiare e morivo di paura.[52]

A 28 anni, dunque, divenne professoressa di storia dell'arte al liceo Tasso di Roma (dove avrebbe insegnato dal 1946 al '48 e poi dal 1956 al '60) e poté tirare un sospiro di sollievo: era molto vicino alla sua abitazione di via Boncompagni, frequentato prima da suo marito e poi, dal 1954, proprio negli anni in cui vi insegnava, anche dal figlio Ettore. Il Tasso, inoltre, era una scuola prestigiosa, nota per il rigore e la tendenza al conservatorismo, nella quale però lei spiccava tra i giovani docenti laici e "all'avanguardia", come da lei stessa raccontato:

La guerra appena finita, il sapore ignoto della libertà (ma davvero posso fare tante cose senza chiedere l'autorizzazione di nessuno?, posso dire tutto quello che penso?), la speranza. C'era anche la gioventù, e fra me e i miei alunni del liceo Tasso il divario di età non era enorme. Forse la stessa guerra lo aveva livellato.
Il Tasso era una scuola di élite: per tradizione vi arrivavano i figli delle famiglie bene, soprattutto quelli dell'alta borghesia intellettuale. Le distinzioni di "classe" erano ancora molto forti. E forte ancora era il principio di autorità. Appena arrivata al Tasso ci venne annunciato che un tale giorno, dedicato ad un santo patrono delle scuole, dovevamo accompagnare alla Messa gli alunni. Alcuni professori delle nuove leve (ed io fra quelli) sottolineammo che non ci pareva il caso. Con tutto il rispetto per la religione maggioritaria, per il santo e per la tradizione, non si poteva chiedere a laici, ebrei e valdesi (ce n'era qualcuno) di partecipare obbligatoriamente ad una cerimonia di culto. La "vecchia guardia" dei professori rimase scossa, ma lo scossone li convinse che qualche cosa stava cambiando.[53]

In linea con una società che desiderava lasciarsi alle spalle l'austerità della ricostruzione, Tullia Carettoni si apprestò a vivere una fase di grande dinamicità. La conquistata stabilità lavorativa le permise di dedicare più energie

52. Catalano, *La felicità*, p. 17.
53. Testimonianza pubblicata in *Un liceo per la Capitale. Storia del liceo Tasso (1887-2000)*, a cura di Filippo Mazzonis, Roma, Viella, 2005, p. 193.

all'attività con il PdA e con l'Udi e di assumere alcuni incarichi istituzionali. Tra questi, uno dei più importanti fu quello che ricoprì nella Commissione per il recupero delle opere d'arte trafugate nel corso della Seconda guerra mondiale: una commissione interministeriale (tra Esteri, Giustizia, Difesa e Tesoro) istituita ufficialmente il 12 aprile 1946 dando seguito a disposizioni del governo Alleato per la conservazione e la salvaguardia del patrimonio artistico.[54] A capo dell'ufficio fu nominato come ministro plenipotenziario Rodolfo Siviero, un raffinato collezionista d'arte (originariamente fascista e poi sospetto di attività spionistica in Germania), che durante la guerra si era messo in luce per aver organizzato un gruppo di "partigiani dell'arte" con lo scopo di proteggere il patrimonio culturale nell'Italia occupata.[55]

Tra il 1938 e il 1943 i nazisti erano riusciti a mettere le mani su numerose opere d'arte italiane grazie al favore di gerarchi fascisti e senza che il ministero dell'Educazione nazionale ponesse ostacoli sostanziali. Come ricostruito da Francesca Bottari, «in deroga alle leggi di tutela e alle circolari emanate dal ministro Giuseppe Bottai, furono acquisite da raccolte private ed esportate migliaia di opere, tra le quali il Discobolo Lancellotti e la Madonna dell'umiltà di Masolino».[56] Durante l'occupazione tedesca, inoltre, il saccheggio aveva assunto una modalità sistematica ma, a questo punto, aveva iniziato a trovare una risposta organizzata in un gruppo di partigiani coordinato da Siviero. Tra le loro operazioni più note, ricorda ancora Bottari, ci fu quella che – grazie al travestimento dei partigiani in ufficiali repubblichini – impedì ai nazisti di prelevare i quadri di casa De Chirico.[57]

Al principale "monument man" italiano si deve il recupero (con azioni spesso rocambolesche e a tratti eroiche anche in tempo di pace) di oltre

54. Decreto luogotenenziale n. 385, *Istituzione di un Ufficio per il recupero delle opere d'arte e del materiale bibliografico*. La legge del 1946 viene poi confermata dalla legge 323/1953, *Proroga del funzionamento dell'Ufficio per il recupero delle opere d'arte e del materiale storico e bibliografico nazionale*. Sulla complessa vicenda che ha portato all'istituzione dell'Ufficio e alla nomina di Siviero cfr. Federica Rovati, *Italia 1945: il recupero delle opere d'arte trafugate dai tedeschi*, in «Acme. Annali della Facoltà di Lettere e Filosofia dell'Università degli Studi di Milano», III (settembre-dicembre 2005), pp. 265-292.

55. Francesca Bottari, *Rodolfo Siviero*, in *Dizionario biografico degli italiani*, vol. 93 (2018) www.treccani.it/enciclopedia/rodolfo-siviero_%28Dizionario-Biografico%29/ (ultima consultazione il 21 gennaio 2022). La stessa autrice ha dedicato a Siviero anche una monografia: *Rodolfo Siviero. Avventure e recuperi del più grande agente segreto dell'arte*, Roma, Castelvecchi, 2013.

56. Bottari, *Rodolfo Siviero*.

57. *Ibidem*.

tremila capolavori saccheggiati dai nazisti e dispersi tra l'Europa e gli Stati Uniti negli anni della Guerra fredda: un successo innegabile – nonostante l'ambiguità e la stravaganza del personaggio – che spiega la stima che Tullia nutriva per lui e l'impegno che poi avrebbe profuso per cercare di sostenerlo fino alla fine della sua vita, nel 1983.[58] D'altronde, il lavoro al fianco di Siviero lasciò un segno profondo: come vedremo, infatti, la difesa e la valorizzazione del patrimonio culturale nazionale sarebbe diventato uno dei suoi principali ambiti d'intervento.

5. *Scuola e famiglia: l'impegno nell'Udi*

Nel dopoguerra, grazie all'ottima conoscenza del francese e un buon livello di inglese e spagnolo, Tullia Carettoni accettò sempre più spesso, sia per l'Udi sia per il PdA, responsabilità che richiedevano disponibilità a viaggiare anche all'estero. Il ripristino della pace e dei rapporti diplomatici nel continente era coinciso infatti con un ritorno della mobilità transnazionale che inaugurò «una stagione di significativo allargamento dei confini conoscitivi» e creò anche nuovi profili politici, tra cui la figura della delegata «che attraversa i confini nazionali, rifiutando i paradigmi della stanzialità».[59] Fu quindi come delegata di PdA e Udi che nel 1946, a un anno di distanza dal primo viaggio a Parigi, Tullia Carettoni tornò nella capitale francese per partecipare al primo congresso della *Fédération internationale démocratique des femmes*, l'associazione internazionale nata

58. Negli anni Settanta Tullia Carettoni verrà accusata di aver avanzato una proposta di legge *ad personam* con l'obiettivo di far avere a Siviero (nel frattempo caduto in disgrazia economica) un incarico istituzionale e quindi una pensione: la n. 1231/1973, *Norme per il rafforzamento e la trasformazione della delegazione per le restituzioni all'Italia del materiale culturale e artistico sottratto al patrimonio nazionale*. Una proposta di legge per il pensionamento di Siviero verrà poi presentata alla Camera il 22 febbraio 1980 con il ddl 1425, *Istituzione della Delegazione per la restituzione all'Italia del materiale culturale ed artistico sottratto al patrimonio nazionale*. Cfr. AUFN, TRC/I, b. 20, fasc. 5 dove sono conservate varie lettere di Lombardi del 1980-1981 in cui si parla della «leggina per Siviero». In quella che Lombardi indirizzò a Tiraboschi il 19 settembre 1980, Siviero viene descritto come un «vecchio compagno» che «ha fatto veramente miracoli, agendo per di più con incarichi informali o non sufficientemente formalizzati, sapendo con ciò di rischiare il completo isolamento e l'abbandono a opera finita». La pensione di anzianità verrà riconosciuta dallo Stato italiano a Siviero soltanto *post mortem*.

59. Cioci, *L'Udi e il Cif nelle reti transnazionali*, pp. 63-64.

dal congresso dell'anno precedente. Questo, come abbiamo visto, si era concluso con l'auspicio di affermare uno spirito unitario e scardinare la divisione bipolare ma, di fatto, aveva sancito una linea internazionalista di indirizzo socialista e anticapitalista.[60]

La sua nomina nella delegazione italiana a Parigi fu indubbiamente un importante riconoscimento della sua preparazione e della sua propensione al confronto con altre realtà: qualità che con il tempo avrebbe ulteriormente sviluppato. Questo secondo viaggio a Parigi, inoltre, le permise di stringere amicizie importanti e durature, come quella con Ena Viatto, partigiana comunista, delegata dei Gruppi di difesa della donna e moglie di Riccardo Lombardi, che sarebbe invece diventato il suo «maestro», come raccontato in un'intervista con Carlo Patrignani:

> [Lombardi] è stato il mio maestro, un politico puro, intelligente e di grande lavatura morale, un intellettuale aristocratico, un uomo da cui non abbiamo saputo prendere, tutti, nella sinistra italiana, quello che si poteva e doveva prendere [...].
> Ena? Una donna intelligente, colta, sensibile, impegnata intellettualmente, non ha mai voluto fare attività politica, molto dedita al marito per rendergli la vita più facile: una coppia speciale, originale, diversissimi, ma uniti da un forte sentimento libertario e un po' anarcoide. Li conobbi nel lontano 1946 a Milano: Ena mi aveva trovato una stamberga nella Milano distrutta dove pernottare prima di riprendere il viaggio per Parigi, dove c'era un congresso mondiale delle donne al quale partecipavo come delegata dell'Udi, di cui ero dirigente, e Riccardo mi accolse con tatto e gentilezza: "sei tu, la famosa Tullietta?". "Sì – risposi – sono Tullietta". Fu un incontro pieno di accortezze e di gentilezza, due veri signori.[61]

Dopo il viaggio a Parigi i suoi incarichi aumentarono velocemente: già l'anno dopo, nel 1947, Carettoni entrò nel comitato direttivo dell'Udi.[62] La

60. *Noi giovani donne della nuova Repubblica*, p. 47. Dato il forte legame della Fdif con l'Est Europa, l'Udi divenne in poco tempo l'unica associazione responsabile della sezione italiana della Fdif. Cfr. Rachele Ledda, *The Season of Transgression Is Over? The Union of Italian Women and the Italian Communist Party: Reaction, Negotiation and Sanctioned Struggles in Local and Global Context 1944-1963*, in «History of Communism in Europe», 8 (2017), pp. 211-228.

61. Intervista di Carlo Patrignani con Tullia Carettoni intitolata *Due veri signori*, in Carlo Patrignani, *Lombardi e il fenicottero*, Roma, L'Asino d'oro, 2009, pp. 191-192.

62. Maria Michetti, *Udi: laboratorio di politica delle donne. Idee e materiali per una storia*, Roma, Cooperativa libera stampa, 1984, pp. 21-22.

sua elezione avvenne in occasione del II Congresso nazionale che si tenne a Milano tra il 19 e il 23 ottobre 1947 e che fu un Congresso rilevante perché inaugurò una nuova linea. L'associazione mise da parte il programma originario e sostituì le parole chiave tipiche della transizione postfascista ("diritti", "emancipazione" e "parità") con due nuovi obiettivi verso cui indirizzare la politica a favore delle donne e della famiglia della neonata Repubblica: «pace e lavoro», come si legge negli atti del Congresso.[63]

> PER UNA FAMIGLIA FELICE PACE E LAVORO
> Le inaudite sofferenze dell'oppressione e della guerra fascista ci hanno insegnato che la vita quotidiana del nostro focolare, la sorte e l'avvenire dei nostri figli non possono essere disgiunti dai problemi di tutto il popolo.
> Noi, donne italiane, vogliamo essere il cemento tenace di questa unità, nel nostro paese e nel mondo: perché il benessere, la felicità e il progresso delle nostre famiglie e dell'Italia non sono possibili senza la sicurezza di una pace durevole in tutto il mondo.[64]

Il Congresso dell'Udi del 1947 impostò il lavoro dell'associazione sulla base di quattro commissioni. Tullia Carettoni fu incaricata responsabile, insieme con Ida Tumulini, di quella "per la scuola e la famiglia", anche se lei, in prima persona, si sarebbe focalizzata in particolare sulle politiche scolastiche.

Quello della scuola era un ambito di intervento allora molto rilevante perché rientrava nel più ampio processo di defascistizzazione centrale nell'agenda dei primi governi repubblicani. La gestione della transizione dal regime fascista alla democrazia costituì un terreno di acceso confronto nella prima fase della storia democratica, caratterizzata da processi di urbanizzazione, da una intensa trasformazione industriale e agraria ma anche da una domanda crescente di istruzione. Divisa e lacerata nel profondo, la scuola era «lo specchio del paese»[65] tanto che tra il 1943 e il 1945 il suo destino fu discusso da tutti: da Badoglio, dagli Alleati al Sud così come nelle repubbliche partigiane.

63. Marisa Rodano, *Memorie di una che c'era. Una storia dell'Udi*, Milano, Il Saggiatore, 2010, p. 59.

64. *Due anni fa... II° Congresso nazionale in Sotto la bandiera della Pace. Due anni di attività dell'Unione donne italiane dal secondo al terzo congresso nazionale*, Roma, Danesi, 1949, p. 5.

65. Monica Galfré, *Tutti a scuola! L'istruzione nell'Italia del Novecento*, Roma, Carocci, 2017, p. 127.

La ricostruzione era difficile perché si doveva intervenire sul piano materiale, fronteggiando una situazione di distruzione drammatica (molte delle scuole che si erano salvate dai bombardamenti erano state trasformate in centri di accoglienza per gli sfollati);[66] su quello culturale, per fronteggiare l'analfabetismo e l'abbandono scolastico; e infine su quello teorico, inventando un progetto educativo adatto a una società libera e democratica.

> Il regime – ha scritto Ricuperati – lasciava una scuola che era stata riorganizzata nella fase iniziale della riforma Gentile, secondo un modello aristocratico e selettivo, che però aveva non solo il pregio della coerenza, ma anche una certa capacità di riportare nel nuovo contesto autoritario molte delle elaborazioni emerse nell'età giolittiana. Il nodo essenziale era il rapporto fra cultura umanistica (all'interno della quale emergeva la filosofia) e il reclutamento delle élite dirigenti [...]. Ma come preservare questo spazio ideale e per pochi dalle domande sempre crescenti di istruzione che provenivano dalla piccola borghesia, da alcuni strati della stessa classe operaia e – ormai in modo sempre più consistente e democratico – dalle donne?[67]

Programmi, testi, formazione del personale docente, ruolo dei licei, degli istituti tecnici e professionali, delle magistrali... tutto il sistema educativo, dalle elementari alle università, andava ripensato per cercare di rispondere alle esigenze poste dal nuovo contesto politico e sociale.

In questo scenario, il tema dei rapporti tra istruzione pubblica e istruzione privata fu il più dibattuto, come dimostra il malcontento che nell'estate del 1946 si diffuse a sinistra a seguito della nomina a ministro dell'Istruzione del democristiano Guido Gonella. I più allarmati furono gli intellettuali antifascisti, consapevoli che per la Dc quello dell'istruzione fosse un ambito decisivo per consolidare il proprio consenso.[68] In segno di protesta, vennero redatti persino due appelli: il *Manifesto per la difesa e lo sviluppo della scuola nazionale*, firmato anche da Benedetto Croce; e un altro redatto dall'Associazione per la difesa della scuola nazionale. Tra i fondatori di questa associazione figurava Pasquale D'Ab-

66. Vanessa Roghi, *La lettera sovversiva. Da Don Milani a De Mauro il potere delle parole*, Roma-Bari, Laterza, 2017, p. 4.

67. Giuseppe Ricuperati, *Storia della scuola in Italia. Dall'Unità a oggi*, Brescia, La Scuola, 2015, p. 251. Per una visione di lungo periodo si rimanda ai contributi pubblicati in *Manuale di Storia della scuola italiana. Dal Risorgimento al XXI secolo*, a cura di Fulvio De Giorgi, Angelo Gaudio e Fabio Pruneri, Brescia, Scholè, 2019.

68. Galfré, *Tutti a scuola!*, p. 140.

biero, nel frattempo divenuto membro della Commissione scuola del Pci e segretario generale del Sindacato nazionale scuola media: un sindacato autonomo, trasversale ai partiti, che rappresentava gli insegnanti delle scuole medie e nel quale, presto, sarebbe stata coinvolta anche Tullia Carettoni.[69]

Fu così che il tema della scuola di Stato si impose nell'agenda della Commissione alleata, dei rinati partiti politici, dei primi governi repubblicani così come dall'Assemblea costituente. In questa sede i vari schieramenti politici si confrontarono a lungo sul rapporto tra istruzione pubblica e privata. Inizialmente, in una delle prime bozze del testo costituzionale prodotta dalla relativa Sottocommissione, fu prevista la libertà d'iniziativa privata. Questa ipotesi allarmò i difensori del principio della laicità (soprattutto socialisti), venne discussa nella fase più "calda" dello scontro in Assemblea e, alla fine, non risultò vincente. La soluzione approvata, infatti, da un lato sancì il diritto, da parte di enti privati, di fondare scuole e istituti di educazione; dall'altro esplicitò che l'istruzione privata non dovesse comportare «oneri» per lo Stato, come previsto dall'emendamento del liberale Corbino. Inoltre, grazie all'accoglimento di un altro emendamento (questa volta di matrice socialista) fu ammessa l'«equipollenza del trattamento *scolastico*» (e quindi non *finanziario*) degli e delle studenti delle scuole private, ma questa equipollenza fu vincolata al superamento di un esame alla fine di ogni ciclo.[70]

Fu dunque in un momento cruciale per il destino della scuola – mentre tra l'altro veniva avviata l'inchiesta nazionale per la riforma del sistema scolastico (1947-1949) – che Tullia Carettoni si mise a disposizione sia del Sindacato nazionale, sia della Commissione scuola dell'Udi con il compito di seguire il processo di ripensamento dell'ordinamento scolastico e di cercare le soluzioni ai problemi, strettamente collegati tra loro, della povertà, dell'istruzione, dell'infanzia, della cittadinanza. L'associazione delle donne socialiste e comuniste, in particolare, si diede come obiettivo quello di delineare una strategia di intervento per combattere l'analfabetismo e far rispettare l'obbligo scolastico (di otto anni, come

69. Adolfo Scotto di Luzio, *Il Pci e la scuola laica alla Costituente. Storia di due manifesti*, in «Contemporanea», 4 (2006), pp. 681-699; Vincenzo Viola, *Il sindacato che non c'era. La nascita della Cgil scuola*, in «Zapruder», 27 (2012), pp. 136-142.

70. Per un approfondimento rimando a Alberto Panighetti, *La scuola all'Assemblea costituente e nella Costituzione*, in *La scuola italiana dal 1945 al 1983*, a cura di Mario Gattullo e Aldo Visalberghi, Scandicci, La Nuova Italia, 1986, pp. 34-51.

sarebbe stato stabilito dall'articolo 34 della Costituzione), ma desiderò anche contribuire a sensibilizzare le autorità politiche e il personale docente rispetto a metodi educativi che fossero all'avanguardia e segnassero una discontinuità con il precedente regime.[71] A tal fine, Tullia Carettoni si impegnò per favorire il confronto fra le realtà sensibili al rinnovamento delle politiche scolastiche in chiave democratica.

Il dialogo con l'Associazione per la difesa della scuola nazionale fu, in questo quadro, naturale. Alla fine del 1947, in collaborazione con l'Assemblea per la difesa della scuola nazionale, organizzò il "Primo convegno della scuola" che si tenne a Firenze il 26-27 dicembre, mentre l'Assemblea costituente si apprestava a licenziare il testo costituzionale definitivo. Il convegno riunì i rappresentanti di tutti gli enti che allora si occupavano di scuola con l'obiettivo di costituire «una larga alleanza di forze democratiche per la difesa, il rinnovamento e il progresso della scuola». Tra gli invitati ci furono D'Abbiero, in rappresentanza della Cgil, Leonardo Mingrino, segretario provinciale del Psi, Claudia Maffioli dell'Anpi.[72]

In questa occasione Tullia Carettoni, in qualità di organizzatrice, esplicitò la sua visione politica, improntata da un approccio liberale e anticlericale: denunciò apertamente gli effetti, a suo avviso nefasti, del fenomeno delle «parificazioni» degli istituti privati alle scuole pubbliche, auspicando progetti di riforma che andassero invece a limitare gli interventi a favore della scuola privata (per lo più ecclesiastica).[73] Carettoni aveva dunque già chiaro come si sarebbe dovuto procedere per riformare al meglio la scuola: garantendo la gratuità dell'istruzione inferiore, ed eliminando la divisione classista della scuola secondaria che allora prevedeva due percorsi (uno per chi avrebbe continuato a studiare e un altro per chi, dopo tre anni, si dava per scontato che sarebbe andato a lavorare). Due obiettivi che, come vedremo, scandiranno la sua azione politica nel corso degli anni Cinquanta, decennio in cui le politiche scolastiche saranno dominate proprio dalla battaglia per la scuola media unificata.

71. Cfr. Relazione di Tullia Carettoni del 22 ottobre 1947 in ACUDI, Cronologico, 1947, b. 16, fasc. 173.

72. Cfr. ACUDI, Scuola, b. 1, fasc. 3, *Udi centro, I problemi della scuola.*

73. *L'Unione Donne Italiane (1944-1948)*, a cura di Silvana Casmirri, in «Quaderni della Fiap», 28 (1978), p. 44.

6. *«Candidata della pace» alle elezioni del 1948*

Nei primi anni della storia repubblicana, Tullia Carettoni accumulò sempre più esperienze e progressivamente plasmò il suo modo di intendere la militanza: ovvero come un servizio alla cittadinanza da attuare attraverso la mediazione e i compromessi essenziali per realizzare il progresso sociale. Da questo punto di vista, l'Udi costituì una vera e propria palestra politica nella quale affinò l'arte del confronto e imparò a relazionarsi con persone e situazioni eterogenee, come da lei stessa riconosciuto:

> Il metodo di fare politica l'ho imparato all'Udi. Ci insegnò anche l'abitudine ad avere contatto reale con la gente e mi fu utile nella successiva attività parlamentare. L'Udi era una organizzazione legata alla realtà sociale molto più delle commissioni e i movimenti femminili dei partiti, anche perché lì nei partiti le donne stavano strette, tutte trovavano grandi difficoltà.[74]

Carettoni sarebbe rimasta nella dirigenza dell'Udi ininterrottamente dal secondo congresso fino al decimo, quindi dal 1947 al 1978, mentre la sua appartenenza partitica sarebbe mutata: presto, infatti, iniziò la sua militanza nel Partito socialista italiano.

Nel 1947, mentre Tullia Carettoni articolava la sua visione del sistema educativo e scolastico, l'esperienza del PdA giunse a termine. Dopo cinque anni di esistenza, il partito si sciolse. Nonostante il malumore di alcuni membri che cercarono di mantenerne in vita l'autonomia culturale, la maggior parte degli azionisti confluì dentro le strutture organizzative del Partito socialista:[75] l'allora Psiup di cui Lelio Basso era segretario e Pietro Nenni principale leader.[76]

74. *Noi giovani donne della nuova Repubblica*, pp. 44-45.

75. Giovanni De Luna, *Storia del Partito d'Azione*, Milano, Utet, 2006, p. 342. Sull'azionismo culturale dopo lo scioglimento del PdA, cfr. Luca Polese Remaggi, *Guerra civile, continuità dello Stato e rivoluzione tradita. Per una storia dell'azionismo culturale*, in «Ventunesimo Secolo», 7 (2005), pp. 45-59.

76. In occasione del XXV Congresso (Roma, 9 gennaio 1947), il Psiup si divise in Psi e Psli. Cfr. Ciuffoletti, Degl'Innocenti, Sabbatucci, *Storia del PSI*; Paolo Mattera, *Il partito inquieto. Organizzazione, passioni e politica dei socialisti italiani dalla Resistenza al miracolo economico*, Roma, Carocci, 2004, pp. 121-125; Maurizio Ridolfi, *Storia dei partiti politici. L'Italia dal Risorgimento alla Repubblica*, Milano, Mondadori, 2008, pp. 160-163; Luca Bufarale, *La direzione "centrista" del Psi nel 1948-1949*, in *I riformismi socialisti al tempo del centro-sinistra*, pp. 95-153.

Dopo essersi avvicinata all'area guidata da Riccardo Lombardi, che stava allora cercando di riunificare il disperso socialismo autonomistico, Tullia Carettoni aderì al Fronte democratico popolare per la libertà, il lavoro e la pace: la lista che, in continuità con l'unità resistenziale, radunava socialisti e comunisti. Fu proprio con il Fronte che Carettoni si candidò per la prima volta, appena trentenne, in vista delle elezioni del 18 aprile 1948. Come da lei ricordato, la proposta della sua candidatura prese forma all'interno dell'Udi:

> nelle elezioni del 1948, fui candidata come indipendente nel fronte democratico popolare: una candidatura laica su suggerimento di Marisa Rodano che la caldeggiò sapendo benissimo che, essendo io molto giovane, era una candidatura "da allieva" nella regione dove avevo fatto attività clandestina. Ciascuna di noi giovani donne della nuova repubblica proveniva da esperienze clandestine diverse; la spinta di fondo per tutte noi era la necessità di battersi per la liberazione del paese.[77]

A queste elezioni prestò chiaramente attenzione il periodico «Noi Donne», il giornale frutto della lotta antifascista, realizzato e diffuso dapprima come foglio clandestino e pubblicato con continuità come periodico fin dal luglio del 1944.[78] «Noi donne» si impegnò nel supportare le candidature femminili espresse dai partiti di sinistra e quelle delle dirigenti dell'Udi stessa. Tra queste figuravano Maria Maddalena Rossi (la presidente); Marisa Rodano, Giuliana Nenni e Rosetta Fazio Longo della segreteria; infine Tullia Carettoni e Gisella Floreanini del comitato direttivo.[79]

Lo spazio dedicato dal giornale dell'Udi alle «candidate della pace», riassumibile nello slogan «Donne votate per le donne», esprime in modo efficace il modello femminile allora promosso nell'ambiente socialista e comunista: quello in grado di conciliare il diritto al lavoro e alla politica con la vocazione materna e con una divisione dei ruoli su base sessuale,

77. *Noi giovani donne della nuova Repubblica*, p. 43.

78. La rivista «Noi Donne» nasce a Parigi nel 1937 sotto la direzione di Marina Sereni, come espressione dell'Unione donne italiane che raccoglieva le donne antifasciste emigrate in Francia. La prima edizione non clandestina è datata giugno 1945: cfr. *Noi donne clandestine edizioni 1944-45*, raccolta a cura di Tiziana Bartolini e Costanza Fanelli, Roma, Editrice Cooperativa Libera Stampa, 2017, consultabile anche in formato e-book: www.noidonnearchiviostorico.org/scheda-rivista.php?pubblicazione=000013 (ultima consultazione il 21 gennaio 2022). Cfr. Anna Rossi-Doria, *La stampa politica delle donne nell'Italia da ricostruire*, in *Donne e giornalismo. Percorsi e presenze di una storia di genere*, a cura di Silvia Franchini e Simonetta Soldani, Milano, FrancoAngeli, 2004, pp. 127-153.

79. *Le candidate della pace*, in «Noi donne», 10 (1984), p. 8.

tanto nella sfera familiare, quanto in quella pubblica. La cultura emancipazionista dell'Udi, da questo punto di vista, non era in quegli anni troppo lontana da quella dell'associazionismo cattolico: affermava infatti «un paradigma di conciliazione» che, confermando una divisione tra pubblico e privato, aveva di fatto una funzione stabilizzatrice rispetto agli sconvolgimenti che la guerra, la ricostruzione e l'avvio della modernizzazione avevano comportato.[80]

Esempio dell'ambivalente prototipo femminile veicolato da «Noi donne» è proprio Tullia Carettoni. La sua candidatura nel collegio piemontese di Cuneo-Alessandria-Asti venne supportata da un lato da una nota biografica che ne sottolineava il precoce impegno politico e il profilo intellettuale («figlia del grande grecista e scrittore», «assistente all'università», autrice di monografie, dedita a «intensa attività propagandistica antifascista», «giovane studentessa espulsa dai Guf», «partigiana combattente nelle formazioni che operavano nel Lazio», e così via); dall'altro, da una fotografia che celebrava il suo ruolo materno ed esaltava l'intimità dello spazio domestico e famigliare (fig. 1).

È questo un caso peculiare: mostra infatti come la rielaborazione della cittadinanza femminile facesse leva sulla valorizzazione del sentimento materno, dando seguito a un fenomeno che aveva segnato profondamente il primo Novecento.[81] Sebbene in Italia la Seconda guerra mondiale non fosse stata accompagnata da una spiccata glorificazione della maternità e non avesse visto imporsi il mito unificante della *mater dolorosa* (differenziandosi in questo sia dalle vicende risorgimentali, sia dalla Grande guerra), tuttavia non si registrò un rifiuto improvviso dei modelli precedentemente dominanti. Anzi, come spiega Marina D'Amelia, anche durante il secondo conflitto mondiale «la figura materna accompagna la cronaca e l'esperienza di guerra più di quanto si voglia ammettere».[82] Ma poteva andare diversamente? Probabilmente no: pur volendo considerare le guerre momenti cruciali della modernizzazione, non va dimenticata la persistenza di modelli culturali sedimentati nel tempo.[83] In particolare, nel secondo

80. Elda Guerra, *Storia e cultura politica delle donne*, Bologna, Archetipo, 2008, p. 43.

81. Cfr. Mori, Pescarolo, Scattigno, Soldani, *Le italiane sulla scena pubblica*, p. 23. Cfr. Anna Scattigno, *La maternità tra emancipazione e liberazione*, in *Storia della maternità*, a cura di Marina D'Amelia, Roma-Bari, Laterza, 1997, pp. 273-299.

82. Marina D'Amelia, *La mamma*, Bologna, il Mulino, 2003, pp. 247-326.

83. Cfr. Anna Rossi-Doria, *Alcune osservazioni sul rapporto tra sfera pubblica e sfera privata negli studi recenti*, in *Donne tra fascismo, nazismo, guerra e resistenza* = «Storia

dopoguerra la barriera tra sfera pubblica e sfera privata (su cui le aspirazioni totalitarie del fascismo si erano fondate) risultò ben solida. Il ritratto proposto da «Noi Donne» – quello di una donna consapevole, attiva politicamente, colta e, al tempo stesso, madre soddisfatta e fiera – può essere quindi considerato l'emblema di un modello e di una rappresentazione della cittadinanza femminile che continuò a fare perno sulla mistica della maternità. Anche nelle culture politiche di sinistra.

Ma tornando alle elezioni dell'aprile 1948, i risultati segnarono la vittoria straordinaria della Dc (con il 48,5% dei voti), l'archiviazione dell'esperienza del Fronte democratico popolare iniziata solo pochi mesi prima, il 27 dicembre 1947, ma anche la frantumazione dell'area socialista-comunista, la seconda forza politica-elettorale dell'Italia repubblicana. Il Fronte del popolo, con il 31,0% dei voti, registrò una secca sconfitta che per il Psiup fu addirittura duplice, come ricostruito da Enzo Bartocci:

> [La prima sconfitta è] quella che condivide con il Pci in quanto il "Fronte" realizza soltanto il 31% dei consensi (39,6% nelle elezioni per l'Assemblea Costituente del 2 giugno 1946) contro il 48,5% della Dc (35,8% nel 1946). La seconda sconfitta è nei confronti dello stesso Partito comunista dal momento che a causa della scissione di Palazzo Barberini del gennaio 1947, del maggiore radicamento e della potenza della macchina organizzativa di quest'ultimo, dei 183 seggi conquistati dal Fronte, solo 42 – circa il 23% – vengono attribuiti ai socialisti e 141 al Partito comunista nel mentre nel giugno del 1946 il Psiup aveva riportato il 20,7% dei voti e il Pci il 18,9%.[84]

La "allieva" Tullia Carettoni non venne eletta e non fece parte quindi di quel complessivo 7,1% di donne che, trasversalmente ai vari partiti, entrò in Parlamento per la prima legislatura della storia repubblicana: una percentuale contenuta ma promettente, destinata però a una flessione già in occasione della seconda tornata elettorale.[85]

e problemi contemporanei», 24 (1999), pp. 145-152; Anna Bravo, *Simboli del materno*, in *Donne e uomini nelle guerre mondiali*, pp. 96-194; Salvatici, *Le donne nelle guerre mondiali*, pp. 109-134.

84. Enzo Bartocci, *I riformismi del Psi nella stagione del centro-sinistra (1957-1968)*, in *I riformismi socialisti al tempo del centro-sinistra 1957-1976*, p. 156. Si rimanda anche a Paolo Mattera, *Dopo il 18 aprile: la crisi e la «seconda rifondazione» del Psi*, in «Studi storici», 4 (2002), pp. 1147-1179; Paolo Pombeni, *I partiti e la politica dal 1948 al 1963*, in *Storia d'Italia*, Roma-Bari, Laterza, 2010, pp. 127-252.

85. A partire dalla seconda legislatura si registra una progressiva diminuzione delle donne candidate e quindi delle elette che passano dall'oltre il 7% delle elezioni del 1948 al

7. *Il "pellegrinaggio politico" in Urss e in Cina*

Nonostante la mancata elezione nel 1948, Tullia Carettoni non si scoraggiò: il suo percorso politico, alla fine degli anni Quaranta, era comunque decollato. Alcuni degli incarichi assunti per l'Udi, per il Sindacato nazionale scuola media e per il Psi le diedero la possibilità di viaggiare all'estero fin dall'immediato dopoguerra, alimentando quel fenomeno tipico della storia di militanti e intellettuali di orientamento social-comunista che è stato definito «pellegrinaggio politico».[86]

Nei primi anni Cinquanta, in particolare, Tullia Carettoni fu invitata a prendere parte a due delegazioni che avrebbero oltrepassato i confini europei per giungere in due mete allora straordinarie: l'Unione sovietica e la Repubblica popolare cinese. Per entrambe queste esperienze la documentazione archivistica conservata non è ampia, ma sufficiente a misurare l'impatto che ebbero sulla sua formazione politica e culturale e sulle aspettative con cui questa giovane militante socialista iniziò a guardare al comunismo della super potenza sovietica, con a capo ancora Stalin, e a quello della sua alleata, la nuova Cina popolare.

Tullia Carettoni visitò l'Unione sovietica per circa due settimane all'inizio di settembre 1952, in un periodo in cui il mito di Stalin era all'apogeo e l'Urss stava vivendo una fase di sviluppo e di ricostruzione industriale: effettuato il primo test atomico nel 1949, gli arsenali sovietici si stavano avvicinando a quelli posseduti dagli Stati uniti. Una volta arrivata a Mosca, Tullia Carettoni acquistò una agenda dove iniziò a scrivere la cronaca del viaggio, probabilmente emozionata all'idea di poter contribuire alla letteratura di viaggio prodotta in quegli anni da politici e intellettuali.[87] Le sue riflessioni testimoniano l'entusiasmo di una militante che, in una delle sue prime esperienze all'estero, ebbe l'opportunità di visitare un paese lontano, enorme e mitizzato: il primo paese socialista del mondo, nel pieno delle celebrazioni dei 35 anni dalla Rivoluzione.

La delegazione con cui viaggiò era composta, per lo più, da membri del Sindacato nazionale della scuola media allora diretto da D'Abbiero: un

3% di quelle del 1958, con un un'unica senatrice – Lina Merlin – eletta nel 1953, a fronte delle quattro della legislatura precedente: cfr. Guerra, *Donne e relazioni di genere nell'Italia postbellica*, p. 104.

86. È un riferimento a Paul Hollander, *Political Pilgrims*, Oxford, Oxford University Press, 1981, citato in Cioci, *L'Udi e il Cif nelle reti transnazionali*, p. 65.

87. AUFN, TRC/II, fasc. 26.5, *Unione sovietica*.

gruppo eterogeneo di intellettuali e militanti, da Maria Venturini, collaboratrice assidua dell'Associazione Italia-Urss, al liberale Giuseppe Malagodi, rappresentante italiano all'Oece (Organizzazione europea di cooperazione economica); dall'italianista Francesco Flora al socialista Giuseppe Petronio allora direttore, con Pietro Nenni, della rivista «Mondo operaio» e animatore e presidente dell'Associazione per la difesa della scuola nazionale.[88]

Il gruppo partì di domenica da Roma e, dopo una tappa a Venezia e a Praga, volò sull'Unione sovietica e atterrò a Mosca il giovedì successivo. La missione fu scandita da visite a luoghi istituzionali, serate passate al cinema e al teatro, fine settimana dedicati al turismo (figg. 2 e 3). Se a Mosca il tour si snodò tra il museo, il mausoleo e la casa di Lenin, a Kiev si trattenne in una stazione di agrobiologia, mentre a Leningrado la delegazione si concesse una lunga visita all'Hermitage: un museo di cui Tullia Carettoni considerò superfluo elencare i pregi e descrivere i capolavori, ma di cui annotò con ammirazione i dettagli rispetto alla organizzazione e il numero, altissimo, di visitatori: «un milione all'anno!».

Data la composizione della delegazione, la missione in Urss fu dedicata soprattutto alla visita di scuole e istituzioni educative, nelle grandi città come in zone rurali: l'obiettivo era vedere con i propri occhi quel «sistema moderno di istruzione pubblica» che il regime sovietico aveva costruito «quasi dal nulla», come raccontò un suo compagno viaggio, Giuseppe Petronio.[89] Gli appunti e le fotografie conservate ci dicono che i delegati studiarono con cura il sistema di istruzione pubblico ma furono attenti a coglierne anche lo spirito, assistendo a lezioni, entrando nei laboratori scientifici, passeggiando nei giardini dell'infanzia, nei viali delle università e nelle biblioteche. Sia le pagine del diario, sia le note sparse in fogli volanti sono incentrate sul funzionamento del sistema educativo socialista con la speranza di poterlo riprodurre in Italia. Alcuni appunti tratteggiano

88. Da un appunto manoscritto si evince che c'erano anche Flora, Malagodi, Manacorda, Pellegrini, Venturini. Questa delegazione era probabilmente autonoma dall'associazione Italia-Urss che partì due mesi dopo e che era molto più legata al Pci, finalizzata a ripristinare le relazioni diplomatiche tra i due paesi, a fare propaganda filosovietica e infine a promuovere i movimenti per la pace e antinuclearisti in senso antiamericano. Cfr. Stefano Pisu, *L'associazione "Italia-Urss" dal dopoguerra alla Guerra Fredda: diplomazia culturale ufficiosa e propaganda sovietica (1944-1960)*, in «Mondo contemporaneo», 2-3 (2020), pp. 21-43.

89. Dattiloscritte del racconto di Giuseppe Petronio «Viaggio nell'Unione Sovietica», in AUFN, TRC/II, fasc. 26.5, *Unione sovietica.*

con enfasi una formazione calibrata sulla base dell'età attraverso percorsi differenziati (nidi d'infanzia per i neonati, i giardini fino a sei anni, la scuola dai sette anni in su per un periodo di almeno sette anni, e infine le scuole per gli adulti); una scuola, inoltre, rivolta alla socializzazione del bambino, più che alla sua istruzione. «L'obiettivo della scuola – si legge in un suo appunto – non è informare, bensì formare». Le sue parole registrano, inoltre, l'ammirazione per un sapere complesso, in grado di unire l'educazione "estetica" con quella fisica, quella tecnico-professionale con l'immancabile letteratura russa che, scrisse, aveva il merito di insegnare «l'umanesimo»: ossia, «ad amare l'uomo».

Le riflessioni più accurate sono datate venerdì 5 settembre 1952, quando la delegazione incontrò il ministro dell'Istruzione, un'esperienza che evidentemente la emozionò. Nonostante la schematicità di gran parte dei suoi appunti, emerge infatti l'entusiasmo per aver ascoltato la presentazione di un sistema pubblico che, a suo avviso, rispecchiava l'ascesa dell'Urss: un'ascesa «non solo sociale ed economica ma anche culturale». La scuola sovietica le appariva come «uno degli strumenti per la costruzione del socialismo prima e del comunismo poi» e, in sostanza, come spazio fondamentale per la realizzazione di una società laica. La sua ammirazione per la pedagogia socialista fa trasparire, infatti, i suoi timori per le ingerenze della Chiesa nelle politiche scolastiche italiane: «secondo la costituzione – scrive – la religione è un fatto privato» e «al bimbo non si chiede se crede o no».

Il tono dei suoi appunti è senza dubbio ideologico e propagandistico: in alcuni passaggi, ad esempio, sottolineò l'importanza dell'insegnamento dell'amor patrio, inteso «non solo come amore verso il luogo natio, ma verso lo stato, il sistema sociale, il proprio popolo». Più in generale, la società sovietica venne descritta come «tutta protesa in uno sforzo costruttivo». Oltre all'eccitazione per l'esperienza, queste pagine tradiscono però anche una serpeggiante apprensione, che sembra dovuta alla paura di non riuscire a selezionare e trattenere sia le tante informazioni, sia le sue impressioni più emotive. Compito delle delegazioni, del resto, era di studiare altri sistemi politici, e poi di stilare report, articoli di giornale, o altre pubblicazioni per condividere quanto si era visto e vissuto con chi non aveva avuto la fortuna di fare la stessa esperienza. Questo senso di responsabilità è ben testimoniato, a mio avviso, dalle bozze del suo resoconto (pensato probabilmente per una relazione orale) che fu steso in più versioni, appuntate in fogli volanti. Questo che segue è l'incipit della versione finale, più rifinita e sintetica delle altre:

Non è facile compendiare in un breve intervento le impressioni di un soggiorno di 2 settimane nell'Urss: la vastità del territorio, le trasformazioni profonde avvenute nella sua struttura sociale, l'imponenza delle realizzazioni di ogni genere, il fervore di vita che pervade questo immenso paese sono tutte ragioni di stupore e di riflessione.
Chi voglia perciò esprimere subito qualche impressione precisa dovrà limitarsi a scegliere tra quegli aspetti di vita sociale che meglio conosce e per i quali quindi può istituire più facilmente un confronto fra l'Urss e il proprio paese. Parlerò perciò della scuola, ed anche qui, poiché il tema è vastissimo, sarà opportuno scegliere qualche punto che possa meglio mettere in risalto l'originalità e la grandiosità del sistema scolastico sovietico.
Abbiamo visitato scuole di ogni genere: asili d'infanzia, scuole medie, istituti superiori, scuole in grandi città e in centri rurali, scuole speciali per minorati e così via.
E dappertutto abbiamo notato come veramente l'Urss sia riuscita a realizzare quello che da noi è ancora una aspirazione e un argomento di battaglia: la scuola per tutti.

E «la scuola per tutti» divenne il suo principale obiettivo durante tutti gli anni Cinquanta. Una volta rientrata in Italia ebbe sempre più occasioni per dedicarsi alla riforma del sistema scolastico: ottenne, infatti, la nomina a responsabile della segretaria del Sindacato scuola media. Grazie a questo incarico, ebbe l'opportunità di occuparsi soprattutto dell'adeguamento e della razionalizzazione dei programmi scolastici.[90]

Nel frattempo, continuò a dedicarsi alla "questione femminile" confermando la sua disponibilità a viaggiare e a tessere relazioni con le associazioni femminili di altri paesi. Nel settembre 1955 partì per il secondo importante viaggio ad Est, questa volta nella Repubblica popolare proclamata pochi anni prima, il 1° ottobre 1949, da Mao Tse-Tung, mentre Chiang Kai-sheck istituiva la Repubblica nazionalista cinese a Taiwan, con il sostengo degli Stati Uniti. Questa volta viaggiò con una delegazione di donne socialiste che era stata invitata dalla Federazione delle Donne Cinesi con l'obiettivo di rafforzare le relazioni tra i due paesi e di celebrare – in occasione della festa nazionale (1° ottobre) – il processo di liberazione socialista che si riteneva avrebbe emancipato le donne cinesi tanto dall'oppressione maschile quanto dalla morale confuciana.

90. Cfr. ACS, Sinistra indipendente, b. 15, fasc. 43 e AUFN, TRC/II, b. 36, fasc. 1 e busta 45, fasc. 2 e 3. Queste buste contengono materiale del Sindacato provinciale e nazionale scuola media del 1953-54, tra cui il carteggio con alcuni membri del sindacato.

Le tracce di questo viaggio nell'archivio di Tullia Carettoni sono scarse ma possiamo immaginare che questa esperienza fu anche più significativa sul piano politico, culturale e personale della precedente in Urss. La Cina era non solo un paese lontano, ma anche largamente sconosciuto che dopo la Rivoluzione del 1949 stava vivendo una fase di rapidissimo progresso, tanto da costituire una meta di viaggio ambita da intellettuali e politici occidentali, come racconta da Luca Polese Remaggi:

> Dall'oriente sembrava anche che soffiasse un vento di pace, suscitando nei visitatori la speranza che il mondo, oramai stanco delle tensioni della guerra fredda, iniziasse finalmente a dedicarsi ai problemi sociali e all'indipendenza nazionale dei popoli. Una volta tornati a casa, la gran parte dei visitatori scrisse saggi, articoli su riviste e redasse volumi e tenne conferenze che valorizzarono in diversa misura l'opera del comunismo cinese.[91]

La delegazione italiana partì a fine agosto fece tappa a Zurigo, a Mosca e poi giunse a Pechino e trascorse in Cina quasi un mese, durante il quale visitò Shenyang, Anshan, Fushun, Shanghai, Hangzhou, Wuhan, Guangzhou e Pechino. Anche in questo caso il viaggio fu scandito da appuntamenti istituzionali: le socialiste italiane, ad esempio, furono invitate al ricevimento per la festa nazionale presieduta dal primo ministro Zhou Enlai e furono ricevute dal sindaco di Pechino Peng Zhen e dal viceministro degli Esteri Lei Renmin.[92]

Tullia Carettoni annotò in un piccolissimo taccuino le informazioni sui luoghi visitati nelle prime due settimane (ministeri, scuole, università, asili, fabbriche, ospedali...). In particolare, dai suoi appunti emerge che studiò attentamente il mondo del lavoro: per ogni scuola o fabbrica visitata, registrò i dati relativi al numero di occupati e alle mansioni svolte, prestò attenzione alle condizioni di lavoro delle lavoratrici, fissò le sue riflessioni sulla organizzazione del sistema educativo e pedagogico e sul lavoro del corpo docente.[93] Il taccuino conferma, inoltre, la sua sensibilità per il

91. Luca Polese Remaggi, *Pechino 1955. Intellettuali e politici europei alla scoperta della Cina di Mao,* in «Mondo contemporaneo», 3 (2010), p. 56. Per il modo in cui la Cina (e la Rivoluzione cinese) fu raccontata nella rivista ufficiale del Psi, cfr. Giovanni Scirocco, *Una rivista per il socialismo. «Mondo operaio» (1957-1969)*, Roma, Carocci, 2019, pp. 30-32.

92. Laura De Giorgi, *Esperienze e percorsi delle donne italiane nella Cina di Mao. Tracce per una ricerca*, in «Dep», 33 (2017), pp. 1-17.

93. Agendina "viaggio in Cina" in AUFN, TRC/II, b. 6, fasc. 1. Altri cenni autobiografici su questo viaggio li troviamo in un articolo che Carettoni scrisse alla fine del 1978

tema dei rapporti tra Stato e confessioni: durante il viaggio, infatti, prestò attenzione alla situazione religiosa, acquisì informazioni sulla diffusione del cattolicesimo; sull'attività svolta dai missionari (che, scrisse, godevano di libertà e tolleranza); sulla presenza di seminari e scuole teologiche; e, infine, sulla regolamentazione delle proprietà ecclesiastiche.

La registrazione minuziosa di dati e dettagli può essere considerata spia di un'attitudine personale, molto scrupolosa, ma era probabilmente anche un effetto tipico di queste inedite esperienze interculturali. Come notato da Capisani, infatti, il lavoro di raccolta dati fatto dalle delegazioni era generalmente così dettagliato da far pensare che non rispondesse solo alla necessità di redigere dei report al rientro, ma anche alla difficoltà di orientarsi in una società così diversa ed estranea.[94] In effetti, molti anni dopo, raccontando in un'intervista questo viaggio in Cina, la stessa Tullia Carettoni avrebbe ricordato soprattutto un senso di spaesamento dovuto alla sua giovane età, all'eccezionalità della meta, ma anche – avrebbe ammesso – alla percezione di un «popolo molto chiuso»: «Quando al ritorno arrivai alla frontiera avrei abbracciato il doganiere perché lo riconobbi come un mio simile, aveva gestualità simili, vidi nel siberiano un conterraneo».[95] Negli anni avrebbe sviluppato una notevole capacità di adattamento a contesti e situazioni diverse: basti pensare che in un successivo viaggio in Cina, nel 1978 (fig. 11), sarebbe stata notata da una giovane Emma Bonino (alla sua prima missione all'estero da parlamentare) proprio per la sua spontaneità e sicurezza:

> Ricordo la prima sera in cui arrivammo in Cina, avevano preparato il banchetto; io non conoscevo bene gli usi e i costumi: i cinesi hanno l'abitudine, accettata socialmente, di sputare nella sputacchiera. C'era questo banchetto imbandito come se fosse stato un quadro, con tutti colori, e ogni tanto qualcuno della delegazione cinese andava e sputava tranquillamente… io non sapevo più cosa dovevo fare, mi guardai intorno, osservai le mie colleghe più esperte per capire, alcune avevano un'aria perplessa e imbarazzata, invece Tullia… lei era lì, imperturbabile, seduta a mangiare, che guardava nel suo piatto intenta a tagliare con forchetta e coltello, come se niente fosse… e feci lo stesso.[96]

al ritorno da un secondo soggiorno in Cina: Tullia Romagnoli Carettoni, *23 anni dopo. Appunti di ritorno dalla Cina*, in «Mondo cinese», 1 (1979), pp. 83-86.

94. Lorenzo M. Capisani, *The Role of Cultural Delegations in the Cold War: The Case of China and Italy (1953-1978)*, in «Mondo contemporaneo», 2-3 (2020), p. 131.

95. Catalano, *La felicità*, p. 30.

96. Intervista di Catalano con Emma Bonino pubblicata in Catalano, *La felicità*, pp. 129-133.

Ma tornando al viaggio in Cina del 1955, va sottolineato un ultimo elemento: questa missione fu organizzata in una fase importante della politica estera italiana e, nello specifico, socialista. L'attività delle delegazioni politiche e culturali testimonia che la prima fase della Guerra fredda non fu affatto un periodo di silenzio e di vuoto: i rapporti tra l'Italia, membro del Patto atlantico, e la Cina, alleata ortodossa di Mosca, pur in assenza di relazioni diplomatiche ufficiali, furono più intensi di quanto non si sia a lungo ritenuto.[97] Basti pensare che quando il gruppo delle donne socialiste terminò il suo soggiorno, un'altra delegazione arrivò a Pechino: quella guidata da Pietro Nenni.

Alla fine del settembre 1955 Nenni (accompagnato dalla moglie Carmen e dalla figlia Luciana) si recò dapprima in Unione sovietica e poi giunse nella Repubblica popolare cinese. Questo viaggio costituì un evento significativo per la storia delle relazioni internazionali perché affermò il desiderio del Psi di rompere l'isolamento della Repubblica popolare, allora non riconosciuta né dagli Usa né dall'Onu (che fino al 1971 avrebbe assegnato il seggio cinese alla Repubblica nazionalista). Ad invitare il segretario socialista italiano fu lo stesso Zhou Enlai che, alla ricerca di interlocutori occidentali in grado di favorire processi di distensione, vide in Nenni la figura giusta poiché aveva manifestato sentimenti di apertura nei confronti della Cina ed era un leader vicino a esponenti democristiani e a uomini di governo.[98] Se la scelta di dialogare con un esponente socialista e non comunista era segno del desiderio cinese di avvicinarsi a figure politiche in grado di svolgere una sostanziale azione pro Cina in ambito occidentale, il progetto di Nenni prevedeva invece, secondo Polese Remaggi, di attivare relazioni internazionali più autonome dagli Stati uniti. Questo, con un duplice obiettivo: «ridimensionare nei fatti l'appartenenza atlantica dei governi centristi e, per questa via, rendere auspicabile, oltreché legittima, la partecipazione dei socialisti all'area di governo».[99] In questa cornice si spiega la decisione di istituire il Centro studi per le relazioni economiche e culturali con la Cina (CsCina), presieduto da Ferruccio Parri e rappresentato nella delegazione che arrivò a Pechino il 29 settembre 1955 da Raniero Panzieri, allora membro della Direzione nazionale del partito ma anche del

97. Ivi, p. 126.

98. Antonio Tedesco, *Cronaca dei due viaggi di Nenni in Cina*, in *La politica internazionale secondo Nenni,* a cura di Luigi Troiani, Roma, Bibliotheka, 2018, pp. 311-354.

99. Polese Remaggi, *Pechino 1955*, p. 66.

CsCina.[100] Come raccontato nei diari di Nenni, la delezione fu accolta a Pechino da un gruppo di socialiste italiane.

> 29 settembre
> Ed ecco Pechino. Siamo arrivati alle sedici e trenta (ora locale). Un tempo splendido, da autunno romano. Superata la grande muraglia (che si estende per circa duemila chilometri) l'aereo è calato dolcemente su Pechino sorvolando il fiume Giallo, i palazzi imperiali, la distesa degli orti e dei giardini. Eravamo attesi da Kuo-mo-jo presidente dei partigiani della Pace, dal presidente dell'assemblea nazionale, dal viceministro degli Esteri, da numerose delegazioni di lavoratori, di giovani, di donne. Erano ad attenderci anche mia figlia Giuliana, Elena Caporaso, Maria Maddalena Rossi e altre compagne che sono in Cina da un mese.[101]

Tra le compagne in Cina da un mese c'era presumibilmente anche Tullia Carettoni che alla metà degli anni Cinquanta aveva ormai una certa familiarità con i vertici del Partito socialista italiano. Basti pensare che nei mesi precedenti il viaggio in Cina, Carettoni era entrata – insieme a Francesco De Martino, Gianni Bosio, Tullio Vecchietti, Giovanni Pirelli – nel gruppo di intellettuali che affiancava la Direzione del partito e che annoverava, oltre al già citato da Raniero Panzieri, anche Paolo Padovani e Giacinto Cadorna. A seguito di questa nomina, inoltre, era stata assegnata alla neonata Sezione scuola e cultura del partito, fondata con l'obiettivo di garantire un'eredità all'attività intellettuale di Rodolfo Morandi.[102]

A questi incarichi negli organismi dedicati alle politiche culturali e scolastiche, si sarebbero aggiunte via via altre responsabilità che nel giro di pochi anni l'avrebbero inserita a pieno titolo tra i quadri del Partito socialista e avrebbero determinato la sua successiva carriera politica. Una

100. Sul CsCina cfr. Capisani, *The Role of Cultural Delegations in the Cold War*, p. 130 dove si legge: «Chiefly, CSCina organized trips to the PRC, as to fulfill the belief that it was necessary to experience the "New China". All the travels were organized in the form of delegations and they pretended to have a semi-official status. For example, special attention was devoted to the composition, as to make them representative of Italian society. The idea of a journey to China itself was considered a sort of encounter between peoples».

101. Pietro Nenni, *Tempo di guerra fredda. Diari 1943-1956*, Milano, Sugarco, 1981, p. 692.

102. Mariamargherita Scotti, *Da sinistra. Intellettuali, Partito socialista italiano e organizzazione della cultura (1953-1960)*, Roma, Ediesse, 2011, p. 157. Nel 1956 Tullia esce dalla Commissione scuola e cultura dell'Udi e diventa membro del comitato direttivo e referente per la corrente socialista: cfr. ACUDI, Cronologico, b. 58, fasc. 499 (1956) e ACUDI, Cronologico, b. 72, fasc. 634 (1959) s.fasc. 3, *Corrente socialista*.

carriera che, a suo parere, sarebbe stata condizionata più da una serie di scelte contingenti che da una istintiva "vocazione":

> Non so se per la politica si possa parlare propriamente di vocazione, di certo non basta, ci vuole l'occasione. A un certo punto sei chiamato a scegliere da che parte vuoi stare, e tu lo fai. Se dai dei contributi, loro ti danno degli incarichi, prima piccoli poi sempre più grandi.[103]

Il XXXII Congresso del Psi che si tenne a Venezia nel 1957 fu, da questo punto di vista, uno spartiacque: le fornì, infatti, l'«occasione» per scegliere, definitivamente, che spazio dare, nella sua vita, alla politica.

8. *Gli anni Cinquanta: tra modernità e tradizione*

Fu durante gli anni Cinquanta che la passione politica di Tullia Carettoni si rafforzò a un punto tale da indirizzare il resto della sua vita. Furono anni intensi, scanditi da cambiamenti personali che si riflettono, però, anche nella storia dell'Udi e, più in generale, nella storia italiana delle politiche rivolte alle donne.

Dal 1953 l'Udi iniziò a rivendicare spazi di autonomia da governi e partiti. Dopo il 1956, questa tendenza si rafforzò e si tradusse nell'impegno crescente in favore di una sostanziale emancipazione femminile, per un effettivo godimento dei diritti costituzionali, per una trasformazione profonda dell'assetto sociale vigente, considerato "a misura di uomo". Questi obiettivi, senz'altro audaci, riuscirono a spronare i partiti laici e diedero una prima voce al tema dei diritti civili, allora ancora silente.[104] L'ambito di maggiore impegno fu quello del lavoro che, nella Carta costituzionale, era stato elevato a fonte di cittadinanza. Le donne dell'area socialcomunista iniziarono a rivendicare, presso il ministero del Lavoro, provvedimenti a sostegno della maternità per tutte le lavoratrici, tra cui periodi di riposo coperti in busta paga, nidi d'infanzia e sale per l'allattamento nei luoghi di lavoro.

La legislazione degli anni Cinquanta, frutto della negoziazione e della mediazione delle parlamentari elette nella Dc, affrontò quindi il tema dell'occupazione femminile adottando una linea politica di protezione delle lavoratrici madri. Il decennio fu inaugurato dalla legge 860/1950, *Tutela*

103. Catalano, *La felicità*, p. 18.
104. Tambor, *The Lost Wave*, pp. 75-107.

fisica ed economica delle lavoratrici madri (che introdusse l'assegno di maternità) e fu chiuso, simbolicamente, dall'approvazione sia della legge sul lavoro a domicilio (presentata per la prima volta da Teresa Noce e Giuseppe Di Vittorio otto anni prima); sia di quella sul lavoro domestico, pensata per la nuova figura della donna "a mezzo servizio" nelle famiglie delle grandi città.[105]

Nonostante gli sforzi per migliorare le condizioni di lavoro, il processo di equiparazione tra la «donna lavoratrice» e il «lavoratore» – per citare la significativa doppia formula contenuta nell'articolo 37 della Costituzione – procedette a rilento. Sul fronte del trattamento, degli effettivi sbocchi professionali, delle assunzioni, così come su quello degli immaginari, la parità effettiva restò un obiettivo lontano anche negli anni del Miracolo economico che, infatti, furono segnati dalla prassi del licenziamento per causa di matrimonio (contrastata con una legge solo nel 1963). Il lavoro delle donne continuò a essere interpretato come una integrazione del reddito del capofamiglia: un attributo non essenziale perché si continuò a considerare «essenziale» (e quindi prioritaria) la funzione famigliare delle donne.[106] Negli anni della ricostruzione postbellica, inoltre, si delineò una cultura che faceva perno sullo spazio domestico inteso «come luogo di sicurezza, intimità familiare e agognato benessere».[107]

Lette alla luce dei discontinui e contradditori mutamenti sociali e legislativi degli anni Cinquanta,[108] le scelte di vita compiute da Tullia Carettoni appaiono tutt'altro che scontate. Per tutto il decennio conciliò l'insegnamento e l'attività nell'Udi con «incarichi prima piccoli poi sempre più grandi» nel partito, in un momento tra l'altro molto delicato della storia socialista, come vedremo meglio nel prossimo capitolo. Le poche fonti a disposizione la ritraggono membro costante del Comitato nazionale

105. Legge 264/1958, *Tutela del lavoro a domicilio* e legge 339/1958, *Tutela del lavoro domestico*. Cfr. Antonio Canovi, Maria Grazia Ruggerini, *La lavoratrice e la cittadina. Tra mondo del lavoro e welfare*, in *Mondi femminili in cento anni di sindacato*, a cura di Gloria Chianese, vol. II, Roma, Ediesse, 2008, p. 180; Chiara Giorgi, Ilaria Pavan, *Storia dello Stato sociale*, Bologna, il Mulino, 2021, pp. 291-299.

106. Maria Vittoria Ballestrero, *La protezione concessa e l'uguaglianza negata: il lavoro femminile nella legislazione italiana*, in *Il lavoro delle donne*, a cura di Angela Groppi, Roma-Bari, Laterza, 1996, pp. 445-469; Irene Stolzi, *La parità ineguale. Il lavoro delle donne in Italia fra storia e diritto*, in «Studi storici», 2 (2019), pp. 253-287.

107. Enrica Asquer, *Tra casa e mercato: genere, consumo e lavoro familiare*, in *Storia delle donne nell'Italia contemporanea*, pp. 187-212.

108. Piccone Stella, *La prima generazione*; Tambor, *The Lost Wave*.

dell'Udi, sempre in viaggio nei fine settimana per i crescenti impegni con il partito, madre di un liceale e, infine, insegnante in un liceo elitario che a cavallo tra anni Cinquanta e Sessanta si dimostrò ricettivo nei confronti dei fermenti culturali e politici che stavano scuotendo la società italiana, a partire dalle fasce giovanili.

Il liceo Tasso, forse proprio grazie alla sensibilità dei suoi docenti più giovani (tra cui la professoressa Carettoni), venne attraversato ben prima del Sessantotto dal vento della modernizzazione. Lo ricorda anche Ettore che, negli anni del liceo, già condivideva con la madre la passione per la politica e la militanza socialista:

> Arrivò il 1958 e un nuovo preside: il prof. Marino Casotti. La società italiana cominciava ad esser percorsa dai brividi della necessità di nuovi rapporti sociali; la politica cominciava a far capolino anche fra i giovani che non avevano diritto di voto. Le mie compagne di scuola talvolta non portavano il grembiule ("stava a lavarsi!") o lo portavano aperto davanti per far veder le loro gonne e camicette. Il preside Casotti sotto la sua burbera facciata (famose le sue urlate che rendevano silente tutta la scuola) era sensibile a queste nuove ventate. Per la prima volta nei licei d'Italia (in barba alle circolari ministeriali) permise una riforma del Circolo d'istituto in cui gli alunni che si cominciavano ad appassionare di politica poterono indire elezioni con l'attribuzione dei seggi sulla base di liste contrapposte (destra, cattolici, sinistra) e avere un governo di maggioranza del Circolo d'istituto senza il controllo di un professore.[109]

Nel 1958, appena quarantenne, Tullia Carettoni era una donna che non cercava nel matrimonio (né tantomeno nella cura della casa) l'unica realizzazione di sé;[110] godeva inoltre di visibilità pubblica e di un prestigio sociale che non sbiadiva se comparato a quello del marito. Era, indubbiamente, una figura eccezionale rispetto alla "donna tradizionale", "comune" del secondo dopoguerra, ma anche rispetto alla "semplice" donna che lavora: a stento rientrava nel recinto allora previsto anche per le più emancipate. Al tempo stesso, la sua eccezionalità può apparire, paradossalmente, quasi "ideal-tipica". Prendiamo in considerazione il modello della donna moderna-emancipata proposto da Simonetta Piccone Stella nel suo celebre libro *La prima generazione*: quello della professionista dalle prestazioni eccezionali o della donna impegnata in politica – spesso una protagonista della Resistenza – che nella vita ha fatto di tutto («lavoro, politica, figli, partnership con un

109. Testimonianza di Ettore Carettoni, in Mazzonis, *Un liceo per la capitale*, p. 266.
110. Catalano, *La felicità*, p. 12.

leader politico, clandestinità, guerra, fame, avventura partigiana»).[111] Tullia Carettoni incarna emblematicamente questo modello «schiacciante» che, tuttavia, veniva in quegli anni normalizzato, letto come esito di un "semplice" sforzo di volontà, con l'obiettivo di costruire un modello femminile affascinante ed eccentrico, ma non minaccioso perché in grado di inglobare modernità e tradizione.

> La donna doveva essere capace di riuscire nella vita professionale continuando ad essere una donna vera, dotata di vita familiare, marito e figli [...]. D'altra parte i ritratti delle emancipate di quegli anni, e i pochi autoritratti disponibili, non rivelano alcuna crepa lungo la linea dell'incastro fra i due ruoli, alcuna traccia di patologia. L'armonico equilibrio era un assunto dal quale bisognava partire, non un obiettivo da porsi.[112]

Il peso di questo "armonico equilibrio" deve essere diventato, alla fine degli anni Cinquanta, per lei insostenibile. Mentre il matrimonio con «il professor Carettoni» – come da lei stessa chiamato in pubblico – iniziava a trasformarsi in un legame formale, incapace di tenere intrecciati i percorsi di due coniugi sempre più indipendenti e distanti, Tullia maturò l'idea di lasciare l'insegnamento e di dedicarsi totalmente all'attività politica. Non fu una scelta scontata, soprattutto se si pensa che proprio in quegli anni, con l'aumento dei salari e con la nuova enfasi sulla casa e sui consumi del Miracolo economico, stava tornando in auge il modello della moglie-madre-casalinga da un lato, e quello del *male breadwinner* dall'altro. Di lì a poco, infatti, la scelta di sposarsi si sarebbe confermata una pratica quasi universale anche per la generazione dei *baby boomers*, e la tendenza delle giovani donne all'abbandono del lavoro dopo la nascita dei figli avrebbe preso la forma di un automatismo connesso alla vita coniugale urbana.[113]

A spronare Tullia Carettoni ci fu, molto probabilmente, la prospettiva di nuovi incarichi di rilievo nel Psi: l'occasione che aspettava.

111. Piccone Stella, *La prima generazione*, p. 127.

112. Ivi, p. 128.

113. Alessandra Pescarolo, *Il lavoro delle donne nell'Italia contemporanea*, Roma, Viella, 2018, pp. 247-253.

2. Nella stanza dei bottoni

1. *Napoli, 1959: nella Direzione del Psi*

L'approdo alla politica parlamentare si compì, per Tullia Carettoni, nei primi anni Sessanta ma fu preparato da una serie di eventi che si susseguirono nella seconda metà del decennio precedente, nella fase del disgelo del mondo bipolare, mentre l'Europa centro-occidentale avviava il processo di integrazione economica.

L'Italia entrava nella Nato nel 1955. Due anni dopo, con la firma dei trattati di Roma, si collocava pienamente nel sistema occidentale e partecipava alla costruzione della Comunità economica europea – Cee: "l'Europa dei Sei".[1] Nel frattempo, nella penisola iberica sopravvivevano i regimi autoritari di Franco e Salazar i quali godevano di rapporti di collaborazione con gli Stati Uniti e, più in generale, con il blocco occidentale (il Portogallo fece parte della Nato fin dalla sua nascita; la Spagna venne accolta nell'Onu nel 1955). La Guerra fredda si apprestava a conoscere una fase di distensione messa in atto da Kruscëv e Kennedy, dopo la fase più acuta delle tensioni fra le due superpotenze, coincisa con la guerra in Corea (terminata con un armistizio nel luglio 1953). Sul piano internazionale si assisteva inoltre a un'accelerazione del processo di smantellamento del sistema coloniale (dapprima nei paesi asiatici e mediorientali).[2]

1. Il 25 marzo 1957 i rappresentanti dei governi di Germania, Francia, Italia, Paesi Bassi, Belgio, Lussemburgo (i sei paesi fondatori della Ceca) firmarono due trattati che istituirono rispettivamente la Cee (che a sua volta prevedeva la nascita del Mec, il mercato comune europeo) e la Ceea, la Comunità europea per l'energia atomica (nota come Euroatom).

2. Antonio Varsori, *Le scelte internazionali*, in *Storia d'Italia*, vol. 9, *La Repubblica. Le istituzioni, i partiti, le scelte internazionali*, Roma-Bari, Laterza, pp. 294-301.

Dal punto di vista delle trasformazioni sociali, mentre il pontificato di Giovanni XXIII (1958-1963) diventava emblema di un mondo cattolico in mutamento, i paesi più industrializzati registravano alcuni inediti fattori connessi alla fine della fase più difficile della ricostruzione postbellica e agli effetti del Piano Marshall: crescita demografica, innovazione tecnologica, intenso sviluppo industriale, avvio di programmi di *Welfare State*. In Italia il Pil cresceva impetuoso trainando una stagione di profonda modernizzazione e di ulteriore industrializzazione. Al progresso economico erano connessi altri fenomeni: la migrazione interna da Sud verso Nord, l'urbanizzazione massiccia e quell'insieme di trasformazioni negli stili di vita, nella mentalità, nei consumi degli italiani e delle italiane che sarebbero poi passati alla storia come "Miracolo economico".

Anche la scena governativa, dopo un decennio di equilibrio centrista (la Dc era il partito di maggioranza relativa attorno a cui si imperniava un sistema di "bipartitismo imperfetto"), si apprestava a vivere significativi mutamenti: una vera e propria svolta politica di cui il Psi di Nenni sarebbe stato protagonista. Il Pci, infatti, pur essendo il più grande partito di sinistra, rimaneva escluso dalle ipotesi governative a causa della sua vicinanza all'Urss.

Il 1956 fu, da questo punto di vista, un anno fondamentale. Sulla scia della destalinizzazione (seguita alla diffusione del rapporto Kruscëv sui crimini di Stalin) e dell'intervento militare sovietico in Ungheria, si spezzò l'unità d'azione socialcomunista. La reazione del Psi fu più ferma di quella del Pci, dove prevalsero le reticenze di Togliatti che non volle mettere in discussione il ruolo dell'Urss come guida del comunismo globale. Il segretario Nenni condannò invece l'invasione e, convinto che il rapporto Kruscëv mettesse in discussione non solo Stalin, ma il sistema sovietico nel suo insieme, avviò un processo di revisione teorica.

Si aprì così una fase molto delicata della storia socialista, segnata da forti divisioni interne rispetto al posizionamento che il partito avrebbe dovuto tenere nei confronti da un lato del Pci, e dall'altro della Dc. Nenni, del resto, aspirava a far giocare al suo partito un ruolo di primo piano nella crisi del centrismo, e con questo obiettivo cominciò a delineare una "linea autonomista" (ossia autonoma e non subalterna al Pci) in vista del XXXII Congresso nazionale di Venezia del 1957. L'idea di realizzare un progetto di alleanza interclassista tra partiti era sostenuta da una rilettura del marxismo alla luce della destalinizzazione, da una presa di distanza netta dal Pci ma anche dall'accettazione dell'ipotesi di una collaborazione esplicita con la Dc, allora guidata dal segretario e primo ministro Fanfani, succeduto a

De Gasperi. L'obiettivo finale era l'ingresso del Psi nell'area di governo, da realizzarsi non attraverso una vera e propria alleanza politica, ma con un accordo su alcuni specifici obiettivi economici, sociali, politici.

L'ipotesi di un governo di centro-sinistra destabilizzò non poco gli equilibri interni al Psi ed accentuò la tendenza delle correnti a strutturarsi come rigide organizzazioni in base alle quali attribuire i ruoli dirigenziali del partito. La strada della "alternativa democratica" e della convergenza delle masse cattoliche e socialiste su un comune terreno di lotta ebbe l'effetto di esasperare i contrasti tra le correnti, già animose.[3] In particolare, il progetto del centro-sinistra contrappose il segretario del Psi sia alla corrente "unitaria" incarnata da Tullio Vecchietti e Dario Valori, sia alla corrente operaista di Renato Panzieri e Vittorio Foa. Il risultato fu che il partito uscì dal XXXII Congresso di Venezia del 1957 piuttosto sfrangiato, per usare un eufemismo.

Fu proprio in questa fase estremamente delicata della storia socialista che Tullia Carettoni vide aumentare le sue responsabilità nel partito. Nel 1957 concluse il mandato nella segreteria del Sindacato nazionale scuola media, ma confermò la sua partecipazione al comitato direttivo dell'Udi e fu eletta sia nel Comitato centrale del Psi, sia nella sezione Scuola del partito. Quest'ultima nomina la ottenne grazie all'italianista Giuseppe Petronio (suo compagno di viaggio a Mosca) il quale – al momento della scissione della commissione unitaria "Scuola e cultura" – aveva pensato a lei come la figura adatta ad occuparsi delle politiche scolastiche.[4]

Il numero e l'entità degli incarichi da lei accettati divennero tali, alla fine degli anni Cinquanta, da rendere difficile l'assunzione di ulteriori ruoli, a meno che non venisse sacrificato il lavoro di insegnante. Questa ipotesi prese corpo alla fine del decennio quando si delineò all'orizzonte un'allettante prospettiva: l'ingresso nella Direzione del Psi di cui era previsto il rinnovo dei membri all'inizio del 1959.

Il XXXIII Congresso del Psi – finalizzato a sciogliere, innanzitutto, il grande nodo dei rapporti con la Dc – venne organizzato a Napoli, circoscri-

3. AFB, Fondo Basso, serie 16, *Congressi Psi e Psiup*, fasc. 10, *Psi XXX Congresso*, dove è documentata la riunione del 16 ottobre 1958, particolarmente drammatica per l'emersione di rigidi schieramenti precongressuali. In questi fascicoli sono conservati anche il documento approvato dal Comitato centrale del 29-30 ottobre 1958, *Autonomia e unità di classe per l'alternativa democratica*; la corrispondenza di Lelio Basso, Anna Matera e Alceo Negri dell'ottobre 1958 e la relazione del segretario del Psi al Comitato centrale.

4. Antonio Fanelli, *Il socialismo e la filologia. Il carteggio tra Alberto Mario Cirese e Gianni Bosio (1953-1970)*, in «Lares», 73 (2007), p. 194.

zione che nelle precedenti elezioni aveva premiato il Psi con ben 123.000 voti.[5] L'assise si tenne al teatro Metropolitan, dove dal 15 al 18 gennaio 1959 si riunirono più di 700 delegati. In quei giorni si aggirò tra giornalisti, rappresentanze di partiti, curiosi e centinaia di bandiere rosse anche il giovane Ettore Carettoni, in compagnia di un suo compagno di scuola. Grazie al consenso del preside del Tasso (che voleva evitare che gli studenti marinassero la scuola), i due studenti avevano ottenuto una sorta di incarico formale ed erano giunti a Napoli, in qualità di «osservatori-giornalisti», per seguire i lavori di un Congresso che si preannunciava doppiamente importante:[6] per il partito, perché l'assise si sarebbe incentrata sulla costruzione della "alternativa democratica"; e per la storia famigliare di Ettore, dal momento che il nome della madre era nella lista dei candidati membri della Direzione.[7]

Le votazioni confermarono Nenni segretario nazionale (con De Martino vicesegretario) e approvarono la linea della corrente "Autonomia": quella che, per usare le parole di Nenni, avrebbe comportato «indipendenza assoluta rispetto alla finalità dei blocchi di potenza occidentale e orientale e dei sistemi che essi difendono»[8] e che avrebbe interpretato il «metodo democratico di conquista e di esercizio del potere, come unica via al socialismo».[9] Con il 58,3% di preferenze, la corrente degli autonomisti prevalse sia su quella della sinistra di Vecchietti e Valori (32,65%), sia su quella della sinistra libertaria di Lelio Basso (8,73%), intransigente rispetto all'idea di una alleanza con la Dc.[10]

Il processo di rinnovo delle cariche non sanò dunque le lacerazioni interne, ma le esacerbò: ebbe infatti come esito la formazione di una nuova Direzione composta esclusivamente da esponenti di "Autonomia" e volta alla costruzione di una piattaforma di centro-sinistra. A comporre il gruppo dirigenziale furono chiamati Cattani, Corona, De Pascalis, Gatto, Jacometti, Lombardi, Mancini, Mazzali, Paolicchi, Pieraccini, Santi, Venturini e Tullia Carettoni che, unica donna, vi sarebbe rimasta per sette anni.[11]

5. *Come Napoli si prepara al Congresso del Psi*, in «L'Avanti», 14 gennaio 1959, p. 1.

6. Mazzonis, *Un liceo per la capitale*, p. 88.

7. *Ibidem*.

8. Documento dattiloscritto della maggioranza autonomista redatto in vista del XXXIII Congresso, in ACS, Nenni, b. 95, Fasc. 2246.

9. Ciuffoletti, Degl'Innocenti, Sabbatucci, *Storia del Psi*, p. 258.

10. Ivi, p. 259.

11. Sul XXXIII Congresso nazionale del Psi, cfr. Bartocci, *I riformismi del Psi*, pp. 156-162. Alcune lettere di Carettoni a Nenni in qualità di membro della Direzione sono disponibili

2. *Dalla Scuola al Movimento femminile socialista*

Nella nuova veste di membro della Direzione del Psi, Tullia Carettoni poté partecipare alla politica "generale" del partito e, al tempo stesso, continuare a coltivare i suoi peculiari interessi: la tutela e la valorizzazione del patrimonio culturale; la politica scolastica; infine quella che allora si chiamava "la questione femminile".

Per quanto riguarda la scuola, Carettoni seguì da vicino il lavoro parlamentare per la riforma scolastica che, nell'ottica socialista, avrebbe dovuto avere come obiettivo sostanziale l'attuazione dell'articolo 34 della Costituzione (quello che prevedeva l'obbligatorietà e la gratuità dell'istruzione inferiore per almeno otto anni). Le ipotesi di apertura a sinistra, tuttavia, rendevano quanto mai scivoloso il terreno delle politiche scolastiche.

Nel 1959 il dibattito fu polarizzato dalla presentazione di proposte di legge antagoniste sulla scuola media, tra cui quella elaborata dal Gruppo comunista e quella governativa, che faceva parte di un progetto più ampio – il *Piano di sviluppo della scuola* – che venne firmato dal nuovo ministro della Pubblica istruzione, Giuseppe Medici, ma che era frutto del lavoro del precedente ministro, Aldo Moro. Tullia Carettoni studiò il progetto di riforma democristiano e lo contestò duramente: se approvato dal nuovo governo Segni, questo programma decennale avrebbe portato modifiche nel migliore dei casi insufficienti, ma più probabilmente pericolose. Nel piano di sviluppo, la senatrice Carettoni individuava un'offensiva moderata e «il pericolo delle mezze misure»: ossia un compromesso ingannevole tra un approccio conservatore e uno progressista che non avrebbe sanato le disuguaglianze sociali. Anche se i tempi delle inchieste nazionali sulla disoccupazione e sull'analfabetismo apparivano ormai superati nell'ottica del Mercato comune (nonché di proiezioni ottimistiche che congetturavano una domanda massiccia di laureati e tecnici), per lei era ancora prioritario combattere per una scuola democratica. E scuola democratica significava, innanzitutto, una scuola secondaria unificata. Lo spiegò nel 1959 in un'intervista dedicata al progetto di riforma scolastica:

> In realtà non mi pare che l'attuale progetto di legge cancelli il carattere classista della scuola dagli 11 ai 14 anni, anzi mi pare perpetui e codifichi

in AFN, Fondo Pietro Nenni, serie 1, *Carteggi*, sottoserie 3, *Carteggio 1944-'79*, unità 1119 (patrimonio.archivio.senato.it/inventario/scheda/pietro-nenni/IT-AFS-051-001204/carettoni-tullia#lg=1&slide=1, ultima consultazione il 21 gennaio 2022).

> l'esistenza [...] di quella scuola post-elementare – trovata dei ministri Ermini e Rossi – contro la quale si scagliarono tutti gli individui che di scuola capiscono un poco e che aspirano ad un minimo di giustizia sociale. Essa è infatti la scuola dei «poverissimi», tanto poveri da non poter accedere neppure agli aggiornamenti che bene o male permettevano ad alcuni di proseguire gli studi.[12]

Tullia Carettoni si augurava una riforma in grado di adeguare i programmi alle reali esigenze della società contemporanea e, soprattutto, capace di attuare il principio costituzionale della parità tra cittadini.

In linea con il progetto di scuola media socialista, Carettoni auspicava un sistema scolastico secondario basato sui principi dell'unicità (quindi uguale per tutti, senza differenze di classe), dell'apertura agli sbocchi formativi successivi (quindi che non aumentasse le disuguaglianze sociali) e, infine, della laicità. Per rafforzare la scuola democratica era infatti essenziale, nella sua visione politica, interrompere la riproduzione al suo interno di discriminazioni sociali aggravate dall'esistenza di percorsi privati. Per difendere la scuola pubblica era cioè essenziale negare per legge la possibilità di destinare finanziamenti a quella privata.

La difesa della laicità della scuola fu, per Tullia Carettoni, una questione di primo piano, inscindibile dalla più ampia lotta per la giustizia sociale come scrisse in più occasioni in «Mondo operaio», la rivista del partito allora diretta da Francesco De Martino. Questa sua posizione, tuttavia, era difficilmente conciliabile con quelle ipotesi di accordo con i cattolici che erano state delineate al Congresso di Napoli di gennaio e che stavano avendo effetti destabilizzanti anche all'interno della Dc.

Nel corso del 1959, infatti, la corrente antifanfaniana si rafforzò progressivamente, fino a far esplodere la crisi interna al partito. Dopo le dimissioni di Fanfani (dapprima da segretario di partito e poi da primo ministro) il 15 febbraio 1959 si insediò il governo Segni (un monocolore democristiano, sostenuto dalla fiducia di Pli, Msi e monarchici). Questo avvicendamento allontanò l'ipotesi di costruzione di un governo di centro-sinistra. La segreteria di Aldo Moro, tuttavia, avrebbe dato nuova linfa al proposito fanfaniano di allargare a sinistra l'area democratica: nel congresso di Firenze dell'ottobre 1959 l'onorevole Moro avrebbe descritto la

12. Intervista intitolata *Il pericolo delle mezze misure* del 1959 contenuta nella rassegna stampa conservata in AUFN, TRC/II, b. 36, fasc. 1, *Articoli e notizie su stampa varia/ Importante*.

realizzazione della collaborazione con i socialisti come l'obiettivo della legislatura in corso.

In questo scenario, la riforma della scuola divenne un delicato banco di prova poiché, come Carettoni sapeva bene, sul finanziamento agli istituti scolastici cattolici si basava gran parte del sostegno dell'elettorato più conservatore della Dc, fortemente ostile verso la scuola statale.[13] Questo la portò a nutrire molte perplessità circa la possibilità di realizzare un compromesso soddisfacente: la politica delle "convergenze parallele" trovava nella questione della laicità (o meno) dell'istruzione un ostacolo difficilmente aggirabile. Nel numero di maggio 1961 di «Mondo operaio», ad esempio, Carettoni approfondì la «"querelle" fra scuola di stato e scuola privata» con un articolo dedicato al rapporto tra Stato e Chiesa che ricordava come su questo punto la Costituzione fosse chiara: impediva formalmente, senza possibilità di equivoci o di interpretazioni, che le scuole private fossero sostenute da denaro pubblico. La Dc, su questo, avrebbe secondo lei dovuto cedere.

> Pensare di distorcere il senso dell'inciso «senza oneri per lo Stato» è gravissima lesione alla lettera della Costituzione e bene farebbero i cattolici a non volere, con una aperta violazione di un punto non dubbio, riaprire una rottura fra laici e cattolici che non gioverebbe certo al paese [...].
> La responsabilità dei cattolici è gravissima, non minore quella dei partiti "convergenti". C'è da difendere una Costituzione di impostazione liberale fra le più larghe, essa non fissa le finalità della scuola [...] mentre ciò è fatto da molte altre costituzioni europee [...]; mentre poi le limitazioni sono di fatto gravissime per l'inclusione dei Patti lateranensi [...]. È concepibile dunque che partiti sedicenti laici mollano [sic] anche su quel poco che ora stiamo difendendo? Che credano seriamente – liberali e socialdemocratici – che la scuola possa essere barattata per un piatto di convergenti lenticchie?[14]

Il frequente richiamo alla Costituzione non era retorico: si può affermare infatti che, a distanza di un decennio dai lavori dell'Assemblea costituente, questi continuassero a delineare «sia l'orizzonte pedagogico per la vita democratica, sia l'orizzonte democratico per la vita pedagogica della scuola».[15]

13. Guido Crainz, *Il paese mancato*, Roma, Donzelli, 2005, pp. 77-83.

14. Tullia Romagnoli Carettoni, *Scuola e costituzione*, in «Mondo operaio», maggio 1961, p. 21.

15. Fulvio De Giorgi, *La Repubblica grigia. Cattolici, cittadinanza, educazione alla democrazia*, Brescia, La scuola, 2016, p. 63.

La fermezza con cui cercò di difendere da ulteriori minacce un sistema a suo avviso già indebolito dall'esistenza dei Patti lateranensi, mostra l'altissimo valore che lei attribuiva al settore della politica scolastica. Nonostante questo peculiare interesse, non sarebbe stata lei la protagonista della lotta socialista per una scuola democratica e laica negli anni del centro-sinistra, bensì il senatore Tristano Codignola, punto di riferimento per il socialismo riformista. Nuovo responsabile della sezione "Scuola, università e ricerca scientifica", Codignola entrò nella Commissione di indagine sullo stato della pubblica istruzione (istituita per legge nel 1962), pubblicò il volume *Nascita e morte di un piano* (quando il Piano decennale venne ritirato e sostituito da uno stralcio di piano triennale) e, infine, condusse la battaglia del Psi dentro il Parlamento fino all'approvazione della legge 1859/1962, *Istituzione e ordinamento della scuola media statale*[16].

In questo periodo Tullia Carettoni continuò ad aggiornarsi, a intervenire nei dibattitti su questa riforma (senza arretrare di un millimetro nel contrasto al finanziamento degli istituti privati)[17] e, grazie alla sua esperienza, continuò ad essere una referente per il settore scuola del Psi; tuttavia, non ricoprì più incarichi ufficiali in questo ambito. D'altronde, le sue energie iniziarono ad essere totalmente assorbite da altre battaglie: nel 1959, infatti, il partito mobilitò l'unica donna presente tra i quindici membri della Direzione su un altro fronte, quello appunto della politica "delle donne".

3. *La "questione femminile" negli anni del centro-sinistra*

Allo scadere del mandato di Anna Matera, nel frattempo eletta deputata, Tullia Carettoni fu nominata Responsabile nazionale della Commissione femminile, incarico che avrebbe mantenuto per sette anni: finché nel 1966 non lasciò il Psi. In questa attività scelse di essere supportata da Enrica Lucarelli, una giovane militante che lavorava allora nella redazione di «Noi Donne»: una scelta ponderata che si spiega, secondo Lucarelli stessa, con il fatto che Carettoni era poco inserita nel nucleo storico della Commissione femminile socialista, allora formato da Lina Merlin (1887-1979)

16. AUFN, TRC/II, b. 46, fasc. 1, *Testi scuola 1953-1967*.

17. Tristano Codignola, *La guerra dei trent'anni. Come è nata la scuola media in Italia*, in *La scuola italiana dal 1945 al 1983*, pp. 120-148.

e altre dirigenti più anziane, meno "moderne" e certamente meno sensibili di lei alla riforma del "costume".[18] Possiamo infatti considerare Carettoni parte di una "seconda generazione", per citare l'espressione utilizzata da Eloisa Betti per distinguere, all'interno del Pci, le giovani leve dalle militanti nate invece a fine Ottocento, che avevano partecipato al Biennio rosso, che erano state antifasciste già durante il regime: per semplificare, le cosiddette "madri" della Repubblica.[19]

Questo dato anagrafico si rispecchia nel modo in cui Carettoni concepì la dirigenza della sezione femminile del Psi. Per quanto la cosiddetta "questione femminile" fosse l'ambito verso cui le donne venivano automaticamente indirizzate dai partiti di massa, ogni dirigente lasciava ovviamente un'impronta diversa. Nel caso di Tullia Carettoni, si può notare come fin dai primi mesi di attività lei abbia connotato la sua carica di responsabile della sezione femminile socialista con due elementi: una spiccata sensibilità internazionale e un forte interesse per la modernizzazione dei costumi. Lo dimostra in modo esemplare il discorso che alla fine del 1959 rivolse al Movimento femminile nazionale.

In questa occasione Carettoni affrontò i problemi delle donne e la riforma del "costume" alla luce della situazione politica mondiale. La condizione delle donne italiane venne da lei inquadrata all'interno del più ampio processo di trasformazione delle società europee del secondo dopoguerra. A scandire la sua analisi ci furono riferimenti alla necessità di continuare a sostenere una politica estera scevra da qualsiasi tendenza bellicista e imperialista, nel quadro della "grande offensiva pacifista" delle sinistre e dell'Udi, che fin dalle prime fasi della Guerra Fredda aveva avviato una battaglia per la pace e contro le armi termonucleari. Come ricordato da Vezzosi, l'impegno dell'Udi per la distensione nazionale e internazionale e per il «reciproco rispetto fra gli uomini e le nazioni» si richiamava, negli anni Cinquanta, alle specifiche responsabilità delle donne «come cittadi-

18. Intervista dell'autrice con Enrica Lucarelli (1931-2020) a Roma il 12 luglio 2019 (archivio privato dell'autrice). Durante l'intervista, Lucarelli ha ritratto Carettoni come una donna caratterialmente non facile, fredda, con cui però lavorò bene perché molto intelligente, dotata di un fine senso politico e senz'altro preparata.

19. Eloisa Betti, *Generations of Italian Communist Women and the Making of a Women's Rights Agenda in the Cold War (1945-68): Historiography, Memory, and New Archival Evidence*, in *Gender, Generations, and Communism in Central and Eastern Europe and Beyond*, a cura di Anna Artwinska e Agnieszka Mrosik, London-New York, Routledge, 2021, pp. 82-101.

ne e come madri».[20] Senza attingere ad immaginari basati sulla cosiddetta "cultura del materno" – distanziandosi dunque da una retorica incentrata sulla cura e su una presunta propensione femminile alla pace – le sue parole espressero piuttosto fiducia nella capacità delle istituzioni democratiche, esito della Resistenza antifascista, di garantire sia la libertà personale, sia la stabilità politica in Europa. Mitigando il maternalismo allora imperante, volle probabilmente far sentire la sua voce anche al di fuori degli ambiti femminili e prendere parte alle proteste antinucleari che, in quella fase, una leadership prevalentemente maschile stava affrontando in chiave di *national security policy*.[21]

> La sensibilità delle masse femminili ai problemi della pace è tradizione oramai: esiste però il pericolo che il sospiro di sollievo che accompagna il veder allontanarsi la guerra con i suoi lutti e le sue rovine possa non esser seguito dalla intensificazione della lotta necessaria – per chi – come noi – ha sempre considerato la pace non solo per il suo valore di eliminazione della guerra ma in senso positivo e costruttivo, come premessa a tutta una politica.
> [...] La distensione è oggi ancora una manifestazione di volontà, bisogna che questa volontà diventi azione concreta che risolva i più grossi problemi che vanno dal disarmo e fine blocchi militari, alla intensificazione degli scambi commerciali culturali, alla fine di ogni discriminazione.[22]

Nel pieno della Guerra fredda, dunque, riteneva necessario un lavoro di sensibilizzazione sulla "pace" e sul "disarmo" che, a suo avviso, avrebbe dovuto puntare al progresso sociale, al dialogo interculturale, oltre che all'emancipazione femminile.[23]

Nonostante la sua attenzione per il contesto globale, la nuova responsabile del Movimento femminile socialista non poté fare a meno di inserire

20. Elisabetta Vezzosi, *Per una storia dei movimenti antinucleari delle donne in Italia. Snodi, passaggi, trasformazioni*, in «Genesis», XX/2 (2021), p. 181.

21. Sull'ascesa del sistema democratico nell'Europa del secondo Novecento cfr. Martin Conway, *Western's Europe Democratic Age (1945-968)*, Princeton (NJ), Princeton University Press, 2020. Sui governi e i partiti politici italiani cfr. Formigoni, *Storia d'Italia nella Guerra Fredda*.

22. Dattiloscritto datato 16 dicembre 1959, *Relazione della compagna responsabile Tullia Carettoni alla Commissione Femminile Nazionale*, pp. 2-3, in AUFN, TRC/II, b. 35, fasc. 1, *Articoli e stampa varia 1959-1961*.

23. Cfr. Matteo Ermacora, *Pacifismo femminile nell'Italia repubblicana. Un percorso storiografico*, in «Dep», 46 (2021), *Donne e impegno pacifista nell'Italia repubblicana*, a cura di Matteo Ermacora e Rachele Ledda, pp. 1-25.

la "questione femminile" nel quadro della politica interna e, in particolare, del processo di costruzione di una alleanza di centro-sinistra: questione che stava in quei mesi assorbendo le energie non solo dei socialisti, ma anche dei democristiani come abbiamo visto, ma che alla fine dell'anno appariva sempre più problematica. Le politiche rivolte alle donne, al pari di quelle scolastiche, rientravano tra l'altro in un ambito che destava non pochi problemi in vista del dialogo tra Psi e Dc.[24]

Nel corso degli anni Cinquanta la contrapposizione tra cattolici e laici si era andata attenuando. I vertici ecclesiastici avevano iniziato a limitare gli effetti della scomunica lanciata su socialisti e comunisti fin dal 1949 e il nuovo pontificato di Giovanni XXIII aveva inaugurato una stagione di maggiore apertura verso la partecipazione femminile al mondo del lavoro e alla vita pubblica.[25] Tuttavia, l'elaborazione delle varie culture politiche stava procedendo con ritmi diversificati e verso mete inconciliabili. Basti pensare che alla fine degli anni Cinquanta l'Udi, oltre a concentrare gran parte delle sue forze sulla battaglia per la pensione alle casalinghe, stava prestando molta attenzione anche a temi innovativi come il controllo delle nascite e la riforma del diritto di famiglia rispetto ai quali non era affatto scontata neppure la convergenza del Pci, figuriamoci della Dc. Come ricordato da Anna Rossi-Doria, il tema della parità nella famiglia e dei diritti individuali della donna nella sfera privata era stato sviluppato dall'Udi già nell'immediato dopoguerra, ma poi era stato accantonato a causa della poca sensibilità dei partiti di riferimento e all'approvazione di un testo costituzionale che aveva recepito quasi per intero la concezione cattolica della famiglia.[26] Qualcosa però aveva iniziato a cambiare sul finire degli anni Cinquanta.

A quindici anni dalla nascita della Repubblica, le associazioni femminili laiche cercarono di dare nuova centralità ai temi legati alla sfera privata. Il Movimento femminile socialista non si tirò indietro e nel 1959 rilanciò la questione della parità tra i coniugi nella famiglia e dei diritti in-

24. Cfr. AUFN, TRC/II, b. 46, fasc. 1, *Testi scuola*, dove, oltre a riviste, dibattiti parlamentari e appunti, c'è una copia del volume *Il Pli per la scuola di domani. Atti del convegno Nazionale di Studi sulla Scuola (Padova 28-29 aprile 1962)*, regalatole da Malagodi, del Pli.

25. Si ricorda il discorso pronunciato da Papa Roncalli nel dicembre 1960 in occasione del X Congresso nazionale del Cif, pubblicato in Centro italiano femminile, *La donna nella famiglia e nel lavoro. Atti del X Congresso nazionale (Roma, Domus pacis, 6-10 dicembre 1960)*, Roma, InGraRo, 1961.

26. Rossi-Doria, *Le donne sulla scena politica*, p. 201.

dividuali della donna; inoltre, avviò una serie di mobilitazioni per la tutela giuridica dei figli naturali, per combattere cioè le disparità tra figli legittimi e illegittimi. Fu questo un tema molto caro a Tullia Carettoni che, appena divenuta membro della Direzione e responsabile della sezione femminile, decise di dedicargli un convegno *ad hoc*.

Questo convegno si tenne il 17 giugno 1959 a Roma, al teatro Eliseo, e fu l'occasione per presentare al pubblico le sue idee anche rispetto alla doppia militanza, ossia al rapporto tra l'attività nel partito e quella nelle associazioni femminili. I lavori furono inaugurati da un suo intervento intitolato *Il rinnovamento della società è uno degli obiettivi del Partito socialista italiano*, nel quale esplicitò due punti qualificanti la sua attività politica: il primo era una visione ampia dell'emancipazione delle donne (da intendere come emancipazione sociale, collettiva, non individuale); il secondo era una fiducia incondizionata nell'azione interna a un partito di massa (rispetto a quella nelle associazioni femminili autonome). La Commissione femminile socialista, infatti, aveva il vantaggio di essere composta da militanti che, secondo lei, avevano intuito i rischi della marginalizzazione nelle associazioni femminili autonome e avevano «coscientemente compiuto un atto ancora abbastanza raro fra le donne italiane»: quello di prendere «la tessera di un partito politico (non dunque di una associazione collaterale)».[27]

Dopo aver precisato che il Movimento femminile socialista non avrebbe lavorato in concorrenza, ma in collaborazione con gli altri soggetti politici femminili, Carettoni si soffermò sullo stato del processo di modernizzazione. A suo avviso, questo stava rischiando un arresto, come dimostravano le polemiche seguite all'approvazione della legge 110/1958 che – dopo un iter decennale – aveva da poco posto fine alla regolamentazione statale della prostituzione. La legge Merlin, approvata nel marzo 1958, era infatti al centro di polemiche perché le forze conservatrici, insieme alle autorità sanitarie e a quelle di pubblica sicurezza, temevano che la fine delle case chiuse avrebbe avuto effetti nefasti tanto sul piano della moralità pubblica e del buon costume, quanto su quello sanitario, per la diffusione delle malattie veneree. Questi allarmi erano secondo lei una prova che oltre alle «resistenze tradizionali» si stesse registrando «un assalto» contro tutte le posizioni non solo progressiste ma anche «solamente aperte».

27. Partito socialista italiano, Movimento femminile, *Atti del convegno di studi sulla tutela giuridica dei figli naturali, Roma, 17 giugno 1959*, in AUFN, TRC/II, b. 36, fasc. 1, *Articoli e notizie su stampa varia/Importante 1959-1963*.

> Abbiamo in questi giorni assistito – disse – ad uno scatenamento delle forze di destra contro la legge Merlin, che supera l'episodio [...] ed ha certo più vasto significato della eterna lotta di chi vuole che qualcosa cambi e in meglio e nel senso della giustizia e della libertà.[28]

Dopo questo riferimento alle resistenze moraliste che stavano cercando di contenere i fermenti culturali e sociali, Carettoni si concentrò sulle strategie politiche che si sarebbero dovute mettere in atto per il rinnovamento della società. Il punto di partenza era, a suo avviso, il rapporto delle donne con il lavoro e con la famiglia: un nodo tanto cruciale quanto divisivo in una logica di dialogo tra socialisti e democristiani. Carettoni era consapevole della distanza che separava le sensibilità di laici e cattolici negli anni della grande trasformazione, come attestato dal già citato discorso di fine anno quando aveva affrontato in modo diretto il problema delle «masse cattoliche»:

> Il problema delle masse cattoliche in Italia, del come inserire queste masse nella vita democratica del paese è stato sempre presente al nostro partito.
> Se è vero che nel secolo scorso il problema dei cattolici fu quello di inserirsi nello Stato nato dal Risorgimento oggi il problema dei lavoratori cattolici è un altro: è quello di inserirsi nel mondo attuale che è in trasformazione, di trovare legami con le forze che sono alla testa di questo mondo in trasformazione.
> Per essi si pone la necessità di prendere atto che nel mondo esiste una nuova realtà di stati socialisti, nel paese una realtà di masse socialiste che combattono per l'attuazione di quella giustizia sociale che anch'essi vogliono. Per noi si è trattato di mettere in moto e di accelerare questo processo: abbiamo sempre saputo che il progresso in Italia passava anche per questa presa di coscienza dei lavoratori cattolici.[29]

Alla luce delle difficoltà nel rilancio del dialogo tra Psi e Dc, la responsabile del Movimento femminile socialista stabilì un obiettivo realistico, ma pur sempre ambizioso: l'individuazione di punti di convergenza – dei «fini particolari», come li chiamava lei – sui quali saldare una cooperazione femminile trasversale agli schieramenti politici.

> [...] ma noi sappiamo che se sarà possibile trovare accordi con le cattoliche su problemi che, per intenderci, chiameremo di "giustizia" un abisso ci divi-

28. *Ibidem*. Si rimanda a Sandro Bellassai, *La legge del desiderio. La legge Merlin e l'Italia degli anni Cinquanta*, Roma, Carocci, 2006; Liliosa Azara, *I sensi e il pudore. L'Italia e la rivoluzione dei costumi (1958-68)*, Roma, Donzelli, 2018.
29. *Relazione della compagna responsabile Tullia Carettoni*, p. 5.

> de quando poniamo i problemi della libertà e perciò stesso della trasformazione della società [...]. Troveremo terreno comune con le forze cattoliche nel porre le rivendicazioni femminili, non le troveremo concordi in una visione unitaria dove attuazione dei diritti del lavoro, della riforma del costume, della piena affermazione della personalità umana, della liberazione del tradizionale conformismo siano parti inscindibili di un tutto. Per noi infatti non esiste un problema dell'emancipazione che sia solamente rivendicativo o un problema di costume che abbia peso solo nell'ambito delle relazioni umane; non saremmo socialiste se non vedessimo che sono esse le molteplici facce di un solo problema [...]. Tanto è vero che dietro ad ogni resistenza economica (parità, licenziamento per matrimonio) c'è anche una resistenza allo sviluppo della libertà della donna [...], come dietro all'insistenza di carattere "morale" c'è una resistenza di carattere economico conservatore. Ciò sappiamo, eppure desideriamo condurre con le cattoliche anche le battaglie per i fini particolari.[30]

Considerando da un lato urgente un'opera di modernizzazione radicale, e dall'altro utopica una collaborazione sinergica con la Dc, Carettoni si convinse che fosse necessario concentrare le energie solo su alcuni specifici punti programmatici: questi avrebbero dovuto far parte del quadro di "riforme di struttura" di una eventuale alleanza di centro-sinistra.

L'anno dopo, però, la politica interna si sarebbe complicata non poco. Il problema della svolta a sinistra divenne per i socialisti ancora più sentito a seguito della crisi del governo Tambroni, monocolore democristiano nato nella primavera 1960 con l'apporto essenziale del Movimento sociale italiano: un dato, questo, che scatenò il dissenso anche della sinistra della Dc, non solo dei partiti laici. Il connubio fra Dc ed estrema destra (letto come un tentativo delle forze conservatrici di opporsi all'apertura a sinistra) provocò la reazione delle forze antifasciste. La crisi esplose nel corso dell'estate e fu caratterizzata dagli scontri di piazza più violenti dai tempi dell'attentato a Togliatti del 1948. Nel luglio 1960, infatti, la rivolta popolare contro il congresso nazionale del Msi organizzato a Genova si diffuse dalla Liguria in altre parti d'Italia, venendo ovunque violentemente repressa: nella sola Reggio Emilia si contarono 5 morti. Alla fine, però, le proteste e una forte ondata di indignazione nei confronti di Tambroni portarono, il 19 luglio, alle dimissioni del capo del governo e al tramonto di progetti governativi che includessero le for-

30. Ivi, p. 8.

ze neofasciste. Al governo Tambroni seguì il terzo governo Fanfani, un monocolore democristiano che, però, godette dell'astensione del Psi. La stagione delle "convergenze parallele" ebbe inizio.

Alla luce di questa situazione di estrema tensione, in cui il paese era sembrato sull'orlo di una guerra civile, le elezioni amministrative dell'autunno 1960 furono vissute come «squisitamente politiche». Lo dimostra l'accorato discorso che Carettoni tenne il 28 settembre 1960 alla riunione della Commissione femminile nazionale:

> Oggi il partito è di fronte ad una grossa prova che riguarda non solo le fortune del Psi ma dello stesso Paese: si tratta, infatti, di una fase, di un momento essenziale della lunga drammatica battaglia che il movimento operaio e il Psi combattono da anni, oramai, per la trasformazione del nostro Paese, ne fanno fede le giornate di Genova e i morti di Reggio Emilia e di Sicilia, oggi si tratta della lotta contro la minaccia di una involuzione a destra (nelle intenzioni degli artefici, definitiva) e per una svolta a sinistra ormai improrogabile pena l'arresto di ogni progresso e forse anche la perdita della libertà stessa [...].[31]

Dopo questa premessa sulla mianccia fascista e sull'urgenza della svolta a sinistra, la responsabile della Commissione femminile si concentrò sul voto amministrativo e invitò le sue compagne a insistere affinché il partito considerasse l'emancipazione femminile una parte integrante di qualsiasi progetto di giustizia sociale e, quindi, un elemento essenziale dei suoi programmi politici a livello nazionale, come locale. Le militanti socialiste, inoltre, avrebbero dovuto sfruttare questa campagna elettorale per avvicinare le italiane al Partito socialista in una fase promettente poiché, a suo avviso, si stava registrando tra le masse femminili una vera e propria «presa di coscienza».

> Ci sono oramai chiari i termini e la portata del problema dell'emancipazione femminile, problema di fondo della società, elemento essenziale della politica di sviluppo, nel suo duplice aspetto di diritto al lavoro e di riforma del costume. È stato, credo, il nostro approfondimento di questi ultimi anni e penso che al XXXIV Congresso del Partito dovremmo tentare di far sì che non noi solo ma tutto il Partito ne veda termini e portata con chiarezza [...]. Più difficile è riuscire a parlare materialmente alle donne [...]. Si pone il problema di arrivare ad esse: certo è in corso in Italia un grande processo di presa

31. Tullia Carettoni, *Verso le elezioni amministrative*, relazione svolta alla riunione della Commissione Femminile Nazionale il 28 settembre 1960 in AUFN, TRC/II, b. 35, fasc. 1, *Articoli e stampa varia*.

> di coscienza da parte delle masse femminili ma non è dubbio che le donne sono la parte dell'elettorato più lontana dal nostro partito.[32]

Rivolgendosi direttamente alle candidate, suggerì loro come parlare durante i comizi e come conquistare anche l'elettorato più distante: «le candidate illustrino il nostro programma nel modo più concreto possibile, si studi ogni modo per avere discussioni e contatti con le donne, per discutere problemi comunali e provinciali…».

Infine tornò sul rapporto tra la politica "generale" del partito e quella rivolta nello specifico alle donne: concluse infatti il suo intervento ricordando che libertà, pace, democrazia e rinnovamento delle istituzioni erano problemi tanto delle donne quanto del socialismo in generale e che, pertanto, il Movimento femminile avrebbero potuto contribuire a spingere tutto il partito verso «il nuovo» e verso «l'avvenire»[33].

4. *Nel salotto delle Tribune politiche*

I risultati delle amministrative segnarono un aumento dei voti per il Pci (+1,8%), un modesto successo per il Psi (+0,2) e una flessione per la Dc (-2,1). Tuttavia, per socialisti e democristiani furono un importante banco di prova perché sfociarono nella formazione di giunte locali di centro-sinistra (Milano, Firenze e Genova) che anticiparono la svolta della politica governativa. Grazie alla sua lunga esperienza nell'Udi e a quelle, più recenti, nella Direzione del Psi e di responsabile del Movimento femminile socialista, Tullia Carettoni fu uno dei volti che rappresentarono il Psi in televisione all'inizio della storia della Tribuna politica. Questo programma fu avviato nell'ottobre 1960 – dopo sette anni di vita della Rai – a seguito delle polemiche sul totale controllo del servizio pubblico televisivo da parte dell'esecutivo. Dopo una sentenza della Corte costituzionale che nel luglio 1960 aveva stabilito l'obbligo di assicurare, «in condizioni di imparzialità e obbiettività», il godimento del servizio pubblico, si era deciso che anche l'opposizione dovesse accedere alla televisione. Il terzo governo Fanfani (quello delle "convergenze parallele") si era dovuto occupare, dunque, della regolamentazione della propa-

32. *Ibidem*.
33. Ivi, p. 15.

ganda televisiva in vista delle elezioni amministrative dell'autunno del 1960. Il risultato fu una legge che non mise in discussione il monopolio tecnico, ma quello politico sì, prevedendo una televisione che garantisse visibilità e voce a tutte le forze politiche. Fu in questo scenario che il servizio pubblico dedicò una rubrica alle Tribune politiche: l'obiettivo del nuovo programma non era, infatti, soltanto assolvere alla funzione pedagogica e civica della Rai, ma anche quello di dare voce a tutti i partiti presenti in Parlamento, anche di opposizione, soprattutto in occasione delle campagne elettorali. Fu una grande novità per la storia della televisione e per quella della politica: le Tribune televisive, infatti, avrebbero fatto conoscere gli esponenti politici anche a quell'elettorato poco avvezzo ai comizi di piazza.[34]

Il primo ciclo previde conferenze stampa e appelli; poi nel 1961 il format della Tribuna venne rinnovato introducendo anche la formula dei dibattiti tra rappresentanti dei partiti – prototipo degli attuali *talk show* – da tenersi in uno studio televisivo sempre meno austero e più simile a un salotto borghese.[35] Dopo la prima puntata di questo ciclo, incentrata sui problemi del Mezzogiorno, la seconda serata andò in onda il 14 giugno 1961 e fu dedicata a *La donna nella democrazia italiana.* Tullia Carettoni fece il suo esordio televisivo.

La puntata vide confrontarsi cinque rappresentanti politiche sedute attorno al grande tavolo rotondo che presto sarebbe diventato un emblema di questa macchina scenica: oltre a Carettoni per il Psi, furono invitate Maria Teresa D'Aramengo (Pdium), Maria Teresa Bartoli-Macrelli (Pri), Olga Premoli (Pli) e Amalia Spingardi contessa di Valmarana, membro del Cif, in qualità di «esperta di problemi femminili».[36] Al di là dello schermo, a seguire le cinque ospiti coordinate dal conduttore Giorgio Vecchietti, dob-

34. Andrea Sangiovanni, *Specchi infiniti. Storia dei media in Italia dal dopoguerra a oggi*, Roma, Donzelli, 2021, pp. 146-147.

35. Si rimanda a Edoardo Novelli, *Introduzione*, in *Cari elettori, care elettrici. Le immagini della prima Repubblica nelle Tribune della Rai*, a cura di Edoardo Novelli e Stefano Nespolesi, Roma, Rai, 2015, pp. 13-24. Novelli precisa che nel 1960 16 famiglie su 100 possedevano un televisore; soltanto un anno dopo 21 famiglie su 100.

36. Dibattito *La donna nella democrazia italiana*, puntata del programma Rai Tribuna politica messa in onda il 14 giugno 1971, puntata integrale disponibile online: www.youtube.com/watch?v=yIPxzuNcpzc (ultima consultazione il 20 aprile 2021). Una fotografia dello studio con tutte le ospiti di questo dibattito è stata pubblicata in *Cari elettori, care elettrici*, p. 48.

biamo immaginare gruppi di persone riunite soprattutto al bar e tra vicini di casa, dato il carattere fortemente collettivo e non ancora domestico del rituale televisivo.[37]

Vecchietti avviò la puntata invitando le cinque ospiti alla brevità e alla chiarezza della esposizione (perché «le donne – si mormora – sono più loquaci degli uomini») e dopo un'introduzione tematica passò la parola dapprima a Valmarana e poi alla «battagliera» Tullia Carettoni. Le immagini mostrano una donna giovane (e certamente più giovanile delle altre ospiti), molto curata e ben vestita: un elemento, questo, che l'indomani il «Corriere della sera» non trascurò di descrivere minuziosamente:

> Per quanto la giovane signora Carettoni possa essere apparsa graziosa ai telespettatori, sarà giusto mettere in chiaro che l'obiettivo non le rende giustizia. Confrontavamo la sua immagine vera con la figura che campeggiava sullo schermo del "monitor", in un angolo dello studio televisivo: lo scintillare attraente dei suoi piccoli, maliziosi occhi azzurri era del tutto perduto. È raro inoltre, imbattersi in una donna così delicatamente curata negli abiti e nella persona: tailleur grigio e sobrio, di taglio elegantissimo; foulard di seta bianca; unghie molto lunghe, dall'irreprensibile lacca; scarpe di vernice con tacchi a spillo, prestigiosi ancorché (dicono) superati; messa in piega esemplare, che dava luce ai soffici, biondi capelli. Se non fosse stato per il gestire [sic] appena eccessivo, il modello hollywoodiano, cui la signora Carettoni sembrava ispirarsi, sarebbe risultato perfetto. Perfetta, e pienamente filmica, era comunque l'impostazione della voce: altrettanto dicasi dell'espressione del volto, che alternava rapidi bronci a un clemente sorriso.[38]

La dirigente socialista si preparò con cura in vista di questo importante appuntamento, ma non si preoccupò tanto della sua immagine, come l'articolo del «Corriere» lasciò intendere, quanto della responsabilità politica che le era stata affidata. In assenza di una rappresentante del Pci, e in compagnia di esponenti politiche poco esperte di questione femminile (come riteneva quella liberale e quella monarchica), sentì che spettava a lei il compito di introdurre il tema dei diritti civili nella trasmissione.[39]

37. Cfr. Damiano Garofalo, *Storia sociale della televisione in Italia (1954-1969)*, Venezia, Marsilio, 2018.

38. Carlo Laurenzi, *Finalmente tocca alle donne l'intero dominio del "video"*, in «Corriere della sera», 15 giugno 1961, p. 3.

39. Si vedano le sue interviste conservate in AUFN, TRC/II, b. 35, fasc. 1, *Articoli e stampa varia*. Un'altra partecipazione alla Tribuna elettorale molto documentata è quella del 21 marzo 1963 (cfr. AUFN, TRC/II, b. 37, fasc. 5). Una busta postale contenente lettere

Per farlo, decise di partire da quelli che secondo lei erano i problemi reali e concreti delle donne italiane: quelli legati al lavoro, dentro e fuori la famiglia. Dopo un breve omaggio ad Anna Kuliscioff e alla tradizione socialista, entrò nel vivo della sua relazione parlando del nesso tra occupazione femminile e ruoli famigliari. Quello che fece, pertanto, fu declinare il tema generale della puntata (donne e democrazia) sul piano, per lei cruciale, dell'impiego femminile e questo lo fece rivolgendosi esplicitamente alle lavoratrici italiane che la stavano ascoltando al di là dello schermo: «le operaie, le braccianti, le contadine, le impiegate, le insegnanti, le casalinghe» e, in particolare, quelle più giovani tra queste. Dopo aver posto una domanda retorica – «Che prospettiva si apre per le ragazze di oggi in questa società? Che cosa fa la classe dirigente *oggi* per queste ragazze che domani saranno il nerbo del paese?» – proseguì con la sua analisi:

> È vero sì, ci sono 6 milioni circa di donne occupate. Eh ma ce ne se sono 16 milioni e mezzo che non sono occupate. E lasciamo stare le donne, ma se lo guardiamo dal punto di vista del paese è se non altro un grosso spreco di energie [...]. Però in quali condizioni, torno a dire, lavorano queste donne? lo ha detto l'oratrice che mi ha preceduto: ancora la parità salariale non c'è, la società non aiuta queste donne, mancano asili nido, mancano servizi sociali, mancano leggi di previdenza sufficienti. I licenziamenti per matrimonio non sono ancora – non sono ancora! – una cosa sparita in Italia.
>
> E poi, la donna che lavora in che condizioni si trova quando torna casa? Insomma, ma quant'è l'orario lavorativo di tutte noi donne che lavoriamo? Io non so se gli uomini lo abbiano molto chiaro, ma alle 8 ore di lavoro se ne aggiungono 4, 5 e anche 6, in base al numero di bambini. E mi pare che questa sia una contraddizione.[40]

La dirigente socialista fu attenta a scandire con cura le parole e a enfatizzare i passaggi più importanti, dissimulando la scarsa abitudine ai salotti televisivi e manifestando, piuttosto, sicurezza. Come se percepisse i consensi delle telespettatrici, si contrappose con fermezza alle esponenti liberali e monarchiche che, a suo avviso, confinavano le donne dentro «la missione del focolare». Inoltre, parlò senza esitazioni di "lavoro" per indicare l'insieme di attività di cura svolte dalle donne – «da tutte noi donne!» esclamò – all'interno delle mura domestiche.

arrivate alla senatrice in seguito alle sue apparizioni Tv del 1962 è conservata in AUFN, TRC/II, b. 41, fasc. 1.

40. Dibattito *La donna nella democrazia italiana*.

> La realtà cammina, piaccia o no. Il mondo cammina. Piano, cammina anche in Italia. E in Italia c'è una nuova condizione della donna: la donna è entrata nella produzione, la donna lavora, la donna è entrata nelle professioni. Però prendiamo la realtà italiana della donna che è entrata nella produzione e nel lavoro e paragoniamola alle leggi, al costume, ai pregiudizi e alla mentalità italiana.[41]

Venne dunque il momento di affrontare un tema a cui si sarebbe dedicata a lungo, nel corso della sua lunga carriera politica: la discrasia tra progressi registrati nel mondo del lavoro e arretratezza culturale. La società italiana era infatti caratterizzata, secondo lei, da una contraddizione forte tra i passi avanti che si facevano, ad esempio, nel settore produttivo e la staticità dei modelli culturali di riferimento. La causa di questa profonda discrasia andava ricercata – a suo avviso – nell'apparato legislativo italiano, totalmente inadeguato a rappresentare una realtà sociale in continuo mutamento.

> Io non mi... io non esito a dire che in realtà il nostro diritto... riflette la società di un centinaio di anni fa, non quella di oggi. Un esempio solo, perché non ho molto tempo e Vecchietti già mi guarda male: il diritto matrimoniale! Il diritto matrimoniale italiano, la condizione della donna nella famiglia riflette oggi una società in cui l'uomo – esso solo – provvedeva al mantenimento della famiglia.
>
> La situazione è cambiata e in questo campo veramente si muove nulla o quasi nulla. E non si vuole né c'è speranza che si prenda in esame la possibilità anche di alcuni scioglimenti del vincolo matrimoniale in alcuni casi limite come quello dell'ergastolano, quello del pazzo ricoverato in manicomio e che non uscirà.[42]

Oltre alla sfera del lavoro era quella del diritto a necessitare di interventi modernizzatori: il lavoro, da solo, non avrebbe emancipato le donne. Particolarmente urgente era secondo lei un ripensamento dei Codici e, in modo particolare, una riforma del diritto di famiglia in grado di trainare le trasformazioni (discontinue e disomogenee) che stavano scuotendo i rapporti sociali. Nel suo intervento disse quindi senza mezzi termini che andava messa al primo posto dell'agenda parlamentare la questione del divorzio, verso cui il Psi mostrava una inedita sensibilità. Infine, chiuse con un omaggio al suo partito, affermando che le proposte socialiste erano, per quanto riguarda la famiglia e le donne, non solo chiare ma anche coraggiose:

41. *Ibidem*.
42. *Ibidem*.

> Noi diciamo che bisogna veramente non lenire, ma capovolgere una situazione. Rompere veramente col passato. E considerare che la parità reale tra l'uomo e la donna sono [sic] in realtà il primo passo verso una società nuova di individui veramente uguali. E diciamo un'altra cosa. Esiste... esiste una questione femminile in Italia. Esiste un problema dell'emancipazione della donna. Cioè, un problema di liberazione della donna da questi vincoli. E che questo problema è un problema di fondo di questo paese che non può essere risolto più da associazioni professionali, o da associazioni femministe, o da uomini e donne di buona volontà: deve essere risolto con una scelta politica. Una politica molto coraggiosa. Una politica di impegno, che punti sul lavoro della donna. E che veda però questo lavoro della donna non come una necessità perché "per tirare avanti la barca della famiglia bisogna che lavori anche la donna". Ma che consideri questo lavoro della donna come un elemento che liberi veramente la donna, gli dia veramente la dignità, che sia una libera scelta della donna, e che sia un fattore dunque di dignità, di libertà, di serietà per la donna stessa.[43]

Come prevedibile, il suo intervento divenne bersaglio di Maria Teresa D'Aramengo, rappresentante del partito monarchico, la quale prese fieramente le distanze dal modello di donna-lavoratrice (e quindi di famiglia) auspicato da Carettoni. L'esponente del Pdium affermò di sperare che le donne potessero essere liberate sia dalla «necessità impellente» e «dolorosa» «di uscire di casa, abbandonare la famiglia anche quando avrebbe bisogno di loro per andare a lavorare»; sia dalla fatica fisica del lavoro domestico. Per questo secondo punto, la soluzione sembrava più facile: D'Aramengo disse di confidare nell'ausilio sempre maggiore degli elettrodomestici (in particolare, frigorifero e lavatrice). Il diverbio che si generò rese evidente che un punto di incontro tra le due posizioni non sarebbe stato possibile; offrì però alla «signora Carettoni» l'opportunità di replica.

Negli ultimi cinque minuti a sua disposizione, Carettoni ribadì con molta enfasi un concetto già espresso in precedenza (e giudicato eccessivo dalla repubblicana Macrelli): era necessario «rovesciare» e «capovolgere», senza ambiguità o timori, quella mentalità retrograda che, ad esempio, rendeva ancora pensabile, nel 1961, il matrimonio riparatore. Colpisce, sapendo quante energie avrebbe dedicato a questa battaglia quindici anni dopo, sentirla chiudere il suo primo intervento televisivo proprio con un appello alla cancellazione della causa d'onore. C'è da dire però che questo tema era stato già inserito nell'agenda politica del Partito socialista e, in partico-

43. *Ibidem*.

lare, della sua Commissione femminile. Nello stesso giorno della messa in onda, il Movimento femminile socialista aveva infatti organizzato a Roma la Conferenza sui "delitti d'onore" con i senatori Sansone e Fenoaltea che a marzo avevano presentato un progetto di legge per eliminare l'articolo 587 del Codice penale e Carettoni aveva firmato un articolo per «L'Avanti!» intitolato *Battaglia per la civiltà*.[44]

La trasmissione ebbe successo, come attestano le centinaia di lettere e telefonate che arrivarono alla redazione dell'«Avanti!» e che Carettoni studiò con curiosità e attenzione. In un resoconto scritto per il quotidiano socialista, Carettoni riconobbe con entusiasmo la «potenza propagandistica del mezzo televisivo». Non era ovviamente l'unica a entusiasmarsi per il potere della televisione in generale e per il risultato della puntata nello specifico: a seguito della messa in onda, raccontò di essere stata contattata da un'azienda produttrice di elettrodomestici e di aver ricevuto (e rifiutato) la proposta di girare «uno schectc [sic] reclamistico dove si mescolassero emancipazione, riforme di struttura e bontà degli apparecchi prodotti».[45] Contemporaneamente, questo successo irritò la Dc: il megafono fornito alle opposizioni seccò in particolare l'ala destra del partito che espresse diffidenza verso una rubrica considerata «un pericoloso strumento di modernizzazione e secolarizzazione dell'identità e della cultura italiana».[46]

Le Tribune televisive si rivelarono un fondamentale veicolo di propaganda, ma presto apparve chiaro un altro loro potenziale: potevano offrire anche strumenti analitici utili per conoscere meglio l'elettorato. Le lettere che telespettatrici e telespettatori indirizzarono a Tullia Carettoni dopo la Tribuna politica del 14 giugno 1961 le fornirono infatti molti spunti di riflessione. Senza considerare gli attacchi che alcuni rivolsero alle «socialiste tutte zitelle», le reazioni del pubblico le mostrarono «un fatto rivelatore tipico del costume italiano»: la maggior parte delle donne aveva scritto di nascosto dal marito e aveva implorato il rispetto dell'anonimato.

44. La notizia della conferenza di presentazione della proposta di legge n. 1499/1961 dei senatori Sansone e Fenoaltea venne comunicata in prima pagina dall'«Avanti!» nell'edizione romana del 13 giugno 1961, seguita dall'articolo di Carettoni.

45. Documento dattiloscritto, senza data, in AUFN, TRC/II, b. 66, fasc. 1, *Posta varia interessante e altri documenti*. Alcune delle lettere di approvazione e di biasimo che si citano nel report sono contenute in AUFN, TRC/II, b. 41, fasc. 1, *TV e altre cose su donne*.

46. Novelli, *Introduzione*, p. 16.

> Queste scriventi sono d'accordo con noi, vorrebbero evadere, lavorare (è vero che i figli sono tutto per una donna, ma non ci deve essere proprio altro?) ma sentono la vita "circoscritta in un ristretto circolo" [...]. Si possono trarre delle conclusioni? A mio parere sì. E forse qualche insegnamento. La questione femminile non solo esiste in Italia ma comincia ad essere fortemente sentita dall'opinione pubblica [...]. Le donne desiderano giustizia ma anche libertà: vogliono essere liberate, per esempio, dalla paura di dire quello che pensano. Le donne vogliono che ci si batta per il diritto al lavoro, ma hanno bisogno del pari di una coraggiosa battaglia che trasformi il costume italiano. E molti più uomini di quanto non si creda, consentono. Ne deriva un ammonimento ai compagni non sempre pronti a rendersi conto dell'indispensabilità di questa battaglia [...].[47]

Nella prima di una serie di apparizioni televisive, Tullia Carettoni riuscì a condensare il suo pensiero politico rispetto a quella che veniva chiamata la "condizione delle donne". Questa esperienza, però, sembrò convincerla definitivamente dell'importanza di forzare il partito a dare centralità al tema dei diritti civili e alla critica di quella che si iniziava a chiamare "mistica della femminilità". E proprio su questi temi avrebbe lavorato alacremente anche all'interno del Parlamento italiano fin dalla sua prima Legislatura, quella che sarebbe iniziata nel 1963.

5. *1963: l'ingresso a Palazzo Madama*

Dopo l'esperienza delle "convergenze parallele", l'apertura a sinistra proseguì e si concretizzò il 21 febbraio 1962 in un governo formato da democristiani, socialdemocratici e repubblicani, sostenuto nuovamente dall'astensione del Psi. La coalizione governativa che costituì il IV esecutivo con Fanfani primo ministro fu infatti appoggiata, dall'esterno, anche dal Psi che partecipò alla stesura del programma e che, di fatto, divenne una componente essenziale della maggioranza parlamentare. Il "centro-sinistra programmatico" aveva ormai voltato pagina rispetto al lungo capitolo della stagione del centrismo.[48]

47. Documento dattiloscritto, senza data, in AUFN, TRC/II, b. 66, fasc. 1, *Posta varia interessante e altri documenti.*

48. Massimo L. Salvadori, *Storia d'Italia. Il cammino tormentato di una nazione. 1861-2016*, Torino, Einaudi, 2018, pp. 383-390.

L'esecutivo esordì con alcune scelte di stampo economico-finanziario che preoccuparono parte del partito democristiano e allarmarono la destra confindustriale: tra queste, la nazionalizzazione dell'energia elettrica.[49] Oltre alla creazione di una struttura pubblica, l'Enel, il progetto di riforma coinvolse presto anche il mondo della scuola. Insieme all'innalzamento dell'obbligo scolastico a 14 anni (e alla già avvenuta abolizione dell'esame di ammissione alla scuola media) il processo di democratizzazione dell'istruzione conobbe infatti una tappa fondamentale nel dicembre 1962 con l'approvazione della legge 1859, *Istituzione e ordinamento della scuola media statale*, che istituì la scuola media unificata (a partire dall'anno scolastico 1963/64). Rendendo obbligatoria, gratuita e uguale per tutte e tutti l'istruzione secondaria di primo grado, questa legge eliminò un grande elemento di discriminazione sociale e, di fatto, avviò il processo di scolarizzazione di massa. Fu una rivoluzione fatta in nome della Costituzione: l'istruzione smetteva di essere un privilegio delle classi dirigenti e diventava un diritto fondamentale per tutta la cittadinanza.[50]

Lo spostamento a sinistra dell'asse di governo, tuttavia, non portò con sé le tanto ambite "riforme di struttura". La spinta riformatrice si arrestò alla fine del 1962. Tra gli ambiziosi progetti che, pur previsti nel programma, si arenarono, vi furono l'istituzione delle Regioni, la riforma fiscale e quella sulla pianificazione urbanistica. La riorganizzazione e l'espansione dell'intervento pubblico non fu tale, dunque, da permettere uno sviluppo lineare dello Stato sociale.

> Il welfare italiano – spiegano Giorgi e Pavan – resterà segnato da tratti particolaristico-clientelari, da logiche di scambio politico, tra utenti e soggetti politico-partitici, di delega alla famiglia; da una sostanziale debolezza delle caratteristiche universalistiche tese a riconoscere i diritti dei cittadini in quanto tali e a promuovere una cultura dei servizi.[51]

49. Nicola Tranfaglia, *La modernità squilibrata. Dalla crisi del centrismo al "compromesso storico"*, in *Storia dell'Italia repubblicana*, *La trasformazione dell'Italia: sviluppo e squilibri. Istituzioni, movimenti, culture*, Torino, Einaudi, 1997, vol. 2, t. II, pp. 51-56.

50. Così recita l'art. 1, *Fini e durata della scuola*: «In attuazione dell'articolo 34 della Costituzione, l'istruzione obbligatoria successiva a quella elementare è impartita gratuitamente nella scuola media, che ha la durata di tre anni ed è scuola secondaria di primo grado. La scuola media concorre a promuovere la formazione dell'uomo e del cittadino secondo i principi sanciti dalla Costituzione e favorisce l'orientamento dei giovani ai fini della scelta dell'attività successiva».

51. Giorgi, Pavan, *Storia dello stato sociale*, p. 324.

Mentre il Miracolo economico iniziava a sbiadire e un'ondata di scioperi e di conflittualità sociale sfociava negli scontri di piazza Statuto a Torino, lo slanciò riformatore si esaurì all'interno della Dc.

Constatando che gran parte del programma concordato si stava rivelando inattuabile, il Comitato centrale socialista decise di ritirare l'appoggio esterno al governo e prese atto che una prima fase del centro-sinistra si era conclusa. I socialisti, pertanto, nel gennaio 1963 si astennero dal votare la fiducia all'esecutivo, confidando nell'esito delle consultazioni elettorali della primavera successiva: quelle che avrebbero portato Tullia Carettoni al Senato.

Candidata nel collegio di Mantova (solitamente destinato ai membri della Direzione del partito), la dirigente socialista si immerse a capofitto nella vita del capoluogo lombardo tanto da legarsi non solo politicamente, ma anche affettivamente, a questo territorio (fig. 6). A sostenerla nelle settimane della campagna elettorale ci fu il figlio Ettore che si trasferì con lei in Lombardia e la seguì, di comizio in comizio, in compagnia del suo amico Alfredo Casiglia, ex alunno di Carettoni e suo futuro segretario parlamentare.[52] Le orazioni che pronunciò nei vari comuni del mantovano furono finalizzate soprattutto a spiegare la strategia riformista del Psi e la scelta – ormai maggioritaria nel partito – di partecipare a un governo di centro-sinistra, spiegata come unica alternativa al ritorno della politica del centrismo.

Il lavoro di autopromozione fu sfiancante anche perché i suoi principali avversari erano il democristiano Leonello Zenti e il comunista Ernesto Zanardi, entrambi mantovani; ma il risultato del 28 aprile 1963 segnò indubbiamente il suo successo personale. A quarantacinque anni, Carettoni era una tra le poche donne candidate dai partiti di massa: ottenne 27.468 voti (pari al 21,61%), arrivò terza per preferenze e fu eletta dunque senatrice. Ai primi di maggio entrò per la prima volta nel Parlamento italiano insieme al piccolo gruppo di elette in quella tornata elettorale: il 4,6% alla Camera e l'1,9% al Senato.[53]

Per il Psi, invece, il risultato non fu quello sperato. Il progetto di centro-sinistra, su cui era stata incentrata la campagna elettorale, non riscosse la fiducia che i dirigenti di Psi e Dc si aspettavano dai rispettivi elettorati. La

52. Intervista di Roberta Yasmine Catalano con Alfredo Casiglia, in Catalano, *La felicità*, p. 139.
53. Willson, *Italiane*, p. 262.

Dc perse il 4% dei voti, il Psi lo 0,4% (si attestò su un timido 13,8%), mentre il Pci migliorò nettamente il risultato delle precedenti consultazioni.[54] All'indomani del voto, l'esame dei risultati non lasciò spazio a ottimismo nel Comitato centrale del Psi, come testimonia la lucida analisi di Nenni:

> Con i suoi 4 milioni 251.963 voti il Psi conserva intatto il suo rango di terzo partito d'Italia e mantiene nel Parlamento e nel Paese una forza con la quale gli altri dovranno in ogni caso fare i conti. E tuttavia, non soltanto i risultati non sono stati conformi alle speranze ed allo sforzo del Partito, ma soprattutto non sono stati conformi alla funzione e al compito che obiettivamente spetta ai socialisti nella lotta per il rinnovo della società, per la modernizzazione dello Stato, per fare avanzare i lavoratori nella conquista democratica di più vaste posizioni di potere o di controllo del potere [...].
> Non siamo andati avanti, non siamo andati indietro, siamo rimasti sulle nostre posizioni ed anche la situazione politico-parlamentare [...] è rimasta sostanzialmente quale era, con una sola maggioranza possibile, quella di centro-sinistra, ma con difficoltà circa il contenuto programmatico da dare a tale maggioranza eguali a quelle dell'8 gennaio scorso, data dell'incontro dei "quattro" alla Camilluccia in cui la Dc si rese inadempiente rispetto agli obblighi contratti relativamente al voto delle leggi di attuazione delle regioni e alla riforma della mezzadria.[55]

Come scritto da Nenni, dunque, il risultato delle elezioni avrebbe portato al «primo Senato senza maggioranza Dc»,[56] ma non avrebbe facilitato sostanzialmente la realizzazione delle riforme previste dal programma di centro-sinistra.

La prima seduta della IV Legislatura presentò effettivamente un'aula del Senato diversa dal passato. Non solo apparve a colpo d'occhio molto più affollata, a seguito dell'aumento dei senatori eletti (da 246 a 315), ma la maggioranza dei seggi, per la prima volta, non fu occupata dalla Dc. I partiti di centro-sinistra avevano ottenuto, complessivamente, il 60% dei voti: i comunisti erano passati da 59 a 85 eletti, i socialisti da 35 a 44, a cui si sarebbe aggiunto Parri, per nomina presidenziale.[57]

54. La Dc passò, alla Camera dei Deputati, dal 42,3% del 1958 al 38,3%. Il Psi dal 14,2 al 13,8% mentre il Pci migliorò il risultato delle precedenti consultazioni: dal 22,7% al 25,3%. Cfr. Pombeni, *I partiti e la politica dal 1945 al 1963*, p. 237; Bartocci, *I riformismi del Psi*, p. 204.

55. *La relazione Nenni*, Comitato centrale del 17-18-19 maggio 1963, in ACS, Nenni, b. 95, fasc. 2247.

56. *Il primo Senato senza maggioranza Dc*, in «l'Unità», 15 maggio 1963, p. 3.

57. *Ibidem*.

Il processo che avrebbe portato i socialisti all'interno della "stanza dei bottoni" durante la IV Legislatura fu comunque piuttosto turbolento. Dopo le dimissioni di Fanfani e il conferimento dell'incarico di formare il governo ad Aldo Moro il 25 maggio 1963, la prospettiva della fine del "socialismo all'opposizione" tornò in auge, ma in forma moderata e con all'orizzonte una serie di ostacoli da superare. Tra questi, i contrasti tra le correnti del Psi (e all'interno di queste) che a seguito del voto si intensificarono significativamente: la posizione di Riccardo Lombardi, il "maestro" di Carettoni, si allontanò da quella del segretario del partito, ad esempio. La *conventio ad excludendum* nei confronti del Pci, in particolare, mise gli autonomisti in una posizione estremamente complicata, in bilico tra due fuochi: tra la costante pressione moderata della Dc da un lato, e la critica comunista dall'altro.[58]

La coesione dell'area autonomista guidata dal segretario Nenni fu messa a dura prova. La corrente guidata da Lombardi (cui apparteneva Carettoni) pose come condizione per la creazione di un governo di centro-sinistra organico la definizione di un programma condiviso dal partito: una variabile non da poco. Un momento particolarmente delicato ci fu a seguito delle consultazioni di Moro con la delegazione socialista che sfociarono, il 16 giugno 1963, nei cosiddetti "accordi della Camilluccia" (dal nome del quartiere dove aveva sede la scuola di formazione della Dc). Quando Nenni presentò i risultati della trattativa al Comitato centrale del partito – in particolare a De Martino, Barbareschi, Lombardi, Cattani e Giolitti –, molti nodi apparvero impossibili da sciogliere. Tra questi, l'annoso problema dei sussidi statali alle scuole private.

Le condizioni poste da Moro spaccarono la corrente autonomista. Se Nenni era sempre più disponibile ad accettare mediazioni, pur di vedere il partito socialista al governo, Lombardi riteneva invece importante appoggiare il nuovo progetto ma non a scapito dell'attitudine riformista del Psi, che andava tutelata. Critico con il programma negoziato con Moro e timoroso delle strumentalizzazioni della destra, Lombardi pose quindi come *conditio sine qua non* l'impegno della Dc all'attuazione di riforme

58. Bartocci, *I riformismi del Psi*, p. 205. Cfr. i documenti conservati in ACS, Nenni, Serie Partito, b. 95, in particolare il fasc. 2246 e il fasc. 2248/2, dove è conservato un resoconto delle riunioni della corrente autonomista nei giorni 29-30-31 maggio 1963: Riccardo Lombardi, *Fatti e documenti (18 maggio - 16 giugno 1963)*. In questo memorandum ci sono approfondimenti sui temi considerati presupposti essenziali per l'avviamento del centro-sinistra (sulla legge urbanistica, su questioni di politica economica, su problemi della scuola).

economiche e sociali strutturali, considerate essenziali per permettere il rinnovamento del paese (tra queste, la riforma urbanistica e l'istituzione delle Regioni).

In quella che è passata alla storia come "la notte di San Gregorio" (tra il 16 e il 17 giugno 1963), la corrente di maggioranza del Psi venne posta davanti a un bivio: tra la linea di Nenni che auspicava l'ingresso nel governo, senza fare del programma «un feticcio», per citare De Martino;[59] e quella di Lombardi, rappresentante di uno schieramento più "ideologico". L'esito di questa drammatica riunione notturna del Comitato centrale fu il rinvio della nascita del governo: Lombardi e gli esponenti autonomisti vicini alle sue posizioni, tra cui Tullia Carettoni, rifiutarono di approvare il programma negoziato, considerato insufficiente per una effettiva trasformazione democratica del paese.[60]

Mentre si svolgevano i lavori del Conclave per eleggere il papa che sarebbe succeduto a Giovanni XXIII (morto il 3 giugno), il fallimento degli accordi ebbe come inevitabile conseguenza la rinuncia di Moro all'incarico che, subito dopo, venne attribuito all'allora presidente della Camera Giovanni Leone, il quale formò un monocolore "di transizione". Il governo democristiano "balneare" acuì all'interno del Psi la contrapposizione interna allo schieramento autonomista che continuava a divergere tanto sulle condizioni, quanto sulle finalità di una eventuale partecipazione socialista al governo. Lo spiega chiaramente Bartocci:

> Per Nenni e per la maggioranza della corrente autonomista una rottura dei rapporti – qualora non si fosse pervenuti ad un accordo con il partito scudocrociato – avrebbe comportato la caduta delle prospettive e delle attese che il dialogo con i cattolici aveva alimentato. Avrebbe segnato cioè il fallimento di una strategia costruita in lunghi anni di preparazione e di progressiva modificazione degli indirizzi politico-culturali.
> […] Per Lombardi e il suo gruppo, invece, il rifiuto democristiano di aspetti qualificanti del progetto socialista e comportamenti governativi non in linea con gli accordi di programma, andavano considerati come un inaccettabile vulnus che avrebbe comportato perdita di identità e di influenza nei confronti del movimento operaio, cioè di quella che era storicamente l'area di riferimento del partito.[61]

59. Bartocci, *I riformismi del Psi*, p. 205.

60. Cfr. ACS, Nenni, serie "Partito", b. 95, fasc. 2250/2 e AFB, Fondo Basso, serie 16 *Congressi PSI e Psiup*, fasc. 9-12 (sui congressi dal 1957 al 1963).

61. Bartocci, *I riformismi del Psi*, p. 212.

La spaccatura interna alla corrente autonomista era profonda ma non impossibile da sanare. Lombardi e il suo gruppo (tra cui Anderlini, Gatto e Carettoni) non intendevano infatti spingere il dissenso fino alla scomunica della Direzione, tanto più che nel frattempo l'ipotesi dell'unità di azione con i comunisti era del tutto tramontata. Nonostante i forti contrasti, De Martino avviò quindi un'operazione di distensione tra i due gruppi e, ai primi di luglio, Nenni e Lombardi si incontrarono per arrivare a una sintesi e predisporre un documento politico-programmatico con il quale presentarsi compatti al XXXV Congresso del partito.[62]

Inaugurato a Roma il 25 ottobre 1963 dalla proiezione del film di Monicelli *I compagni*, questa assise scelse come parole chiave "modernità" e "sviluppo democratico" e segnò l'adozione di una prospettiva di classe molto più ampia, «fino ad abbracciare l'intero mondo del lavoro nelle sue più diverse categorie».[63] Per quanto riguarda la politica di centro-sinistra, Nenni e Lombardi trovarono una convergenza sull'interpretazione dell'alleanza con la Dc come mediazione politica necessaria per raggiungere determinati obiettivi economici e sociali, senza che a ciò equivalesse una corrispondenza ideologica. Si decise dunque di oltrepassare il limite dell'appoggio esterno ai governi democristiani che era stato invece confermato in tutti i precedenti congressi. Il XXXV Congresso aprì così la strada alla partecipazione socialista al governo e al cosiddetto centro-sinistra organico.

Gli effetti non si fecero attendere. La ritrovata intesa della corrente autonomista, sancita dalla mozione approvata a maggioranza, fece aumentare ulteriormente la distanza dalla sinistra socialista. Nonostante i tentativi di conciliazione di De Martino e della corrente lombardiana, pochi mesi dopo si sarebbe consumata la scissione: Tullio Vecchietti e Dario Valori, insieme con Lelio Basso, sarebbero usciti e, nel gennaio del 1964, avrebbero formato il Psiup, partito nel quale sarebbe confluito circa il 20% degli iscritti del Psi e gran parte dei quadri della Cgil di Vittorio Foa.[64] Come raccontato

62. Per i documenti presentati al Comitato centrale in vista del XXXV Congresso, cfr. «Avanti!», 8 settembre 1963, pp. 7-10.

63. *Discorso di Nenni*, in Partito socialista italiano, *XXXV Congresso nazionale, Roma, 25-29 ottobre 1963. Resoconto integrale con una appendice di documenti precongressuali*, edizioni Avanti!, 1964, pp. 27-64.

64. La nuova Direzione è composta da Basso, Brodolini, Carettoni, Cattani, Corona, De Martino, Foa, Simone Gatto, Vincenzo Gatto, Lami, Lombardi, Luzzatto, Mancini, Mosca, Nenni, Paolicchi, Pieraccini, Santi, Valori, Vecchietti, Venturini; cfr. Ciuffoletti, Degl'Innocenti, Sabbatucci, *Storia del Psi*, pp. 321-323.

nell'intervista con Patrignani, Carettoni disapprovò la scissione, considerata da lei come da Lombardi una scorciatoia:

> La sinistra di Vecchietti, Valori, Libertini, Basso, Lussu, Foa uscì poi dal Psi. Ma assieme in quel momento, noi della componente lombardiana, che facevamo parte della maggioranza autonomista, e la sinistra, avevamo i voti necessari per ribaltare la maggioranza nenniana. Lombardi la notte di San Gregorio, per un fatto di grande coerenza con se stesso e con le riforme di struttura che voleva, ma delle quali c'era ben poco nell'accordo con la Dc, non esitò un attimo a rifiutare quel centro-sinistra, che pure era la sua creatura e che aveva già prodotto la nazionalizzazione dell'energia elettrica, la scuola media obbligatoria, avviato l'allargamento dei diritti dei lavoratori. Di fronte all'intransigenza dei "carristi" – i vari Vecchietti (sarà senatore del Pci), Valori (diventerà vice-presidente del senato per il Pci), Libertini –, si limitava a osservare: "A spaccare si fa prima che a costruire".[65]

Il governo Leone si dimise il 5 novembre 1963 e il centro-sinistra organico vide la luce a seguito di una progettazione di sei anni e a costo di una scissione interna. Con lo scioglimento del "governo balneare", infatti, Moro rilanciò la politica delle cosiddette "convergenze parallele" e riavviò le trattative interrotte con le delegazioni dei vari partiti. Ai primi di dicembre l'accordo fu raggiunto.[66] Mentre lo scenario internazionale era ancora profondamente scosso dall'assassinio di Kennedy a Dallas, il 4 dicembre 1963 si insediava il I governo Moro. Sarebbe stata la prima coalizione di centro-sinistra "organico" (Dc-Psi-Psdi-Pr) e avrebbe visto Nenni vicepresidente del Consiglio e altri quattro socialisti come ministri, ad emblema della "ricucitura" interna alla maggioranza autonomista.[67] Ricucitura che non era stata facile e che, ha ricordato De Martino, era avvenuta in particolare grazie al suo impegno personale e alla preziosa collaborazione di due lombardiani: Simone Gatto e Tullia Carettoni.[68]

65. Patrignani, *Lombardi e il fenicottero*, p. 193.

66. Francesco De Martino, *Un'epoca del socialismo*, Firenze, La Nuova Italia, 1983, pp. 271-276. Si veda anche Giambattista Scirè, *Una democrazia alla prova. Cattolici e laici alla prova dell'Italia repubblicana degli anni Cinquanta e Sessanta*, Roma, Carocci, pp. 197-198 dove la scissione è ricostruita anche tramite una intervista a Tullia Carettoni.

67. Giolitti al Bilancio, Pieraccini ai Lavori pubblici, Mancini alla Sanità e Corona al Turismo e allo Spettacolo.

68. De Martino, *Un'epoca del socialismo*, p. 248.

6. *Verso la stagione dei diritti civili*

Alla luce di quanto raccontato sullo sviluppo del centro-sinistra programmatico e sulla nascita di quello organico, possiamo meglio inquadrare le proposte di riforma avanzate dai socialisti fin dai primi giorni della IV Legislatura che, inaugurata il 16 maggio 1963, si sarebbe chiusa il 4 giugno 1968. Queste proposte mostrano come il Psi volesse attuare una «cultura riformista *de facto*» che – per citare Michele Mioni – non vivesse solo del recupero della tradizione del socialismo italiano marxista-riformista, ma che si nutrisse anche dell'esperienza azionista e socialista liberale, in termini programmatici, culturali e di personale politico.[69]

> L'intento primario per cui la formula del centro-sinistra venne varata è stato, perlomeno da parte socialista, quello di "governare la crescita" e di mitigare le disuguaglianze ingenerate dalla nuova dinamica economica italiana negli anni precedenti. Da un lato, si trattava di modernizzare le "strutture" dello Stato italiano attraverso nuove misure di programmazione economica. Dall'altro, di promuovere una maggiore giustizia sociale grazie ad interventi come la riforma universalistica della previdenza sociale, del Servizio Sanitario Nazionale, e la riforma della scuola.[70]

L'entrata del Psi nel governo avrebbe dovuto modernizzare e rafforzare le istituzioni democratiche attraverso un programma di riforme che, oltre al decentramento amministrativo, alla riforma dei patti agrari e a quella urbanistica, prevedesse anche una revisione radicale dei codici civile e penale in materia di diritto di famiglia. Di quest'ultimo punto si occupò Tullia Carettoni nella nuova veste di parlamentare.

Come si legge nei numerosi appunti manoscritti – redatti consultando i volumi con le trascrizioni delle sedute dell'Assemblea costituente[71] – per la senatrice Carettoni era necessario porre fine alla non applicazione del dettato costituzionale e rispettare sia una visione della famiglia «come organismo democratico fondato sulla uguale collaborazione dei componenti», sia una concezione moderna del «matrimonio come libero incontro di

69. Michele Mioni, *Il socialismo laico e libertario di Loris Fortuna e la stagione dei diritti civili in Italia*, in *I riformismi socialisti*, p. 400.

70. Ivi, p. 394.

71. I volumi III e IV di *La Costituzione della repubblica nei lavori preparatori dell'Assemblea costituente* sono conservati in AUFN, TRC/I, *Materiali a stampa.*

due persone con uguali diritti».[72] Delusa per l'esclusione della revisione del diritto di famiglia (e quindi del divorzio) dai punti programmatici del centro-sinistra, Carettoni puntò tutto sulla cosiddetta "riforma del costume" e, fin dalle prime settimane della IV Legislatura, iniziò a lavorare insieme con Giuliana Nenni ad alcuni disegni di legge che avevano come filo conduttore il contrasto alla cosiddetta "doppia morale": temi di cui si era già occupata con l'Udi e nel Movimento femminile socialista.

Nonostante le profonde trasformazioni in atto negli anni del Miracolo economico, la forbice tra i comportamenti considerati leciti e illeciti per uomini e donne (il "doppio standard", appunto) non si era ristretta, ma era anzi stata avallata da alcune sentenze della Corte costituzionale. Tra queste, la n. 64 del 28 novembre 1961 sul reato di adulterio aveva destato molto clamore poiché – in linea con l'impostazione del Codice penale del 1931 – aveva confermato che l'infrazione della fedeltà sessuale da parte di una donna sposata andasse giudicata con particolare severità.[73] La sentenza aveva infatti dichiarato non fondata la questione di illegittimità dell'articolo 559 che puniva la moglie adultera e il suo correo, ma non il marito adultero (salvo il caso in cui tenesse una concubina nella casa coniugale o notoriamente altrove, come ipotizzato dall'articolo 560).[74]

I giudici avevano legittimato la disparità di trattamento a seguito della constatazione di condizioni sociali diverse tra marito e moglie, ossia a partire dalla presunzione che diversi fossero gli effetti della condotta «illecita» di uomini e donne, sia rispetto al benessere dei figli sia alla «prevalente opinione pubblica», come si legge chiaramente nel testo della sentenza:

> [...] come per la fedeltà coniugale, così per la unità familiare il legislatore ha evidentemente ritenuto di avvertire una diversa e maggiore entità della illecita condotta della moglie, rappresentandosi la più grave influenza che tale condotta può esercitare sulle più delicate strutture e sui più vitali interessi di una famiglia: in primo luogo, l'azione disgregatrice che sulla intera famiglia e sulla sua coesione morale cagiona la sminuita reputazione nell'ambito sociale; indi, il turbamento psichico, con tutte le sue conseguenze sulla educazione e sulla

72. Appunti manoscritti in carta da minuta in AUFN, TRC/II, b. 1, fasc. 2, *Attività IV Legislatura [1963-1968]*.

73. Cfr. Schettini, *La violenza maschile contro le donne*.

74. «La moglie adultera è punita con la reclusione fino a un anno. Con la stessa pena è punito il correo dell'adultera. La pena è della reclusione fino a due anni nel caso di relazione adulterina. Il delitto è punibile a querela del marito», sentenza della Corte Costituzionale 64/1961.

disciplina morale che, in ispecie nelle famiglie (e sono la maggior parte) tuttora governate da sani principi morali, il pensiero della madre fra le braccia di un estraneo determina nei giovani figli, particolarmente nell'età in cui appena si annunciano gli stimoli e le immagini della vita sessuale; non ultimo il pericolo della introduzione nella famiglia di prole non appartenente al marito [...].[75]

Affermando che con "uguaglianza" non si intendeva «una identica disciplina per tutti», la sentenza aveva avuto una vasta risonanza non solo negli ambienti dell'associazionismo femminile, ma nel dibattito pubblico in generale, irrompendo sulla stampa.[76] «Il Messaggero», ad esempio, per dare risposta alla pioggia di lettere giunte in redazione, aveva dedicato al tema vari approfondimenti. Uno di questi, aveva coinvolto Tullia Carettoni.

Secondo la dirigente socialista, la sentenza sull'adulterio del 1961 aveva fornito l'occasione per riflettere su quale modello di famiglia si volesse difendere e tutelare: se «quella tradizionale di tipo verticale», oppure una che sapesse rispecchiare «la nuova posizione che la donna ha assunto nella vita economica e nella vita sociale».[77] Qualche settimana dopo, anche «L'Espresso» volle raccogliere il suo parere sulla sentenza n. 64/1961 con un'intervista intitolata: *Rispecchia l'Italia dei nostri nonni*. Sollecitata dalle domande del giornalista, Carettoni aveva collegato le profonde trasformazioni della struttura della famiglia registrabili nei primi anni Sessanta al clima di libertà politica e culturale dell'Italia postfascista e all'impatto dello sviluppo economico del decennio precedente.

Le prime a cambiare, naturalmente, sono state le donne che hanno un'occupazione: attraverso il lavoro esse hanno acquistato una conoscenza dei loro diritti e della loro importanza nella società nazionale che prima non avevano; e di conseguenza, è cambiato anche il loro atteggiamento di fronte al marito. Anche le donne che non lavorano, tuttavia, sono mutate. Esse sanno, infatti, di non essere più costrette, senza nessuna possibilità di scelta, a fare le donne di casa.[78]

Per quanto riguarda invece l'attività di propaganda e educazione portata avanti dalle associazioni delle donne, Carettoni aveva ammesso che questa era stata senz'altro più efficace del lavoro svolto dai partiti – anche quelli di quelli di sinistra, aveva precisato – che evitavano di affrontare i

75. *Ibidem*.
76. Si rimanda a AUFN, TRC/II, b. 35, fasc.1, *Articoli e stampa varia 1959-1961*.
77. «Il Messaggero», 30 novembre 1961, pp. 9-10.
78. AUFN, TRC/II, b. 35, fasc. 1.

temi più «controversi» come il divorzio o il controllo delle nascite, per il timore di essere tacciati di estremismo. Affermazione che lascia trasparire un'opinione meno critica del passato sull'efficacia della "doppia militanza" e delle realtà politiche autonome dai partiti di massa.

Due anni dopo, non appena eletta senatrice, Carettoni si impegnò dunque per portare dentro al Parlamento queste battaglie, a partire da quella sull'adulterio, sulla quale pretendeva che tutti i partiti fossero obbligati a pronunciarsi. Nei primi giorni della IV legislatura, quindi, scrisse un disegno di legge che prese le mosse proprio dalla sentenza del 1961. In effetti, nonostante la maggiore gravità attribuita alle azioni "illecite" e "immorali" della moglie (e della madre), la Corte costituzionale aveva demandato al legislatore il compito di valutare se, nell'Italia degli anni Sessanta, fossero ancora valide le ragioni di una diversa disciplina dell'adulterio maschile e femminile; e se, per eliminare eventualmente la disparità, sarebbe stato opportuno sintetizzare le due ipotesi di reato (a quel tempo diverse per uomini e donne) oppure cancellare il reato stesso.[79] Quest'ultima strada – l'eliminazione dell'infedeltà coniugale dal campo dei reati, in attesa di una legge che introducesse il divorzio – fu quella scelta e proposta con il progetto di legge 8/1963 (*Abrogazione degli articoli 559, 560, 561, 562 e 563 del Codice penale in materia di adulterio e di concubinato*).

Presentando la relazione all'Assemblea del Senato il 3 giugno 1961, Carettoni parlò della necessità di dare risposte all'opinione pubblica più sensibile, ai movimenti delle donne e soprattutto alle coppie più giovani, protagoniste di quella "rivoluzione culturale" in atto dalla fine degli anni Cinquanta che stava trasformando le relazioni familiari e i modelli di comportamento sessuale. A suo avviso, il Parlamento non avrebbe più dovuto ignorare questa evoluzione.

Carettoni confermò anche in questa situazione la sua attenzione per il contesto internazionale: parlando all'aula del Senato, infatti, raccontò di sentire l'urgenza di allineare l'Italia al «generale sentire» degli altri Paesi della Comunità europea. Come da lei raccontato, la sentenza n. 64 del 1961 aveva infatti destato sconcerto all'estero e, per dimostrarlo, lesse la traduzione di un articolo tratto da un giornale conservatore tedesco, «Die Welt»:

> Di anno in anno in molti campi della vita l'Europa occidentale si rimpiccolisce sempre più. Chi saluta il progresso e lo vorrebbe ulteriormente promuovere

79. Cfr. Romano Canosa, *Il giudice e la donna. Cento anni di sentenze sulla condizione femminile in Italia*, Milano, Mazzotta, 1977, pp. 87-101.

non dovrebbe tuttavia farsi fuorviare dalla illusione che la comune tradizione dei Paesi dell'Occidente sia quasi automaticamente garanzia di una integrazione nel campo morale. Quanto oggi ancora in questo campo siano forti le differenze riconducibili a ragioni storiche, tra i sei popoli della Comunità europea, l'ha mostrato con una evidenza particolare una sentenza pronunciata in questi giorni dalla Corte costituzionale italiana. I custodi della Costituzione italiana ritengono pienamente consono con la Costituzione e con il "generale sentire" che una moglie adultera sia punita con la prigione, mentre un marito adultero non sia in generale punito. Questa sentenza ha incontrato la recisa opposizione degli strati più consapevoli della popolazione italiana. In altri Paesi della Comunità dei "Sei" nei quali "il generale sentire" da gran tempo si differenzia nel modo più profondo da quello degli italiani, che la Corte costituzionale attesta, la sentenza non può che apparire sbalorditiva. Sono dunque evidenti le differenze nella valutazione morale ed è parimenti chiaro che nessuno le vorrà integrare e livellare in una Europa integrata. Sarà tuttavia necessario accordarsi su alcuni criteri comuni fondamentali.[80]

Alla citazione del giornale tedesco seguì la lettura dell'articolo unico della sua proposta di legge: «gli articoli 559, 560, 561, 562 e 563 del Codice penale sono abrogati».

Non era affatto sola nel Psi in questa battaglia per la modernizzazione. Nello stesso giorno in cui presentò il testo di legge sull'adulterio, un altro socialista – Giorgio Fenoaltea – presentò la legge 9/1963 (co-firmata da Giuliana Nenni e Carettoni), finalizzata a cancellare dal Codice penale la causa d'onore. Con questo testo il Psi provò a rilanciare una questione che Carettoni aveva definito una «battaglia per la civiltà» già nel 1961, anno in cui altri due socialisti – Sansone e lo stesso Fenoaltea – avevano presentato una proposta di legge simile, come abbiamo già visto.

Passarono appena due giorni e il Psi propose al Senato altri due disegni di legge, strettamente collegati tra loro, volti a porre fine alla inferiorità della donna nel suo rapporto con i figli: la proposta di legge n. 10/1963 sulla patria potestà e quella n. 11 sui figli illegittimi. Il primo testo (firmato da G. Nenni e Carettoni) prevedeva l'uso dell'espressione "potestà parentale" e invitava a ripensare il rapporto dei genitori con i figli sulla logica del diritto-dovere, anziché su quella del potere. La proposta sui figli illegittimi

80. SDR, IV Legislatura, Atti parlamentari, Disegno di legge d'iniziativa dei senatori Romagnoli Carettoni Tullia e Nenni Giuliana comunicato alla presidenza il 3 giugno 1963, *Abrogazione degli articoli 559, 560, 561, 562 e 563 del Codice penale in materia di adulterio e di concubinato*, p. 3.

(firmata da G. Nenni, Carettoni ed altri), invece, prendeva le mosse dal convegno sulla tutela giuridica dei figli naturali, organizzato da Carettoni tre anni prima, che si era concluso proprio con l'istituzione di una Commissione di studio per la stesura di una proposta di legge. Il testo presentato era dunque l'esito del lavoro della Commissione che si era posta, anche in questo caso, in diretta continuità con i valori espressi dalla Costituzione, in particolare con l'articolo 30 che stabiliva il dovere e diritto dei genitori di mantenere, istruire ed educare i figli, anche se nati fuori del matrimonio. Il testo proposto, pertanto, prevedeva l'eliminazione definitiva delle distinzioni tra figli legittimi e non.

Nonostante l'attenzione crescente per il rapporto tra donne e diritto e l'evoluzione in atto sul piano del "costume", queste proposte non furono approvate. Le riforme sollecitate dal Psi avrebbero dovuto aspettare ancora molti anni. Per ottenere la fine della discriminazione giuridica nella configurazione del reato di adulterio si sarebbe dovuta attendere una nuova sentenza della Corte costituzionale (quella del 19 dicembre 1968); mentre per la fine della patria potestà sarebbe stato necessario aspettare la riforma del diritto di famiglia e, quindi, il 1975. Ancora più lunga e contorta sarebbe stata la strada dell'abrogazione della causa d'onore, come vedremo nel quinto capitolo.

D'altronde l'impulso riformistico si attenuò già pochi mesi dopo l'avvio del primo governo di centro-sinistra organico. Mentre la questione del finanziamento pubblico alle scuole private catalizzava i contrasti sempre più evidenti tra le forze al governo, il proseguimento della stagione del centro-sinistra fu messo seriamente in discussione dalle voci di colpo di Stato che coinvolsero il presidente della Repubblica Segni (ostile al centro-sinistra e più in generale al Psi) e videro protagonista il generale Giovanni De Lorenzo (a capo del Sifar dal 1955 al 1962), pronto a mettere in atto un piano antinsurrezionale della Nato, concordato da servizi segreti italiani e statunitensi contro il pericolo comunista. Il cosiddetto "Piano Solo" naufragò e alla crisi seguì l'elezione al Quirinale del leader della socialdemocrazia Saragat e la formazione di un secondo governo Moro sostenuto dal Psi. La minaccia eversiva, infatti, spinse il Psi a mettere da parte le reticenze e ad entrare in nuovo esecutivo nonostante le speranze riformiste fossero ormai assai ridotte. La coalizione politica Dc-Psi-Psdi-Pr fu quindi confermata e il secondo governo Moro si insediò il 22 luglio 1964 mentre all'opposizione c'era un partito comunista che, pochi giorni dopo, sarebbe stato profondamente colpito dalla morte improvvisa di Togliatti, avvenuta nell'agosto 1964 durante un soggiorno in Urss.

7. *La Commissione Franceschini per i beni culturali*

L'esordio di Carettoni al Senato fu caratterizzato, oltre che dall'attività legislativa in materia di diritti civili, anche da alcune responsabilità che si ponevano in continuità con il lavoro svolto agli esordi della sua attività politica sia nell'ambito delle politiche scolastiche, sia nell'Ufficio per il recupero delle opere d'arte trafugate dai nazisti in cui, come abbiamo visto, aveva lavorato al fianco di Rodolfo Siviero.[81]

Per quanto riguarda la scuola, nel luglio 1963 entrò nella Commissione Istruzione e Belle Arti del Senato (dove sarebbe rimasta fino al giugno 1968) sostenendo la posizione del Psi contro il finanziamento delle scuole private e per una "politica di programmazione" che pianificasse e finanziasse lo sviluppo della "scuola di stato". Per la lombardiana Carettoni, infatti, «la politica della partecipazione dei socialisti al potere non significa[va] "un po' più di potere, un po' più di socialismo" [...] ma significa[va] invece una politica di trasformazione».[82]

Per quanto riguarda invece il settore della cultura e dell'arte, è importante ricordare che nel novembre 1964 Tullia Carettoni fu nominata vicepresidente della Commissione di indagine per la tutela e la valorizzazione delle cose di interesse storico, archeologico, la cosiddetta Commissione Franceschini. Realizzata grazie al lavoro del socialista Maragone e al favore dell'allora ministro dell'Istruzione Luigi Gui, l'ipotesi di una commissione che contrastasse "la distruzione dell'Italia" e salvaguardasse il patrimonio artistico del paese era stata caldeggiata a lungo dal Psi, come

81. Si veda a titolo di esempio l'interrogazione parlamentare di Tullia Carettoni Romagnoli e Simone Gatto al ministro degli Affari esteri in merito al ridotto finanziamento della Delegazione per il recupero delle opere d'arte e alla consistenza effettiva del patrimonio ancora in attesa di essere recuperato (resoconto stenografico della 493ª seduta del 7 ottobre 1966, p. 26473).

82. Intervento dattiloscritto pronunciato al Congresso provinciale della federazione di Mantova il 12-13 ottobre 1963 in AUFN, TRC/II, b. 37, fasc. 6. Per l'attività legislativa volta al rinnovamento dei programmi scolastici e alla formazione e reclutamento del personale docente si rimanda a Michela Minesso, *Tullia Romagnoli Carettoni. Una donna nel Parlamento italiano (1963-1979)*, Milano, FrancoAngeli, 2021, pp. 77-89.

ricostruito da Carettoni al Senato nella primavera 1964 in occasione della votazione della relativa legge:

> Onorevole Presidente, onorevole Ministro, onorevoli colleghi,
> pare quasi superfluo che una voce socialista si levi a parlare su questo disegno di legge che trae in tanta parte origine dall'impegno nel Parlamento e fuori del Partito socialista italiano.
> Non sarà però inutile, credo, ricordare che nelle Aule parlamentari, soprattutto a Montecitorio, dal 1953, puntualmente, i socialisti insistettero perché si raccogliessero le denunce che un illustre studioso, in forma piuttosto drammatica, sintetizzò con la frase: si distrugge l'Italia.
> Molti anni, troppi anni ci sono voluti perché dalle proteste degli studiosi e dagli appelli dei singoli parlamentari si arrivasse alle campagne di stampa, all'interesse del più largo pubblico e all'approvazione unanime da parte della Camera dei deputati del disegno di legge che oggi noi esaminiamo.[83]

La discussione sull'istituzione della Commissione fu l'occasione, per Carettoni, per indicare la direzione verso cui avrebbe dovuto tendere una nuova politica per il patrimonio artistico: ossia verso un orizzonte più vasto della tutela e della conservazione (già elevate a principio fondamentale dalla Costituzione, grazie all'articolo 9) che comprendesse anche lo sviluppo economico. Il turismo era finalmente ripreso a seguito della ricostruzione: ne era prova, spiegò, «l'enorme successo» a Mantova della mostra del Mantegna, un evento che era stato «un successo turistico», un «successo di studiosi», e anche «un successo di popolo», con 310.000 visitatori e la vendita di 25.000 copie del catalogo. Tuttavia, continuò Carettoni, a fronte di questi successi purtroppo episodici, andavano denunciati gli enormi ostacoli di ordine finanziario ed organizzativo posti allo sviluppo del turismo nazionale e straniero. La Commissione di indagine dunque sarebbe stata essenziale non solo «per vedere come stanno le cose, ma per prospettare un nuovo indirizzo, una politica di ampio respiro» nel settore del turismo.

Gli applausi del Senato accompagnarono il suo discorso e avviarono l'ultima fase dell'iter legislativo. Il testo di legge a firma di Moro, Gui, Colombo e Pieraccini fu approvato e il 26 aprile 1964 la legge 310/1964 istituì una Commissione d'indagine composta da urbanisti, giuristi e parlamentari che avrebbero lavorato in vista di un duplice obiettivo: valutare

83. SDR, IV Legislatura, 109ª seduta pubblica, 8 aprile 1964, resoconto stenografico, p. 5917.

le condizioni vigenti e delineare le strategie di valorizzazione delle cose di interesse storico, archeologico, artistico e del paesaggio.[84]

Il lavoro della Commissione fu scrupoloso. Nei due anni di attività emanò 9 *Raccomandazioni* e 84 *Dichiarazioni di principio* nelle quali fu adottata per la prima volta l'espressione "bene culturale" che, da quel momento, sarebbe entrata ufficialmente nel linguaggio giuridico italiano. Questa espressione, che nei ricordi di Alfredo Casiglia fu voluta fortemente da Tullia Carettoni, sostituì le locuzioni "belle arti" o "cose d'arte" per indicare ogni bene che costituisse «testimonianza materiale avente valore di civiltà».[85]

Il passaggio dalle "belle arti" ai "beni culturali" testimoniò le trasformazioni in atto sul piano epistemologico ed estetico a seguito dei fenomeni di urbanizzazione e massificazione dei consumi culturali tipici della fine degli anni Sessanta: nel nuovo scenario, infatti, l'approccio estetizzante ed elitario rappresentato dalla locuzione "cosa d'arte" risultava vetusto. Tuttavia, tale dibattito non avrebbe portato nell'immediato a nessuna riforma organica del settore: una staticità confermata dal fatto che soltanto nel 1975 l'espressione "beni culturali" avrebbe segnato la nascita di un nuovo, specifico ministero.[86] Le capacità della Commissione di incidere sull'ordinamento giuridico si sarebbero rivelate al di sotto delle aspettative. Per tutti gli anni Sessanta Carettoni cercò di animare l'attività legislativa collaborando alla stesura di varie leggi finalizzate, in generale, a favorire la tutela dell'integrità del patrimonio artistico nazionale e, nello specifico, a finanziare alcune operazioni di manutenzione e restauro dei monumenti.[87] Questo impegno, tuttavia, non si sarebbe rivelato appagante: nel 1971, stilando un bilancio delle attività svolte, la stessa vicepresidente avrebbe lamentato le carenze proprio dell'attività legislativa del Parlamento che negli anni non aveva tradotto in pratica i buoni propositi stilati dalla Commissione.[88]

84. Ivi, pp. 5917-5922. Cfr. Decreto di costituzione di una Commissione d'indagine per la tutela e la valorizzazione del patrimonio storico, archeologico, artistico e del paesaggio in AUFN, TRC/II, b. 55, *Patrimonio artistico*, fasc. 1.

85. Cfr. Tatiana Cossu, *Immagini di patrimonio: memoria, identità e politiche dei beni culturali*, «Lares», 71-1 (2005), pp. 41-56; Massimo Pallottino, *La stagione della Commissione Franceschini*, in «Memorabilia», 3-1 (1987), pp. 7-11.

86. Stefania Mabellini, *La tutela dei beni culturali nel costituzionalismo multilivello*, Torino, Giappichelli, 2021, p. 20.

87. Si rimanda al capitolo *La tutela del patrimonio artistico e dell'ambiente*, in Minesso, *Tullia Romagnoli Carettoni*, pp. 107-141.

88. Cfr. AUFN, TRC/II, b. 55, fasc. 1. Nel 1975, però, sarebbe stato istituito un apposito ministero.

Nel frattempo, però, molti cambiamenti si sarebbero registrati sul piano politico e personale. Non solo nel 1966 Tullia Carettoni sarebbe uscita dal Psi e avrebbe iniziato a scrivere una nuova pagina della sua biografia politica, come vedremo meglio nel prossimo capitolo; ma anche il suo legame matrimoniale avrebbe cominciato ad allentarsi nonostante il comune impegno professionale per la tutela del patrimonio pubblico. La Commissione Franceschini, infatti, aveva coinvolto numerosi esponenti del mondo della cultura e dell'associazionismo, come "Italia Nostra", e le direzioni delle "Accademie e Biblioteche" e delle "Antichità e Belle Arti".[89] In quest'ultima, Gianfilippo Carettoni svolgeva dal 1960 il ruolo di soprintendente di Roma antica. Nonostante questa prossimità professionale e culturale, dopo circa venti anni di matrimonio il legame dei coniugi Carettoni aveva cominciato a sfaldarsi. Con il passare degli anni (e l'aumentare dei reciproci impegni lavorativi), il matrimonio era diventato una mera formalità, come da lei stessa raccontato: «lui insegnava e pubblicava saggi, io ero a Mantova, le nostre vite insomma avevano preso strade diverse».[90]

89. Si veda il dattiloscritto *Incontro tra parlamentari ed esperti*, documento di sintesi dell'incontro organizzato dal gruppo della Sinistra indipendente del Senato con la Commissione (Firenze, 13-15 dicembre 1968), in AUFN, TRC/I, b. 16, fasc. 73, *Commissione d'indagine per la tutela e la valorizzazione del patrimonio storico, archeologico, artistico e del paesaggio*, s.fasc. 19. All'incontro, incentrato sui problemi relativi alla tutela dei centri storici e del paesaggio, fu invitato anche Gianfilippo Carettoni.

90. Catalano, *La felicità*, p. 12. Cfr. AUFN, TRC/I, b. 16, fasc. 73. Si segnala il fasc. 73.18 con il programma e i materiali preparatori (tra cui anche della corrispondenza) in vista dell'incontro tra parlamentari ed esperti. Nel fasc. 73.19 è conservata una *Sintesi dei risultati dei lavori della Commissione d'indagine per la tutela e la valorizzazione del patrimonio storico, archeologico, artistico del paesaggio* e il documento conclusivo approvato dai partecipanti al III Convegno nazionale promosso dall'Istituto Gramsci il 23 gennaio 1967.

3. “Socialista autonoma” nella Sinistra indipendente

1. *Conflittualità sociale e immobilismo parlamentare: l’uscita dal Psi*

Alla metà degli anni Sessanta l’Italia appariva un paese profondamente mutato nella sua struttura economica e sociale. La progressiva urbanizzazione, l’emigrazione interna verso il Nord-Ovest, la diffusione di nuovi beni di consumo e di nuovi modi di consumare di stampo statunitense erano tutti fenomeni che, innescati dal Miracolo economico, stavano lasciando il segno sui modelli familiari. I cambiamenti erano profondi (anche se disomogenei dal punto di vista sociale e geografico)[1] e coinvolgevano anche il mondo dei fedeli, scosso dal Concilio Vaticano II (aperto da Giovanni XXIII nell’ottobre 1962). Nel frattempo, a livello internazionale la Guerra fredda vedeva iniziare una stagione di nuove tensioni a seguito della decisione del presidente americano Lyndon Johnson (confermato alla presidenza nel 1964) di impegnare gli Stati Uniti in un conflitto contro il comunismo in Vietnam che si sarebbe rivelato lungo e logorante.

I mutamenti sociali solo in rari casi furono accompagnati, in Italia, da tempestive risposte sul piano giuridico. Come abbiamo visto nel capitolo precedente, per quanto i lavori dell’Assemblea costituente avessero posto le basi per una revisione del sistema che sorreggeva la famiglia patriarcale, le innovazioni più rilevanti sarebbero state approvate lentamente e, in molti casi, soltanto nel corso degli anni Settanta: basti pensare al divorzio, che non aveva trovato spazio nei programmi di centro-sinistra.[2] La spin-

1. Asquer, *Tra casa e mercato*, p. 204.

2. Nella ricostruzione di Mioni fu lo stesso Nenni a chiedere al deputato socialista Loris Fortuna – all’epoca al suo primo mandato – di desistere dal proporre una prima legge sul divorzio già nel 1964. Cfr. Mioni, *Il socialismo laico e libertario di Loris Fortuna*, p. 394.

ta riformatrice si attenuò con i primi governi a partecipazione socialista. Con l'insediamento del secondo esecutivo guidato da Moro, la corrente dei lombardiani perse peso in un Psi già provato dalla scissione dell'ala sinistra (confluita nel Psiup); parallelamente, le esigenze di cambiamento vennero messe a tacere dall'eco del "tintinnio di sciabole" che aveva caratterizzato il passaggio dal primo al secondo governo Moro di centro-sinistra.[3] Alle resistenze ai progetti riformistici già menzionate nel precedente capitolo va aggiunta la difficile situazione economica. La recessione del 1964 funzionò da ulteriore deterrente per la politica di riforme (da quella urbanistica a quella dell'edilizia, da quella della scuola a quella delle regioni) che, infatti, venne rimandata al rilancio dell'economia. Questo atteggiamento – indicato con l'espressione "politica dei due tempi" (prima la stabilità economica, poi le riforme) – può essere considerato all'origine di una faglia sempre più ampia tra cittadinanza e istituzioni: «tra i tumultuosi mutamenti nel vivere civile, nelle culture, nelle sensibilità degli italiani» e il più «vischioso permanere degli apparati istituzionali, delle gerarchie "ufficiali"», per citare Crainz.[4]

Il contrasto tra i mutamenti sociali in corso e l'immobilità della politica parlamentare non si attenuò, anzi si fece sempre più evidente con la crisi del secondo governo Moro scoppiata in occasione delle discussioni sul disegno di legge sull'istituzione della scuola materna di stato. Queste si infiammarono attorno alla scrittura di un articolo in particolare: quello che doveva determinare se l'insegnamento sarebbe stato di competenza esclusiva della donna («un'insegnante») o accessibile anche all'uomo («un insegnate»). La "crisi dell'apostrofo" (come è stata poi ricordata) fornì il pretesto per procrastinare la riforma e mettere in minoranza l'esecutivo: la legge, infatti, venne affossata inaspettatamente da franchi tiratori democristiani, sancendo la fine del secondo ministero Moro.[5]

Mentre il Pci di Longo confermava la sua contrarietà al centro-sinistra, «accusato di voler "integrare" la classe operaia nel sistema capitalistico mediante le lusinghe del consumismo»,[6] il Psi guardava con sempre maggiori aspettative a un'alleanza socialdemocratica e confermava per la

3. Ignazi, *I partiti e la politica dal 1963 al 1992*, p. 115; Tranfaglia, *Dalla crisi del centrismo al "compromesso storico"*, pp. 71-75.

4. Crainz, *Il paese mancato*, p. 31.

5. Galfré, *Tutti a scuola!*, p. 215.

6. Salvadori, *Storia d'Italia. Il cammino di una nazione. 1861-2016*, p. 399.

terza volta la sua partecipazione governativa. Questa scelta fu presa da Nenni con la speranza di riuscire ad aumentare la forza contrattuale del Psi attraverso un progetto di unità socialista con il Psdi. Il processo di unificazione, in effetti, era stato avviato già anni prima ed era stato favorito nel 1964 dalla fuoriuscita dell'ala sinistra del partito, ma venne rilanciato in occasione delle trattative per la costituzione del terzo governo Moro. Psi e Psdi, infatti, decisero di lavorare a una strategia comune per la scrittura di un nuovo programma di governo in grado di rompere l'*impasse.* Con questa strategia, Nenni volle provare a tenere acceso lo spirito innovatore del partito che si stava affievolendo e cercare di realizzare alcune delle riforme previste dal progetto del centro-sinistra fin dagli esordi: la riforma urbanistica, tributaria e quella delle regioni; la promozione di uno statuto dei diritti dei lavoratori; il finanziamento del piano scuola, l'istituzione della scuola materna statale e la riforma dell'università; l'innovazione del sistema previdenziale e assistenziale.

Nel febbraio 1966, dunque, Moro formò il suo terzo governo, un quadripartito che non avrebbe sanato i contrasti tra la destra democristiana e i socialisti e che non sarebbe riuscito a riformare né l'università, né il sistema tributario né tantomeno il diritto di famiglia. Il primo anno del nuovo governo, inoltre, presentò il drammatico conto di anni di speculazione edilizia e mancanza di politiche volte alla difesa del territorio nazionale: alla frana che colpì Agrigento nel luglio 1966, seguì in novembre l'alluvione di Firenze (e di altre città della penisola) con la sua scia di morti, sfollati e devastazione materiale.[7] In questo scenario, Tullia Carettoni ottenne un incarico di rilievo: fu infatti nominata Responsabile della Sezione Centrale per la Sicurezza Sociale e, insieme a un altro lombardiano, Claudio Signorile, fu incaricata di gestire l'azione politica socialista volta all'incremento di tutti quei servizi delle istituzioni pubbliche finalizzati alla tutela dei cittadini e alla ricerca di soluzioni per determinate condizioni di bisogno.[8]

Nel frattempo, pochi mesi dopo l'avvio del nuovo governo, la conflittualità sociale che covava da tempo deflagrò, coinvolgendo soprattutto le fasce più giovani della società. La componente giovanile, che aveva avuto il suo esordio in occasione dei fatti del luglio 1960 (con gli scioperi e le agitazioni contro il governo Tambroni), si fece infatti preponderante nelle proteste di metà anni Sessanta, quando le università

7. Ivi, p. 400.
8. AFT, serie 2, *Raccolta delle circolari*, b. 74, *Sezione sicurezza sociale 1966*, fasc. 16.

divennero il palcoscenico prediletto del nuovo protagonismo politico, che prese la forma dell'antifascismo militante.

Il crescente antagonismo tra gruppi di sinistra e gruppi neofascisti riguardò in particolare Roma. In assenza di un'industrializzazione massiccia, furono infatti gli studenti (insieme a tipografi, operai edili e baraccati) a diffondere la conflittualità sociale nel paesaggio impiegatizio della capitale facendo emergere «un nuovo radicalismo insofferente della logica politica che accomunava i partiti nazionali e le associazioni politiche studentesche».[9] Basti pensare che allo scoppiare del Sessantotto, la Sapienza avrebbe raggiunto quasi 70.000 iscritti (molti dei quali provenienti dal meridione e caratterizzati da una «rabbia che nelle città del Nord non si è ancora fatta sentire», come ricordato da Viale)[10] concentrati in una città universitaria di epoca fascista, progettata quindi per poche migliaia di studenti.

Un evento spartiacque fu, da questo punto di vista, la morte all'interno della città universitaria dello studente di architettura Paolo Rossi, il 27 aprile 1966, durante gli scontri seguiti alla diffusione della notizia di brogli elettorali nelle elezioni universitarie. Rossi era stato aggredito da un gruppo neofascista e, a seguito delle percosse, era caduto da un muretto della Facoltà di Lettere, morendo nella notte. Il giorno seguente – racconta Vidotto – «dopo una grande assemblea la mattina e un comizio nel pomeriggio a cui intervenne anche Ferruccio Parri», otto facoltà e istituti furono occupati per protesta.[11]

L'opinione pubblica rimase fortemente colpita da questo evento: lo studente diciannovenne, militante socialista, era il primo morto riconducibile allo scontro politico tra gruppi antagonisti dell'età repubblicana. Anche Tullia Carettoni, con la sua sensibilità vivamente antifascista, presentò una interrogazione parlamentare ai ministri dell'Interno e della Pubblica istruzione per chiedere conto del fatto che alla Sapienza squadracce fasciste e di estrema destra fossero da tempo responsabili di minacce e aggressioni, senza alcuna risposta da parte del ministero e del rettore. Gli incidenti si erano fatti via via più gravi finché l'ultimo aveva portato alla

9. Francesca Socrate, *Una morte dimenticata e la fine del Sessantotto*, in «Dimensioni e problemi della ricerca storica», 1 (2007), p. 173.

10. Guido Viale, *Il 68. Tra rivoluzione e restaurazione*, Rimini, Nda Press, 2016, p. 45.

11. Vittorio Vidotto, *Roma contemporanea*, Roma-Bari, Laterza, 2006, p. 305; Socrate, *Una morte dimenticata*, p. 172.

morte di un ragazzo «uscito di casa per andare a scuola» e mai più tornato, come disse al Senato due giorni dopo l'accaduto:

> Io vorrei che noi riflettessimo su questo. Questo ragazzo era un nostro compagno così giovane che non ha votato al nostro ultimo Congresso provinciale perché non aveva compiuto i 18 anni: gli mancavano tre giorni [...]. Onorevoli colleghi, tutti sanno a Roma che le squadracce di fascisti e di teppisti hanno libero passo nello *Studium Urbis*. E se il Governo avesse voluto prendere in considerazione e avesse voluto rispondere ad un'interrogazione che con il collega Banacina ho avuto l'onore di presentare esattamente un anno fa, il 27 aprile 1965, sui tafferugli avvenuti all'Università di Roma in seguito ad una conferenza del senatore Parri, ebbene, forse noi in quest'aula avremmo potuto discutere in un momento più calmo e meno angosciato dello stato di cose che c'è nell'Università. [...] L'opinione pubblica, dicevo, non è tranquilla, e questa situazione è, a nostro giudizio, insopportabile. Bisogna intervenire subito, e se si interviene, purtroppo, si interviene troppo tardi, nel momento in cui i nostri cuori sono stretti dal lutto e dalla tragedia. Si interviene troppo tardi, però si intervenga, e facciamo in modo che la capitale abbia una Università retta democraticamente e che le Forze dell'ordine pubblico siano tutrici davvero dell'ordine pubblico e non possano essere sospettate di incuria, di tolleranza, di connivenza.[12]

Negli anni successivi, Tullia Carettoni avrebbe continuato a rivendicare – senza successo – la democratizzazione delle forze di polizia, da attuare attraverso un controllo effettivo sulla loro attività e la possibilità di accertare le responsabilità dei singoli.[13] Ma tornando alla primavera 1966, a seguito della morte di Rossi il rettore Giuseppe Ugo Papi si dimise; le proteste studentesche, invece, proseguirono ancora per mesi, mostrando una spaccatura crescente tra la radicalità dell'antifascismo militante e la politica dei partiti, incapace di farsene interprete. Fu così che il protagonismo politico studentesco prese una nuova forma progressivamente sempre più libera dalle organizzazioni universitarie tradizionali.

Nel frattempo, la politica governativa appariva sempre più statica, provocando malumori negli ambienti socialisti. Il progetto di unificazione con i socialdemocratici non riuscì a cementare il partito, tutt'altro. De Martino e Lombardi manifestarono subito il loro scetticismo: entrambi considerarono questa soluzione, più che una unione, una sovrapposizione

12. SDR, 419ª Seduta pubblica, 29 aprile 1966, resoconto stenografico, p. 22487.
13. Si veda ad esempio la mozione n. 55/1968 da lei presentata all'inizio della V Legislatura.

di apparati e di storie diverse che avrebbe segnato la definitiva sconfitta del riformismo.[14] Lombardi, nel giugno 1966, esplicitò il suo dissenso:

> Il Socialismo di sinistra ha un obiettivo preciso: vuole le riforme di struttura per incidere sul sistema di potere dell'ordine economico e politico capitalistico. Il socialismo moderato, la socialdemocrazia invece, consiste, "nel rinunciare alle riforme più incisive quando si constata che esse (e come potrebbe essere altrimenti?), incidendo sul sistema di potere dell'ordine economico e politico capitalistico, suscitano resistenze e reazioni da parte delle forze (economiche e politiche) danneggiate o minacciate, resistenze e reazioni che non si ha né la volontà, né la forza di fronteggiare [...]. L'identificazione fra i due partiti, il Psi e il Psdi, avviene in sede di governo [...] quando si è identificati non si può rimanere separati".[15]

Come spiegato da Bartocci, la preoccupazione maggiore, specialmente da parte socialdemocratica, non era quella di «costruire un partito nuovo in grado di trasformare, rinnovandole, le strutture economiche e sociali del paese», bensì di garantire le posizioni di potere dei vecchi gruppi dominanti.[16] Nenni, dal canto suo, si preoccupava di riuscire a definire una linea politica che fosse accettata sia dai democristiani, sia dai socialdemocratici. Raggiungere questo compromesso non era però semplice. La "carta dell'unificazione" fu respinta dai lombardiani (tra cui Simone Gatto e Tullia Carettoni) convinti che questa soluzione avrebbe reso il Psi succube della Dc. Tuttavia, in occasione del XXXVII Congresso del Psi, il capo della loro corrente votò a favore della nascita del nuovo partito unitario. Con il sostegno di Lombardi, il 30 ottobre 1966 fu decisa la nascita del Partito socialista unificato - Psu che sarebbe stato presieduto da Nenni.

L'autunno 1966 fu dunque un momento molto delicato della storia personale e politica di Carettoni: segnò infatti il distacco dal suo "maestro" che, di fatto, fece una scelta diversa dalla maggior parte dei suoi compagni

14. Si vedano gli interventi alla riunione del Comitato centrale del 24 marzo 1966 in AFT, serie 6, *Comitato centrale*, fasc. 12, cc. 4. Carettoni esordì ribadendo il no della sua corrente: «inutile ripetere la nostra posizione sull'unificazione. Siamo contro non per dubbio a quel partito ma perché pensiamo che essa non serva a facilitare il disegno sia pur lontano della unità delle sinistre e della creazione di una politica nuova socialista e democratica valida per tutta la sinistra».

15. Riccardo Lombardi, *Perché rifiutiamo l'unificazione con il Psdi*, relazione al convegno della sinistra socialista, giugno 1966 cit. in Patrignani, *Lombardi e il fenicottero*, p. 24.

16. Bartocci, *I riformismi del Psi*, p. 230.

di corrente. Insieme a Tullia, anche Luigi Anderlini, Ercole Bonacina e Simone Gatto – che avevano tentato fino all'ultimo di opporsi all'unificazione – uscirono dal partito e si allontanarono da Lombardi. Questi, secondo Carettoni, decise alla fine di restare al suo posto «per dar battaglia», come avrebbe detto anni dopo in una intervista con Patrignani:

> Forse Riccardo preferì restare nel Psi perché molto legato a Giolitti, che aveva avuto un'esperienza nel Pci da cui era uscito nel '56 e forse temeva che uscendo potesse essere trascinato nell'orbita del Pci: ma poi la verità è che a lui battagliare non dispiaceva e di "posti al sole" non ne ha mai fatto richiesta e non ne aveva bisogno. Era un a-comunista doc, che nonostante tutto il Pci rispettava.[17]

2. *Una scuola per l'infanzia*

Uscire dal Psi fu, per Carettoni, una scelta sofferta. Enrica Lucarelli, che con lei lavorava a stretto contatto da sette anni nella Commissione femminile, ha ricordato gli ultimi mesi nella Direzione come un periodo carico di tensioni, durante il quale vide la senatrice soffrire molto per la separazione dal partito, ma anche dal gruppo femminile nello specifico: di questo, infatti, dopo tanti anni di lavoro, «non portava via nulla».[18] Una volta liberato il suo seggio nelle fila del Psi, Carettoni passò al Gruppo Misto e, insieme con gli altri fuoriusciti dal partito, si dedicò alla fondazione del Movimento dei socialisti autonomi che fu formalizzata il 19 novembre del 1966 a Roma, a Palazzo Brancaccio.[19]

Per quanto riguarda la sua attività parlamentare, dalla nuova collocazione nel Gruppo Misto proseguì il lavoro che stava svolgendo all'interno della Commissione permanente Istruzione e Belle Arti, in quei mesi impegnata nello studio della riforma della scuola post-obbligatoria. Avendo consegnato la tessera del Psi, la senatrice Carettoni poté esprimere con veemenza tutto il suo rammarico per una riforma del sistema dell'istruzione che, a suo avviso, era stata sacrificata sull'altare del dialogo con la Dc. A

17. Patrignani, *Lombardi e il fenicottero*, p. 194.

18. Intervista con Enrica Lucarelli (1931-2020) del 19 luglio 2019.

19. *Lettera ai compagni* di Luigi Anderlini, Tullia Carettoni, Simone Gatto, 10 giugno 1967 in AFN, Fondo Carlo Pagliani, b. 6, *Documenti del Movimento Socialisti Autonomi*, fasc. 1.

distanza di molti anni dall'inizio della battaglia per la democratizzazione del sistema scolastico, si sentiva ancora l'urgenza di interventi sostanziali, e non di ritocchi formali, che avessero come obiettivo la fine dei privilegi sociali che attraversavano ancora la scuola italiana. Pur volendo considerare risolti i problemi della scuola dell'obbligo, rimanevano quelli della formazione superiore che continuava a essere impostata su una divisione tra percorsi – professionale, tecnico, liceale – che non davano automaticamente accesso allo sbocco universitario.

Lavorando nella Commissione permanente Carettoni trasse, con disillusione, questa conclusione: la stagione del centro-sinistra non era riuscita a smontare l'impalcatura classista e l'ordinamento burocratico-autoritario della scuola. Questo parere lo espresse in più occasioni, dentro e fuori il Parlamento, dopo l'uscita dal Psi. Nel 1967, ad esempio, scrisse per la rivista «La riforma della scuola» un articolo nel quale ribadì che era urgente più che mai intervenire per arginare il potere delle scuole private e che per farlo sarebbe stato essenziale concentrare le risorse disponibili solo su alcuni settori della scuola statale – ad esempio l'Istituto magistrale – che erano ormai «mietuti dalle forze confessionali».[20] Pensieri simili li ribadì anche al Senato in occasione delle discussioni su vari disegni di legge relativi al sistema dell'istruzione, quando si dedicò alla valutazione delle proposte sugli organici universitari allora in discussione al Senato e infine quando si impegnò nel rilancio di un progetto che era stato avviato quasi dieci anni prima, che era stato poi inserito nel programma del governo Fanfani del 1962, ma che ancora non era stato realizzato: l'istituzione e il finanziamento della scuola materna.

La battaglia per l'istituzione della scuola materna statale era stata particolarmente invisa ai cattolici più oltranzisti, come aveva dimostrato la già citata "crisi dell'apostrofo" a causa della quale era caduto il secondo governo Moro. A distanza di anni da quegli eventi, i dissidi non si erano placati e l'animosità della discussione parlamentare continuava ad essere l'emblema dei contrasti interni all'esecutivo. Il fatto che questa riforma procedesse con lentezza era, secondo Carettoni, l'ennesima prova della fragilità della formula del centro-sinistra. Quando il 7 aprile 1967 si pronunciò al Senato sul testo di legge in discussione, colse dunque l'occasione per stilare un bilancio (in negativo) dei governi di centro-sinistra.

20. Tullia Carettoni, *Concretezza ma non compromessi*, in «La riforma della scuola», 5-6 (1967), p. 7.

La sua relazione, che sarebbe stata poi pubblicata con il titolo *Una scuola per l'infanzia*, iniziò con il ricordare la natura prettamente politica della contrapposizione esplosa sul terreno della scuola materna:

> Non si tratta, come ognuno sa, di sfumature; si tratta di impostazioni ben diverse che vedono il pensiero laico – ché non si tratta del solo pensiero marxista – in contrasto con il pensiero cattolico. Sappiamo tutti che queste impostazioni diverse nel nostro Paese ci sono e, giacché non è tempo di guerre ideologiche o di religione, bisogna trovare il modo di farle convivere, queste impostazioni, senza umiliazioni per nessuno.

Dopo questo incipit proseguì denunciando il fallimento definitivo della stagione del centro-sinistra:

> Il centro-sinistra, come ipotesi politica, doveva essere un accordo – si usa di più la parola compromesso, ma doveva trattarsi di un accordo – su larga scala, chiamato non ad accantonare le divergenze e a fare finta che non ci fossero, ma ad enucleare i lati migliori, costruttivi, delle due componenti che quell'accordo sottoscrivevano – la componente socialista e la componente cattolica – esaltando la spinta di carattere democratico e popolare che esiste nello schieramento cattolico, esaltando la spinta costruttrice, rinnovatrice, positiva, non protestataria, dello schieramento socialista, nell'intento di portare dentro lo Stato le grandi masse popolari – in senso lato, s'intende bene – del nostro Paese. Questo disegno è malamente fallito, e invece dei lati migliori tendono ad emergere i lati peggiori: integralismo, conservatorismo, superficialità, trasformismo.[21]

Il dibattito attorno a una legge per la scuola materna aveva reso evidente il fallimento di questo accordo. La riforma della scuola dell'infanzia era stata concepita nel momento del «fervore» del centro-sinistra – era stata «una delle tante cose di quella promettente primavera», disse – ma poi era diventata «una sorta di simbolo, di mito, di palladia della libertà per alcuni, di olocausto sull'altare della necessità politica per altri».[22] Si era così arrivati – dopo quasi dieci anni dalla presentazione del "piano Fanfani" che aveva aperto nel 1958 il dibattito in sede politica – alla discussione di un testo che, in realtà, non meritava di accendere così tanto gli animi, né

21. SDR, seduta n. 598, 7 aprile 1967, resoconto stenografico p. 32077. Lo studio fatto per redigere questo discorso parlamentare, intitolato *Una scuola per l'infanzia*, è documentato dagli appunti e dai materiali in AUFN, TRC/II, b. 48, fasc. 4, *Scritti della senatrice per la Scuola.*

22. SDR, seduta n. 598, 7 aprile 1967, resoconto stenografico, p. 32077.

tantomeno di diventare un banco di prova: era infatti una proposta a suo avviso assolutamente modesta, nell'impostazione ma anche negli effetti (si parlava di rendere possibile la scolarizzazione solo a circa 55.000 bambini su 1.300.000).[23]

Alla luce della portata di questa soluzione (ridottissima rispetto al fabbisogno reale), le varie parti politiche avrebbero dovuto, secondo lei, valutare la legge con realismo e pragmatismo, ossia per quello che era: «una legge di compromesso»; una legge che andava valutata sul piano strettamente politico perché, alla luce dei princìpi – aggiunse con fermezza – un socialista non avrebbe potuto accettarla.[24] La partita, continuò, era stata vinta dal «più forte»: la Democrazia cristiana aveva infatti ottenuto che «il Partito unificato rinunciasse al famoso emendamento sulla parità dei sessi» (nonostante, ricordò, fosse stato approvato dalla Camera) e che «mantenesse fede senza discutere all'intesa di inserire nella legge istitutiva della statale il finanziamento della scuola privata».[25] Come si legge nei suoi appunti, il testo era per lei sbagliato anche perché non intaccava «il prepotere degli interessi monopolistici» degli istituti religiosi femminili, non rivedeva né la situazione giuridica né il finanziamento delle scuole materne private, non esigeva una più alta formazione culturale per gli insegnanti e, infine, non segnava un passo avanti nell'ammissione del personale maschile. Per una come lei, che per anni si era battuta per la difesa della laicità dell'istruzione, il tema del finanziamento degli istituti religiosi costituiva un ostacolo insormontabile.

> Bisognava dare una scuola materna statale ad un paese come l'Italia dove in questo campo esiste una rete precisa di interessi monopolistici da parte di ordini religiosi femminili; dove sono ancora assai diffusi i pregiudizi educativi che reputano il bambino dai tre ai sei anni oggetto più di custodia e di assistenza che di educazione. Ed è, si badi bene, su questo humus e su questi pregiudizi che ha allignato la facile campagna contro l'accesso degli uomini! In Italia, dove il peso della religione nel campo educativo della prima infanzia è più considerevole ancora che in altri campi, con il risultato di dare una impronta confessionale al settore in genere; in Italia, dove non esiste una tradizione italiana sulla scuola materna statale!

Strettamente collegata alla questione della laicità, vi era quella della discriminazione sessuale. L'esclusione degli uomini dall'insegnamento

23. Ivi, p. 32079.
24. Ivi, p. 32078.
25. *Ibidem*.

nelle scuole per l'infanzia costituiva per lei un errore gravissimo che mostrava come il testo fosse anacronistico sul piano pedagogico, oltre che in contrasto con l'articolo 3 della Costituzione. Se i socialisti avevano trattato la materia facendo riferimento agli articoli 33 e 34 della Costituzione relativi al diritto allo studio, la Dc era stata invece guidata dall'articolo 31 e dal principio della tutela della maternità, riuscendo alla fine ad affermare il «carattere materno di ausilio e compimento dell'opera della famiglia» che la scuola avrebbe dovuto avere.[26]

> La Costituzione stabilisce l'uguaglianza dei cittadini senza distinzione di sesso. Fu aspra la battaglia per ottenere alle donne, per esempio, l'accesso a tutti i pubblici impieghi, Magistratura e via dicendo. Per lo stesso criterio non si può impedire agli uomini che lo vogliano di insegnare ed educare i bimbi dai 3 ai 6 anni. Lo fanno come padri, possono farlo come maestri; il che non vuol dire in nessun modo costringere gli uomini a tale magistero, così come nessuna donna è compulsa a forza a dare il concorso per entrare in diplomazia. In secondo luogo l'entrata degli uomini si propugna per rompere il carattere di femminilizzazione, che in Italia vuol dire in sostanza abbassamento di livello (purtroppo oggi ancora questa è mentalità diffusa) [...]. Chi si è sempre battuto per la parità delle donne, e coerentemente si batte oggi per l'accesso degli uomini anche in queste nuove scuole, non può fare a meno inoltre di ricordare come la ragione storico-sociale della presenza della donna negli asili sia forse quella, come per tanti altri settori della nostra vita nazionale, della scarsa retribuzione.[27]

Le ragioni delle esclusioni degli uomini da questo settore erano, secondo lei, ingiustificabili. Alla loro origine vi erano i pregiudizi che aleggiavano rispetto al valore del lavoro femminile (fortemente squalificato e quindi male retribuito), ma anche a quello della formazione primaria (scarsamente valorizzata). Sul piano pedagogico, l'esecutivo le appariva estremamente in ritardo:

> Per il passato, infatti, si è pensato che poca preparazione (la modesta scuola magistrale) e poco stipendio fossero sufficienti per custodire un po' di ore i marmocchi. Ora sappiamo invece che si tratta di un compito arduo e di grande

26. Discorso dattiloscritto, senza data, in AUFN, TRC/II, b. 48, fasc. 3, *Materna discussione Commissione e Aula*. Altro materiale sull'ammissione del personale maschile è conservato in AUFN, TRC/II, b. 48, fasc. 3 e documenta il suo confronto con pediatri e psicologici tra il 1965 e il 1967.

27. SDR, seduta n. 598, 7 aprile 1967, resoconto stenografico, p. 32081.

> responsabilità, tale, per parafrasare un illustre uomo politico, da precostituire l'esito della successiva istruzione. È poiché crediamo che questo sia vero che vorremmo dar vita alla migliore scuola possibile, ed è con questo animo che abbiamo una volta di più voluto ripetere i nostri argomenti nella speranza che non vengano, al solito, sommersi da troppo facili *slogans*.[28]

In chiusura del suo discorso, la senatrice fece la sua dichiarazione di voto prendendo le distanze da una proposta di legge a suo avviso sbagliata che, vanificando anni di lavoro parlamentare, rischiava di passare alla storia come una delle conquiste del centro-sinistra:

> Onorevoli colleghi, un voto conta molto poco in quest'Aula; conta molto per la propria coscienza, soprattutto se è conseguente con quanto si è fatto nel più recente passato, e non a titolo personale.
> Questa legge significa anni di paziente lavoro, di defatigante trattativa, di ricerca intelligente da parte del vecchio Partito socialista italiano. Altri disperde oggi quanto fu faticosamente conquistato in nome, si badi bene, non di una parte, ma di tutta la scuola italiana.
> Anche per rendere testimonianza a quello sforzo, a quella appassionata azione, non credo, ove non ritorni testo nei limiti del compromesso già raggiunto alla Camera, che sia possibile dire di sì a questo disegno di legge.[29]

L'ultimo atto di questa vicenda si sarebbe tenuto nel marzo 1968, alla fine della IV Legislatura e negli ultimi mesi di quel terzo governo Moro che aveva abbandonato progressivamente le aspirazioni al riformismo: anche quelle che riguardavano la pianificazione urbanistica che, a causa del susseguirsi delle calamità naturali già evocate avevano destato più aspettative.[30]

La legge 444/1968 istituì la scuola materna statale per bambini e bambine nell'età prescolastica da tre a sei anni con fini «di educazione, di sviluppo della personalità infantile, di assistenza e di preparazione alla frequenza della scuola dell'obbligo, integrando l'opera della famiglia»; stabilì inoltre che l'iscrizione sarebbe stata facoltativa e gratuita. Insieme all'introduzione della scuola media unica fu una delle poche riforme dell'istruzione attuate tra tutte quelle previste dal centro-sinistra. Fu, senz'altro, una legge importante: per la prima volta nella storia del paese si stabiliva che lo Stato doveva occuparsi dell'educazione, dell'assistenza e dello

28. SDR, seduta n. 598, 7 aprile 1967, resoconto stenografico, p. 32082.
29. Ivi, pp. 32082-32083.
30. Paul Ginsborg, *Storia d'Italia dal dopoguerra a oggi,* Torino, Einaudi, 2006, p. 378.

sviluppo della personalità infantile, attraverso una scuola facoltativa, ma gratuita.[31] Al tempo stesso fu una riforma moderata, soprattutto se guardata con gli occhi di chi – come Carettoni – aveva dedicato anni a immaginare un rinnovamento del sistema scolastico in nome dell'uguaglianza, della giustizia sociale, della Costituzione democratica. Se da un lato la scuola materna statale teneva conto della presenza femminile nel lavoro extra-domestico (questione su cui si sarebbe intervenuti nel 1971 anche con l'istituzione degli asili nido comunali); dall'altro lato si preoccupava più di creare un ambiente sostitutivo della madre che non di stimolare bambini e bambine alla socializzazione. A dimostrazione di questo, sta la solerzia con cui vennero declinate al femminile tutte le professioni citate nel testo finale che, per l'appunto, previde che nella scuola materna statale lavorassero esclusivamente «*le* ispettrici, *le* direttrici, *le* insegnanti e *le* assistenti».

3. *Con Parri, per l'unità delle sinistre*

L'ingresso nel Gruppo Misto del Senato fu foriero di un'importante novità: il sodalizio con Ferruccio Parri. Come scritto da Alfredo Casiglia, «pur determinato da profonde convinzioni politiche», il distacco dal Psi fu per lei un evento sofferto: «venti anni di militanza in un partito lasciano il segno» e la costituzione del Movimento dei socialisti autonomi, pensato più per dare un punto di riferimento a tutti coloro che non avevano aderito al Psu che come una possibile alternativa a quella scelta, non bastò a sanare la ferita.

Più «suggestiva politicamente» del Msa si sarebbe rivelata, di lì a poco, l'iniziativa a cui stava pensando il vecchio capo della Resistenza.[32] Ferruccio Parri nel 1967 era infatti impegnato nella costruzione di un nuovo soggetto politico che fosse in grado sia di mobilitare quante più forze di sinistra possibile (fuori e dentro le realtà istituzionali), sia di porre fine alla esclusione del Pci da ogni ipotesi di governo. Dopo una serie di incontri con i principali esponenti del Pci e del Psiup, il pensiero di Parri fu condensato in un documento che fu diffuso il 17 dicembre 1967 e che divenne

31. Nicola S. Barbieri, *Asili nido e scuole dell'infanzia nella storia italiana*, in *Manuale di Storia della scuola italiana*, pp. 89-91.

32. Alfredo Casiglia, *Profilo della Prof.ssa Sen. Tullia Romagnoli Carettoni*, in unionefemminile.it/wp-content/uploads/2016/12/Profilo-Tullia-Carettoni.pdf, ultima consultazione il 13 novembre 2021).

noto come "Appello Parri per l'unità delle sinistre". I destinatari di questo appello erano coloro che avvertivano l'esigenza di un'azione unitaria per un sostanziale progresso del paese e volevano impegnarsi in un laboratorio politico di "riformismo militante" che prendesse le distanze sia dall'ideologismo del movimento operaio, sia dal dogmatismo cattolico.

Tullia Carettoni fu tra le prime firmatarie dell'appello. Insieme con lei, aderirono per primi Anderlini e Gatto, altri ex socialisti che dopo la rottura con il Psi si erano anche loro molto legati a Parri. A questo piccolo gruppo si unirono intellettuali ed esponenti della borghesia antifascista (sia laica sia cattolica) e personalità indipendenti, senza tessere di partito, deluse dai risultati effettivi del centro-sinistra e, al tempo stesso, desiderose di impegnarsi nella costruzione di una alternativa politica.[33] Tra questi, figurava ad esempio Adriano Ossicini, «un indipendente di sinistra, di formazione cristiana» che, dopo la Resistenza, aveva ripreso le sue attività di psichiatra, psicologo e professore universitario e non aveva mai preso alcuna tessera di partito. Chiamato da Parri, aderì al suo progetto, strinse un rapporto di profonda amicizia con Tullia Carettoni e, entrato in Parlamento nel 1968, vi sarebbe rimasto per sei legislature consecutive.[34] Il gruppo di indipendenti ideato da Parri coinvolse, inoltre, coloro che si rispecchiavano nell'esperienza di «L'Astrolabio», la rivista da lui diretta che dal 1963 affrontava temi politici e culturali di grande attualità quali l'ambientalismo, la lotta al nucleare, l'ascesa del cosiddetto "Terzo Mondo".[35] Con questo retroterra culturale solido, l'appello di Parri riscosse successo ben al di là della cerchia degli intellettuali antifascisti che potevano essere considerati diretti referenti.

Nel giro di pochi mesi le adesioni individuali e di gruppo furono tali da far sentire l'esigenza di un Centro di coordinamento, che si insediò a Roma in via di Torre Argentina e che ebbe il compito di facilitare la comu-

33. I firmatari dell'appello erano: Lugi Anderlini, Giulio Carlo Argan, Tullia Carettoni, Pasquale Emanuele, Simone Gatto, Tullio Gregory, Giuseppe Ignazio Luzzatto, Giuseppe Patrono, Ferdinando Prat, Antonio Ramirez, Giuseppe Samonà, Fermo Solari, Francesco Taormina. In AUFN, TRC/I, bb. 12-13-14 sono conservate le lettere di adesione all'appello Parri raccolte da Tullia (con il supporto di Ida Romagnoli, impiegata e consigliera al comune di Mantova con la quale Tullia lavorò costantemente negli anni in cui fu candidata nella circoscrizione lombarda).

34. Intervista di Catalano con Adriano Ossicini, in Ead., *La felicità*, p. 143.

35. Sull'esperienza di questa rivista cfr. *Pagine scomode. La rivista Astrolabio (1963-1984)*, a cura di Alfredo Casiglia, Roma, Ediesse, 2014. Si segnala che questa rivista è stata digitalizzata (http://astrolabio.senato.it/astrolabio/controller.php?page=progetto, ultima consultazione il 13 novembre 2021).

nicazione tra i circoli politico-culturali che iniziarono a sorgere in diverse province, accomunati dal fatto «di essere aperti a tutte le componenti della sinistra laica e cattolica e di raccogliere sia indipendenti che iscritti ai partiti».[36] Come notato da Parri poco più di un anno dopo, la diffusione dei circoli era la testimonianza di quante forze (andate disperse negli ultimi anni) avessero bisogno di essere coordinate e rianimate.

> Un evidente aggravamento ed un certo deterioramento delle condizioni attuali della vita politica rendono ora più attuale la utilità di un centro di riferimento e di raccordo delle iniziative locali sparse ed isolate. La crisi che ha tormentato il Partito socialista e tuttora lo logora, la crisi in atto di disaggregazione della Democrazia Cristiana si sono ripercosse in situazioni diffuse di crisi locali, scissioni ed abbandoni. La sottrazione alla lotta politica ed alla vita pubblica di forze attive, creata da questi fenomeni di dispersione, che è insieme di incertezza e di sfiducia, costituisce un danno ed un pericolo crescente come testimoniano le sollecitazioni più frequenti che pervengono dalla periferia [...].[37]

L'appello di Parri sfociò nella costituzione di un gruppo parlamentare: la Sinistra indipendente. Come scritto da Zanuttini, questo progetto rappresenta una esperienza particolare all'interno del dibattito sulla natura giuridica dei gruppi parlamentari perché la Sinistra indipendente non fu collegata direttamente ad un partito politico organizzato. Il gruppo si costituì (inizialmente soltanto al Senato) grazie alle liste elettorali unitarie del Pci-Psiup, partiti che decisero di mettere a disposizione circa il 10-15% dei loro seggi per ospitare alcune personalità di rilievo, in rappresentanza di varie espressioni politiche della società civile. A sostenere Parri in questo esperimento – ricorda Carettoni – ci fu Luigi Longo, alla guida del Pci da quando nel 1964 era morto Togliatti e figura molto vicina allo stesso Parri fin dai tempi della Resistenza: i due avevano, infatti, condiviso la direzione del Cnlai.[38]

36. Lettera di Parri n. 2, in AFB, Fondo Bruni, Serie 6 Rapporti con enti, fasc. 74, *Gruppo parlamentare sinistra indipendente - SDR 1968-1970*.

37. *Ibidem*.

38. Sull'esperienza della Sinistra indipendente, cfr. Annalisa Zanuttini, *Gli archivi dei gruppi parlamentari della Sinistra indipendente. Una recente acquisizione dell'Archivio centrale dello Stato*, in *Gli archivi dei partiti politici. Atti dei seminari di Roma, 30 giugno 1994, e di Perugia, 25-26 ottobre 1994*, a cura di Manuela Cacioli, Roma, Ministero per i beni culturali e ambientali, 1996, pp. 176-184; Agnese Amato, *Il gruppo parlamentare della Sinistra indipendente dalla fondazione (1968) alla fine della presidenza Parri (1976)*, tesi di laurea, Università degli Studi Roma Tre, a.a. 1996-1997; Scirè, *Gli indipendenti di sinistra*.

Il Pci avrebbe negli anni mantenuto fede allo spirito iniziale, dando spazio a ciascuna delle personalità indipendenti «senza mai imporre nulla»: un approccio, questo, inedito per la storia comunista fino a quel momento caratterizzata da un forte centralismo partitico, ma che avrebbe garantito lunga vita al laboratorio politico della Sinistra indipendente.[39] Il gruppo ebbe modo di crescere di legislatura in legislatura (nel 1983 avrebbe preso forma anche alla Camera), fino al 1992: quando il Pci assunse la denominazione di Partito democratico della sinistra (Pds) e gli/le indipendenti sciolsero entrambi i gruppi parlamentari.

Questo "esperimento", dunque, fu avviato con le elezioni politiche del 19 maggio 1968 che sfavorirono l'area socialista e che posero fine alla stagione del centro-sinistra. Esito del voto fu la formazione di un governo monocolore democristiano con a capo Giovanni Leone che sarebbe rimasto in carica pochi mesi, fino al dicembre successivo. Grazie al buon risultato elettorale del Pci (che guadagnò l'1,6% dei voti) e alla stabilità del Psiup (che si attestò sul 4,5%),[40] il primo gruppo di indipendenti poté insediarsi al Senato, riuscendo a raccogliere, dopo alcune iniziali difficoltà, 12 eletti, numero sufficiente a costituire un gruppo autonomo: oltre al senatore a vita Parri (presidente) e a Tullia Carettoni (segretaria) ne fecero parte Gian Mario Albani, Luigi Anderlini, Franco Antonicelli, Delio Bonazzi, Ludovico Corrao, Carlo Galante Garrone, Simone Gatto, Carlo Levi, Sergio Marullo di Condojanni, Adriano Ossicini.[41]

Carettoni, candidata nel suo storico collegio di Mantova, prese 44.107 preferenze, fu la quarta candidata indipendente con più voti dopo Anderlini, Antonicelli e Garrone,[42] e fu nominata segretaria del gruppo nel quale, ancora una volta, era l'unica donna. Il passaggio dal Psi a un gruppo ospitato dal Pci le attirò alcune critiche: ad esempio, quelle della rivista di area conservatrice «Il Borghese» che, avendo come pubblico di riferimento una destra anticomunista, la attaccò nell'edizione del 28 novembre 1968

39. Catalano, *La felicità*, p. 29.

40. Ignazi, *I partiti e la politica dal 1963 al 1992*, p. 135.

41. Il gruppo si poté costituire grazie all'adesione di Delio Bonazzi del Movimento dei socialisti autonomi che accettò di unirsi alla Sinistra indipendente per raggiungere il numero minimo di 10 membri necessario per costituire un gruppo parlamentare al Senato. In un secondo momento si aggiunsero altri due membri, Corrao e Marullo. Cfr. Amato, *Il gruppo parlamentare della Sinistra indipendente*, pp. 119-121.

42. Giambattista Scirè, *Una democrazia alla prova. Cattolici e laici nell'Italia repubblicana degli anni Cinquanta e Sessanta*, Roma, Carocci, 2005, p. 304.

ricordando la sua partecipazione giovanile ai Gruppi universitari fascisti dove, si legge nell'articolo, lei avrebbe ricoperto «la carica di fiduciaria dell'Urbe». L'articolo riportava inoltre la notizia che Carettoni, sempre alla fine degli anni Trenta, aveva firmato per «Roma fascista» un articolo di plauso per la decisione di istituire i Littoriali femminili della cultura e dell'arte. Tullia Carettoni prese le distanze da questo ritratto contestualizzando la sua adesione ai Guf: ricordò, infatti, che tra il 1936 e il 1940 era piuttosto comune tra i giovani della sua generazione.[43] Al di là della sua valenza, questo tentativo di delegittimazione politica sottolinea come l'ingresso della senatrice Carettoni in un gruppo sostenuto in gran parte da voti comunisti non fosse scontato anche se, va precisato, questo passaggio non l'avrebbe trasformata in una comunista (figg. 7 e 8): nella Sinistra indipendente sarebbe rimasta una socialista; una «"socialista autonoma", vicina al Pci».[44]

4. *Dagli Affari esteri alla Vicepresidenza del Senato*

Nelle nuove vesti di senatrice e segretaria della Sinistra indipendente, Carettoni continuò a occuparsi di tutela dei beni culturali lavorando ancora ai progetti di recupero delle opere d'arte trafugate, a quelli per il miglioramento del sistema museale italiano (ad esempio si impegnò per valorizzare la Galleria d'arte moderna di Roma) e alla difesa di alcuni siti archeologici, tra cui Pompei e Tivoli.[45] Inoltre, riprendendo il filo del suo lavoro da vicepresidente nella Commissione Franceschini, organizzò un convegno

43. Un appunto manoscritto con la bozza della lettera di risposta, indirizzata al Direttore di «Il Borghese», è stata conservata nell'archivio privato della famiglia Carettoni. Sul suo trascorso nei Guf cfr. *supra* cap. 1, p. 29. Sulla rivista in questione cfr. Andrea Ungari, *La parabola de «Il Borghese» dal centro-sinistra agli anni di piombo*, in *La delegittimazione politica nell'età contemporanea*, a cura di Giovanni Orsina e Guido Panvini, vol.1, *Nemici e avversari politici nell'Italia repubblicana*, Roma, Viella, 2016, pp. 99-122.

44. Ciuffoletti, Degl'Innocenti, Sabbatucci, *Storia del Psi*, p. 413. Nella sua intervista con Catalano, Carettoni esplicita questo punto quando dice: «non sono mai stata comunista perché appartengo a quel gruppo di giovani studenti antifascisti che non mandarono giù il patto Ribbentrop» (Catalano, *La felicità*, p. 9).

45. Questa attività è documentata in AUFN, TRC/I, b. 20, fasc. 4, *D.d.l. d'iniziativa sen. Carettoni [VI legislatura]* (sul ddl n. 568, *Autorizzazione di spesa per l'ampliamento della Galleria d'arte moderna di Roma*) e b. 20, fasc. 5, *Delegazione per le restituzioni all'Italia del materiale*; AUFN, TRC/II, b. 58, fasc. 1, *Disegni di legge presentati al Senato*.

– "Incontro tra politici ed esperti sulla tutela del patrimonio artistico, del centro storico e del paesaggio" – che si tenne a Firenze, il 14 e 15 dicembre 1968, mentre nelle piazze, nelle università e nelle scuole imperversava ancora la contestazione studentesca. A un anno dalle prime occupazioni universitarie, il comitato organizzativo della Sinistra indipendente considerò la rivolta degli studenti come una minaccia alla serenità dei lavori, tanto da prendere la decisione di predisporre una seconda sede – oltre a quella ufficiale – «per ovviare al problema dei contestatori».[46]

Con l'inizio della V Legislatura arrivarono, però, anche incarichi nuovi e molto ambiti. D'altronde, durante gli anni trascorsi nella Direzione del Psi, Carettoni aveva dimostrato di poter assumere ruoli delicati e responsabilità eterogenee, anche al di fuori del perimetro in cui tradizionalmente venivano collocate le donne. In quegli anni aveva però notato come l'autorevolezza di cui godeva quando si occupava di politica "generale", sbiadisse quando indossava le vesti della responsabile del Movimento femminile. Lo ricorda nell'intervista con Roberta Yasmine Catalano, commentando un documento del 1975:

> Vale la pena ricordare che nelle riunioni di Direzione, se parlavo di argomenti generali o specifici politici, ero ascoltata con attenzione; appena parlavo dei problemi del movimento femminile – ed ero sempre io che parlavo – l'attenzione cessava […]. L'emancipazione riguarda tutte le donne e il successo di una sola non conta.[47]

A seguito di questa presa di coscienza aveva quindi deciso che fosse necessario reagire contro quell'*habitus* che affidava alle donne ambiti considerati di competenza esclusivamente femminile (la salute, l'educazione, la famiglia…) perché, di fatto, era imponendo (e accettando) questi limiti che si sbarrava alle donne la strada verso le posizioni apicali.

> Fare la parlamentare non è difficile – ha detto sempre a Catalano –, ma appena arriva la donna la si manda in certe commissioni: salute, educazione, ecc. È necessario reagire immediatamente (personalmente ho scelto la Commissione Affari esteri).[48]

46. Si veda il dattiloscritto *Incontro tra parlamentari ed esperti*, documento di sintesi dei lavori della Commissione Franceschini presentata dal gruppo della Sinistra indipendente a Firenze nel dicembre 1968, in AUFN, TRC/I, b. 16, fasc. 73, *Atti convegno BB. AA. Firenze 14-15 dicembre 1968 [1967-1969]*, s.fasc. 19.

47. Catalano, *La felicità*, p. 73.

48. *Ibidem*.

Consapevole che per realizzare l'emancipazione fosse necessario "colonizzare" i luoghi decisionali e rappresentativi della "politica maschile", non appena le arrivò la conferma della rielezione al Senato, Carettoni chiese di essere assegnata alla Commissione permanente "Affari esteri", dove sarebbe rimasta dal luglio 1968 al febbraio 1972.

Insieme con lei, fu iscritto nella medesima Commissione anche un altro senatore della Sinistra indipendente, lo scrittore, pittore e noto antifascista Carlo Levi.[49] Insieme, Carettoni e Levi lavorarono fianco a fianco per rappresentare in questo spazio la visione che la Sinistra indipendente aveva della politica estera culturale: una parte integrante della politica estera che però necessitava non soltanto di essere potenziata, bensì totalmente ripensata. Oltre a un «insopportabile ritardo culturale», lamentarono, infatti, la presenza di «residui fascisti».[50] Nel 1969, nel pieno dell'autunno caldo, i due senatori della Sinistra indipendente si diedero l'ambizioso obiettivo di far cambiare passo all'organizzazione della cultura italiana all'estero rivedendo l'amministrazione ordinaria di questo settore, da Carettoni definita «molto sul piede di casa».

Carettoni e Levi si occuparono della politica culturale italiana all'estero facendosi interpreti, inoltre, della politicizzazione che, a livello internazionale, gli istituti di cultura stavano conoscendo. Nel loro orientamento si possono intravvedere, infatti, gli effetti di quel processo di critica verso un approccio elitario del sapere che era tipica degli "anni Sessantotto". Nel primo discorso che pronunciò al Senato il 30 gennaio 1969, la senatrice illustrò lo stato del "patrimonio scolastico" presente all'estero mettendo in luce come fosse inadeguato sia dal punto di vista strutturale (con edifici molto più vecchi e arretrati di quelli dell'Italia «metropolitana») sia da quello del personale. Docenti, direttori e presidi erano, a suo avviso, «residuati di guerra», e

49. Cfr. Franco Contorbia, Maura Picciau, *Levi Carlo*, in *Dizionario biografico degli italiani*, vol. 64 (2005), www.treccani.it/enciclopedia/carlo-levi_%28Dizionario-Biografico%29/ (ultima consultazione il 29 agosto 2022).

50. Intervento di Tullia Romagnoli Carettoni al Senato della Repubblica, V Legislatura, 189ª seduta, p. 10191. Il lavoro congiunto dei due senatori è restituito dall'opuscolo Tullia Carettoni Romagnoli, Carlo Levi, *La politica culturale italiana all'estero. Interventi della senatrice Tullia Carettoni e del Senatore Carlo Levi*, Roma, Eredi dott. Bardi, 1969 (con gli interventi del 30 gennaio 1969, del 27 ottobre 1969 e una sintesi della seduta del 4 dicembre 1969) conservato in AFB, Fondo Bruni, serie *Rapporti con enti*, fasc. 74, *Gruppo parlamentare sinistra indipendente - SdR*. Altro materiale è conservato in AUFN, TRC/II, b. 49, fasc. 1, *Politica culturale all'estero [1969-1970]*.

«vecchie leve educate in un mondo che ha nulla a che fare con la Repubblica democratica» e, nel complesso, figure «soffocate dall'autorità consolare».[51] Secondo Carettoni aveva ancora senso la presenza di scuole italiane all'estero, ma la funzione affidata a queste istituzioni andava ripensata e adeguata ai nuovi principi espressi, ad esempio, dalla Conferenza della pubblica istruzione che l'Unesco aveva organizzato a Ginevra tre anni prima.

Anche le attività culturali divulgative necessitavano, a suo avviso, di essere ripensate per garantire un'offerta di qualità e, al tempo stesso, l'assenza di sperpero di denaro pubblico. Dopo aver passato in rassegna – con sarcasmo – una serie di iniziative a suo avviso di infima qualità organizzate in varie parti del mondo (dall'America Latina all'Australia), Carettoni affermò nell'Aula del Senato l'urgenza di rinnovare il rapporto tra politica e cultura, a partire dal settore scolastico:

> Mi sembra più serio che cultura e scuola, man mano che si trasforma il concetto di cultura, diventino non più *instrumenta regni* ma strumenti importanti di cooperazione tra i popoli, che aiutino la comprensione tra i popoli. E qui sorge la funzione fondamentale che dovrebbero avere le scuole all'estero nei confronti dei Paesi in via di sviluppo. Anche qui diamo per scontato che l'aiuto al Terzo Mondo va dato non solo per vocazione sociale e umana, non solo a risarcimento parziale della troppa ricchezza che i popoli abbienti hanno tolto ai popoli poveri, ma anche in funzione della politica generale, in funzione della politica del mantenimento della pace del mondo, in funzione di quell'assetto futuro dell'umanità a cui, con idee più o meno diverse, tutti aspiriamo.[52]

Alla luce delle trasformazioni connesse al processo di decolonizzazione, la rete degli istituti andava rinnovata: da scuole per i figli degli emigranti e strumenti di propaganda durante il fascismo – disse al Senato – sarebbero dovute diventare strumenti di assistenza, adeguati «al ruolo dell'Italia nel mondo» e, quindi, «rispondenti ai principi di democrazia che ispirano la Costituzione repubblicana».[53] La bussola offerta dalla Carta costituzionale avrebbe dovuto guidare il governo verso un'azione efficace, utile a superare i concetti di propaganda e di esportazione che caratterizzavano ancora la politica culturale italiana, e l'adozione di un approccio nuovo, aperto alla «diffusione della cultura» e, soprattutto,

51. Seduta del 30 gennaio 1969 in Carettoni Romagnoli, Levi, *La politica culturale italiana all'estero*, pp. 5-7.
52. Ivi, pp. 13-14.
53. Ivi, pp. 19-20.

all'idea di «cooperazione»: la più adatta – spiegò Carettoni – a una cultura che non poteva più pretendere di essere egemonica, tanto meno sul piano linguistico, come quella italiana.

> Non c'è più infatti la concezione missionaria, per non dire nazionalistica, di andare ad "insegnare"; ora si dice che bisogna andare a farsi conoscere ed a conoscere, anche perché tutti i popoli quando desiderano conoscere un altro popolo, la sua cultura ed i suoi modi di comportamento non lo fanno più per divenire come l'altro (secondo l'impostazione coloniale): ma lo fanno per conoscere, per arricchire la propria umanità e per cercare di creare una cultura nuova non più ristretta nei confini di un Paese. Ciò risponde al concetto di nuovo umanesimo.[54]

Nei mesi successivi il gruppo della Sinistra indipendente continuò a elaborare una serie di proposte riguardanti la politica culturale del ministero degli Affari esteri e lo fece allargando ulteriormente il discorso: dal tema specifico delle scuole, già trattato, a tutta la materia. In un altro discorso, pronunciato il 27 ottobre 1969, Carettoni si rivolse direttamente ai dirigenti del ministero in questione e alle rappresentanze diplomatiche con l'obiettivo di spronarli a riflettere sugli schemi mentali che, secondo lei, limitavano gravemente l'azione in questo ambito. La cultura non era, per la senatrice, «una merce da esportare o da reclamizzare, bensì un presupposto essenziale per realizzare scambi reciproci, per trovare punti di contatto tra paesi diversi, per «accomunare l'umanità».[55] Solo se intesa in questo modo, «e non come un grazioso omaggio del ricco al povero o del raffinato al rozzo», la cultura sarebbe stata uno dei mezzi più efficaci per aiutare i popoli in via di sviluppo; e questo – specificò – non in un senso caritativo ma in senso di solidarietà profonda».[56] Di conseguenza, in tutti i settori di intervento (scuole, istituti di cultura, borse di studio), il ministero degli Esteri avrebbe dovuto «tagliare senza pietà» nell'Europa occidentale e rivolgersi innanzitutto ai Paesi di recente indipendenza indirizzando lì finanziamenti cospicui:

> Negli interventi verso i Paesi dell'Est è necessario intensificare al massimo scambi e rapporti, mentre negli interventi con i Paesi del Terzo Mondo bisogna avere presente che è lì che si giocano molte delle nostre chances future e

54. Ivi, p. 8.

55. Seduta del 27 ottobre 1969 in Carettoni Romagnoli, Levi, *La politica culturale italiana all'estero*, pp. 26-27.

56. *Ibidem*.

> perciò bisogna impegnarsi nello sforzo più generoso, sacrificando, se necessario, come ho detto, altri interventi.[57]

Questi discorsi mettono in evidenza l'influenza che stavano esercitando le lotte anticoloniali e il cosiddetto terzomondismo nelle culture politiche di sinistra degli anni Sessanta, ma anche l'interesse di Carettoni verso le nuove forme che l'antifascismo stava assumendo a livello globale.[58] Mentre nella fase meno accesa della Guerra fredda sbiadiva tanto il mito americano quanto quello sovietico, Carettoni parlava di «nuovo umanesimo» e di «cultura del mondo» mostrando di credere in quell'universalismo che – ha scritto Giorgio Fiocco – «era nutrito dalla crescente consapevolezza dell'unità del genere umano in un mondo sempre più globalizzato»:

> Pilastri delle rinnovate istanze internazionaliste sono la necessità della pace dinanzi all'apocalisse nucleare, la lotta per un ordine internazionale più equo (la decolonizzazione non aveva risolto di per sé il problema delle ineguaglianze strutturali), il ripensamento del concetto di sviluppo alla luce di una nuova consapevolezza ambientale, l'individuazione e la difesa di un nucleo di diritti civili e sociali valevoli per tutti i popoli e gli uomini del pianeta.[59]

Da quanto finora detto, si evince che gli esordi della Sinistra indipendente favorirono la passione di Tullia Carettoni per la politica estera e per le relazioni internazionali: una passione tale da convincerla ad accettare l'onere del doppio mandato parlamentare. Nel gennaio 1971, infatti, fu nominata Rappresentante italiana al Parlamento europeo (nel «Gruppo comunista e apparentati») in sostituzione di Ferruccio Parri: a questo incarico, infatti, non si accedeva allora per elezione diretta. Per due legislature consecutive, dal gennaio 1971 al luglio 1976, avrebbe quindi fatto parte insieme a un'altra italiana, Nilde Iotti, di quel piccolissimo gruppo di donne presenti nell'assemblea del Parlamento europeo.[60]

57. Ivi, p. 29.

58. Andrea Brazzoduro, *"Se un giorno tornasse quell'ora". La nuova sinistra tra eredità antifascista e terzomondismo*, in «Italia contemporanea», 296 (2021), pp. 255-275.

59. Giorgio Fiocco, *I diritti umani e la sfida dei nuovi universalismi*, in *Il comunismo italiano nella storia del Novecento*, a cura di Silvio Pons, Roma, Viella, 2021, p. 555.

60. Sul suo rapporto di amicizia con Iotti cfr. Catalano, *La felicità*, p. 27. Tra il 1958 e il 1972 al Parlamento dei sei parteciparono 5 donne su 142 membri. Nella successiva legislatura il Parlamento europeo avrebbe ospitato, in totale, 7 donne su 198 membri. Cfr. Anna Bartolini, *Le sette del Parlamento*, in «Comunità europee», gennaio 1974, pp. 26-27.

Le novità non finirono qui. La VI Legislatura si aprì il 25 maggio 1972 (dopo che Andreotti era stato capo di un governo monocolore di brevissima vita) portando con sé ulteriori incarichi di prestigio. Confermata rappresentante italiana al Parlamento europeo, Carettoni entrò nella Giunta per gli Affari delle Comunità europee (dove sarebbe rimasta fino al 1984) mentre la segreteria della Sinistra indipendente passava ad Adriano Ossicini, rappresentante dell'ala cattolica del gruppo e convinto sostenitore di una politica di dialogo tra Pci e Dc.[61]

Ma, soprattutto, il 26 maggio 1972 Carettoni fu eletta vicepresidente del Senato, carica ricoperta prima di lei dall'amico Simone Gatto che aveva nel frattempo lasciato la politica parlamentare. Era la prima donna ad accedere a questa carica e, in quel momento, anche l'eletta arrivata più in alto nella gerarchia delle cariche parlamentari. Intervistata dalla rivista «Oggi» nell'aprile 1973, la vicepresidente del Senato rievocò il clima di quella elezione:

> Ricordo il giorno di giugno dello scorso anno quando, dopo essere stata eletta alla vicepresidenza, venne il momento di presiedere la seduta in aula. Era la prima volta che una donna occupava quel posto e come femminista mi fece piacere che la stampa e i colleghi sottolineassero la circostanza. Ci furono dei senatori che inviarono anche dei fiori.[62]

Tuttavia, dopo che la giornalista ebbe ricordato l'eccezionalità di questa nomina in un Parlamento composto da 922 uomini e 29 donne, Carettoni smorzò i toni:

> Non facciamoci incantare dai supposti "disagi" degli uomini di fronte alla nostra presenza in politica. Si mettano in testa che siamo "persone" uguali, e gli passeranno disagi e disturbi psichici.[63]

61. Il gruppo della Sinistra indipendente alla VI Legislatura perse Simone Gatto, Gian Mario Albani, Carlo Levi e Sergio Marullo e acquisì Lelio Basso, Giuseppe Branca e Giuseppe Samonà.

62. Intervista a «Oggi» del 5 aprile 1973 citata in Catalano, *La felicità*, p. 72.

63. *Ibidem*.

4. Nel mondo. I diritti umani

1. *Contro la "guerra americana": l'Issoco e il Comitato Italia-Vietnam*

Il ruolo di vicepresidente del Senato e i nuovi incarichi assunti come senatrice della Sinistra indipendente diedero a Tullia Carettoni l'opportunità di viaggiare molto e di confrontarsi sempre più spesso con le diversità presenti nel mondo. La sua conoscenza di altri contesti culturali, avviata con vivo interesse già con le sue prime missioni extraeuropee negli anni Cinquanta, fu incrementata nei primi anni Settanta quando la passione per la politica estera la portò a osservare con particolare attenzione la condizione di quei paesi che allora venivano indicati con l'espressione "Terzo Mondo": paesi diversi per condizioni economiche e ordinamenti politici, ma uniti dall'idea di condividere l'eredità della lotta di liberazione dal colonialismo, e di essere portatori di interessi e aspirazioni non assimilabili nella logica della competizione fra l'Occidente capitalistico e l'Est comunista. Viaggiando imparò a riconoscere e combattere i pregiudizi più interiorizzati e diffusi a livello individuale e sociale, e affinò quella sensibilità che, negli anni a venire, l'avrebbe resa una figura di spicco nelle politiche a favore della pacifica convivenza tra i popoli e del dialogo interculturale. Fu così che, come abbiamo visto nel precedente capitolo, nella commissione Affari esteri si fece portavoce della Sinistra indipendente nella critica al neocolonialismo, sostenendo che le ricchezze nazionali delle ex colonie (al pari della forza lavoro) continuavano a essere sfruttate a vantaggio del capitale estero e che all'acquisita indipendenza politica dei paesi asiatici e africani non era seguita una piena autonomia economica, né culturale. Pertanto, si impegnò per diffondere la consapevolezza che il neocolonialismo andava combattuto innanzitutto sul piano simbolico.

In questa presa di coscienza fu probabilmente molto stimolata dalla collaborazione con il socialista Lelio Basso con il quale, alla fine degli anni Sessanta, partecipò alla fondazione di un nuovo importante centro di studi: l'Istituto per lo studio della società contemporanea (Issoco). Tullia Carettoni aderì fin da subito a questo progetto: ne fu socia fondatrice e venne nominata anche membro del consiglio direttivo.[1] Ancora una volta, unica donna del gruppo.

La vicenda dell'Issoco, fondato a Roma nel 1969, è emblematica della storia dei centri di studio che si svilupparono in concomitanza con gli eventi del 1968 e del 1969 confermando non solo la forza del binomio ricerca scientifica / impegno civile, ma anche l'influenza delle istanze internazionaliste.[2] Non sappiamo se Tullia Carettoni abbia, nel suo intimo, rimpianto di non aver proseguito la carriera accademica – come auspicato dai suoi famigliari – per dedicarsi dapprima al lavoro di insegnante e poi alla politica istituzionale. Possiamo però ipotizzare che abbia deciso di sostenere attivamente la nascita e lo sviluppo dell'Issoco perché convinta dell'importanza di creare un ambiente politicamente e culturalmente vivace, dove la ricerca scientifica avrebbe dato linfa vitale alla battaglia per la democrazia e dove, al tempo stesso, gli studi storico-sociali e giuridico-istituzionali sarebbero stati stimolati dalle esperienze di impegno internazionalista nell'ambito dei diritti umani e dei diritti dei popoli. La biografia di Lelio Basso, del resto, teneva assieme questa duplice sensibilità.

Deputato per il Partito socialista italiano di unità proletaria, Basso era allora una figura di spicco del movimento internazionale per i diritti umani: era infatti membro dell'*International War Crimes Tribunal,* il gruppo di intellettuali e giuristi costituito su iniziativa di Bertrand Russell nel 1966 per giudicare i crimini commessi dagli Usa nella guerra del Vietnam, ancora in corso.[3] Dopo essersi recato più volte in Vietnam tra il 1966 e il

1. Su 92 firmatari, le donne furono quattro: oltre a Tullia (che entrò nel consiglio direttivo), aderirono Marcella Ceccacci Glisenti, Ada Collidà, Ada Sivini Cavazzani. Cfr. *Statuto e soci fondatori Issoco*, in AFB, Fondo Issoco, serie 1, *Atti costitutivi, statuti, riunioni*, b. 1, fasc. 2.

2. Albertina Vittoria, *Organizzazione e istituti della cultura*, in *Storia dell'Italia repubblicana. La trasformazione*, p. 693.

3. Marica Tolomelli, *L'Italia dei movimenti. Politica e società nella prima repubblica*, Roma, Carocci, 2015, p. 88. Basso andò in Estremo Oriente nel 1966 e nel 1967, fu relatore finale nella sessione che condannò, simbolicamente, il governo statunitense e ci tornò anche dopo il colpo di stato cileno e la morte di Salvador Allende. Cfr. Piero Craveri, *Lelio Basso*,

1967, Basso aveva promosso in Italia la costituzione di una sede locale (il Comitato italiano per il Tribunale internazionale contro i crimini di guerra nel Vietnam) e la formazione di una rete associativa finalizzata a tenere alta l'attenzione sul rispetto dei diritti umani e dei codici internazionali durante tutti i conflitti armati, non solo in quello in Estremo Oriente.

La partecipazione al direttivo dell'Issoco le diede l'opportunità di contribuire a progetti di sensibilizzazione sulla violazione dei diritti umani mentre, parallelamente, denunciava le sofferenze della popolazione vietnamita anche in Parlamento, dove la guerra degli Stati Uniti in Vietnam stava condizionando non poco la politica governativa. Dopo l'inizio dei bombardamenti in Indocina, i governi di centro-sinistra avevano cercato una convergenza con la presidenza democratica statunitense: il primo ministro Moro aveva adottato una linea prudente di «comprensione», atta a non isolare gli Stati Uniti e a favorire il proseguimento del processo di distensione.[4] Nella seconda metà degli anni Sessanta, però, le tensioni interne alla maggioranza di governo aumentarono sempre di più con l'intensificarsi, fuori e dentro il Parlamento, di manifestazioni di solidarietà verso il popolo vietnamita. Dopo l'assassinio di Che Guevara in Bolivia nell'ottobre 1967, il suo slogan «fare due, tre, molti Vietnam» si diffuse anche al di fuori della cerchia della Nuova sinistra. Quella del Vietnam divenne pertanto una questione spinosa perché, come spiegato da Formigoni, spingeva i governi italiani «a prendere le distanze in modo imbarazzato dall'alleato maggiore» e perché metteva in crisi quanto restava del paradigma "neoatlantico" in un contesto, però, in cui il progetto europeista, che attraversava un momento di crisi, non rappresentava una reale alternativa.[5] Con l'insediamento dell'amministrazione Nixon aumentarono le speranze di un concreto disimpegno, ma il negoziato per portare a termine il conflitto si rivelò presto complicatissimo. La resistenza dei Vietcong perdurò e i bombardamenti non cessarono, con ripercussioni anche sulla politica estera e interna italiana.

Tullia Carettoni si impegnò, tanto nella Commissione Affari esteri quanto nel comitato direttivo dell'Issoco, per attuare progetti di sensibilizzazione sulla guerra per la libertà condotta dai Vietcong contro gli Stati

in *Dizionario biografico degli italiani*, vol. 34 (1988), www.treccani.it/enciclopedia/lelio-basso_%28Dizionario-Biografico%29/ (ultima consultazione il 25 gennaio 2022).

4. Per l'impatto della guerra americana in Vietnam sul primo e il secondo governo Moro cfr. Formigoni, *Storia d'Italia nella Guerra Fredda,* pp. 696-712.

5. Ivi, p. 711.

uniti. Come affermato in un'intervista per «Annabella», era secondo lei necessario ricordare la condizione di vantaggio in cui le società europee si trovavano: mentre in Italia le nuove generazioni avevano il privilegio di non aver conosciuto la guerra, in Vietnam c'erano uomini e donne di vent'anni che non sapevano cosa fosse la pace.[6] Con questo spirito nel febbraio 1971 Carettoni contribuì alla fondazione di un Comitato Italia-Vietnam che raccolse adesioni trasversali agli schieramenti politici: «dai lapiriani e dai basisti (Fracanzani e Galloni), passando per alcuni psiuppini e aclisti ed esponenti della Sinistra Indipendente (Carettoni), fino ai socialisti di sinistra (Lombardi) e ai comunisti (Calamandrei)»[7].

Il suo impegno su questa causa proseguì e si intensificò soprattutto dopo che – alla fine del 1972 – si assistette a un'ulteriore ondata di bombardamenti. Ad esempio, nel marzo 1973 (dopo la firma a Parigi dell'armistizio che avrebbe dovuto avviare il ritiro dei contingenti militari americani), Tullia Carettoni fu tra le firmatarie di un disegno di legge basato sulle norme che nel 1971 avevano fondato la cooperazione italiana con i Paesi in via di sviluppo e che impegnavano l'Italia a contribuire alla ricostruzione dei territori devastati dalla guerra.[8] Con questa proposta di legge, i firmatari intendevano sia sollecitare un'assunzione di responsibilità da parte dello Stato italiano sul piano internazionale in un momento delicato della storia del rapporto tra Europa e Asia; sia dare una risposta governativa all'azione di un movimento che in Italia, ancora più che in altri Paesi, aveva unito una varietà di forze politiche e sociali (dai sindacati alle associazioni femminili, dalle istituzioni culturali a gruppi giovanili) dapprima per l'indipendenza del Vietnam e poi per la sua ricostruzione.[9] Poche settimane dopo, il 23 marzo 1973, l'Italia sarebbe stato uno dei primi Paesi europei a stabilire relazioni diplomatiche ufficiali con il Vietnam del Nord.

Nel gennaio 1974, la senatrice Carettoni partì alla volta dell'Estremo Oriente come presidente della delegazione del Comitato Italia-Vietnam, di cui fece parte anche Calamandrei. Questa giunse nel Vietnam del Nord

6. Intervista pubblicata in «Annabella» del 13 ottobre 1966, citata in Catalano, *La felicità*, p. 109.

7. Formigoni, *Storia d'Italia nella Guerra Fredda*, p. 868.

8. SDR, VI Legislatura, disegno di legge n. 949, *Cooperazione dell'Italia alla ricostruzione dei territori del Vietnam devastati dalla guerra*, d'iniziativa dei senatori Albarello, Adamoli, Basso *et al.* comunicato alla presidenza il 7 marzo 1973.

9. Ivi, pp. 2-3.

contemporaneamente alla nave "Australe" che, partita dal porto di Genova carica di rifornimenti, arrivò nel porto Haiphong dove fu accolta con grande gioia dai vietnamiti (figg. 9 e 10). Anche durante questa missione prestò particolare attenzione alle donne: ebbe contatti con la Vietnam Women's Union (VWU), associazione fondata nel 1930 con l'obiettivo di far partecipare attivamente le donne al processo di indipendenza e allo sviluppo nazionale di cui avrebbe conservato alcune pubblicazioni (ad esempio, un numero di «Femmes du Vietnam»). Rispetto alla condizione delle donne vietnamite, non trascurò di aggiornare le sue "compagne" dell'Udi, inviando un report a Marisa Rodano.[10]

Una volta rientrata in Italia, la senatrice Carettoni raccontò ciò che aveva visto: quello del Vietnam era ancora «un popolo senza pace»; nonostante l'armistizio del gennaio 1973, la guerra non era finita.[11] A distanza di decenni avrebbe ricordato il forte impatto emotivo che la visita al fronte (con a terra il metallo degli aerei caduti) le aveva provocato insieme al discorso del generale in capo Giap che alla presidente della delegazione italiana aveva precisato di non volere eserciti di mercenari («perché un popolo la libertà se la deve conquistare da solo») bensì aiuti di lungo periodo: sostegno per la costruzione di ospedali, strade, infrastrutture.[12]

La sua attenzione sul Vietnam rimase alta finché i combattimenti non cessarono definitivamente: una costanza che contribuì a farle ottenere la nomina a vicepresidente del Comitato Onu per i diritti umani (sezione italiana).[13] Nel gennaio 1975, inoltre, dopo essere stata eletta presidente del Comitato Nazionale Italia-Vietnam, promosse insieme con Nenni, Lombardi e Anderlini la costituzione del Gruppo interparlamentare di amicizia italo-vietnamita che venne costituito ufficialmente al Senato il 21 gennaio in presenza della delegazione della Repubblica del Vietnam.[14] Pochi mesi

10. Cfr. Corrispondenza datata 21 gennaio 1974, in AUFN, TRC/I, b. 34, fasc. 5, *Vietnam (1972-1977)*.

11. Tullia Romagnoli Carettoni, *Vietnam senza pace*, in «L'Astrolabio», 1 (1974), pp. 51-52. Vedi anche Vera Montanari, *Intervista con la senatrice Tullia Carettoni*, in «La donna mantovana», febbraio-marzo 1974, pp. 18-19.

12. Catalano, *La felicità*, p. 111.

13. Con questa qualifica – oltre che quella di vicepresidente del Senato – parteciperà alla Conferenza di Città del Messico nell'estate 1975 (cfr. la lista dei partecipanti in AIS, MEM, b. 196, fasc. 1121).

14. *Gruppo interparlamentare d'amicizia italo vietnamita*, in «l'Unità», 22 gennaio 1975, p. 11. Cfr. il materiale conservato in AUFN, TRC/I, b. 34, fasc. 6, *Gruppo interpar-*

dopo, il 30 aprile 1975, gli Stati Uniti avrebbero registrato la definitiva sconfitta: dopo Phnom Penh, capitale della Cambogia, i Vietcong presero Saigon, capitale del Vietnam del Sud, mentre anche il Laos si apprestava a diventare comunista.

2. *La tutela internazionale dei diritti umani: America latina, Africa e Medioriente*

La condanna della "guerra americana" – considerata nell'alveo delle culture politiche comuniste una guerra profondamente ingiusta, imperialista e antidemocratica – va iscritta in un fenomeno ampio che coinvolgeva soprattutto le generazioni più giovani e che alimentava a livello transnazionale un forte interesse culturale verso i Paesi del cosiddetto "Terzo Mondo", e un sentimento di solidarietà politica sia verso gli oppositori dei regimi dittatoriali in America Latina, sia verso le lotte di liberazione dal dominio coloniale e neocoloniale in Asia come in Africa.[15]

Carettoni seguì dunque attentamente anche gli effetti visibili del processo di decolonizzazione. Divenuta membro del Comitato consultivo italiano per i diritti dell'uomo, iniziò a collaborare con Gian Paolo Calchi Novati, direttore dell'Ipalmo (l'Istituto per le relazioni tra l'Italia e i paesi dell'Africa, America Latina e Medio Oriente): un *think tank* sponsorizzato dal ministero degli Esteri che aveva l'obiettivo di realizzare progetti di cooperazione e favorire il dibattito attorno ai temi terzomondisti «con un orizzonte politico allargato dai democristiani ai comunisti».[16] Il consiglio direttivo dell'Ipalmo era allora composto da molte persone vicine alla senatrice Carettoni, tra cui Luigi Anderlini (tra i fondatori con lei della Sinistra indipendente) e Marcella Glisenti (presidente del Comitato italiano di

lamentare italo-vietnamita. Si veda anche la lettera di Carettoni a Nenni del 1975 in AFN, Fondo Pietro Nenni, serie *Carteggi*, sottoserie 3, *1944-1979*.

15. Sulla dimensione globale delle proteste contro la guerra in Vietnam si rimanda alle riflessioni di Lien-Hang T. Nguyen, *The Vietnam Decade. The Global Shock of the War*, in *The Shock of The Global. The 1970s in Perspective*, a cura di Niall Ferguson, Charles S. Maier, Erez Manela e Daniel J. Sargent, Cambridge (Ma) - London, Harvard University Press, 2010, pp. 159-172. Sull'importanza del terzomondismo (e in particolare della Guerra d'indipendenza algerina) nella genealogia delle nuove culture politiche che si svilupparono nei "global 1960s" si rimanda a Brazzoduro, *"Se un giorno tornasse quell'ora"*.

16. Formigoni, *Storia d'Italia nella Guerra Fredda*, p. 879.

solidarietà con le famiglie di prigionieri politici e degli scomparsi in America Latina).[17] Con loro seguì gli sviluppi del processo di decolonizzazione consapevole che gli Stati di recente indipendenza dovessero fronteggiare una serie complessa di problemi dovuta, in molti casi, al perdurare degli assetti coloniali. Il suo interesse per le relazioni internazionali tra Europa, Africa e Medio Oriente e la competenza via via acquisita fecero di lei un punto di riferimento per le analisi politiche, come dimostra il fatto che il periodico di informazione «Corriere Africano» la considerasse una figura autorevole e in grado di fornire letture ponderate degli avvenimenti internazionali (ad esempio nel 1974 le chiese di commentare la scelta delle Nazioni Unite di escludere il Sud Africa dai lavori dell'Assemblea generale, come protesta contro la discriminazione razziale).[18]

Negli stessi anni, la sua attenzione si rivolse anche verso le violazioni dei diritti umani in America Latina. A destare gli allarmi a livello internazionale fu il diffondersi di notizie circa l'uso della tortura, la sparizione di oppositori politici e la creazione di fosse comuni da parte delle diverse dittature militari istaurate nel continente. Far sparire gli oppositori politici – racconta Maria Rosaria Stabili – era una "tecnica" utilizzata inizialmente in forma occasionale, ma a partire dal 1966 era diventata lo strumento principale della repressione in vari paesi dell'America Latina: inizialmente in Guatemala, poi in Cile immediatamente dopo il golpe, infine in Argentina e in Uruguay.[19]

17. AUFN, TRC/I, serie 1, *Corrispondenza*, b. 10, fasc. 633, *Atti vari 1972-1975*; TRC/II, b. 26, fasc. 3, *Ipalmo*. Sull'attività dell'Ipalmo nei primi anni Settanta, cfr. AFT, serie 11, *Sezione internazionale,* sottoserie 6, *Enti e associazioni*, unità 38, *Istituto per le relazioni con i paesi dell'Africa, America Latina, Medio Oriente "Ipalmo" (18 maggio 1972 - luglio 1974).* Glisenti nei primi anni Ottanta lamenterà un calo di partecipazione da parte di Tullia Carettoni che si giustificherà dichiarandosi ormai assorbita totalmente dagli impegni nel Parlamento europeo (lettera conservata in AUFN, TRC/I, b. 40, fasc. 25, *Comitato italiano di solidarietà con le famiglie dei prigionieri politici e degli scomparsi in America Latina. Marcella Glisenti, Cettina La Valle*).

18. Corrispondenza tra Tullia Carettoni e Antonio Acone del novembre 1974 in AUFN, TRC/I, b. 41, fasc. 3, *1974*.

19. Maria Rosaria Stabili, *Il movimento delle madri in America Latina*, in *A volto scoperto. Donne e diritti umani*, a cura di Stefania Bartoloni, Roma, manifestolibri, 2002, p. 136. Per quanto sia difficile un conteggio esatto del numero degli scomparsi, un documento delle Nazioni Unite del 1985 citato da Stabili stima per tutta l'America Latina un totale di 90.000 persone e considera pertanto questo strumento repressivo «la più drammatica violazione dei diritti umani».

Nonostante fosse difficile avere informazioni e dati esatti circa gli scomparsi, la situazione apparve così grave a cavallo tra anni Sessanta e Settanta da spingere Lelio Basso – come abbiamo visto, a capo del Comitato italiano – a progettare un secondo Tribunale Russell con l'obiettivo di denunciare e condannare a livello internazionale le violazioni dei diritti umani in America Latina. Il Tribunale Russell II per la repressione in America Latina fu effettivamente fondato nel novembre 1973 – a due mesi dalla morte del presidente socialista Salvador Allende in Cile e a quattro dal colpo di stato in Uruguay – e fu composto da un Comitato d'onore, presieduto da Jean Paul Sartre, e una Giuria presieduta da Basso, che si impegnò nella creazione di una rete di comitati di sostegno.[20]

Tullia Carettoni sostenne i vari comitati legati alla Fondazione Russell promuovendo le loro iniziative. Ad esempio, nel gennaio 1970 contribuì alla diffusione di un appello per il rilascio di prigionieri politici in Bolivia che fu firmato da molti intellettuali e politici italiani (Alberto Moravia, Pietro Ingrao, Nilde Iotti, Arrigo Boldrini etc.);[21] e a seguito dei colpi di stato militari in Cile e in Honduras seguì vari casi di incarcerazione di oppositori politici, tra cui quello di Liber Seregni, fondatore del "Frente Amplio" (un'organizzazione unitaria della sinistra uruguaya), e quello dello scrittore e politico comunista Rodney Arismendi.[22] In seguito avrebbe collaborato anche con il Centro Internazionalista Torinese, partecipando al seminario *Imperialismo e fascismo in America Latina* tenutosi nel maggio del 1976, anno in cui si sarebbe interessata anche alle vicende della lotta antifascista in Brasile.[23]

La V Legislatura fu segnata anche dalla "questione mediorientale", in quegli anni aggravata dalle conseguenze della "guerra dei sei giorni", a cui la senatrice Carettoni si interessò attivamente. Il terzo grave conflitto arabo-israeliano, dopo quelli del 1948 e del 1956, scoppiato il 5 giugno 1967, fece di Israele una potenza regionale: quando l'Onu impose il cessate il fuoco, aveva conquistato la striscia di Gaza, la penisola del Sinai (sottratte all'Egitto), Gerusalemme est e la Cisgiordania (strappate alla Giordania) e le alture del Golan (siriane).

20. Cfr. inventario: www.fondazionebasso.it/2015/wp-content/uploads/2014/10/ITA_FLLB_TBRII_inventario.pdf (ultima consultazione il 12 aprile 2022).

21. AFB, Fondo Basso, serie 19, *Diritti umani e Tribunale Russell*, fasc. 17, *Bolivia*.

22. Cfr. materiali conservati in AUFN, TRC/II, b. 27, fasc. 1, *Uruguay*; AUFN, TRC/I busta 39, fasc. 17, *Cile*.

23. AUFN, TRC/II, b. 28, fasc. 3.

La guerra dei sei giorni fu considerata dagli israeliani una risposta legittima e inevitabile alle crescenti tensioni nell'area e al moltiplicarsi di attacchi da parte della guerriglia palestinese. Una guerra preventiva che mirava nello specifico a diminuire la minaccia bellica proveniente dagli stati arabi confinanti con Israele (l'Egitto di Gamal Abdel Nasser in primis) e una risposta diretta alla chiusura, poche settimane prima, dello Stretto di Tiran alle navi israeliane da parte del Cairo. Dal punto di vista arabo, questo conflitto fu invece vissuto come «l'ennesima manifestazione della natura imperialista dello stato di Israele, pedina degli interessi occidentali in Medio Oriente».[24] La guerra lasciò un'impronta indelebile: sconvolse gli equilibri mediorientali segnando il declino dell'Egitto di Nasser e della sua politica del nazionalismo panarabo; provocò 30.000 morti tra gli arabi (poche centinaia tra gli israeliani); causò un'ondata di profughi che si riversò soprattutto in Giordania; e, in sostanza, acuì l'odio del mondo arabo nei confronti dello Stato sionista.

Dopo questi eventi, la situazione mediorientale continuò ad aggrovigliarsi con ricadute anche sui dibattiti tra i partiti italiani (e al loro interno). La senatrice Carettoni prese in più occasioni una posizione fortemente critica rispetto al governo dello Stato d'Israele, distanziandosi in questo modo dall'approccio filo-israeliano prevalente allora non solo nella Dc ma anche tra i socialisti.[25] Come per i repubblicani, anche per i socialisti Israele rappresentava lo Stato che aveva accolto i sopravvissuti al genocidio nazista, ma anche «un vero e proprio modello politico, ispirato "ai principi più avanzati della democrazia e del socialismo"».[26] La sua posizione fu, nel complesso, molto più vicina a quella del Pci che – cercando di evitare «la trappola dell'antisemitismo» – sostenne le aspirazioni di liberazione nazionale degli arabi e riconobbe la natura politica della guerriglia palestinese.[27] Nei primi anni Settanta, Carettoni strinse rapporti con il Comitato italiano per la pace e la giustizia in Medio

24. Marcella Emiliani, *1967. La svolta della "questione mediorentale"*, in *Introduzione alla storia contemporanea*, a cura di Stefano Cavazza e Paolo Pombeni, Bologna, il Mulino, 2006, pp. 381-390.

25. Formigoni, *Storia d'Italia nella Guerra Fredda*, p. 730.

26. Claudio Brillanti, *Le sinistre italiane e il conflitto arabo-israelo-palestinese (1948-1973)*, Roma, Sapienza University Press, 2018, p. 195.

27. Ivi, p. 198.

Oriente[28] e, in qualità di membro della Commissione permanente Affari esteri fu delegata alla Conferenza internazionale Parlamentare sulla crisi nel Medio Oriente[29] (*Conférence Internationale des parlementaires sur la crise du Moyen Orient*) che si tenne al Cairo dal 2 al 5 febbraio 1970. Pochi mesi dopo, il 14 maggio, presentò una interrogazione al Senato per conoscere la posizione del governo in merito alle operazioni militari in corso in Siria e in Libano ad opera delle forze armate israeliane contro i *feddayn* (combattenti palestinesi): eventi che, coinvolgendo direttamente il Libano, rischiavano di aggravare ulteriormente le tensioni in Medio Oriente. Vale la pena soffermarsi su questo intervento perché rappresentativo della sua visione politica.

Secondo Carettoni, questo tipo di violazioni del diritto internazionale o della neutralità di Paesi terzi – da condannare perché estendevano in modo pericoloso e incontrollato ogni conflitto – stavano diventando una consuetudine non solo per Israele ma per tutti gli Stati che volevano contrastare le lotte di liberazione: «lotte che – affermò al Senato – necessariamente impiegano i mezzi della guerriglia».[30] Nel suo discorso, inoltre, Carettoni attaccò esplicitamente il governo dello Stato d'Israele per la violazione della Carta dei diritti umani, per il rifiuto dei deliberati dell'Onu e, di conseguenza, per gli ostacoli posti alla negoziazione della pace. Questa sua riflessione, però, non sfociò mai in affermazioni che potessero essere interpretate come una messa in discussione dell'esistenza dello Stato israeliano, o che potessero prestare il fianco ad accuse di antisemitismo:

> Ha fatto bene il collega Albarello a ribadire come non sia in discussione l'esistenza dello stato israeliano, bensì la politica di quel Governo e come non possa essere in discussione la nostra solidarietà agli israeliti perseguitati dal nazismo,

28. Si veda il materiale conservato in AUFN, TRC/I, b. 39, fasc. 15, *Forum italiano per la sicurezza e la cooperazione in Europa e nel Mediterraneo 1972-1981*, s.fasc. 1, *Medio Oriente* contenente atti, relazioni, documenti relativi al Convegno nazionale per la pace e la giustizia nel Medio Oriente (Roma 10-11 luglio 1975) organizzato dal Comitato Italiano per la pace e la giustizia in Medio Oriente. Si veda anche il materiale contenuto in AUFN, TRC/II, b. 27, fasc. 6, *Cairo Angola Palestina [1975-1976]*.

29. Lettera di Tullia Carettoni ad Adriana Seroni del 28 gennaio 1970, in AUFN, TRC/II, b. 2, fasc. 2, *Atti Carettoni 1969-1970*. Cfr. AFB, Sezione internazionale, sezione 446, *Questione palestinese 1962-1994*, serie 1, *Congressi, seminari e conferenze 1969-1993*, fasc. 2.

30. SDR, V Legislatura, 282ª seduta pubblica, 14 maggio 1970, resoconto stenografico, p. 14868.

> ma proprio per questo, perché non dimentichiamo il martirio e i sacrifici di questo popolo, è estremamente doloroso per noi – che fummo al loro fianco – che proprio gli israeliti violino per denuncia dell'Onu, non per denuncia di una parte, i diritti dell'uomo nelle zone occupate [...].
> La resistenza palestinese ha dichiarato chiaramente di non combattere contro lo israeliano, di non porsi il problema dell'invasore da buttare a mare, ma di combattere contro le forze che in Israele accettano la logica imperialista contro gli stessi interessi del popolo israeliano.

Fatta questa necessaria premessa la relazione che tenne al Senato il 14 maggio 1970 proseguì con un accorato appello a favore della Resistenza palestinese e del rispetto dei diritti umani:

> La resistenza palestinese ha posto il problema di un nuovo Stato basato su strutture democratiche, e capace di scelte democratiche uno stato che non faccia sua la dottrina di Herzl che considera gli ebrei avanguardia del mondo civilizzato contro la barbarie [...]. La resistenza palestinese ha dunque avuto una funzione estremamente chiarificatrice ed io vorrei dire che in sostanza le volontà di tutti oggi si misurano sulle tesi palestinesi non solo nel senso di rendere giustizia a quel popolo senza terra, costretto da decenni a vivere di elemosina, ma nel senso di voler risolvere in senso democratico, rispettoso dei diritti di tutti, tale problema.[31]

Le sue parole testimoniano come in quel periodo si stesse delineando all'interno della questione mediorientale una autonoma e specifica "questione palestinese" che puntava al riconoscimento del diritto all'autodeterminazione di questo popolo. È inoltre significativo anche il passaggio finale del suo discorso. Nelle conclusioni, rivolgendosi direttamente al sottosegretario di Stato per gli Affari esteri (il deputato democristiano Angelo Salizzoni), Carettoni invitò il governo a prendere una posizione precisa e a condurre la sua azione «con più spregiudicatezza» in onore della Repubblica italiana «nata dalla Resistenza».[32] Riferendosi al conflitto mediorientale, quindi, Carettoni tracciò una linea di continuità tra la guerra di liberazione italiana e quella del popolo palestinese: una continuità che era iscritta nella sua storia personale e che, al tempo stesso, era dagli anni Sessanta associata alle lotte di liberazione in Africa, Medio ed Estremo Oriente, sempre più spesso lette e vissute come espressione di un nuovo antifascismo.[33]

31. Ivi, pp. 14868-14869.
32. Ivi, p. 14869.
33. Brazzoduro, *"Se un giorno tornasse quell'ora"*, p. 266.

3. *L'Italia, la Cee e i paesi fascisti europei*

A dare ulteriore impulso al processo di riattualizzazione dell'antifascismo fu, in Europa, il colpo di Stato militare in Grecia. A dieci anni dall'avvio del processo di integrazione europea, la minaccia di nuovi fascismi prese corpo nel cuore del Mediterraneo: il 21 aprile 1967 un colpo di Stato rovesciò il regime liberale, istaurò una dittatura guidata dal colonnello Papadopoulos e avviò una durissima repressione dell'opposizione democratica. Questa svolta autoritaria, avvenuta in un paese democratico che era vicino alla Cee e che si riconosceva nel Patto atlantico, preoccupò il governo italiano e colpì profondamente l'opinione pubblica democratica, scossa proprio in quel periodo dalla diffusione di nuove informazioni sul tentativo di colpo di stato sventato pochi anni prima (il cosiddetto "piano Solo", del 1964). Non si trattava di un'eredità del passato come nel caso spagnolo (a trent'anni dalla fine della guerra, Franco ancora era al potere in Spagna), bensì di qualcosa di nuovo che veniva a turbare un panorama europeo dato per acquisito, almeno dalle nazioni occidentali.

Subito dopo il colpo di Stato, la senatrice Carettoni partì per Atene insieme a una delegazione che voleva accertare le condizioni dei colleghi ellenici e, insieme con Parri, fondò il Comitato per la libertà della Grecia (una realtà interpartitica). Successivamente, promosse la creazione di un Comitato per gli aiuti umanitari al popolo greco finalizzato a coordinare le manifestazioni di solidarietà e l'invio di aiuti materiali da parte della cittadinanza. La presa del potere dei colonnelli, infatti, spinse alla mobilitazione gli ambienti politici e culturali di sinistra che, oltre ad essere timorosi per la contagiosità dell'autoritarismo ellenico e per i contatti tra neofascisti italiani e greci, erano sempre più ostili nei confronti della Nato. Gli effetti sul piano governativo non mancarono. Come riassunto da Varsori, Fanfani era favorevole a una esplicita condanna europea che di fatto "congelasse" i vantaggi derivanti ad Atene dall'accordo di associazione alla Cee del 1961.

> Al di là degli aspetti concernenti l'azione internazionale del governo, quanto avvenuto in Grecia venne interpretato come la conseguenza di interferenze da parte della NATO, in particolare degli Stati Uniti, timorosi per una possibile svolta a sinistra negli equilibri politici greci. Forti furono le proteste delle forze della sinistra italiana, in particolare del Pci, nei confronti del golpe, ravvivando la polemica nei confronti di Washington e dell'Alleanza Atlantica.[34]

34. Antonio Varsori, *Dalla rinascita al declino. Storia internazionale dell'Italia repubblicana*, Bologna, il Mulino, 2022, pp. 290-291.

Il Psi, soprattutto nella prima fase della dittatura (quando Nenni rivestiva la carica di ministro degli Esteri del primo governo Rumor), adottò una posizione critica rispetto alla cosiddetta politica del "doppio binario" di Moro: da un lato isolamento politico del governo ellenico a livello europeo e, dall'altro, tolleranza in ambito Nato. Pertanto, quando il Pak, il movimento di liberazione panellenico guidato da Andrea Papandreu (ex deputato arrestato per la sua opposizione al regime) riscosse la solidarietà dei socialisti al governo, gli equilibri interni all'esecutivo vacillarono e, di conseguenza, i rapporti tra Atene e Roma furono messi a dura prova.[35]

Tullia Carettoni prese una posizione chiara contro qualsiasi collaborazione con il fascismo ellenico: in qualità di membro della Commissione permanente Affari esteri, iniziò a sollecitare il governo italiano a opporsi, in ogni istanza nazionale o internazionale, a qualsiasi provvedimento che potesse comportare riconoscimento o vantaggi per la dittatura dei colonnelli. Ad esempio, il 24 luglio 1968 presentò un'interpellanza per protestare contro i residui di accordi politico-economici che continuavano a legare il governo italiano a quello dei colonnelli (nello specifico si riferiva a un prestito di dieci milioni di dollari che, a suo avviso, si sarebbe dovuto negare).[36] In questo discorso criticò duramente l'esecutivo, che invece di allinearsi ai paesi (come quelli scandinavi) che avevano presentato ricorso alla Commissione europea per i diritti dell'uomo e avevano sollecitato una presa di posizione del Consiglio d'Europa (l'organismo fondato nel 1949 per la difesa dei diritti umani),[37] dava agli antifascisti greci un appoggio solo formale. La posizione italiana non era cambiata, di fatto, neppure dopo che il Consiglio d'Europa, tenendo conto del ricorso degli Stati scandinavi e dell'Olanda alla Commissione europea per i diritti dell'uomo,

35. Antonio Varsori, *L'Occidente e la Grecia: dal colpo di Stato militare alla transizione alla democrazia (1967-1976)* in *Democrazie. L'Europa meridionale e la fine delle dittature*, a cura di Mario Del Pero, Victor Gavín, Fernando Guirao e Antonio Varsori, Firenze, Le Monnier, 2010, pp. 5-94; Paolo Soave, *L'Italia e la Grecia dei colonnelli. Una parentesi nella politica dell'amicizia mediterranea*, in «Ventunesimo secolo», 28 (2012), pp. 59-88; Francesca Ghezzi, *Contro un «malinteso realismo»: la politica estera di Nenni e la Grecia dei colonnelli*, in «Contemporanea», 17 (2014), pp. 59-82.

36. SDR, V Legislatura, 13ª seduta pubblica del 24 luglio 1968, interpellanze e interrogazioni, p. 674 (d'ora in avanti: seduta del 24 luglio 1968).

37. Il Consiglio d'Europa era stato fondato da Belgio, Danimarca, Francia, Irlanda, Italia, Lussemburgo, Norvegia, Paesi Bassi, Regno Unito e Svezia a Strasburgo. Cfr. Martyn Bond, *The Council of Europe. Structure, History and Issues in European Politics*, London, Routledge, 2012.

ebbe emesso una risoluzione severa nei confronti del regime greco: la risoluzione n. 361 del gennaio 1968 che aveva minacciato la sospensione della Grecia dal Consiglio e aveva raccomandato al Comitato dei ministri (l'organo decisionale) una medesima soluzione se non si fosse ripristinata la democrazia.[38] La fiducia degli esuli greci nel nostro paese, disse, non era ancora venuta meno e non meritava quindi di essere ulteriormente tradita:

> È di ieri la visita di un nostro collega parlamentare dell'Eda, qui, in Senato. Egli è stato ricevuto dal nostro Comitato e, pur con queste brutte notizie del prestito che già si sapevano, ha insistito – ed egli viene ora dalla Grecia, ne è partito qualche giorno fa – sull'importanza dell'azione europea e mondiale, delle prese di posizione dei Paesi democratici d'Europa. E il nuovo Governo, dopo le elezioni che hanno visto un nuovo spostamento a sinistra, dopo che la Grecia è stato un tema elettorale anche dei partiti della maggioranza, anche di alcuni lodevolissimi oratori, sissignori, della Democrazia cristiana, si squalifica in questo modo?[39]

In questo scenario, mentre le sinistre (sia democristiane sia socialiste) ponevano sempre più esplicitamente il problema della *membership* greca nell'alleanza atlantica, Tullia Carettoni fu tra coloro che continuarono a chiedere, con sempre maggiore insistenza, che la Grecia venisse isolata da tutti gli stati membri della Cee.

Questa presa di posizione la contrappose a Nenni che, secondo lei, agì in maniera inadeguata in seno al Comitato dei ministri europei e in qualità di ministro degli esteri italiano. Il 23 maggio 1969 al Senato, durante un'altra interpellanza sulla situazione greca, la senatrice della Sinistra indipendente si rivolse direttamente al segretario del suo ex partito per sollecitarlo a prendere iniziative concrete atte a condannare il regime e favorire la liberazione dei detenuti politici. Nel suo discorso, dapprima riconobbe che alcune iniziative di solidarietà erano state effettivamente prese (ricordò ad esempio l'accoglienza a Papandreu, che era stato ricevuto da tutti gli esponenti dei partiti di governo oltre che dal ministro degli Esteri); ma poi aggiunse che queste azioni stavano rischiando di avere «un senso puramente verbale» e di rimanere «a livello di atto di cortesia, di solidarietà». Lamentò dunque al Senato l'esistenza di un grande divario tra le parole e i fatti, tra la protesta dei popoli e la

38. Formigoni, *Storia d'Italia nella Guerra Fredda*, p. 746. L'ordine del giorno fu respinto.

39. Seduta del 24 luglio 1968.

tiepidezza dei governi, tra le assicurazioni degli uomini che costituivano i partiti al governo e l'azione che poi quegli stessi uomini svolgevano indossando le vesti dei governanti.[40]

> Lei è Pietro Nenni, lei è quell'antifascista che tutti quanti conosciamo, lei è stato esule e la situazione greca parla al suo cuore molto di più di quanto non parli a tanti di noi che quell'esperienza non hanno drammaticamente vissuto. Chissà quante volte lei, esule all'estero, ha parlato con dirigenti e uomini politici stranieri dell'oppressione fascista in Italia e chissà quante volte ha sentito delle toccanti parole senza che seguisse alcun fatto da parte di quegli uomini! [...]. Lei, onorevole Ministro, ha terminato ricordando gli ideali europei e non c'è dubbio che si parla continuamente di una coscienza europea che si dovrebbe formare. Ma come può sorgere questa coscienza se essa non si fonda sugli ideali di libertà e di democrazia da attuarsi – e da difendersi, se necessario – non con le parole ma con i fatti concreti?[41]

Alla base di questa discrasia (tra atti concreti e principi ideali) vi era, a suo avviso, il peso della Nato: un muro contro cui si abbatteva qualsiasi tentativo di sostegno concreto alla lotta per la libertà in Grecia.

Le condanne e le pressioni sul governo greco aumentarono fino a quando, alla fine del 1969, Atene si ritirò dal Consiglio d'Europa. I legami economici dei paesi della Cee con la Grecia non vennero però messi veramente in discussione e, pertanto, l'attenzione della senatrice Carettoni sulla dittatura greca rimase alta ancora per vari anni, come dimostrano le carte del suo archivio.[42] Una sintesi del suo pensiero fu condivisa alla fine del 1971 in occasione del convegno "I comunisti italiani e l'Europa" organizzato dal Centro studi di politica economica (Cespe) e dai gruppi parlamentari del Pci a Roma, dal 23 al 25 novembre, per discutere di politiche europee. Questo evento, dietro la regia di Amendola, mirava a presentare «a un pubblico più vasto l'aggiornamento programmatico in atto sulle questioni della cooperazione continentale» e, di fatto, fu l'occasione in cui si sostanziò il cambio di passo del Pci rispetto al processo di integrazione. Due anni dopo, all'inizio del 1973, il nuovo segretario

40. SDR, V Legislatura, 141ª seduta, 23 maggio 1969, resoconto stenografico, p. 7885.

41. Ivi, p. 7887.

42. AUFN, TRC/II, b. 28, fasc. 1. Si veda anche il materiale sulla situazione greco-turca in AUFN, TRC/II, b. 16, fasc. 1, *Estero (situazione Turchia, Cipro) [1972-1976]* e AUFN, TRC/II, bb. 22-25, tutte dedicate alla Grecia.

Enrico Berlinguer avrebbe infatti lanciato «la parola d'ordine» destinata a segnare l'azione del Pci negli anni successivi, «quella del sostegno a un'Europa "autonoma e democratica, né antisovietica né antiamericana"». Rispetto al periodo precedente – spiega Michele Di Donato – sarebbe cambiato «in modo decisivo l'interpretazione della distensione internazionale».[43]

L'intervento di Carettoni fu inserito nel gruppo di comunicazioni affidate sia a esponenti del Pci, sia dell'aerea socialista (Psi e Movimento socialisti autonomi), finalizzate ad approfondire alcuni aspetti specifici dell'integrazione europea in una fase di trasformazioni veloci legate, innanzitutto, al "rilancio" promosso dal vertice dell'Aja del 1969, dove si erano affermate tre parole chiave: allargamento, completamento, approfondimento.[44] A lei spettò l'analisi dei rapporti della Cee con i paesi fascisti europei: Grecia, Portogallo e Spagna.[45]

> I paesi della Cee in quanto tali e la Cee quale comunità si trovano sempre in reale imbarazzo quando si tratta dei rapporti con la Spagna, il Portogallo, la Grecia. Si constata regolarmente il desiderio di evitare prese di posizioni ufficiali che suonino riconoscimento di quei regimi e ciò sia perché si teme una reazione dell'opinione pubblica – che puntualmente si verifica – sia perché la lettera dei trattati comunitari è sufficientemente chiara nella condanna dei regimi antidemocratici. Va anche detto che certe chiusure verso questi regimi di destra hanno fatto buon gioco alla continua polemica nei confronti dei paesi socialisti che non usufruiscono di regimi di carattere parlamentare tradizionale. I sei paesi, però, hanno intrattenuto sempre e hanno via via sviluppato il massimo di accordi bilaterali, riservando tutt'al più in sede Cee i loro dubbi circa i rapporti da intrattenere. Illuminante a questo proposito, come vedremo, è la vicenda greca.[46]

Carettoni proseguì il suo discorso entrando nel vivo della questione economica. Il capitalismo europeo – disse – era fortemente interessato agli investimenti nei paesi fascisti (al pari degli Usa). La ragione prin-

43. Michele Di Donato, *Idee di Europa e politiche europee*, in *Il comunismo italiano nella storia del Novecento*, p. 615.

44. Maria Eleonora Guasconi, *L'Europa tra continuità e cambiamento. Il vertice dell'Aja del 1969 e il rilancio della costruzione europea*, Firenze, Polistampa, 2004.

45. Cfr. Carettoni, *La Cee e i paesi fascisti europei,* in «Quaderni di politica ed economia», 3 (1971), supplemento al n. 6 di «Politica ed economia, rivista bimestrale del Cespe», pp. 235-246.

46. Ivi, p. 235.

cipale alla base di questo legame stava nella possibilità di importare da questi paesi manodopera a basso costo, non tutelata e, al tempo stesso, più qualificata di quella proveniente da altre aeree del mondo (ad esempio, l'Africa subsahariana). Secondo la sua analisi, si stava infatti consolidando su scala europea una realtà drammatica che prima aveva avuto una dimensione solo nazionale: quella di un proletariato composto da lavoratori migranti all'interno dei confini europei, privi dei fondamentali diritti politici e civili.

Tornando invece sul caso dei rapporti con la Grecia, Carettoni ripercorse le scelte prese dai governi italiani in sede nazionale e internazionale e, in sintesi, ricordò che la protesta contro la dittatura greca era stata inversamente proporzionale all'importanza degli organismi presi in considerazione: «nulla in sede atlantica, un provvedimento di sospensione in sede Cee, una presa di posizione decisa invece in sede di Consiglio d'Europa». Si era così giunti, disse, al peggioramento dei mali tradizionali dell'economia greca: un sempre maggiore divario sociale e tra aree del paese e un'emigrazione lavorativa crescente che, grazie al valore delle rimesse, era diventata ormai il vero pilastro dell'economica ellenica.[47]

Oltre che ai nuovi fascismi, la senatrice prestò molta attenzione anche alle vicende dei «residui dittatoriali del primo Novecento» che caratterizzavano la penisola iberica. Fin dai tempi della militanza socialista Carettoni aveva partecipato a iniziative di sensibilizzazione contro la repressione antifascista in Spagna[48] e successivamente, insieme con gli altri membri della Sinistra indipendente, aveva aderito al Comitato Italia-Spagna (un organismo molto largo, presieduto da Nenni e finalizzato ad appoggiare il movimento democratico spagnolo). La sua divenne una voce forte: intervenne in numerose iniziative pubbliche ma promosse anche occasioni di incontro informali con esponenti antifranchisti.[49] Nel già citato intervento per il convegno "I comunisti italiani e l'Europa", dedicò una parte significativa dei suoi ragionamenti al caso spagnolo, denunciando ancora una volta (come per la Grecia) il patto tra neocapitalismo europeo e oligarchia. Considerando la permanenza di questa

47. Ivi, p. 241.

48. Si vedano ad esempio i documenti della conferenza contro la repressione in Spagna del 1965 inseriti nella cartella "esteri" in AUFN, TRC/II, b. 1, fasc. 2.

49. Il 20 febbraio 1976, ad esempio, organizzò una cena a casa sua alla quale invitò esponenti di vari partiti dell'opposizione spagnola, cfr. AUFN, TRC/I, b. 38, fasc. 14, *Istituto Italia-Spagna per la cooperazione politica, economica, culturale e sociale*.

dittatura non solo una vergogna morale per l'Europa, ma una minaccia concreta per la democrazia in vari Stati, nel corso degli anni prese la parola dentro e fuori l'aula del Senato per fare pressione sul governo affinché abbandonasse l'approccio di «realpolitik». Nell'ottobre 1975, in una intervista per il periodico di informazione «Per la libertà della Spagna», affermò che la liberazione dal fascismo era compito del popolo spagnolo (poiché «la libertà non si riceve mai in dono»); ma che i popoli e i governi democratici avrebbero potuto e dovuto fare molto di più: innanzitutto, disse, «sostituire alla tolleranza – che diviene connivenza – [...] una politica di fermo isolamento». Soltanto se isolato – spiegò – Franco sarebbe crollato, e soltanto senza fascismi l'unione politica europea si sarebbe realizzata:

> Ricordiamoci che Franco ha [sic] sopravvissuto al 1945 perché l'imperialismo, la strategia del terrore, la guerra fredda lo hanno salvato.
> Non dimentichiamo che gli Usa, responsabili allora, sono responsabili ancor oggi in tanta parte di quanto avviene in Spagna [...].
> Si fa gran parlare in questi tempi di rilancio europeo, di unione europea, democratizzazione delle istituzioni europee e si lamenta che ancora oggi ci sia tanto poca di volontà comune per la costruzione dell'Europa [...].
> D'altronde l'Europa non esisterà fino a quando non sia sparita ogni traccia di fascismo sul continente.[50]

Carettoni denunciò dunque gli effetti drammatici dei perduranti legami economici tra i paesi della Cee e i regimi autoritari presenti in Europa e fece trasparire disillusione rispetto a una svolta nella politica estera italiana ed europea. Nelle conclusioni della sua relazione, auspicò quindi che le sinistre di tutti i paesi della Cee avviassero una mobilitazione intensa e coordinata («una fase politica operativa») per trasformare la solidarietà in lotta attiva contro i regimi fascisti europei: in questo modo, non si sarebbero soltanto posti a fianco delle popolazioni in lotta contro i rispettivi regimi autoritari, ma avrebbero contribuito al processo di consolidamento di un'Europa democratica e antifascista. Per il ritorno della democrazia, tuttavia, si dovette attendere la metà degli anni Settanta.

50. Testimonianza di Tullia Carettoni per la rivista a cura della Associazione italiana combattenti volontari antifascisti di Spagna, «Per la libertà della Spagna: informazione periodica», 24 (1975), p. 5.

4. *Sulla linea della distensione*

Le speranze in una rapida dissoluzione del regime dei colonnelli vennero sconfessate e la dittatura resistette in Grecia fino all'estate del 1974 quando crollò, in modo veloce e inaspettato: fallita l'annessione dell'Isola di Cipro e scoppiate alcune significative proteste di piazza, la giunta dei colonnelli optò per un cambio di passo. Nel novembre 1974 un nuovo partito di destra vinse le elezioni, il mese successivo, a seguito di un referendum istituzionale, la monarchia fu abolita e nel giugno 1975 entrò in vigore la Costituzione della Repubblica greca. La transizione verso la democrazia fu seguita con attenzione dalla Cee dove la Francia, in particolare, si adoperò per una rapida riammissione della Grecia nel Consiglio d'Europa. A un anno dalla fine della dittatura, la Grecia chiese di entrare nella Cee: una richiesta che trovò il sostegno di numerosi esponenti politici europei, tra cui Tullia Carettoni che, nella sua doppia veste di parlamentare italiana e rappresentante in Europa, partecipò alla riunione della X Commissione Cee-Grecia (8-10 dicembre 1975). Il paese che la ospitò fu l'Italia: i 18 membri del Parlamento europeo e i 18 deputati del Parlamento ellenico si riunirono a Montecitorio. In questa occasione, la senatrice Carettoni insistette affinché l'adesione avvenisse in tempi rapidi. L'ingresso della Grecia nel Mercato comune, secondo lei, avrebbe incoraggiato anche altri paesi a confidare nella Comunità. Questa avrebbe dovuto optare per una politica di accoglienza verso i paesi che, usciti dalle dittature, avessero visto nell'integrazione europea un modo per velocizzare, consolidare e proteggere il loro percorso di transizione democratica (nell'ambito economico, così come in quello politico-amministrativo). Il suo pensiero era rivolto al Portogallo (che nell'aprile 1974 avviò il processo di transizione democratica che si concluse due anni dopo) e, soprattutto, alle forze democratiche spagnole che aspiravano a fare parte della Comunità non appena il fascismo fosse scomparso dal loro paese.[51] Queste dovettero attendere la morte di Franco: nel novembre 1975 la dittatura iniziò a sgretolarsi. Ci vollero però alcuni anni per delineare le caratteristiche del nuovo regime democratico – una monarchia parlamentare, senza una religione di Stato, senza la pena di

51. Servizio storico e documentazione, *1975. Testi e documenti sulla politica esterea italiana*, Roma, Ufficio Studi, 1976, p. 434. La Grecia entrerà a far parte della Cee nel gennaio 1981 e sarà il decimo Stato membro della Comunità. Il 1° gennaio 1986 sarà la volta di Portogallo e Spagna.

morte e con significative autonomie regionali garantite – in grado di essere ammessa nel consesso della Cee.[52]

A questo punto, «sparita ogni traccia di fascismo sul continente», l'Europa poteva esistere. In realtà, per consolidare il processo di democratizzazione delle istituzioni europee, Carettoni riteneva ancora essenziale una garanzia di pace a livello globale. Il processo di distensione (militare e diplomatica) dalla fine degli anni Sessanta aveva iniziato a normalizzare i rapporti tra i due blocchi e le due superpotenze – ormai sostanzialmente pari sul fronte militare – avevano iniziato a regolare la corsa agli armamenti e si erano avvicinate sul piano diplomatico per migliorare le relazioni tra Est e Ovest (come dimostrò la Conferenza di Helsinki del 1973). Tuttavia, il pericolo della guerra atomica non era sventato.[53]

Nei primi anni del doppio mandato, Tullia Carettoni decise di prendere posizione nel dibattito per il disarmo e per la cooperazione internazionale che, in Italia, era strettamente connesso al fatto che il territorio nazionale ospitava, fin dagli Cinquanta, centinaia di armi atomiche americane, tanto da essere «una delle principali basi nucleari dell'Europa occidentale».[54] In particolare, Carettoni promosse nel Parlamento italiano il perfezionamento della ratifica del Trattato di non proliferazione delle armi nucleari (Tnp), da lei considerato un importante strumento di distensione e di pace cui l'Italia avrebbe dovuto dare il suo contributo.

Il nostro paese, del resto, aveva partecipato fin dal 1962 ai complessi negoziati internazionali sul disarmo che avevano riunito tanto i Paesi della Nato e del Patto di Varsavia, quanto i cosiddetti Paesi "non allineati".[55] L'unico passo avanti significativo nei primi anni Sessanta c'era stato con la firma di un Trattato per la messa al bando parziale degli esperimenti nucleari nel 1963, dopodiché i negoziati per il controllo degli armamenti si erano arenati. Negli anni successivi l'Italia aveva mostrato molte perplessità nei confronti delle bozze di Trattato di non proliferazione avanzate dagli Stati Uniti perché, in sostanza, il governo temeva che questo avrebbe

52. *L'Europa del Novecento. Una storia*, a cura di Leonardo Rapone, Roma, Carocci, 2020, pp. 308-309.

53. Ivi, pp. 302-303.

54. Leopoldo Nuti, *La sfida nucleare. La politica estera italiana e le armi atomiche, 1945-1992*, Bologna, il Mulino, 2007, p. 7.

55. Roberto Caracciolo, *Il contributo italiano al trattato di non proliferazione* in *La proliferazione delle armi nucleari*, a cura di Francesco Calogero e Gianluca Devoto, Roma-Bologna, Istituto Affari Istituzionali - il Mulino, 1975, pp. 27-38.

ridimensionato il peso politico dell'Italia sulla scena internazionale e compromesso il futuro dell'integrazione europea, a vantaggio degli interessi americani. Un primo risultato si era ottenuto il 28 gennaio 1969 quando il Trattato era stato firmato dall'Italia. Tuttavia, la sua ratifica era stata vincolata allo scioglimento di riserve sostanziali.[56] Pertanto, pur essendo entrato in vigore nel 1970 dopo la firma da parte delle tre potenze nucleari – Stati Uniti, Gran Bretagna e Urss – alla metà degli anni Settanta il Trattato non era ancora stato ratificato dal Parlamento italiano. In questo scenario va collocata la presa di posizione di Tullia Carettoni che coincise, a livello internazionale, con una fase di rilancio del movimento antinucleare e delle mobilitazioni a favore del superamento dei blocchi.

Nell'aprile 1975, in vista di una riunione delle Nazioni unite organizzata a Ginevra per il mese successivo, la senatrice prese la parola in Senato a nome della Sinistra indipendente e pronunciò un discorso molto appassionato. Innanzitutto, ricordò che già nel 1968, per bocca del presidente Parri, il suo gruppo parlamentare aveva sollecitato l'impegno italiano per la non proliferazione delle armi nucleari; dopodiché avvertì che, giunti alla metà degli anni Settanta, le tortuosità del processo di distensione internazionale rendevano ancora più urgente questo impegno: nonostante i progressi registrati, i rapporti tra Stati Uniti e Urss avevano ripreso a irrigidirsi.

> Il cammino verso la distensione è tortuoso: e come potrebbe non essere difficile il cammino che si propone di arrivare alla pace? [...]
> Delle due l'una: o il processo di distensione continua, i blocchi si superano, il disarmo diventa realtà e l'Europa in quel clima trova la sua utilità, e allora saranno i suoi popoli a decidere se e che tipo di armamento darsi [...] o il processo va avanti, e allora l'Europa potrà fare la sua libera scelta, o il processo si blocca e allora ogni cosa e quindi anche la costruzione europea, verrà travolta da nuove drammatiche necessità militari.[57]

Dato questo scenario minaccioso, era importante riflettere sulle ragioni del ritardo nella ratifica italiana del Tnp. Come disse al cospetto del Senato, già nel 1968 la Sinistra indipendente, per conto del Comitato italiano per i diritti dell'uomo, aveva lamentato le carenze del governo. Ora però si stava diffondendo il sospetto che oltre alla cronica lentezza dei tempi della politica, ci fosse un altro ostacolo: la sostanziale contrarietà delle forze di destra,

56. Per una disamina approfondita si rimanda al sesto capitolo del volume di Nuti, *La sfida nucleare*.

57. SDR, VI Legislatura, 440ª seduta, 23 aprile 1975, resoconto stenografico, p. 20819.

mascherata da critiche pretestuose a specifici punti del Trattato. Il timore era cioè che le critiche nei confronti del Trattato avallassero le posizioni degli ambienti eversivi di destra, favorevoli all'ipotesi di un programma nucleare militare in Italia.[58] Denunciate senza mezzi termini le responsabilità ministeriali e insinuato il dubbio che dietro i rallentamenti ci fosse l'estrema destra, la senatrice Carettoni concluse il suo intervento auspicando che l'Italia – a distanza di sette anni dal contributo dato tra il 1968 e il 1969 – tornasse finalmente a dare il buon esempio a livello internazionale:

> Certo, gli anni intercorsi hanno vanificato quell'impegno di buon esempio, ma c'è la possibilità di un impegno italiano più attivo sulla linea della distensione, della cooperazione tra i popoli, che appare oggi non solamente doveroso ma indispensabile ad un paese immerso, come il nostro, nel caldissimo Mediterraneo. (Applausi dalla estrema sinistra e dalla sinistra. Congratulazioni).[59]

Il Trattato venne ratificato dal governo italiano il giorno dopo, il 2 maggio 1975, quando il Senato approvò la legge n. 131 del 24 aprile 1975.[60] Con questa firma si accolsero le crescenti pressioni dell'opinione pubblica e, tre giorni dopo, l'Italia – rinunciato al suo status di "paese soglia" – poté partecipare alla Conferenza di Ginevra indetta per la prima revisione del Trattato.[61] La nuova fase della mobilitazione per il disarmo, tuttavia, era solo agli inizi: mentre le relazioni tra i due blocchi si sarebbero inasprite nuovamente, la diffusione di idee e pratiche pacifiste si sarebbe incentrata, negli anni a venire, sulla denuncia dell'interazione tra nucleare civile e militare, avrebbe intrecciato pacifismo e ambientalismo e avrebbe visto le donne ricoprire un ruolo di primo piano.[62]

5. *1975: Anno internazionale della donna*

Il 19 giugno 1975 Tullia Carettoni salì su un aereo diretto a Città del Messico. Nonostante i suoi continui spostamenti da una parte all'altra del

58. Sui dubbi e le polemiche che accompagnarono la ratifica cfr. Nuti, *La sfida nucleare*, pp. 336-341.

59. SDR, VI Legislatura, 440ª seduta, 23 aprile 1975, resoconto stenografico, p. 20822.

60. Servizio storico e documentazione, *1975. Testi e documenti.*

61. Nuti, *La sfida nucleare*, p. 345.

62. Mi limito a segnalare alcuni recenti contributi: *Donne e impegno pacifista nell'Italia repubblicana*, a cura di Matteo Ermacora e Rachele Ledda, numero monografico di «Dep», 46 (2021); Vezzosi, *Per una storia dei movimenti antinucleari delle donne in Italia.*

mondo e la frequenza dei viaggi istituzionali, l'organizzazione di questa missione all'estero fu faticosa: quando la sua segretaria le mandò i dettagli del viaggio, le confessò di non avere memoria di nulla di simile; secondo lei, a rendere tutto così complicato era stato il fatto che gli uffici coinvolti erano troppi.[63] A mettere in moto questa ingente macchina organizzativa nel Parlamento italiano fu la prima Conferenza mondiale delle donne convocata dall'Onu per il 1975, "Anno internazionale della donna". Questo evento che si preannunciava epocale avrebbe avuto, in effetti, un valore periodizzante: a posteriori, infatti, la Conferenza di Città del Messico sarebbe stata considerata l'atto di nascita di un movimento internazionale delle donne che si sarebbe riunito ogni cinque anni (dapprima a Copenaghen e poi a Nairobi) e che avrebbe raggiunto il suo momento più alto venti anni dopo, nel IV incontro organizzato a Pechino.[64]

Come stabilito dal ministro degli Esteri Rumor, Tullia Carettoni fece parte della delegazione italiana diretta da Tina Anselmi e, insieme con la senatrice democristiana allora sottosegretaria al lavoro e alla previdenza sociale, alloggiò all'Hotel del Prado, a un paio di chilometri dall'imponente Monumento agli eroi della Rivoluzione messicana. Probabilmente Carettoni non fece in tempo, al suo arrivo, a seguire la cerimonia di inaugurazione che si tenne il 19 giugno allo stadio olimpico dove si raccolse un'enorme quantità di persone (1200 delegate/i ufficiali e almeno 4000 rappresentanti di organizzazioni non governative) in occasione del discorso inaugurale, pronunciato dalla "Primera Dama de Mexico", Maria Esther Zuno de Echeverria.

Non è chiaro che ruolo abbia avuto questo evento nella storia politica di Tullia Carettoni, né come lo abbia vissuto sul piano personale. Le fonti conservate nel suo archivio sono relativamente poche rispetto all'importanza dell'evento in questione e, nel complesso, non documentano i lavori della Conferenza messicana né tantomeno le attività della delegazione italiana composta prevalentemente da esponenti democristiane.[65] In assenza

63. Lettera non firmata (ma presumibilmente della sua segretaria al Senato, Barbara Dini) del 13 giugno 1975 conservata in AUFN, TRC/I, b. 38, fasc. 13, *Conferenza mondiale per l'anno internaz. della donna*.

64. Silvia Salvatici, *"Sounds like an interesting conference". La conferenza di Città del Messico e il movimento internazionale delle donne*, in «Ricerche di storia politica», 2 (2009), p. 243.

65. La delegazione italiana fu composta da Anselmi (presidente del Comitato italiano per l'anno della donna oltre che sottosegretaria al ministero del lavoro); Carettoni-Romagnoli (oltre che vicepresidente del Senato, vicepresidente del comitato consultivo italiano

di queste fonti, possiamo ipotizzare che la vicepresidente del Senato abbia seguito da vicino i lavori dell'Assemblea (l'organo cui spettava il compito di redigere i documenti programmatici), che abbia ascoltato Tina Anselmi pronunciare il suo discorso in francese il 23 giugno 1975, e che si sia tenuta aggiornata rispetto all'attività della *Tribune*, lo spazio di discussione previsto per le rappresentanti delle organizzazioni non governative.[66] Va infatti ricordato che la pianificazione di una strategia globale e di lungo periodo a favore dei diritti delle donne – impostata attorno a tre parole chiave (uguaglianza, pace e sviluppo) – rimase appannaggio esclusivo delle rappresentanti degli stati nazionali. Come raccontato da Silvia Salvatici, «a Mexico City la sede delle risoluzioni politiche intorno alla "condizione delle donne" e quella dell'attivismo femminile costituiscono due luoghi fisicamente distinti e assai debolmente comunicanti».[67]

L'archivio Carettoni risulta utile, però, per ricostruire il carico di aspettative generato da questa Conferenza e per provare a valutarne gli effetti sul piano nazionale. Guardare da vicino all'esperienza di una delle delegate, permette infatti di comprendere meglio l'impatto che la decisione dell'Onu di istituire un anno dedicato alle donne ebbe non tanto nel processo di costruzione di un network transnazionale, quanto piuttosto sulle politiche nazionali rivolte alle donne.

La risoluzione con cui le Nazioni Unite nel 1974 avevano deliberato l'organizzazione della prima Conferenza, ad esempio, aveva avuto come effetto immediato in Italia la formazione di comitati regionali con il compito di organizzare varie occasioni di discussione sulla condizione delle donne (anzi, "della donna": è infatti interessante notare che in Italia è prevalso l'uso del singolare). Sul piano internazionale, invece, si avviò una intensa circolazione di studi e analisi sullo stato dei diritti delle donne in vari contesti (dai paesi della Cee a quelli extraeuropei), che avrebbe dovuto favorire il superamento delle frontiere nazionali nella impostazione di soluzioni di lungo periodo. Per avere un'idea della quantità di iniziative che vennero

per i diritti umani); dalle parlamentari Amalia Miotti Carli (Dc), Maria Eletta Martini (Dc), Maria Magnani Noya (Psi); Giulia Persico-Raggi esperta di diritto; Giovanna Cerro esperta di *women studies*; Maria Cao-Pinna, rappresentante del Ministero Affari esteri; Paola Gayotti [sic] rappresentante del ministero Istruzione; Nora Federici rappresentante del Ministero del lavoro. Copie delle liste ufficiali dei partecipanti in rappresentanza sia degli stati sia delle organizzazioni non governative sono conservate in AIS, MEM, b. 196, fasc. 1121.

66. Cfr. AIS, MEM, b. 196, fasc. 1120.

67. Salvatici, *"Sounds like an interesting conference"*, p. 242.

realizzate, basti pensare che Tullia Carettoni andò in Francia dal 1 al 3 marzo 1975 per le "Journées Internationales de la Femme de Paris"; fu invitata all'incontro organizzato del Consiglio italiano del Movimento europeo il 10 luglio ("I riflessi degli squilibri socio-economici e dell'attuale crisi sulla condizione femminile a livello comunitario"); partecipò a Milano al Congresso delle Donne d'Europa con cui si celebrò contemporaneamente sia il trentennale della Resistenza, sia l'Anno internazionale della donna;[68] tenne la relazione finale al convegno "Donna e lavoro" organizzato a Firenze dal Comitato regionale toscano a dicembre.[69] Ancora, a febbraio 1976, in qualità di vicepresidente del Comitato italiano per i diritti dell'uomo, partecipò a Venezia ai lavori di chiusura dell'anno, mentre il mese successivo volò a Bruxelles per il colloquio "Le donne e la Comunità europea" organizzato dalla Commissione delle Comunità europee per celebrare, anche in questo caso, la fine dell'Anno internazionale della donna.[70] Ricevette, inoltre, una mole ingente di giornali e opuscoli, italiani e stranieri, con studi commissionati per l'occasione da vari enti istituzionali e, ovviamente, le analisi e le proposte elaborate dall'Udi o da altre associazioni femminili.

Quello che si evince da questi materiali è la centralità che assunse, in quel 1975, il tema dell'occupazione femminile che, in effetti, trovò ampio spazio a Città del Messico. L'Assemblea si concluse adottando la *Dichiarazione sulla parità di opportunità e di trattamento per le donne lavoratrici* proposta dall'Organizzazione internazionale del lavoro che puntava all'integrazione delle donne nella vita economica. Questo obiettivo, secondo l'Oil, si sarebbe potuto raggiungere affrontando i problemi delle donne all'interno del quadro di sviluppo economico e sociale e puntando a una modifica sostanziale dei ruoli di genere tradizionali nella società e nelle famiglie.[71] Oltre a questo, va considerato che anche il Consiglio dei ministri

68. Il titolo del Congresso era *La donna nella Resistenza contro il fascismo ieri e oggi*, organizzato dal Comitato promotore della celebrazione nazionale trentennale della Resistenza e si tenne a Milano dal 24 aprile al 4 maggio 1975 (materiali in AUFN, TRC/I, b. 31, fasc. 1).

69. AUFN, TRC/II, b. 29, fasc. 1, *Anno internazionale della donna.*

70. Si vedano gli scambi epistolari con Carlo Scarascia Mugnazza, vicepresidente della Commissione, in AUFN, TRC/II, b. 31, fasc. 3, *Bruxelles «Le donne e la comunità europea»*.

71. Ilo, *Iniziativa Donne e lavoro: la spinta per l'uguaglianza. Rapporto del direttore generale*, Organizzazione Internazionale del Lavoro, 2020, p. 11 (www.ilo.org/wcmsp5/groups/public/---europe/---ro-geneva/---ilo-rome/documents/publication/wcms_745169.pdf, ultima consultazione il 21 dicembre 2021).

della Cee approvò, sempre nel 1975, una Direttiva finalizzata ad avvicinare tra loro le legislazioni degli Stati membri rispetto all'applicazione del principio della parità di retribuzione:[72] una disposizione che anche il Parlamento italiano si sarebbe presto impegnato ad attuare, tanto che tra il 1976 e il 1977 sarebbero state presentate numerose proposte di legge in materia.[73]

Carettoni cercò di sfruttare sul piano nazionale l'attenzione che la conferenza dell'Onu aveva prestato all'impiego femminile. D'altro canto, fin dai primi tempi della militanza politica nell'Udi aveva riflettuto sul potenziale emancipativo del lavoro. Appena rientrata dal Messico, pertanto, decise di presentare al Senato una mozione che da un lato teneva conto dei progressi legislativi degli ultimi anni, dall'altro indicava la strada da seguire per raggiungere una sostanziale emancipazione femminile in Italia. Il testo della mozione impegnava il governo «ad una specifica azione politica di adeguamento e di correzione per quanto riguarda i problemi femminili nel campo del lavoro, delle strutture sociali e sanitarie, dell'istruzione, della politica familiare». In particolare, la strategia delineata puntava a un duplice obiettivo: garantire l'esercizio del diritto-dovere al lavoro (con speciale riguardo per l'inserimento delle donne più giovani nel mondo della produzione), e il diritto a una maternità cosciente e responsabile. Per fare ciò, la mozione prevedeva interventi urgenti in alcuni ambiti tra loro interconnessi: nelle politiche sociali (si pensava *in primis* agli asili nido), nel servizio sanitario, nel sistema fiscale e previdenziale.[74]

Firmata insieme ad altri membri della Sinistra indipendente e presentata a luglio, la mozione venne discussa soltanto l'11 dicembre 1975, subito dopo la notizia dell'organizzazione governativa di una Conferenza nazionale sull'occupazione femminile. Il programma di questa iniziativa

72. Direttiva 75/117/Cee del 10 febbraio 1975. Cfr. Federica Di Sarcina, *L'Europa delle donne. La politica di pari opportunità nella storia dell'integrazione europea (1957-2007*), Bologna, il Mulino, pp. 121.

73. Tra queste, quattro verranno proposte dalla Dc: la 825 di Vittoria Quarenghi (*Modifiche alla legge 1204/1971 concernente la tutela giuridica ed economica della lavoratrice madre*); la 826 di Ernesta Belussi (*Parità tra lavoratori e lavoratrici in materia di collocamento a riposo*); la 827 firmata da Amelia Casadei (*Parificazione dei superstiti in ordine alla reversibilità della pensione*); e, fondamentale, la 1051 presentata dalla ministra del Lavoro e della previdenza sociale Tina Anselmi: *Parità di trattamento tra uomini e donne in materia di lavoro.*

74. Dattiloscritto della mozione in AUFN, TRC/I, b. 38, fasc. 13.

– che si sarebbe tenuta nel gennaio successivo per celebrare la conclusione del primo «Anno della donna» – rincuorò la senatrice Carettoni la quale, senza peli sulla lingua, nel suo discorso al Senato confessò di sperare in un evento di qualità, in grado di far dimenticare «l'orrendo libretto» che la Presidenza del Consiglio dei ministri aveva diffuso in vista della Conferenza di Città del Messico.[75] Già a luglio, infatti, dalle pagine dell'«Unità» aveva duramente criticato il governo per lo scarso interesse mostrato per le celebrazioni dell'Anno internazionale della donna e, di conseguenza, anche per l'attività del «movimento femminile di massa italiano». Oltre a quel «libretto», spiegò, era stato prodotto soltanto un francobollo. Nell'intervista raccontò inoltre che la conferenza si era rivelata «un'occasione mancata» non solo sul piano nazionale, ma anche su quello internazionale. La separazione delle delegazioni governative da quelle non ufficiali era stato, a suo avviso, un limite gravissimo. Mentre la Tribuna si era trasformata in «una sorta di "sfogatoio" verbale» per tutte le anime dell'associazionismo femminile globale, la Conferenza aveva dato voce persino ai regimi dittatoriali. Nel caso del Cile – spiegò – si era accolta una rappresentanza del governo di Pinochet e si era lasciata fuori Hortensia Allende.[76]

E fu proprio con una critica alla conferenza dell'Onu che Tullia Carettoni avviò il discorso di presentazione della mozione. Senza retorica, descrisse al Senato successi e limiti di quel *meeting* internazionale: affermò, ad esempio, di non aver condiviso l'impostazione data dall'Onu alla Conferenza poiché secondo lei non era corretto assimilare la "questione femminile" ad altri problemi globali (quali le lotte per l'indipendenza dei popoli e quelle contro la fame e lo sfruttamento) che, sebbene importantissimi, non potevano essere sovrapposti. La "questione femminile" aveva caratteristiche proprie: «è una questione – disse – che si muove autonomamente, tanto è vero che essa è presente in ogni sistema sociale ed anche i sistemi sociali più avanzati non l'hanno risolta».[77]

75. SDR, 528ª seduta pubblica, 11 dicembre 1975, resoconto stenografico, p. 24669 (d'ora in avanti: seduta dell'11 dicembre 1975). Molto probabilmente Carettoni si riferiva a un libro da poco pubblicato e introdotto da Tina Anselmi: Presidenza del Consiglio dei ministri, *La donna italiana dalla resistenza ad oggi*, Roma, Istituto poligrafico dello Stato, 1975. Una versione sintetica fu tradotta in inglese e in spagnolo per poter essere diffusa a livello internazionale (cfr. AIS, MEM, b. 198, fasc. 1124).

76. *Ma è questo l'Anno della donna?*, in «l'Unità», 20 luglio 1975, p. 3.

77. Seduta dell'11 dicembre 1975, p. 24670.

Venendo al contesto italiano, la senatrice sostenne che la condizione delle donne era caratterizzata da due elementi peculiari: in primo luogo, un divario innegabile tra situazione giuridica (arretrata) e realtà (più moderna); in secondo luogo la difficoltà, se non proprio l'impossibilità, per le donne di esercitare il diritto al lavoro. In questa denuncia, la maternità era considerata l'ambito in cui questi due elementi si intrecciavano poiché, insieme, rendevano l'esperienza della procreazione «un elemento di emarginazione». La donna, nella sua visione, era infatti chiamata «a pagare da sola il prezzo di un compito che riguarda[va] tutta quanta la società».[78] Senza un sostegno da parte dello Stato, la maternità non sarebbe stata conciliabile con il lavoro e, pertanto, sarebbe rimasta una causa frequente di esclusione sociale. Queste sue parole furono seguite da una presa di distanza molto netta dalle posizioni di «alcuni gruppi femministi» colpevoli, secondo Carettoni, di «negare la maternità», con un rovescio della medaglia rispetto ai deprecabili tentativi di esaltazione retorica. Fra le altre cose, questo suo discorso al Senato ci dice dunque che, alla metà degli anni Settanta, il processo di critica e decostruzione della vocazione materna delle donne stava diventando "moneta corrente" anche al di là delle realtà del femminismo radicale.[79]

La presentazione della mozione proseguì ricordando il peso dei pregiudizi culturali responsabili dei ritardi legislativi (ma anche della non applicazione di alcune leggi importanti già varate) e descrivendo il Parlamento – nella sua composizione prevalentemente maschile – come lo specchio del paese. Il punto qualificante della mozione fu però la questione della sottoccupazione e della dequalificazione della manodopera femminile. Nella sua visione, il lavoro era il primo terreno in cui intervenire per raggiungere dei risultati concreti. L'occupazione femminile in Italia si attestava attorno al 19%, uno dei dati più bassi in Europa come lei stessa spiegò, nonostante nel 1974 la legge sul lavoro a domicilio avesse avuto l'effetto di aumentare leggermente, nelle statistiche Istat, il numero delle occupate.

78. *Ibidem*.

79. Fin dai primi anni Settanta il pensiero femminista aveva iniziato a denunciare lo scarto esistente tra le pressioni sociali rispetto alle scelte riproduttive e l'assenza di politiche volte a sostenere la maternità: assenza che finiva per tradurre l'esperienza della procreazione in una forma di esclusione sociale. Per approfondimenti su questo tema si rimanda a ll'antologia di documenti *Maria, Medea e le altre. Il materno nelle parole delle donne: rassegna stampa*, Cosenza-Roma, Lerici, 1982.

Arrivando alle conclusioni, Carettoni affermò dunque che la situazione italiana appariva problematica per cause congiunturali e strutturali e che per affrontarla sarebbe stato prioritario agire, innanzitutto, sul piano culturale: ovvero smettendo di considerare (e rendere) il lavoro femminile sussidiario e secondario. Questa riflessione permette di mettere in luce l'evoluzione del suo pensiero rispetto al processo di emancipazione femminile: se negli anni Sessanta aveva mostrato una fiducia fortissima nel potenziale emancipatore del lavoro, dieci anni dopo lo considerava uno strumento certamente fondamentale ma non sufficiente, da solo, a combattere le asimmetrie di potere. Per una sostanziale emancipazione sarebbero stati necessari interventi di lungo periodo sul piano culturale. Da questo punto di vista, la sua posizione fu allineata a quella dell'Oil che, nella sua direttiva, aveva sollecitato non solo interventi di natura economica ma anche culturali. Molto meno allineata fu l'aula del Senato, per nulla concorde su come affrontare il rapporto delle donne con il lavoro. La discussione dell'11 dicembre 1975 fece emergere opinioni molto divergenti tra i partiti. La senatrice democristiana Falcucci, ad esempio, considerava errata una concezione del lavoro come chiave principale dell'emancipazione femminile: anzi, secondo lei una politica che avesse collegato strettamente lavoro ed emancipazione sarebbe deragliata verso posizioni femministe e neofemministe non solo sbagliate, ma a suo avviso anche «anacronistiche» e «reazionarie».[80] Non mancarono, inoltre, riferimenti al tema dell'aborto, che dominava allora il dibattito pubblico. Il socialista Ferralasco, ad esempio, ricordò l'urgenza di occuparsi dei diritti continuamente negati alle donne, a partire da quello a una maternità cosciente e responsabile; mentre Falcucci concluse la sua relazione affermando che l'enfatica rivendicazione della gestione del corpo, ugualmente alle analisi marxiste sulla partecipazione delle donne al lavoro extradomestico, avrebbe portato ad analisi errate e soprattutto ad «esasperazioni individualistiche».[81]

Nonostante le divergenze di opinioni, la seduta dell'11 dicembre 1975 terminò con la votazione di un ordine del giorno unitario che fu firmato in modo trasversale da vari partiti: oltre che da Carettoni (a nome

80. Si segnala la relazione che Falcucci aveva presentato il 12 gennaio 1975 al Convegno nazionale organizzato a Roma dal Movimento femminile della Dc intitolato emblematicamente *Donna e società 1975: oltre il femminismo, per una nuova condizione della donna,* in AIS, MEM, b. 196, fasc. 1120.

81. Seduta dell'11 dicembre 1975, p. 24683.

del gruppo della Sinistra indipendente), anche da Zanti (Pci), Falcucci (Dc), Ferralasco (Psi), Buzio (Psdi), Germanò (Pli).[82] Questa unanimità venne letta da alcuni giornali come la dimostrazione della serietà con cui il Parlamento stava rispondendo all'istituzione dell'Anno internazionale della donna: non come occasione di iniziative retoriche – si legge ad esempio sul «Corriere della Sera» – bensì come stimolo per un'azione politica complessiva.[83]

82. Mozione n. 1-0071, 1-0080 dell'11 dicembre 1975 in AUFN, TRC/II, b. 29, fasc. 1, *Anno internazionale della donna/ Parigi: 1-3 marzo 1975 (1) [1973-1976]*.

83. *Discussi dal Senato i problemi della donna*, in «Corriere della Sera», 12 dicembre 1975, in AUFN, TRC/I, b. 38, fasc. 13.

TULLIA ROMAGNOLI CARRETTONI è felice quando può sedersi in terra e giocare col suo piccolo Ettore.

Fig. 1. Immagine tratta dalla rubrica *Candidate della pace* nelle elezioni del 18 aprile 1948, in «Noi Donne», 9 (1948), p. 8.

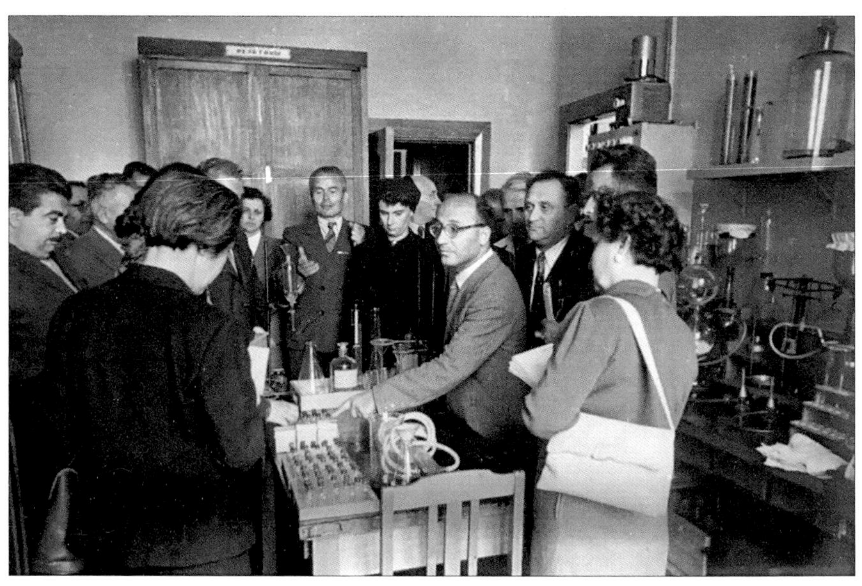

Fig. 2. Leningrado, settembre 1952. Viaggio in Urss della delegazione del Sindacato nazionale della scuola media che visitò luoghi istituzionali, musei e, soprattutto, scuole (le immagini, dove non diversamente specificato, provengono dall'archivio dell'Unione femminile nazionale a Milano).

Fig. 3. Mosca, settembre 1952.

Fig. 4. Pietro Nenni e Tullia Carettoni alla cerimonia di celebrazione del 70° anniversario del Psi. Roma, 1962.

Fig. 5. Archivio Storico Luce, fondo Vedo (1948-1965), Roma, 21 luglio 1964, riunione della Direzione del Partito Socialista Italiano: si riconoscono Santi, Lombardi, De Martino, Nenni, Brodolini e Carettoni. Presente la stampa.

Fig. 6. 12 ottobre 1964, Tullia Carettoni fotografata a Guidizzolo (Mantova), un comune del suo collegio elettorale.

Fig. 7. «Il Borghese», 28 novembre 1968. Il ritratto è accompagnato dalla seguente didascalia: «IL MONDO DEL MATERIALISMO - I gioielli del marxismo proletario... e quelli del marxismo parlamentare».

Fig. 8. «Il Borghese», 4 gennaio 1970. L'immagine di Tullia Carettoni con Luigi Longo e Tullio Vecchietti è accompagnata dalla seguente didascalia: «IL PECCATO DI SCHIAVITÙ - Sempre a disposizione dei padroni (russi)».

Figg. 9 e 10: Vietnam, gennaio 1974. Tullia Carettoni, con la delegazione del Comitato Italia-Vietnam nel porto di Haiphong.

Fig. 11. Pechino, 1978, delegazione italiana invitata dall'Associazione cinese di amicizia tra i popoli. Prima da sinistra Lydia Buticchi Franceschi; terza Tullia Carettoni, seguita da Emma Bonino, Tina Anselmi, Susanna Agnelli, Dacia Maraini.

Fig. 12. Berlino Est, 1978 circa. A destra Tullia Carettoni, presidente dell'Associazione Italia-Ddr.

5. In Italia. I diritti civili

1. *In difesa del divorzio*

Come abbiamo visto nel precedente capitolo, in qualità di senatrice della Sinistra indipendente Tullia Carettoni si impegnò alacremente sul fronte della difesa dei diritti degli individui e dei popoli e seguì attentamente le scelte della politica estera italiana lavorando nella Commissione Affari esteri. Il suo spirito profondamente europeista, inoltre, la convinse ad accettare il doppio mandato, al Parlamento italiano e in quello europeo. Contemporaneamente il fronte della politica interna la vide in prima linea nella battaglia per i diritti civili.

La V Legislatura approvò una serie di importanti riforme sociali che si erano arenate negli anni precedenti. Proprio quando la formula di centro-sinistra vide calare la sua popolarità, il terzo governo Rumor (un "centro-sinistra organico") approvò lo Statuto dei diritti dei lavoratori, le norme sui *referendum* e i provvedimenti relativi all'istituzione delle Regioni, grazie ai quali si tennero le prime consultazioni regionali nel giugno 1970. A queste norme sarebbero seguite, con i governi Colombo e Andreotti, altre riforme, tra cui una nuova normativa pensionistica (che introdusse le "pensioni sociali" per i cittadini sopra i 65 anni sprovvisti di reddito), una legge sulla casa per programmare l'edilizia residenziale pubblica e regolamentare l'espropriazione per pubblica utilità, il riconoscimento dell'obiezione di coscienza al servizio militare. Infine, l'istituto del divorzio, introdotto nel dicembre 1970 con il contributo di Tullia Carettoni.

Nel corso del 1969 la mobilitazione del fronte divorzista si intensificò, fuori e dentro il Parlamento, mentre l'ostruzionismo democristiano bloccava la proposta di legge che Loris Fortuna aveva presentato per la prima volta nell'ottobre 1965, *Casi di scioglimento del matrimonio*. A distanza di 4 anni dalla sua prima presentazione, il traguardo sembrava questa volta raggiungibile. A differenza delle proposte avanzate negli anni Cinquanta (compresa quella del "piccolo divorzio" firmata prima da Renato Sansone e poi ripresentata da Giuliana Nenni nel 1958), la proposta di legge di Fortuna, infatti, poteva contare su una composizione governativa favorevole, dal momento che il Psi fungeva da ago della bilancia degli equilibri parlamentari. A sostenere questo ottimismo, inoltre, c'erano crescenti fermenti sociali. Nell'estate 1969, ad esempio, si tenne una grande manifestazione a Roma, in piazza Navona, organizzata dai Radicali e dalla federata Lid (Lega italiana per il divorzio) accompagnata da un susseguirsi di sondaggi che affermavano che la maggioranza degli italiani e delle italiane era favorevole alla possibilità di sciogliere i vincoli matrimoniali.[1]

Fu in questo clima che il 28 novembre 1969 – a pochi giorni dall'esplosione delle bombe alla Banca dell'Agricoltura a Milano e all'Altare della Patria a Roma che avrebbero segnato l'inizio della "strategia della tensione" – il fronte divorzista conseguì una prima significativa vittoria. La Camera dei deputati del secondo governo Rumor (insediato ad agosto dopo una crisi governativa innescata proprio da tensioni crescenti sul divorzio) approvò le norme che regolavano lo scioglimento del matrimonio con il voto favorevole di liberali, socialisti, comunisti, repubblicani e quello contrario di Dc e Msi. L'approvazione della Camera aprì dunque le porte di Palazzo Madama dove nell'estate 1970 si aprì la discussione.

Tullia Carettoni fu la prima esponente laica e divorzista a prendere la parola. Il 1° luglio pronunciò un accorato e lungo appello per un'approvazione rapida della Fortuna-Baslini. Vale la pena riportare alcuni stralci del discorso – intitolato *Il divorzio conseguenza necessaria della trasformazione della società* – perché contribuisce a chiarire sia la sua visione politica, sia il tenore del dibattito parlamentare.

> Onorevole Presidente, onorevoli colleghi, onorevoli rappresentanti del Governo, del problema che questa legge affronta almeno una cosa non si può dire e cioè che non sia stato dibattuto nelle sedi più varie. Per questo sarebbe da parte mia veramente imperdonabile la presunzione di immaginare di poter

1. Giambattista Scirè, *Il divorzio in Italia. Partiti, Chiesa, società civile dalla legge al referendum (1965-1974)*, Milano, Mondadori, 2007, p. 49. Per il dibattito sul divorzio dalla Costituente alla legge Fortuna cfr. Fiamma Lussana, *L'Italia del divorzio. La battaglia fra Stato, Chiesa e gente comune (1946-1974)*, Roma, Carocci, 2014.

recare lumi, argomenti nuovi o un qualsiasi contributo al dibattito di fondo. Del resto sono passati 92 anni dalla prima proposta di scioglimento del matrimonio presentata alla Camera dello Stato italiano, sono passati cinque anni dalla data di presentazione della proposta Fortuna, sono quattro anni che i due rami del Parlamento vanno discutendo la medesima. Resta invece il dovere, quello sì, di dire le ragioni per le quali si è favorevoli alla legge in esame, per le quali si confida che essa sia approvata dal Senato; resta anche da dire con che spirito ed in quale quadro questo consenso vada collocato.[2]

Le ragioni a favore della legge, spiegò, andavano ricercate nella necessità di sanare una grande incongruenza del vivere sociale (quella esperita dai cosiddetti "fuorilegge del matrimonio", per citare il film dei fratelli Taviani); di adeguare il sistema legislativo al sentire delle persone; e di riconoscere le libertà individuali. All'origine della famiglia ci sono «essenzialmente i sentimenti umani» – spiegò – i quali possono essere soggetti a mutamento: e di questa mutevolezza sarebbe stato importante tenere conto, a meno che non si volesse adottare lo slogan di Gabrio Lombardi: «meglio concubini che divorziati». Nella visione della senatrice Carettoni, il divorzio era «un rimedio estremo» cui fare ricorso «quando il matrimonio è ormai morto, quando la famiglia è finita», e quando – precisò rivolgendosi ai senatori della Dc – «la vita è diventata un inferno con nessuna edificazione, checché vogliate dirci, dei figli che in essa convivano».

Prestando attenzione, come voleva la sua sensibilità, al dibattito internazionale, riferì che un giornale straniero aveva pubblicato un'inchiesta che denunciava l'esistenza in Italia di un divorzio «di fatto e non di diritto»: «Senza tener conto della legge, la gente si aggiusta da sé». Era dunque necessario cancellare una legge «pietrificata», «gratuitamente oppressiva e non corrispondente al comune sentire che va evolvendosi». Quando parlò «di milioni di coppie fuori legge che vivono in condizioni di vivo malessere e di vivo disagio»[3] venne interrotta dal senatore missino Domenico Latanza che contestò il dato – i «milioni» di casi dai lei citati –, ma Carettoni riprese la parola e proseguì specificando che, anche senza prestare fede alle statistiche, il problema rimaneva: per lei sarebbe stato importante dare risposta anche soltanto a poche migliaia di persone. Fu a questo punto del discorso che

2. SDR, 302ª Seduta pubblica, 1° luglio 1970, resoconto stenografico, pp. 15876 (d'ora in avanti: seduta del 1° luglio 1970).
3. Seduta del 1° luglio 1970, p. 15877.

spostò la sua attenzione sui membri del Parlamento, scegliendo di rivolgersi direttamente ai cattolici presenti in aula:

> Ed io credo che i colleghi, gli amici democristiani non si offenderanno se io lamenterò che mentre da parte laica si è sempre usato il massimo riguardo per le vostre convinzioni, i vostri turbamenti, il tormento della vostra coscienza, ben raramente da parte vostra sono emersi dei cenni di apprezzamento o di comprensione per la serietà politica che il problema riveste per noi, sia in ordine ai princìpi di libertà, sia in ordine ai princìpi – ci verrò tra breve – di autonomia dello Stato.[4]

Oltre a denunciare l'intransigenza dei democristiani, Carettoni imputò loro la responsabilità di governi inefficienti che da anni continuavano a ignorare i problemi reali del paese e non si preoccupavano né di intervenire sul piano delle ingiustizie, né di regolamentare la discrasia tra l'ordinamento giuridico e il vissuto della cittadinanza. Il tono della sua orazione fu fermo e il messaggio inequivocabile: non era più il tempo di battaglie di retroguardia o di «prediche bacchettone»; era giunto il momento di fare in modo che la legislazione per la famiglia corrispondesse a una società moderna, che le strutture sociali fornissero un sostegno alle famiglie e, infine, che i giovani giungessero «al passo del matrimonio sia con una seria consapevolezza, che con la certezza che la società non li abbandonerà soli con i loro problemi».[5]

Il suo lungo intervento, durante il quale si susseguirono alla presidenza dell'aula parlamentare dapprima il presidente del Senato Fanfani, poi il vicepresidente Gatto e infine Caleffi, fu occasione per un attacco alla Dc, ma anche per una dura critica al suo ex partito accusato di aver tradito le speranze dei movimenti femminili negli anni del centro-sinistra:

> Chi vi parla ha avuto l'onore negli anni '60 di essere la responsabile nazionale del Movimento femminile socialista, ed ebbe a partecipare, in quella veste, con l'indimenticabile onorevole Elisabetta Conci (che ricordo con grande e commossa devozione) a lunghe riunioni di rappresentanti femminili dei partiti del centro-sinistra, allo scopo di ottenere dal Governo che si ipotizzava (e che poi venne) di centro-sinistra un impegno e un'azione particolare in merito alla revisione del diritto di famiglia. I partiti laici con un *fair play* forse troppo generoso non posero mai in quell'occasione il problema del divorzio, ma anche del resto della tematica non si fece un bel

4. *Ibidem*.
5. Ivi, p. 15879.

nulla, anche se voglio far salva la buona volontà dei movimenti femminili di tutti quanti i partiti.[6]

E proseguì: il mancato inserimento del divorzio nei programmi di centro-sinistra era un sasso nell'ingranaggio della revisione del diritto familiare e, più in generale, nell'opera di modernizzazione della famiglia. Finché questo ostacolo non fosse stato rimosso, la macchina della riforma del Codice civile non si sarebbe messa in moto. L'introduzione del divorzio, invece, avrebbe fatto insorgere una serie di contraddizioni all'interno dell'ordinamento giuridico tali da rendere urgente e non più eludibile l'attuazione di una riforma complessiva.[7] Dopo aver spiegato le motivazioni che rendevano urgente questa approvazione, la senatrice della Sinistra indipendente tornò a rivolgersi direttamente ai cattolici. Nelle conclusioni pronunciò un appello diretto agli esponenti della Dc affinché desistessero dal fare una guerra di religione e dessero spazio alla pluralità di posizioni e sensibilità presenti nel mondo dei fedeli.

> Qualche anno fa lessi un deliberato dell'Assemblea valdese del 1967 che mi colpì profondamente e che vorrei rileggere qui. Dice quel deliberato: «I credenti approveranno una legislazione civile che prevede il divorzio non per usarlo né per accreditare l'idea che esso sia accettabile, ma come doveroso riguardo verso la coscienza di chi non crede. Senza questo riguardo la predicazione dell'Evangelio è, se non impossibile, molto difficile». Non è una voce laica, onorevoli colleghi, né una voce divorzista. Anche per questo – e termino – non ho mai creduto che su questo tema lo schieramento, a parte la valutazione religiosa, avesse ad essere di laici da una parte e credenti dall'altra l'un contro l'altro armati.[8]

Le sue parole furono accolte – come annotato da chi trascrisse il discorso – da «vivi applausi dall'estrema sinistra» e da «congratulazioni» che possiamo ritenere diffuse tra più schieramenti. Come scritto da Diana De Vigili, infatti, quello di Carettoni fu uno degli interventi più efficaci tra quelli che accompagnarono le fasi finali dell'iter legislativo al Senato.[9]

Sebbene non fece alcun riferimento esplicito alla sua vita privata, come del resto non fece mai nei discorsi pronunciati nel corso della sua

6. Ivi, pp. 15879-15880.
7. Ivi, p. 15880.
8. Ivi, p. 15883.
9. Diana De Vigili, *La battaglia sul divorzio: dalla Costituente al referendum*, Milano, FrancoAngeli, 2000, p. 142.

lunga carriera politica, si può immaginare che a rafforzare la sua *ars oratoria* ci fosse anche il coinvolgimento emotivo. Nella sua storia personale, infatti, vi era un matrimonio celebrato a vent'anni, da due giovani che ancora non avevano fatto quelle scelte di vita fondamentali che poi li avrebbero portati a seguire percorsi diversi, come avrebbe raccontato a Roberta Yasmine Catalano.[10] La sua, inoltre, era un'esperienza che male si conciliava con la concezione del matrimonio allora prevalente soprattutto tra le donne più anziane e tra quelle di orientamento cattolico, che prevedeva che le mogli provassero una «disponibilità assoluta a una vocazione», come lei stessa spiegò al giornale «Annabella» nel 1971. Questo immaginario "sacerdotale", a suo avviso, difficilmente si adattava alle esigenze delle giovani mogli degli anni Settanta che, sempre più spesso, avevano ambizioni lavorative:

> [...] la politica non è più incompatibile con il matrimonio di una qualsiasi professione impegnativa: non più della medicina, del giornalismo, professioni che richiedono un superamento continuo degli schemi e degli orari normali di lavoro. Certo, bisogna essere disposte a pagare di persona, e lo si è sempre quando si ha passione ed entusiasmo per ciò che si fa. Ma ad una condizione: che il marito, che la famiglia, capiscano, seguano, non pongano delle alternative brutali. Deve cioè trattarsi di una famiglia moderna nel vero senso della parola.[11]

Dopo la pausa estiva e un'altra crisi di governo, i partiti di maggioranza sentirono la necessità di non mettere in discussione il nuovo esecutivo di centro-sinistra (presieduto da Colombo e insediato il 6 agosto 1970) e di evitare quindi il braccio di ferro sul divorzio. Fu così che, soprattutto grazie alla mediazione di Leone, si aprì una breccia nella segreteria democristiana e a ottobre fu avviata una trattativa tra gli esponenti dei partiti di maggioranza volta ad approvare celermente un testo condiviso. Per «quattro intense e a volte drammatiche giornate» – si legge su «l'Unità» – i capigruppo del Senato e alcuni rappresentanti dei partiti si confrontarono con l'obiettivo di arrivare a un compromesso per portare a termine l'iter legislativo. In rappresentanza della Sinistra indipendente parteciparono Carlo Galante Garrone e Carettoni che, pur di sbloccare l'impasse, si espressero a favore di un accordo che prendesse in considerazione alcuni emendamenti della Dc.

10. Catalano, *La felicità*, p. 29.
11. *Ibidem*.

La trattativa fu lunga ma si concluse positivamente: il 9 ottobre 1970 si tenne a Palazzo Madama la votazione decisiva. Fanfani, rivolgendosi ai senatori presenti in aula, affermò che il voto appena concluso aveva chiuso «un lungo, appassionato e dotto lavoro svolto per esprimere il pensiero del Senato sul modo di fronteggiare situazioni assai gravi per la famiglia». Non solo. Fanfani aggiunse che il governo si sarebbe impegnato a migliorare «le condizioni di ambiente, di casa, di lavoro, di istruzione, di benessere e di moralità idonee ad assicurare a tutte le famiglie italiane vita sana, operosa, prospera e serena».[12] A questo punto, senza aver assorbito gli emendamenti più restrittivi, il testo poté tornare alla Camera dove, all'alba del 1° dicembre 1970, al termine della «seduta più lunga di tutta la storia del Parlamento italiano» e di un iter durato 5 anni, la legge 890 venne approvata. La questione del divorzio, tuttavia, avrebbe dominato nelle agende politiche e sulla stampa ancora a lungo.

2. *La "lex Tullia" antireferendum*

La legge Fortuna-Baslini costituì un ostacolo sulla via del compromesso storico, ossia della strategia delineata dal segretario comunista Enrico Berlinguer che auspicava la collaborazione delle forze popolari di ispirazione comunista e socialista con quelle di ispirazione cattolico-democratica. Già nel maggio 1970, infatti, in vista della prima votazione alla Camera, era stato indetto il referendum abrogativo di iniziativa popolare per sostenere il quale il fronte degli antidivorzisti aveva fondato un Comitato nazionale ed era riuscito a raccogliere oltre 1 milione di firme. Il referendum era stato fissato per l'11 giugno 1972. Una volta entrata in vigore la legge, quindi, il fantasma del divorzio aveva preso le sembianze del referendum e aveva continuato ad agitare le notti di tutti i parlamentari.

All'approvazione della legge 890 seguì immediatamente l'avvio di trattative, più o meno segrete, finalizzate a scongiurare lo scontro referendario. Anche gli equilibri del gruppo della Sinistra indipendente – in cui la componente cattolica era rilevante – furono messi a dura prova. Posta di fronte al pericolo di una lacerazione interna, Tullia Carettoni decise di tendere

12. Discorso di Fanfani al Senato citato in Vera Vigetti, *Divorzio: così fu varata la legge*, in «l'Unità», 16 aprile 1974, p. 6.

una mano al mondo cattolico.[13] Non era questa una scelta improvvisa né imprevedibile: nonostante fosse una convinta divorzista, la senatrice aveva dichiarato la sua contrarietà alla battaglia referendaria in più occasioni, come durante il suo lungo intervento in difesa della legge Fortuna del primo luglio 1970. In quella occasione, infatti, si era detta convinta che «la guerra di religione» non si dovesse fare «né per questo né per altri argomenti»:

> [noi divorzisti] siamo contro la guerra di religione e siamo per la pace religiosa, non nascondiamo i nostri timori sulle conseguenze che tale richiesta potrebbe avere. Avremmo una inevitabile campagna elettorale – sì, una vera e propria campagna elettorale – su un tema delicatissimo, un dividersi dei cittadini su un tema a forti implicazioni ideologiche e religiose, una divisione che passerà all'interno delle famiglie e delle classi, creando forse dei guasti irreparabili a quel patrimonio di solidarietà che si è andato faticosamente costruendo. La vincano o no gli antidivorzisti, resterà.[14]

Carettoni si schierò quindi con coloro che stavano prendendo in considerazione l'idea di una correzione al testo della Fortuna-Baslini pur di evitare lo scontro referendario. Non solo: ritenendo giusto sedersi al tavolo a discutere con i vertici del Vaticano e della Dc, si mise a disposizione, accettando di ricoprire un ruolo di mediatrice. Fu quindi lei l'esponente laica e divorzista che avviò il confronto con i democristiani, tra cui Francesco Cossiga, e che lavorò alla scrittura di una ipotesi di modifica della legge che potesse essere accolta da entrambi gli schieramenti.[15]

L'esito di questa operazione fu la stesura della proposta di legge da lei presentata al Senato il 2 dicembre 1971 – la n. 2014 – che divenne presto nota come "Lex Tullia".[16] Come racconta Giambattista Scirè:

> Carettoni svolse un lavoro di paziente "tessitura", per smussare le contrapposte posizioni, cercando di offrire soluzioni costruttive, nel rispetto dei principi fondamentali del nuovo istituto, senza che si creassero lacerazioni. La proposta era stata studiata e discussa da una commissione di giuristi

13. Scirè, *La democrazia alla prova*, p. 331. Per il dibattito sul divorzio interno al mondo cattolico si rimanda a Daniela Saresella, *Cattolici a sinistra. Dal modernismo ai giorni nostri*, Roma-Bari, Laterza, 2011, paragrafo 3.6.

14. Seduta del 1° luglio 1970, p. 15881.

15. Andreotti le inviò una copia del suo libro *I minibigami*, Milano, Rizzoli, 1971 (sulla seconda di copertina è presente la dedica di Giulio Andreotti) cfr. AUFN, TRC/II, b. 44, fasc. 1.

16. Sulla sua proposta cfr. De Vigili, *La battaglia sul divorzio*, p. 142; Scirè, *La democrazia alla prova*, p. 331.

delegati di tutti i partiti, secondo una prassi usata spesso dalla Sinistra indipendente.[17]

La proposta Carettoni prevedeva di modificare la Fortuna-Baslini soprattutto per quanto riguarda i tempi dello scioglimento del matrimonio (e della cessazione degli effetti civili di quello celebrato con rito religioso). In sostanza, il nuovo testo intendeva scoraggiare i divorzi ripetuti (prevedendo un più lungo periodo di separazione a seguito di una seconda domanda di scioglimento del vincolo); e aggiungeva la possibilità di un rinvio in alcuni casi determinati dalla legge tra i quali rientravano, oltre la presenza dei figli minori e la situazione precaria del coniuge più debole, anche particolari ragioni di carattere morale avanzate da uno dei coniugi e valutate come fondate dal presidente del Tribunale.[18] Fu in particolare con quest'ultimo ambiguo punto che si sperava di calmare l'ostilità più aspra del fronte antidivorzista.

Come ricostruito da De Vigili, la "lex Tullia" scatenò forti polemiche soprattutto a causa della rilevanza data all'opposizione di uno dei due coniugi e al peso attribuito al parere discrezionale del giudice; attirò sulla firmataria e tutto il suo gruppo l'accusa di tradimento; e incontrò il fermo rifiuto di alcuni tra i più influenti divorzisti, tra cui i radicali Mauro Mellini e Marco Pannella. Quest'ultimo, da questo momento in poi avrebbe manifestato un certo astio nei confronti della senatrice della Sinistra indipendente, come da lei stessa raccontato anni dopo ricordando l'impopolarità di questa battaglia.[19]

Non sappiamo come, in cuor suo, abbia vissuto questo tentativo di sostituire la Fortuna-Baslini con una legge più timida che, se approvata, avrebbe legato al suo nome un arretramento sulla via della modernizzazione del pa-

17. Scirè, *Il divorzio in Italia*, p. 105.

18. Con una innovazione rilevante rispetto alla precedente disciplina, l'articolo 7 prevedeva la possibilità per il presidente del Tribunale di sospendere la causa per poter valutare la fondatezza dei motivi addotti a sostegno della opposizione ma anche per l'esigenza «del mantenimento in vita, sia pure temporaneo, del vincolo matrimoniale» come spiegò Carettoni in aula. Tra le motivazioni introdotte vi erano quelle di carattere familiare e quelle di ordine morale ma, spiegò Carettoni, non si era stabilito se tra i motivi morali, quelli di ordine religioso dovessero essere espressamente considerati.

19. Cfr. Catalano, *La felicità*, p. 20. Si veda anche il discorso di Tullia Romagnoli Carettoni del 22 settembre 1979 negli atti del convegno dell'Aidda, *L'impegno politico della donna,* p. 42, in AUFN, TRC/I, b. 40, fasc. 23, *Aidda. Associazione Imprenditrici e Donne Dirigenti d'Azienda (1979 set. - 1983 ott.).*

ese. Si può ipotizzare, tuttavia, che considerasse molto pericolosi gli effetti che l'introduzione di questa legge stava avendo sul piano sociale e politico. Presentando il testo, infatti, parlò delle tensioni che si erano venute a creare e che rischiavano «di turbare la pace religiosa e lo stesso più generale quadro democratico». Queste contrapposizioni, spiegò, avrebbero finito per «determinare profonde lacerazioni» e per «riaprire controversie storicamente superate».[20] La sua legge, invece, se approvata avrebbe evitato il referendum.

Il lavoro di paziente tessitura sembrò inizialmente funzionare e la trattativa giunse «tecnicamente a buon porto».[21] Eppure, all'ultimo, questo tentativo fallì. L'esito negativo, per nulla scontato, sembrerebbe sia stato dovuto non solo alla ferma opposizione di gran parte del fronte divorzista, ma anche a una serie di complicazioni legate alle elezioni del nuovo presidente della Repubblica: la trattativa antireferendum si sarebbe cioè intrecciata con quella per eleggere il successore di Saragat. Secondo quanto insinuato da Nenni, la senatrice avrebbe agito senza aspettare il consenso di Psi, Psdi, Pli e Pr, e dietro la direzione del Pci che avrebbe accettato questa modifica – e avrebbe anche ammesso la salita al Colle di un democristiano (Aldo Moro) – pur di evitare il referendum.[22] Con questi sospetti, socialisti e repubblicani presero le distanze dall'iniziativa della senatrice Carettoni e chiusero la porta all'ipotesi di una legge restrittiva.[23]

Saltato l'accordo sulle elezioni presidenziali (il cui esito fu l'insediamento di Giovanni Leone, votato da uno schieramento di centro-destra il 29 dicembre 1971, dopo ben 23 scrutini), saltò anche quello sulla riforma della legge Fortuna-Baslini. Di lì a poco, la decisione del presidente della Repubblica di sciogliere anticipatamente le Camere sarebbe stata quindi l'esito naturale di una situazione turbolenta. La «leggina svuota-referendum»[24] – come è stata chiamata recentemente da Emma Bonino – non venne dunque approvata e la consultazione popolare non fu evitata ma solo posticipata. A seguito dei risultati delle elezioni del 7 maggio 1972 (le prime anticipate della storia repubblicana) l'inevitabilità dello scontro

20. SDR, V Legislatura, ddl 2014, *Nuova disciplina dei casi di scioglimento del matrimonio*, comunicato alla presidenza il 2 dicembre 1971, p. 2.

21. De Vigili, *La battaglia sul divorzio*, p. 143.

22. Ciuffoletti, Degl'Innocenti, Sabbatucci, *Storia del Psi*, p. 413.

23. De Vigili, *La battaglia sul divorzio*, p. 143.

24. Intervista di Claudia Arletti a Emma Bonino sul referendum sull'eutanasia: *Diventassi melanzana saprei bene cosa fare*, in «Il Venerdì di Repubblica», 19 novembre 2021, p. 14.

referendario divenne, infatti, evidente: nel nuovo Parlamento i divorzisti erano diminuiti e un nuovo tentativo sulla scia di quello di Tullia Carettoni divenne impensabile.

La senatrice della Sinistra indipendente, tuttavia, non uscì di scena, tutt'altro. La VI Legislatura si aprì il 25 maggio 1972 (dopo il brevissimo governo monocolore di Andreotti) e, come abbiamo visto, vide la senatrice Carettoni salire alla carica di vicepresidente del Senato.[25] In queste nuove vesti, continuò a giocare un ruolo di primo piano nella politica interna, ancora egemonizzata dal tema del divorzio. Durante il secondo governo Andreotti (cui la Sinistra indipendente, compatta, negò la fiducia), Carettoni divenne una figura cruciale nel processo di costruzione della fase post referendaria cui guardavano con apprensione sia i laici, sia i cattolici.

Qualche settimana prima del voto fu avviata una negoziazione riservata tra il Pci, la Dc e rappresentanti vaticani con il fine di garantire un clima di "pacificazione" per il dopo-voto, a prescindere dall'esito della consultazione. Come si legge nel diario di Gian Franco Pompei, ambasciatore italiano presso la Santa Sede, le preoccupazioni per le tensioni che sarebbero potute esplodere dopo il referendum furono tali che un vescovo fu incaricato «dal massimo livello» di riprendere i contatti con i comunisti, interrotti bruscamente a inizio gennaio.[26] Il vescovo scelto – Monsignor Bartoletti, da poco segretario generale delle Cei e personalità vicina fin dagli anni Quaranta al senatore della Sinistra indipendente Gozzini[27] – individuò come intermediaria la senatrice Carettoni: oltre ad essere stata protagonista del progetto di riforma della Fortuna-Baslini e ad aver manifestato in più occasioni doti di mediatrice, Tullia Carettoni era legata a Fanfani da un rapporto di stima e amicizia che prescindeva dall'antagonismo politico.[28]

Fu così che il 19 aprile 1974 la senatrice della Sinistra indipendente fu ricevuta da un gruppo formato, oltre che da Bartoletti e da un anonimo «democristiano che agiva per conto di Fanfani» (si ipotizza fosse Ettore Bernabei), anche dall'ex senatore democristiano Leopoldo Elia, dal giu-

25. Il gruppo della Sinistra indipendente alla VI Legislatura perse Simone Gatto, Gian Mario Albani, Carlo Levi e Sergio Marullo e acquisì Lelio Basso, Giuseppe Branca e Giuseppe Samonà.

26. Gian Franco Pompei, *Un ambasciatore in Vaticano: diario 1969-1977*, a cura di Pietro Scoppola, Bologna, il Mulino, 1994.

27. Scirè, *La democrazia alla prova*, p. 31.

28. Catalano, *La felicità*, p. 27.

rista Giovanni Galloni e da Don Zàccaro. Quest'ultimo era un sacerdote che era stato partigiano, compagno di università di Galloni, nonché allievo del professor Emilio Romagnoli, fratello di Tullia.[29] L'esito della riunione fu – nella memoria di Pompei – la stesura di un accordo volto a limitare i danni dell'ormai inevitabile referendum e incentrato, soprattutto, su alcune ipotesi di riforma del diritto di famiglia. Su questo spinoso tema si sarebbe dovuto sondare il favore del Pci.[30] E così fu: secondo la testimonianza di Pompei, Carettoni presentò a Enrico Berlinguer una proposta di accordo caldeggiata da Fanfani e incentrata sulla riforma del diritto di famiglia:

> Dopo aver ascoltato e preso tutto il suo tempo la Carrettoni [sic] ha portato la risposta il 25 o il 26 aprile a nome di Enrico Berlinguer. L'accordo è stato rifiutato con molte buone parole per Bartoletti, nel quale la fiducia è massima, per il dichiarato motivo che non si ha nessuna fiducia in Fanfani e non si vede quindi l'interesse ad un accordo che dall'altra parte sarebbe disatteso alla prima occasione. Si è anzi ammonito di non cadere in eccessi polemici che avrebbero reso impossibile la pacificazione dopo la prova elettorale [...].[31]

La risposta di Berlinguer fu dunque negativa e anche questo tentativo di dialogo tra Pci, Dc e Santa sede non ebbe fortuna. Arresasi all'idea che il referendum avrebbe inciso negativamente sugli equilibri sociali, Tullia Carettoni si impegnò alacremente nella difesa della legge sul divorzio sostenendo convintamente il No all'abrogazione e, al tempo stesso, rivolgendo i suoi messaggi a quella parte di elettorato della Dc che, a suo avviso, avrebbe potuto scegliere per «un voto di libertà». A ridosso del referendum, fissato per il maggio 1974, scrisse la premessa all'opuscolo del Centro Informazione Culturale, *Divorzio e referendum. Idee chiare per un voto di libertà*, pensato per preparare la cittadinanza a un tema complesso, a una prova inedita rispetto alle tradizioni italiane e a uno «scontro pericoloso su un terreno sbagliato».[32]

29. Pompei, *Un ambasciatore*, pp. 400-401.
30. De Vigili, *La battaglia sul divorzio*, p. 177.
31. Ancora il 9 maggio, scrive Pompei, Tullia Carettoni fu contattata da un anonimo rappresentante della Santa Sede, in abito talare, per proporre un «modus vivendi» per il post referendum. Cfr. Pompei, *Un ambasciatore*, p. 367.
32. Centro Informazione Culturale, *Divorzio e referendum. Idee chiare per un voto di libertà,* Ciampino, Fratelli spada, 1974, p. 9.

> Le grandi forze politiche italiane non hanno voluto il referendum; non il Pci battutosi fino all'ultimo per evitarlo, non il Psi dichiaratosi disposto a rivedere a fondo la legge, non il Psdi, Pri e Pli pronti a trattare, non una gran parte della Dc. Eppure esso si fa il 12 maggio. Questo vuol dire che la posta in gioco non è solo la pur importante legge Fortuna-Baslini-Spagnoli ma ben altro e che le forze che conducono non sono un gruppo forsennato di clericali ma gruppi ben più forti e potenti [...]. Questi motivi e la novità stessa del tipo di consultazione popolare su una materia tanto delicata fanno sì che il referendum susciti nei cittadini laici e cattolici una enorme serie di problemi e di domande cui bisogna rispondere non solo per contribuire alla vittoria nella imminente prova, ma per fornire occasione di arricchimento culturale e politico a chi tali questioni si pone [...]. Ci sembra che questo metodo eviti quello che giustamente Berlinguer ha definito il *polverone* e consenta, per il rigore degli argomenti, di valutare l'importanza politica contingente dello scontro senza sfumarne il preciso valore di battaglia per la libertà né dimenticare l'enorme peso che ha la difesa del diritto al divorzio nel quadro di una concezione moderna della famiglia.[33]

Dopo aver ribadito l'importanza di adeguare il Codice civile alle reali esigenze delle famiglie italiane, si soffermò in conclusione sul «problema dei cattolici», posti di fronte a una scelta per loro particolarmente critica.

> Non è paradossale affermare che proprio questo confronto sul divorzio segnerà una divisione non già fra laici e cattolici ma fra quanti si sentono cittadini di una repubblica pluralista (che, cioè, consente ad ognuno la massima libertà di concezioni ideologiche e religiose) e chi non è riuscito ancora a maturare nella sua coscienza questo salto di qualità [...]. È questo – crediamo – che ha voluto dire Piero Pratesi – cattolico militante – quando ha scritto che bisogna che la Dc perda perché vinca il paese.[34]

La vicenda del referendum si concluse pochi giorni dopo, il 14 maggio 1974, quando l'esito del conteggio dei voti stabilì la schiacciante vittoria del fronte divorzista: 33 milioni e 29.000 elettori erano andati a votare il 12 e 13 maggio (l'88,1% degli avanti diritto) e, di questi, il 59,1% si era espresso per il mantenimento della legge sul divorzio. Come da lei auspicato, non tutto il mondo cattolico aveva seguito le indicazioni della Chiesa e del partito bensì quelle di quanti, laici e non, avevano invocato un voto secondo coscienza.

33. *Ibidem*.
34. Ivi, pp. 10-12.

3. *La riforma di famiglia e la "legge per le divorziate"*

L'impegno di Tullia nell'ambito delle riforme del Codice civile non terminò con il referendum sul divorzio del maggio 1974. Questo sia perché la campagna referendaria aveva trainato grandi aspettative rispetto alla revisione del diritto di famiglia, sia perché la legge Fortuna-Baslini necessitava, secondo alcuni (tra cui la stessa Carettoni), di essere corretta o integrata in alcune sue parti a prescindere dalla minaccia del referendum.

Per quanto riguarda la nuova legge sul diritto di famiglia, un testo unificato, approvato per la prima volta già nella V Legislatura, era stato ripresentato alla Camera e confermato con voto unanime di deputate e deputati (fatta eccezione del Msi) prima del voto sul divorzio. Durante la campagna referendaria, inoltre, tutti i partiti si erano detti disponibili alla sua approvazione definitiva in tempi brevi. La Sinistra indipendente, in particolare, aveva affidato alla senatrice Carettoni il compito di dichiararsi senza mezzi termini a favore del testo in discussione, considerato «frutto di un accordo serio e meditato fra forze politiche di ispirazione diversa nel quadro della società pluralista voluta dalla Costituzione» e, nel complessò, un progetto «non rivoluzionario» ma senz'altro moderno e necessario.[35]

Nonostante queste premesse, una pioggia di emendamenti iniziò ad intralciare l'iter legislativo al Senato. L'opinione pubblica non rimase silente. Come forma di protesta nei confronti delle esitazioni parlamentari, dopo il referendum sul divorzio si tennero manifestazioni di piazza (l'Udi ne organizzò una imponente a Roma il 13 novembre)[36] e venne anche prodotto un film a cura di Alberto Marrama e Giuseppe Ferrara intitolato *Futuro insieme. Per un nuovo diritto di famiglia*. In questa inchiesta vennero denunciati gli aspetti più anacronistici e intollerabili del Codice vigente (dalla discriminazione dei figli nati fuori dal matrimonio alla posizione

35. Dattiloscritto di Tullia Carettoni con la dichiarazione di voto del gruppo Sinistra indipendente in AUFN, TRC/I, b. 19, fasc. 3, *Diritto di famiglia*, s.fasc. 2, *Articoli ed interviste [1973 gen.-1975 apr.]*.

36. Alcuni dei cartelli e degli striscioni portati dalle manifestanti recitavano: «è passato un secolo ma il codice è sempre lo stesso»; «marito e moglie: uguali doveri, uguali diritti»; «la servitù è femminile, la potestà è maschile», «mio + tuo = nostro»; «la donna contadina non è una coadiuvante. Il suo lavoro è pari a quello dell'uomo», «l'ho pulita per tutta la vita [la casa], ma non è mia» e così via: si veda la documentazione filmica prodotta dalla Unitelefilm, conservata in AAMOD patrimonio.aamod.it/aamod-web/film/detail/IL8600003087/22/manifestazione-udi-diritto-famiglia-roma-13-novembre-1974.html?startPage=0&idFondo= (ultima consultazione il 29 novembre 2021).

egemonica e autoritaria del capofamiglia) e vennero intervistati vari esponenti politici, tra cui Tullia Carettoni. La sua intervista è particolarmente interessante: con il tono grave di chi ha perso la pazienza, la senatrice ripercorse le tappe dell'opera di riforma e colse l'occasione per attaccare la Democrazia cristiana, considerata responsabile dello stallo.[37]

> I tempi politici non si misurano in settimane, in mesi, in anni. Si misurano, se posso dire così, in volontà. Che cosa è successo con questo diritto di famiglia? Noi siamo arrivati a una legge sul diritto di famiglia con ritardo, qui in Italia, con grande ritardo. La Camera ha approvato con una discussione molto approfondita un testo; questo testo è stato votato da tutti i partiti dell'arco costituzionale, anche dunque dalla Democrazia cristiana. La legge è arrivata al Senato; al Senato ha avuto un blocco per la volontà della Democrazia cristiana: hanno detto che bisognava ripensarci. Strano perché in fondo si trattava di onorare un voto del gruppo democristiano alla Camera. Poi è venuto il referendum.

Nell'intervista spiegò che, durante la campagna referendaria, la Dc aveva tradito la promessa di approvare in tempi brevi il nuovo diritto di famiglia e aveva anzi rallentato l'iter con una pioggia di emendamenti.

> Ora, dal marzo, stiamo discutendo questa legge. E andiamo molto a rilento. Andiamo molto a rilento perché abbiamo una quantità… una marea di emendamenti, un mare di emendamenti che toccano ahimè i punti qualificanti della legge: cioè quei punti che facevano di quella legge una legge moderna, legata al comune sentire popolare; una legge che corrispondesse alle necessità di un paese moderno e sviluppato.
> E così si va avanti molto piano. E allora non si tratta di questioni temporali. Si tratta di un discorso politico: si tratta di vedere se riusciamo a mobilitare abbastanza forze laiche e cattoliche – sì signori, laiche e cattoliche – per battere quelli che presentano questi emendamenti. Per battere quelli che vogliono che l'Italia non abbia un diritto di famiglia degno della maturità dei lavoratori italiani, del popolo italiano in generale. Per battere quelli che vogliono un vecchio concetto della famiglia, superato dalla realtà. Un vecchio concetto legato… a un concetto della società regolato dal privilegio.[38]

37. *Futuro insieme. Per un nuovo diritto di famiglia*, regia di Alberto Marrama e Giuseppe Ferrara, sceneggiatura di Giuliana Dal Pozzo, in AAMOD, Fondo Unitelefilm, disponibile al link www.imprese.san.beniculturali.it/web/imprese/gallery/dettaglio-oggetto-digitale?pid=san.dl.SAN:VIDEO-00028733&titolo_origine=Galleria%20multimediale&css_tit=gallery-result-tit (ultima consultazione il 29 novembre 2021).

38. Videointervista in Alberto Marrama e Giuseppe Ferrara, *Futuro insieme. Per un nuovo diritto di famiglia*.

Tra gli emendamenti della Dc e del Msi che avevano modificato punti qualificanti della riforma vi erano quelli che avevano introdotto due obblighi: il primo alla fedeltà coniugale e il secondo all'anteposizione del cognome del marito a quello della moglie. Quest'ultimo punto fu da lei giudicato particolarmente grave. Come spiegato dalla senatrice Carettoni in altri interventi, tra i nodi più difficili da sciogliere non ci fu solo quello relativo alla permanenza, o meno, del concetto di "separazione per colpa", un istituto da lei considerato «del tutto incivile» e che tenne impegnato il Senato a lungo prima di essere espunto; ma anche questioni che sarebbero potute sembrare delle «sfumature» ma che, a suo avviso, avevano un impatto non solo simbolico ma sostanziale. Tra queste, per l'appunto, la scelta di anteporre oppure aggiungere il cognome del marito a quello della moglie.[39] La cancellazione del cognome da nubile era, del resto, una ingiustizia che la trovava particolarmente sensibile anche per ragioni personali: in quei mesi era infatti prossima al divorzio dal prof. Carettoni e aveva ripreso ad utilizzare il cognome di suo padre, Romagnoli, rendendosi conto, però, di quanto la sua identità fosse ormai vincolata al cognome del marito.[40]

La questione del cognome della moglie tenne impegnato il Senato a lungo perché furono discussi vari emendamenti alcuni dei quali, in modi simili, proponevano di modificare il testo approvato alla Camera dando priorità alla famiglia neocostituita (al cognome del marito) piuttosto che a quella di origine. Alla fine, però, si affermò la linea che, prendendo le distanze dal vecchio Codice civile, stabiliva che il secondo cognome venisse solamente aggiunto e non anteposto (articolo 143 bis): una decisione che confermò la permanenza, nel nuovo diritto di famiglia, di asimmetrie tra i coniugi ma che, al tempo stesso, segnò un passo avanti nella codificazione dell'indipendenza della moglie. Possiamo immaginare la sua soddisfazione: la battaglia per la non cancellazione del cognome della moglie era il simbolo, al tempo stesso, della sua maturità politica e del suo percorso personale; quello di una donna che, fin da giovane, aveva cercato di affermare la sua personalità e di difendere la sua autonomia, nella sfera privata così come nell'agone politico.

39. Documento dattiloscritto in AUFN, TRC/I, b. 19, fasc. 3, *Diritto di famiglia*, s.fasc. 2, *Articoli ed interviste [1973-1975]*.

40. Nei suoi ricordi il divorzio da Gianfilippo Carettoni è collocato all'incirca nel 1975: cfr. Catalano, *La felicità*, p. 12. Per una sua riflessione sulla questione del cognome da sposata si veda la stessa intervista a p. 25.

Un altro successo nel complicato processo di riforma della famiglia fu, per lei, l'integrazione di una proposta di legge presentata dalla Sinistra indipendente il 28 marzo 1974: la numero 1595, *Conservazione della cittadinanza italiana da parte della donna che contrae matrimonio con straniero*. Co-firmata anche da Carettoni, questo disegno superò l'esame della Commissione Giustizia del Senato e venne quindi assorbito nel testo unificato (con l'articolo 143-ter) che venne definitivamente approvato nel maggio 1975: ben otto anni dopo la prima proposta di revisione redatta dall'allora ministro della giustizia Oronzo Reale.

Tra le novità riguardanti direttamente il rapporto tra i coniugi, ricordo che nella legge 151/1975 venne cancellato l'articolo 144 del Codice civile grazie al quale il marito, capofamiglia, oltre a imporre il suo cognome alla moglie, stabiliva da solo la residenza domestica; venne introdotta la comunione dei beni come regime "normale", fatta salva quindi la possibilità dei coniugi di scegliere diversamente; e venne cancellato l'istituto della dote, sopravvissuto anche alla cosiddetta legge Sacchi del 1919.[41]

Un altro attacco alla gerarchia familiare venne dall'inedita attenzione prestata ai diritti dei figli minori, insita nella norma secondo la quale la potestà, l'educazione e il mantenimento dei figli spettano ad entrambi i genitori, con l'obbligo di «tener conto delle capacità, dell'inclinazione naturale e delle aspirazioni» dei figli stessi. Fu quindi previsto il riconoscimento dei figli naturali, il diritto alla ricerca della paternità (battaglia intrapresa dal movimento femminista fin dall'età liberale)[42] e quello al disconoscimento della paternità (attribuito ora anche alla madre e al figlio).[43]

Il nuovo diritto di famiglia, che secondo la critica del movimento femminista "nasceva già vecchio",[44] adeguò il Codice civile alla mutata realtà sociale e rappresentò un deciso passo verso l'attuazione dell'art. 29 della Costituzione, quello che stabilisce l'eguaglianza morale e giuridica dei

41. *Cittadinanze incompiute. La parabola dell'autorizzazione maritale*, a cura di Stefania Bartoloni, Roma, Viella, 2021.

42. Stefania Bartoloni, *Il movimento delle donne e la filiazione naturale nell'Italia liberale*, in «Genesis», XVII/1 (2018), pp. 81-104.

43. Paolo Ungari, *Storia del diritto di famiglia in Italia (1796-1942)*, Bologna, il Mulino, 2002, pp. 246-251.

44. Danielle Turone, *Nasce già vecchio il nuovo diritto di famiglia*, in «Effe. Settimanale di controinformazione al femminile», 0 (1973), p. 22. L'articolo denunciava il fatto che la proposta Reale non portava a una "riforma di struttura" ma era soltanto la presa d'atto delle modifiche già esistenti nella società.

coniugi. Fino a quel momento le leggi in vigore avevano attuato, più che tale principio, quanto previsto nella parte finale dell'articolo, quella che subordina l'uguaglianza alla garanzia dell'unità familiare, prevedendo a tali fini limiti di legge. «E i limiti, per decenni, erano stati molti e pesanti», commenta Raffaella Sarti.[45]

Nel complesso, il nuovo diritto di famiglia assorbì, secondo Paolo Ungari, il principio di "responsabilità", ossia rafforzò l'istituto famigliare attraverso una maggiore responsabilizzazione dei coniugi favorita, nel testo della riforma, dall'innalzamento dell'età necessaria per contrarre matrimonio (dai 16 ai 18 anni), ambito su cui Tullia Carettoni si era impegnata fin dai primi anni Sessanta.[46] Secondo Carla e Stefano Rodotà, inoltre, la riforma ebbe il merito di gettare le basi di un sistema completamente nuovo e flessibile, adattabile a molteplici situazioni e a diverse tipologie di famiglia. Tuttavia, la sua approvazione lenta e tardiva – compiuta anni dopo la legge sull'adozione speciale e la cancellazione del cosiddetto "N.N. anagrafico" – avrebbe reso essenziali ulteriori interventi legislativi volti al coronamento dell'opera di modernizzazione.[47] Tullia Carettoni era dello stesso parere.

Dopo l'entrata in vigore della legge 151/1975, la senatrice tornò a concentrarsi sul tema dello scioglimento dei matrimoni e, in modo specifico, dell'applicazione della legge Fortuna-Baslini, prestando attenzione agli effetti concreti di questa legge sulla vita delle persone. A indirizzarla verso un intervento di modifica alla legge 898 contribuirono sia una petizione popolare e l'attività della Addd (Associazione difesa donne divorziate),[48] sia la mole di lettere che numerose cittadine inviarono alla vicepresidenza del Senato per descrivere le difficoltà materiali in cui si

45. Raffaella Sarti, *Calendario civile. 19 maggio 1975: la riforma del diritto di famiglia,* «Rivista il Mulino», www.rivistailmulino.it/a/19-maggio-1975 (ultima consultazione il 29 novembre 2021).

46. Si veda in modo esemplare il suo intervento alla puntata della trasmissione di Rai Due *Il convegno dei cinque*, andata in onda il 9 marzo 1964 e dedicata al tema dei "matrimoni tra i giovanissimi". In quella occasione Carettoni si era dichiarata contraria e preoccupata per i matrimoni stipulati sotto i 18 anni. L'aumento di matrimoni tra giovani (e non quelli tra giovanissimi) invece era stato da lei giudicato positivamente perché i dati dimostravano che era un fenomeno diffuso tra le coppie più moderne, laddove vigeva parità tra i coniugi, l'uomo collaborava ai lavori di cura e la donna aveva una sua autonomia economica. Dibattito dattiloscritto disponibile in AUFN, TRC/II, b. 37, fasc. 3.

47. Carla e Stefano Rodotà, *Il diritto di famiglia*, in *Ritratto di famiglia negli anni '80*, a cura di Sabino Acquaviva *et al.*, Bari-Roma, Laterza, 1981, p. 179.

48. Patrizia Carrano, *Non può ammalarsi è divorziata*, in «Noi Donne», 28 novembre 1976, p. 7.

trovavano (o si sarebbero potute trovare) a seguito di una sentenza di separazione. Il caso – piuttosto comune – di dipendenza economica, portava infatti tante mogli a temere lo scioglimento del matrimonio anche in caso di situazioni famigliari drammatiche. Sebbene nel 1971 non lo avesse esplicitato, si può ipotizzare che avesse accettato di dare spazio, nella "lex Tullia", all'opposizione di uno dei due coniugi pensando a queste situazioni. In questo caso, però, la ricerca di una soluzione guardò alla responsabilità dello Stato.[49] Carettoni fece tesoro delle storie di vita raccontatele via posta e iniziò a lavorare alla stesura di un disegno di legge volto a tutelare il coniuge che, in seguito alla cessazione degli effetti civili del matrimonio, sarebbe restato privo di assistenza e dell'eventuale pensione. Poiché, come era noto, nella maggioranza dei casi il coniuge economicamente più debole era la moglie, la sua proposta n. 256 divenne nota, nel 1976, come "la legge per le divorziate".[50]

Nonostante le misure correttive fossero rese particolarmente urgenti dall'assenza di un sistema sanitario nazionale, la proposta Carettoni venne a lungo discussa, poi unita ad altri disegni di legge e infine trasformata in legge soltanto nell'agosto 1978. Insomma, un iter legislativo inesorabilmente lento, come denunciato dalla senatrice della Sinistra indipendente in una delle ultime discussioni parlamentari il 14 giugno 1978:

> Onorevole Presidente, onorevole Ministro, onorevoli colleghi,
> nel dire il sì del Gruppo della sinistra indipendente a questa legge non posso esimermi, almeno come proponente di uno dei disegni di legge riguardanti questa materia, dall'esprimere il più vivo rammarico per la lentezza con cui si è proceduto rispetto a queste norme. Non ho la visione idilliaca di alcuni colleghi: i partiti tutti, favorevoli e non al divorzio, lungo la campagna del referendum si erano impegnati a colmare alcune lacune, pur se modeste, della legge Fortuna. Questo impegno lo stiamo adempiendo oggi, a troppi anni di distanza [...]. Debbo esprimere questo che è un rammarico, ahimè ricorrente, perché la regola generale è che le leggi per le donne possono sempre aspettare. Le urgenze vengono per altri provvedimenti, ma quando si tratta di cose che riguardano le donne, e soprattutto alcune minoranze, alcuni numeri esigui, allora si può aspettare. Non posso che essere rammaricata e amareggiata di constatare ancora una volta questo atteggiamento.[51]

49. AUFN, TRC/I, b. 25, fasc. 9, *Divorzio Ddl 256 [1976-1979]*.

50. Questa espressione si trova in Giglia Tedesco, *Più protetta l'ex moglie*, in «Noi Donne», 16 ottobre 1977, p. 11.

51. SDR, 284ª seduta, 14 giugno 1978, resoconto stenografico, pp. 12120-12121 (d'ora in avanti: seduta del 14 giugno 1978).

Come già successo per la riforma del diritto di famiglia, anche in questa battaglia Carettoni appare determinata quanto amareggiata: come se, alla fine della sua quarta legislatura consecutiva, fosse stanca dei ritardi con cui la politica rispondeva alle più concrete, impellenti e sentite esigenze sociali. C'è di più. Alla fine degli anni Settanta appariva insofferente nei confronti di un assetto sociale che continuava a riversare sulle donne gli effetti dell'inadempienza statale. Dopo aver espresso il suo rammarico per le ennesime lungaggini parlamentari, Carettoni proseguì il suo discorso precisando che, nella sua impostazione originaria, questa modifica alla legge sul divorzio si presentava come urgente certamente, ma transitoria, perché, come ogni legge "di tutela", avrebbe perso la sua ragione di esistere in una società caratterizzata dalla parità effettiva tra i sessi. Una volta realizzata quella società non sarebbe servita una legislazione "di protezione" bensì un diritto improntato alla parità, necessario per la *liberazione* delle donne, come disse utilizzando un'espressione tipicamente femminista oramai in uso anche nel linguaggio istituzionale:

> È una legge – parliamoci francamente – che considero d'emergenza e transitoria, sia perché le condizioni di autonomia economica della donna debbono crescere, vanno crescendo, anche se c'è qualche battuta d'arresto nel nostro paese in concomitanza con la crisi economica, sia perché vogliamo arrivare tutti quanti ad un sistema di sicurezza sociale che riguardi tutti i cittadini e che non renda nessun cittadino dipendente da un altro, anche se coniuge o ex coniuge, rispetto a necessità fondamentali. Certo, io che mi batto per la parità, per l'emancipazione della donna, per la sua liberazione – diciamolo pure – non posso non ricordare che questa è ancora una legge di tutela, mentre ci sforziamo tutti di passare dalla tutela alla parità. Ma il fatto che dobbiamo ancora legiferare su norme di tutela deriva dalle contraddizioni che sono insite nella nostra società e dalla condizione femminile ancora arretrata, il che ci porta per forza a proporre ancora delle norme di tutela perché vogliamo evitare che siano le donne a pagare sempre e pesantemente il prezzo delle carenze della società.[52]

La visione «familistico-protettiva» tipica della legislazione sociale del dopoguerra era stata, nel corso degli anni Settanta, oggetto di una critica crescente soprattutto da parte del movimento femminista. Come si evince dal discorso appena citato, questo scetticismo nei confronti delle leggi di "protezione" aveva caratterizzato negli anni anche la visione politica di

52. Seduta del 14 giugno 1978, p. 12121.

Carettoni che infatti nel 1976 aveva presentato un importante disegno di legge per la realizzazione di una parità effettiva. Tuttavia, prima di entrare nel vivo di questa ulteriore battaglia, che contrassegnò gli ultimi suoi anni al Senato (dal 1976 al 1979), è necessario fare un passo indietro e soffermarci sull'iter di un altro provvedimento legislativo: quello sull'aborto. Anche questa legge, infatti, la vide protagonista insieme con il gruppo parlamentare della Sinistra indipendente e tutti i partiti di massa, ma anche insieme con soggetti politici che erano stati già attivi sul fronte dei diritti civili ma in modo meno visibile e rumoroso, come il Partito radicale e il movimento femminista.[53]

4. *Aborto: problemi e leggi*

Nel luglio 1973, mentre la breve parentesi neocentrista del secondo governo Andreotti (Dc-Pli-Psdi) lasciava il campo nuovamente a una formula di centro-sinistra, Tullia Carettoni e Simone Gatto diedero alle stampe il volume *L'aborto. Problemi e leggi*.[54] Il libro era frutto di uno studio approfondito dei sistemi legislativi mondiali e di uno spoglio meticoloso della stampa estera (in particolare francese e inglese)[55] ed era stato pensato come una delle risposte della Sinistra indipendente al dibattito politico sul reato di aborto.

Questo dibattito si era acceso due anni prima, a seguito di una sentenza della Corte costituzionale che il 16 marzo aveva dichiarato illegittimo l'articolo 553 del Codice penale, *Incitamento a pratiche contro la pro-*

53. Le dimensioni del Pr rimangono ridotte, nei primi anni Settanta, nonostante il successo della battaglia sul divorzio e di quella sull'obiezione di coscienza. A partire invece dal referendum sul divorzio, il Pr conquisterà molta più visibilità e darà un impulso notevole al movimento per i diritti civili. Cfr. Ignazi, *I partiti e la politica*, p. 147.

54. Tullia Carettoni, Simone Gatto, *L'aborto. Problemi e leggi*, Palermo, Palumbo, 1973. I materiali relativi alla preparazione e promozione di questo libro sono conservati in AUFN, TRC/II, b. 32, fasc. 1, *Materiale preparatorio del volume L'aborto: problemi e leggi*; fasc. 2, *Bozze di stampa e appunti*; b. 33, fasc. 1, *Corrispondenza*, e b. 33, fasc. 2, *Recensioni*. Altre buste dedicate a questi temi sono quelle dalla 50 alla 54, intitolate *Interruzione di gravidanza*.

55. Si veda il materiale conservato in AUFN, TRC/II, bb. 32 e 33, *Volume L'aborto: problemi e leggi*, in particolare b. 32, fasc. 1, *Materiale preparatorio del volume, bozze, appunti* e b. 33, fasc. 1, *Corrispondenza e recensioni al volume*.

creazione.[56] Secondo questa sentenza, non era giusto punire chi incitava a pratiche contraccettive o divulgava informazioni e conoscenze per favorire tali pratiche perché la punizione avrebbe costituito una violazione degli articoli 21 e 32 della Costituzione, rispettivamente sul diritto all'informazione e alla salute.

La sentenza 553/1971 aprì la lunga e tortuosa strada verso la depenalizzazione dell'aborto, reato a quel tempo inserito nel Titolo X del Codice penale Rocco del 1931, dedicato ai *Reati contro la integrità e sanità della stirpe*.[57] Pochi mesi dopo il pronunciamento della Corte, infatti, due parlamentari socialisti – Arialdo Banfi e Antonio Brizioli – firmarono le prime proposte di legge parzialmente depenalizzanti, finalizzate alla regolamentazione dell'aborto terapeutico, eugenico e sociale.[58] Entrambi i testi sarebbero decaduti l'anno dopo, a causa dello scioglimento anticipato delle Camere; tuttavia, ebbero l'effetto di iniziare a smuovere il dibattito politico. La proposta Banfi-Caleffi-Fenoaltea, ad esempio, fu al centro di una tavola rotonda organizzata il 6 ottobre 1971 dal centro culturale "Nuova Società" alla quale parteciparono – oltre a esponenti politici – anche un rappresentante di Magistratura democratica (Mario Baroni), Vittoria Oli-

56. Emmanuel Betta, *Note sulla storia dell'articolo 553 del Codice penale italiano*, in *Forme del politico tra Ottocento e Novecento: studi di storia per Raffaele Romanelli*, a cura di Emmanuel Betta, Daniela Luigia Caglioti ed Elena Papadia, Roma, Viella, 2012 p. 139.

57. Tra questi, gli articoli 545 per l'aborto procurato di donna non consenziente; il 546 per l'aborto procurato di donna consenziente; l'articolo 547 per l'aborto auto-procurato; il 548 per l'istigazione all'aborto. Altri articoli nello stesso Titolo punivano la morte o lesione della donna durante le pratiche abortive (art. 549), la procurata impotenza alla procreazione (art. 552), l'incitamento a pratiche contro la procreazione (art. 553), il contagio di sifilide e blenorragia (art. 554). Sulla storia dell'aborto si segnalano due pubblicazioni di prossima uscita: *Maternità negata, maternità rifiutata. L'aborto tra Otto e Novecento*, a cura di Marina Garbellotti, Cecilia Nubola, numero monografico di «Annali dell'Istituto storico italo germanico di Trento», 2 (2022) e Alessandra Gissi, Paola Stelliferi, *Aborto. Una storia*, Roma, Carocci, in corso di pubblicazione.

58. Il disegno di legge Banfi fu presentato al Senato il 18 giugno 1971 e prevedeva l'interruzione di gravidanza entro i primi 100 giorni di amenorrea in una serie di casi, tra cui pericolo per la salute fisica e psichica della madre, embriopatia incurabile del feto, gravidanza conseguente un delitto, gravidanza di una donna con più di 45 anni o con 5 parti alle spalle. Il testo di Brizioli, presentato alla Camera il 15 ottobre, differiva, nella sostanza, per la previsione di un tempo maggiore (18 settimane) entro cui effettuare un aborto eugenetico. Entrambe le leggi prevedevano l'istituzione di una commissione valutatrice all'interno degli ospedali. Il testo Brizioli fu deferito alle commissioni riunite Giustizia e Sanità nel gennaio 1972.

vetti Berla per l'associazione di educazione matrimoniale AEM e attiviste del Movimento di liberazione della donna - Mld, un gruppo femminista non separatista federato al Partito radicale.[59]

Tra gli esponenti politici, fu invitata anche Tullia Carettoni che giudicò il testo inevitabilmente molto timido, dato il contesto italiano. Pertanto, disse che era necessario impegnarsi maggiormente dentro e fuori il Parlamento, da un lato indirizzando il lavoro legislativo verso un "allargamento" dell'aborto terapeutico, dall'altro avviando la raccolta di firme per una legge di iniziativa popolare finalizzata alla depenalizzazione, come quella postulata dall'Mld. Questa presa di posizione fu il primo passo del suo impegno nell'ambito della legge sull'aborto.

Due anni dopo, una sentenza della Corte suprema degli Stati Uniti del 22 gennaio 1973, nota come "Roe v. Wade", stabilì che il potere pubblico non aveva alcun diritto di violare la sfera di libertà privata della donna e accese un vivace dibattitto, a livello internazionale, a causa della attenzione posta sulla madre (che è già persona) piuttosto che sul feto (che persona ancora non è).[60] Due settimane dopo questa sentenza rivoluzionaria, Loris Fortuna sottopose al Parlamento italiano una nuova proposta: l'11 febbraio 1973 presentò il disegno di legge n. 1655, *Disciplina dell'aborto*, che prevedeva una regolamentazione dell'interruzione di gravidanza, previo permesso del medico, in caso di rischio o pregiudizio per la salute fisica o psichica della gestante e in caso di «ragioni anche morali e sociali» da lei addotte.[61]

Il 1973 fu un anno spartiacque, però, anche per altri motivi: a Padova si tenne un processo per procurato aborto che ebbe molta risonanza nella stampa. Il clamore suscitato da questa vicenda giudiziaria fu dovuto anche

59. *Aborto legale?*, in «La Stampa», 6 ottobre 1971, p. 9; sul movimento per il controllo delle nascite in Italia si rimanda a Treves, *Le nascite e la politica*, p. 387; Betta, *Identificazione di genere*, p. 272. Sulla storia dell'Mld, si rimanda a Beatrice Pisa, *Il Movimento Liberazione della Donna nel femminismo italiano. La politica, i vissuti, le esperienze (1970-1983)*, Roma, Arcane, 2017.

60. Lorenza Perini, *Quando l'aborto era un crimine. La costruzione del discorso in Italia e negli Stati Uniti (1965-1973)*, in «Storicamente», 6 (2010). Sulla storia di questa decisione della Corte suprema Usa si rimanda a Mary Ziegler, *Abortion and the Law in America: Roe v. Wade to the Present*, New York, Cambridge University Press, 2020.

61. Atti parlamentari, Camera dei deputati, VI Legislatura, proposta di legge 1655 dei deputati Fortuna *et al.*, presentata l'11 febbraio 1973. Per l'iter della legge 194/1978 si rimanda a Giovanni Berlinguer, *La legge sull'aborto*, Roma, Editori Riuniti, 1978; Giambattista Scirè, *L'aborto in Italia. Storia di una legge*, Milano, Mondadori, 2008.

alla partecipazione del movimento femminista e alla difesa di due avvocati sensibili alle battaglie per la giustizia sociale, come Vincenzo Todesco e Bianca Guidetti Serra.[62]

In questo contesto, la Sinistra indipendente decise di non rimanere a guardare e di prendere l'iniziativa; tuttavia, in linea con il suo spirito, scelse di non cristallizzare il dibattito interno in un pensiero unico, bensì di lasciare ai suoi esponenti la libertà di impegnarsi su questo fronte a partire dalle sensibilità di ciascun membro. Fu così che Carettoni e Gatto – medico che si era appena ritirato dall'attività politica ma che a lungo si era occupato di sanità – decisero di scrivere insieme il libro cui ho già accennato per la collana "Problemi" dell'editore Palumbo. La collana, pensata per approfondire temi al centro del dibattito politico-culturale, era diretta dal critico letterario Giuseppe Petronio che aveva condiviso con la senatrice buona parte del suo percorso politico (dal PdA al Psi fino al Pci, passando per l'Associazione per la difesa della scuola nazionale) e che, nella prefazione al volume, descrisse la senatrice Carettoni come un «"uomo politico" ad alto livello».[63]

Stimolati anche dal clamore suscitato oltralpe dal processo per procurato aborto che si tenne a Bobigny,[64] i due autori decisero di affrontare il tema tenendo a mente la sua doppia natura (politica e culturale) e, soprattutto, la sua dimensione globale. Dopodiché si spartirono i capitoli: il primo, dedicato allo studio della materia e delle legislazioni in vigore a livello mondiale fu scritto da Carettoni; il secondo, dedicato alle questioni medico-biologiche, da Gatto.[65] L'obiettivo che si diedero fu disegnare un quadro delle soluzioni politiche fino a quel momento adottate nel mondo (con particolare riguardo per le società occidentali e di tradizione cristiana) che sarebbe stato utile al legislatore italiano al quale spettava un compito arduo: trovare la soluzione più adatta a una materia resa complessa dall'intreccio di valori ideologici, storici, culturali, senza confondere i problemi

62. AUFN, TRC/II, b. 32, fasc. 1, *Materiale preparatorio del volume L'aborto: problemi e leggi*. Per una riflessione sull'impatto di questo processo si rimanda alla nota di Lietta Tornabuoni in *Un caso di aborto: il processo Chevalier*, a cura dell'Associazione Choisir, Torino, Einaudi, 1974 e a Lorenza Perini, *Il corpo del reato. Parigi 1972 e Padova 1973: storia di due processi per aborto*, Bologna, BraDypUS, 2014.

63. Carettoni e Gatto, *L'aborto*, p. 7.

64. Cfr. AUFN, TRC/II, b. 52, fasc. 5, *Corrispondenza 1973-1978*.

65. Nella ricerca dei testi di legge e nella loro traduzione, presentati nel terzo e nel quinto capitolo, i due autori furono affiancati da Emilia Saragoni e Livia Avili.

morali con quelli del costume, e prestando ascolto tanto al "comune sentire" quanto ai progressi scientifici.[66]

Tullia Carettoni presentò in modo chiaro, fin dalle prime pagine, i punti fermi del suo pensiero: favorire il controllo delle nascite; non accettare una «indiscriminata liceità dell'aborto»; considerare l'interruzione di gravidanza, «in certe circostanze», come «il male minore»; sostituire il dilemma «aborto sì o aborto no» con «aborto clandestino o aborto regolamentato», l'unico sensato su un piano politico e legislativo.

Nonostante questi capisaldi, Carettoni era consapevole che formulare una regolamentazione equilibrata sarebbe stato un lavoro arduo; per agevolarlo, nel suo capitolo mise a frutto la sua attitudine allo studio e le sue capacità analitiche, e cercò di fare ordine passando in rassegna e problematizzando le cause previste dalle varie legislazioni in vigore all'estero.

> Le cause più importanti di interruzione della gravidanza – spiegò – sono state fino a ora: cause d'ordine medico, cause d'ordine eugenico, cause d'ordine sociale o – più spesso – d'ordine medico-sociale, cause d'ordine morale. Recentemente pare che a queste, già codificate, se ne possano aggiungere altre tre: la prima d'ordine ecologico; la seconda, avanzata dai movimenti femministi, riguardante il diritto della donna a disporre liberamente del proprio corpo; l'ultima quella che vuole instaurare una valida prevenzione contro l'atto delittuoso dell'aborto clandestino.[67]

L'analisi delle varie regolamentazioni internazionali fece emergere che quelle più restrittive lo ammettevano per motivi esclusivamente terapeutici, quindi in caso di grave pericolo per la vita della madre. In questi casi, la vita del nascituro veniva sacrificata per salvare quella della gestante: si trattava quindi, per questi legislatori, di una scelta precisa, che – commentò Carettoni – «sacrifica alla tradizionale concezione della famiglia, della sua coesione e – se si può dire – funzionalità, il membro "meno utile", in questo caso il nascituro».[68] Questi testi, a suo avviso, non avrebbero potuto fornire un modello all'Italia innanzitutto perché molto imprecisi e ambigui: erano basati, secondo lei, su un motivo ideologico basilare («preminenza dell'istituto famigliare») senza avere il coraggio di esplicitarlo.

Non erano condivisibili, secondo lei, neppure le motivazioni addotte nel dibattito ecologico (ormai una «moda», come scrisse) che tendeva a

66. Carettoni, Gatto, *L'aborto*, pp. 11-13.
67. Ivi, p. 24.
68. Ivi, p. 25.

collegare il tema dell'aborto a quello dell'inquinamento e del sovraffollamento del pianeta. In questo quadro, il pericolo di un approccio neocoloniale oppressivo (camuffato da intenti liberali) era a suo avviso molto concreto:

> Ora non vi è dubbio che una regolamentazione delle nascite su piano mondiale si impone, e che è indispensabile, lo ripetiamo, intensificare gli studi sulle tecniche contraccettive e dare luogo a campagne di propaganda di questi mezzi su scala mondiale; ma è vero che – riferendosi, ovviamente, il discorso ai popoli più fecondi (zone in via di sviluppo o di sottosviluppo) e conoscendosi i limiti reali dei mezzi contraccettivi, esso può facilmente tradursi (il che tartufescamente non si dice) in una proposta di diffusione dell'aborto su larga scala, utile, in sostanza, ai paesi sviluppati che, ancora una volta, si porrebbero come arbitri non solo dello sviluppo, ma della stessa vita degli altri popoli, imponendo universalmente criteri elaborati non tanto sul modello delle proprie convinzioni morali quanto in vista del proprio utile.[69]

Anche in questo caso, quindi, c'era secondo lei una ragione ideologica non esplicitata che andava fermamente rifiutata: un'analisi, questa, che conferma come già nei primi anni Settanta la senatrice Carettoni fosse molto accorta verso il pericolo di atteggiamenti apparentemente progressisti e di fatto neocoloniali. Non è da escludere, inoltre, che fosse aggiornata rispetto al dibattito francese che stava facendo emergere il doppio volto delle politiche riproduttive nazionali che nella Francia metropolitana ostacolavano la diffusione dei metodi contraccettivi e criminalizzavano l'aborto, mentre incoraggiavano il controllo delle nascite nei dipartimenti d'oltremare.[70]

Considerando invece valide le motivazioni di ordine sociale, giudicò «molto più avanzate» tutte quelle legislazioni che, al posto di cause eugeniche o morali, garantivano l'accesso all'aborto in relazione ad alcuni fattori sociali, tra cui l'alto numero dei figli avuti in precedenza e le condizioni economiche-ambientali delle famiglie.[71] Era il caso delle regolamentazioni

69. Ivi, p. 33.

70. Su questo tema si rimanda a Françoise Vergès, *Le ventre des femmes. Capitalisme, racialisation, féminisme*, Paris, Albin Michel, 2017.

71. In Russia l'aborto è stato legalizzato per la prima volta nel 1920; in alcuni paesi dell'Europa settentrionale (Islanda, Danimarca e Svezia) prima della Seconda guerra mondiale o subito dopo (Finlandia e Norvegia); nei paesi dell'Europa orientale (Bulgaria, Ungheria, Polonia, Romania) negli anni Cinquanta ma, dopo il crollo dell'Urss, ci sono stati cambiamenti in senso restrittivo in Polonia (nel 1993 è stata abrogata la legge sociali-

prodotte nei paesi socialisti dell'Est europeo, nei paesi scandinavi retti da governi socialdemocratici ma anche in Gran Bretagna.

> Si considera che la famiglia numerosa, specie quando le condizioni economiche non siano tali da assicurare l'indispensabile benessere materiale, sia una ragione seria per evitare una nuova nascita che comporterebbe conseguenze negative materiali e psichiche, sia per i genitori, sia per i figli già nati, sia per il nascituro. Non vi è dubbio che tale scelta può apparire – ed in parte è – dettata dall'egoismo, dalla regola – per dirla con Raniero La Valle – del chi ha avuto ha avuto, e che particolarmente odioso appare poi il limite fissato (dopo tre o quattro o cinque figli), ma bisogna pur sempre tener conto della realtà concreta, del fatto che il ricorso all'aborto è pur sempre facoltativo e che – ecco l'amara verità – quel bambino in ogni caso sarebbe destinato a non nascere per l'intervento di qualche provvidenziale "mammana".[72]

In questa riflessione prende corpo sia il suo pragmatismo, sia la consapevolezza – via via crescente – che il principale obiettivo da porsi fosse quello della lotta alla clandestinità.

La rassegna delle motivazioni possibili però non era ancora terminata. Dopo aver citato Raniero La Valle – giornalista cattolico che dalle pagine della «Stampa» aveva avviato una riflessione sulla eventualità della regolamentazione[73] –Tullia Carettoni passò alle ragioni dei movimenti femministi che da qualche tempo avevano iniziato a rivendicare la completa liberalizzazione dell'aborto. Dovendo sopportare «le fatiche, il pericolo, le conseguenze sociali e morali della gestazione» – spiegò – l'ottica femminista prevedeva che la donna fosse «la sola a dover decidere se portare a termine o no la gestazione». Pur non condividendo questa impostazione – ossia «la completa liberalizzazione in nome della libertà della donna» – Carettoni ricordò che l'obiettivo della libertà femminile era stato assunto in alcuni stati degli Stati Uniti anche prima della celebre sentenza "Roe v. Wade".

Tratteggiare questo ampio panorama fu un'operazione utile ai suoi ragionamenti. Comparare i vari sistemi legislativi mondiali le permise infatti di mettere in luce alcuni nodi essenziali da sciogliere per poter arrivare a

sta del 1956 ed è oggi uno dei Paesi europei con la legislazione più restrittiva). Nel Regno Unito l'aborto è legale dal 1967 (ma l'Irlanda del Nord ha permesso l'accesso all'aborto nel 2020).

72. Carettoni, Gatto, *L'aborto*, p. 29.

73. Si veda in modo esemplare il suo articolo per la rubrica "Uomini e religioni", *Libertà d'aborto?*, in «La Stampa», 7 maggio 1971, p. 2.

formulare una buona legge in Italia. A suo avviso, la questione più delicata riguardava l'autorità chiamata in ultima istanza a decidere: su questo problema si sarebbe giocata la partita più importante, ossia quella che avrebbe garantito o meno la realizzazione di una società ben organizzata, attrezzata all'assistenza della cittadinanza, basata su un rapporto di fiducia tra il singolo e la collettività.[74] La storia le avrebbe dato ragione: in effetti, su questo punto le polemiche sarebbero state lunghe e accese, anche dopo l'approvazione della legge.

Arrivando all'analisi della situazione italiana, Carettoni affermò che l'obiettivo da raggiungere era una regolamentazione che avesse cura degli aspetti sociali legati al fenomeno dell'aborto e che, in sostanza, fosse in grado di estirpare il ricorso a pratiche clandestine. Su questo fronte, dovette constatare che il nostro paese continuava a vantare un triste primato, tanto da essere stato considerato un caso «esemplare» in una recente relazione al Consiglio d'Europa.[75] Se ovunque erano in corso discussioni molto animate su come regolamentare l'aborto o modificare le legislazioni permissive già in vigore (esemplare era, da questo punto di vista, il caso francese),[76] l'Italia era in coda a tutti i paesi anche perché era l'unico a considerare l'aborto un reato contro l'integrità e la sanità della stirpe.

> Alcuni commentatori stranieri si sono chiesti come da tale premessa non si sia giunti alla conseguenza dell'aborto eugenico a difesa della razza! Da simile Taigeto ci hanno salvato, con ogni probabilità, gli elementi di tradizione cattolica che hanno permeato tante correnti fasciste e il ricercato e felicemente raggiunto accordo con la Chiesa.[77]

A questo punto, Carettoni si soffermò sull'unico progetto di legge allora presente al Parlamento – quello di Fortuna – criticato dal mondo femminista poiché affidava al medico il potere decisionale, ma anche dal Pci che – in vista del referendum sul divorzio – voleva evitare di aprire un'ulteriore fronte di lotta tra laici e cattolici. Il suo parere era molto meno negativo. Poiché il lavoro da fare per arrivare a una valida – seppur perfettibile – legge sull'aborto era ancora ingente, la legge Fortuna rappresentava secondo lei un elemento concreto da cui avviare un dibattito parlamentare «serio»:

74. Carettoni, Gatto, *L'aborto*, pp. 35-37.

75. Nello specifico, citò una relazione dell'olandese Dankert sulla diffusione e le conseguenze degli aborti illegali in Italia.

76. Carettoni, Gatto, *L'aborto*, p. 47.

77. Ivi, p. 45.

un aggettivo che, nel suo modo di vedere, significava ricettivo sia del parere degli specialisti, sia dell'opinione pubblica.[78] Nel nominare l'opinione pubblica possiamo immaginare che si riferisse in particolare alla componente cattolica. Concludendo il suo capitolo, infatti, citò il parere di teologi, medici e giornalisti italiani e stranieri e, infine, tornò nuovamente sulle riflessioni di Raniero La Valle il quale, pur denunciando «i germi di morte» insiti nella richiesta di liberalizzazione, aveva riconosciuto il legame strettissimo tra la depenalizzazione e le «sacrosante» rivendicazioni femminili di liberazione. Alla luce di tutto ciò, Carettoni sostenne che l'obiettivo finale del legislatore sarebbe dovuta essere una legge in cui l'aborto procurato fosse «un rimedio estremo, ma amministrato in modo corretto».[79]

Da questo punto di vista, la proposta Fortuna poteva essere considerata «coraggiosa» e largamente permissiva, forse anche troppo: i suoi limiti risiedevano a suo avviso proprio nell'impronta eccessivamente libertaria. Come aveva spiegato in un'intervista di poco precedente all'uscita del libro, nella liberalizzazione vedeva insito il rischio di una deresponsabilizzazione maschile:

> Benché io sia femminista, non mi sento d'accordo per la liberalizzazione totale dell'aborto, che la donna possa disporre come crede del suo corpo. Si arriverebbe a buttare su di lei tutte le responsabilità, perché l'uomo sa che, in ogni caso, sarà la donna a decidere. Oggi è uso corrente che sia l'uomo a pagare l'aborto: con la totale liberalizzazione non avrebbe più nemmeno questa responsabilità. Il concepimento non riguarda soltanto la donna, anche l'uomo vi partecipa.[80]

Come nel caso del divorzio, il suo pensiero andò alle ricadute che la legge avrebbe avuto sul vissuto concreto delle donne. La liberalizzazione, cioè, avrebbe potuto deresponsabilizzare gli uomini e avere ricadute sociali, riproducendo fattori di discriminazione. In un contesto in cui la diffusione della contraccezione era limitatissima, l'assenza di una regolamentazione avrebbe lasciato sole le donne «più indifese», quelle dei ceti sociali «più sfortunati».[81]

78. *Ibidem*.
79. Carettoni, Gatto, *L'aborto*, p. 50.
80. Francesco Rosso, *Il progetto per legalizzare l'aborto. Le femministe scontente*, in «La Stampa», 25 febbraio 1973, p. 3. L'articolo scaturiva da una iniziativa dell'Mld organizzata proprio per discutere il progetto di legge Fortuna.
81. *Ibidem*.

5. *Per il controllo delle nascite*

Una volta pubblicato, il libro *Aborto: problemi e leggi* fu discusso con personalità caratterizzate da orientamenti politici e sensibilità diverse: da Giuliana Fuà e Giulia Filippetti del Cemp (il Centro di educazione matrimoniale e prematrimoniale)[82] a Bruno Olini, presidente dell'Unione cattolica della stampa italiana. Quest'ultimo ringraziò la senatrice Carettoni per avergli mandato una copia del libro che, come da lei auspicato, si era rivelato uno strumento prezioso ai fini della organizzazione del convegno *L'aborto come problema etico*.[83]

Nel frattempo, mentre procedeva la campagna di promozione del volume e la legge Fortuna era in discussione alla Camera, Tullia Carettoni decideva di concentrarsi su una battaglia secondo lei inscindibile dalla depenalizzazione dell'aborto: quella per la liberalizzazione degli anticoncezionali. Dopo aver già co-firmato nel 1973 un disegno di legge sull'uso di farmaci ad azione progestativa,[84] lavorò soprattutto con Giglia Tedesco (che come lei era una «vecchia militante e una convinta abortista»)[85] a una proposta di legge sul controllo delle nascite. Questa (la n. 1459 del 1974) ebbe come obiettivo la cancellazione del reato di «procurata impotenza alla procreazione», regolato dall'articolo 552 del Codice penale.[86] Questo articolo, in linea con gli obiettivi di carattere demografico del Codice penale fascista, considerava illeciti i casi di sospensione temporanea della capacità di procreare e, pertanto, vietava anche la somministrazione della "pillola" e l'applicazione di diaframmi o di spirali endouterine. Sebbene la Corte costituzionale si fosse pronunciata nel 1971 sull'articolo 553 (*Pratiche contro la procreazione*)

82. Gli atti della presentazione del libro organizzata dal Centro per la riforma del diritto di famiglia e dal Cemp – avendo coinvolto numerose personalità sensibili al tema del controllo delle nascite (da Don Paolo Liggeri a Elvira Badaracco, da Agostino Viviani a Adele Faccio) offrono uno spaccato molto interessante del dibattito sull'aborto nei primi anni Settanta: *Presentazione del libro dei senatori Tullia Carettoni e Simone Gatto, L'aborto, problemi e leggi (Milano, 29 ottobre 1973),* Unione femminile nazionale, Milano, 1973.

83. AUFN, TRC/II, b. 33, fascc. 1 e 2.

84. SDR, VI Legislatura, disegno di legge n. 794/1973, *Norme per la conoscenza e l'uso dei farmaci ad azione progestativa*, d'iniziativa dei senatori Zanti Tondi Carmen *et al.* comunicato il 24 gennaio 1973.

85. Catalano, *La felicità*, p. 57.

86. SDR, VI Legislatura, disegno di legge n. 1459, *Modifiche dell'articolo 552 del codice penale e dell'articolo 103 del testo unico delle leggi sanitarie,* d'iniziativa dei senatori Romagnoli Carettoni Tullia *et al.* comunicato alla presidenza il 12 gennaio 1974.

e non sul 552 (*Procurata impotenza alla procreazione*), i reati in questione erano chiaramente collegati tra loro. Secondo Carettoni, quindi, entrambi gli articoli del Codice penale andavano rimossi perché anacronistici rispetto a una realtà che ormai era fatta non solo «di aperta propaganda per un controllo delle nascite», ma anche «di pratica quotidiana di tali attività».[87]

Questa proposta, infatti, prendeva atto della diffusione effettiva di pratiche contraccettive e dell'attività delle associazioni volte all'educazione sessuale. In assenza di un sistema sanitario nazionale (che sarebbe stato istituito nel 1978) e in presenza di un Codice penale che continuava a promuovere l'incremento demografico e la difesa della stirpe (senza aver estirpato il fenomeno dell'aborto clandestino)[88] alcune associazioni laiche avevano iniziato già nei primi anni Cinquanta a promuovere una procreazione responsabile e consapevole.[89] Sebbene i membri di queste associazioni (una delle prime fu l'Aied) venissero raramente imputati, l'illiceità di qualsiasi opera di sensibilizzazione ed educazione sulla sessualità costringeva i membri dei primi consultori privati a muoversi tra ostacoli finanziari e giuridici e in un clima di stigmatizzazione e diffidenza. Nonostante le difficoltà, le attività di questo tipo erano aumentate nel corso degli anni Sessanta.[90] E così nel 1965 era stata fondata l'Aem, grazie all'appoggio morale e finanziario di Adriano Olivetti; nel 1966 era nato a Milano il Cemp; nel 1967 un'indagine ministeriale aveva scoperto che la pillola era parzialmente diffusa anche nel mondo dei fedeli; e, più in generale, una serie di inchieste giornalistiche avevano testimoniato in

87. Ivi, p. 2.

88. Alessandra Gissi, *Voci che corrono. Levatrici, procurato aborto e confino di polizia nell'Italia fascista*, in «Quaderni storici», 121 (2006), pp. 133-149.

89. L'Aied venne fondata a Milano nel 1953 per la promozione di una cultura della sessualità e della procreazione consapevole e responsabile. Uno dei suoi primi obiettivi fu scrivere e far approvare una proposta di legge per eliminare l'art. 553 del Codice penale. Alla base della sua attività c'era la convinzione che la condizione delle donne sarebbe migliorata dando loro consapevolezza e strumenti per il controllo delle nascite. Cfr. Gianfranco Porta, *Amore e libertà. Storia dell'Aied*, Roma-Bari, Laterza, 2013.

90. Cfr. Fiammetta Balestracci, *La sessualità degli italiani. Politiche, consumi e culture dal 1945 ad oggi*, Roma, Carocci, 2020, p. 76. Sulla storia del Cemp cfr. Marcello Berardi, *Giulia Filippetti, ovvero cronache italiane della procreazione responsabile*, Milano, Unione femminile nazionale, 2006; *Cemp 1966-2016*, Magenta, La memoria del mondo libreria editrice, 2016; Eleonora Cirant, *L'alba dei consultori*, in *La signorina Kores e le altre. Donne e lavoro a Milano (1950-1970)*, a cura di Rossana Di Fazio e Margherita Marcheselli, Milano, enciclopedia delle donne, 2016, pp. 141-162.

quegli anni che ormai le generazioni più giovani avevano un rapporto con la sessualità prematrimoniale molto più libero di quello dei loro genitori.[91] Sulla scia del movimento studentesco del Sessantotto e dei primi gruppi femministi, nonché dell'attività del Partito radicale, il processo di distinzione tra riproduzione e sessualità si era velocizzato: nel 1973 il Pr aveva fondato il Cisa (Centro italiano sterilizzazione e aborto) mentre il movimento femminista aveva iniziato a creare, in varie città, consultori autogestiti pensati come punto di riferimento per chi avesse bisogno di informazioni sulla contraccezione, di visite ginecologiche "a prezzi popolari" ma anche di interrompere una gravidanza clandestinamente.[92]

In questo scenario di crescente politicizzazione della sessualità, preservare leggi punitive della propaganda di conoscenze contraccettive (sebbene scarsamente applicate) aveva un valore simbolico importante che, secondo Emmanuel Betta, è testimoniato dalla tenacia con cui il reato venne difeso dalla politica:[93] una tenacia con cui si sarebbe confrontata la stessa Carettoni presentando la sua legge. L'obiettivo della sua proposta, del resto, era proprio costringere il Parlamento a prendere una posizione chiara rispetto alla imputabilità, o meno, del sanitario che avesse prescritto degli strumenti contraccettivi «per fini terapeutici e allo scopo di salvaguardare la salute della persona assistita».[94] Oltre a fare ciò, il suo intento era porre l'accento sull'attività che i consultori privati svolgevano sul fronte dell'educazione alla sessualità e alla contraccezione. Nella sua relazione al Senato, infatti, affermò che l'utilità sociale dei centri prematrimoniali e matrimoniali privati era ormai «largamente riconosciuta» e che, pertanto, non era più tollerabile né la loro criminalizzazione, né l'assenza dello Stato in questo ambito: i servizi di assistenza al

91. Emmanuel Betta, *Identificazione di genere: corpi e culture delle sessualità,* in *Storia delle donne nell'Italia contemporanea*, pp. 276-277.

92. Sull'attività del Cisa cfr. Adele Faccio, *Il reato di massa*, Milano, Sugarco, 1975; Paola Stelliferi, *Il femminismo a Roma negli anni Settanta. Percorsi, esperienze e memorie dei collettivi di quartiere*, Bologna, Bup, 2015, pp. 41-49 e Ead., *«An apparent victory»? The Struggle for Abortion in Italy prior to the 194/1978 Law*, in «Annali dell'Istituto storico italo germanico di Trento», 2/2022, in corso di pubblicazione.

93. Come ricorda Betta, la sopravvivenza formale dell'articolo 553 fu «difesa e pervicacemente voluta dalla politica»: gli otto progetti di riforma dell'articolo depositati in Parlamento fin dalla prima legislatura non giunsero mai nemmeno in discussione (Betta, *Note sulla storia dell'articolo 553*, p. 132).

94. SDR, VI Legislatura, disegno di legge n. 1459 d'iniziativa dei senatori Romagnoli Carettoni Tullia *et al.* comunicato alla presidenza il 12 gennaio 1974, p. 2.

controllo delle nascite avrebbero meritato non solo la depenalizzazione, ma un concreto sostegno statale.[95]

Da quanto detto si evince che la visione politica della senatrice era di impronta laico-socialista e non prettamente femminista: non condivideva l'enfasi del femminismo sulla sessualità e il principio dell'autodeterminazione in ambito procreativo. In più occasioni criticò esplicitamente le pratiche e le teorie libertarie che, dal Sessantotto in poi, erano dilagate soprattutto tra le generazioni più giovani. L'idea femminista per cui la liberazione delle donne era strettamente connessa alla liberazione della sessualità, alla fine del controllo patriarcale sui corpi e all'affermazione di una sessualità svincolata dalla finalità riproduttiva non la trovava concorde, anzi. A suo avviso era necessario mettere in guardia le giovani sui pericoli cui poteva portare una sregolata liberazione sessuale. Ad esempio, nell'autunno del 1977, durante un discorso al Senato sulla legge Anselmi sulla parità in ambito lavorativo, si rivolgerà idealmente «alle donne, soprattutto alle giovani», sentendo la necessità «di non fare confusioni e di guardarci dal rischio dell'accettazione di modelli provvisori apparentemente liberatori»: il riferimento, spiegò, era verso «tutta la tematica della libertà sessuale immaginata come la libertà tout court».[96]

Ad ogni modo, la cancellazione degli articoli 552-553, da lei proposta nel 1974, avrebbe dovuto attendere ancora molti anni: per l'esattezza, fino al 1978, anno in cui la legge 194 avrebbe eliminato dal Codice penale l'intero Titolo X. Sul fronte dei consultori, invece, una importante vittoria fu conseguita l'anno dopo. Il 3 luglio 1975, infatti, si tenne al Senato la discussione decisiva su cinque disegni di legge promossi da vari partiti dell'intero arco costituzionale, tra cui il testo presentato da Carettoni insieme con Carmen Zanti nel 1973.[97] Tutti questi testi, finalizzati all'istituzione

95. Già nell'ottobre 1968 Carettoni, in rappresentanza della Sinistra indipendente, aveva sollecitato l'istituzione di una commissione di indagine sullo stato dell'Onmi. L'obiettivo era quello di risolvere i problemi di questo ente con un'ottica di lungo periodo, fugare qualsiasi «zona d'ombra» rispetto alla sua gestione ed evitare continui interventi straordinari: cfr. SDR, 24ª seduta, 1° ottobre 1968, resoconto stenografico, pp. 1433-1435.

96. SDR, 183ª Seduta pubblica, 13 ottobre 1975, resoconto stenografico, p. 7930.

97. Il testo di legge 794/1973 venne studiato dalla Commissione permanente Igiene e sanità, insieme ad altri 4 disegni di legge: il n. 825 di Pinto (*Istituzione dei Centri comunali di assistenza sanitaria familiare*); il 1701 di Franca Falcucci, *Istituzione dei consultori familiari*); il 1730 di Cipellini (*Norme per la istituzione di centri di medicina preventiva e*

di un servizio di assistenza alla famiglia e alla maternità, erano stati studiati a lungo dalla Commissione Igiene e sanità ed erano poi stati sintetizzati in un testo unico che venne discusso per l'ultima volta e approvato alla fine del giugno 1975. Un mese dopo, la legge quadro 405, *Istituzione dei consultori famigliari*, poté entrare in vigore, affidando alle singole Regioni il compito di programmare e gestire, con proprie leggi, i servizi di assistenza alle famiglie e alla maternità. Al Senato, il gruppo della Sinistra indipendente aveva manifestato il suo complessivo parere positivo attraverso le parole di Adriano Ossicini il quale ci aveva tenuto a far riflettere sulla non casualità del termine "consultori": una parola che indicava il desiderio dei legislatori non solo di offrire servizi, ma anche di favorire le relazioni interpersonali, la partecipazione attiva e la responsabilizzazione non solo degli addetti ai lavori ma anche degli utenti.[98]

6. *Una legge «ipocrita ma necessaria»: la 194/1978*

Una volta istituiti i consultori famigliari e sciolta l'Onmi (Opera nazionale maternità e infanzia, sopravvissuta per trenta anni alla fine del fascismo),[99] il dibattito parlamentare poté concentrarsi sui progetti di legge sull'aborto che quasi tutti i partiti dell'arco costituzionale avevano redatto nel corso del 1975.

Una spinta, in questo senso, era arrivata da più eventi succedutisi nelle prime settimane dell'anno. Il 18 gennaio si era tenuta a Roma una manifestazione di piazza promossa dal movimento femminista per rivendicare la liberalizzazione dell'aborto. Lo slogan principale era stato «d'ora in poi decido io» e l'obiettivo specifico della mobilitazione era la protesta contro l'ordine di arresto di alcuni esponenti del Partito radicale accusati di procurato aborto (tra cui un medico del Cisa e Gianfranco Spadaccia, Marco Pannella e Adele Faccio). Il 4 febbraio era stata presentata alla Corte di cassazione la richiesta di referendum abrogativo a sostegno della quale il Partito radicale, il Mld, Lotta continua, Avanguar-

di controllo delle nascite), il 1960 di Ariosto (*Norme sulla educazione demografica e disciplina della vendita e diffusione dei prodotti medicinali contraccettivi*).

98. SDR, 467ª Seduta pubblica, 3 luglio 1975, resoconto stenografico, p. 22149.

99. Per una rassegna storiografica si rimanda a Stefania Bartoloni, *L'Opera nazionale per la maternità e l'infanzia: cinquanta anni di vita, trenta anni di ricerche in Italia contemporanea*, in «Italia contemporanea», 289 (2019), pp. 147-165.

dia operaia, PdUP-Manifesto, «L'Espresso» e il Psi avevano raccolto più di 750.000 firme in sei mesi. Infine, il 28 febbraio, una sentenza della Corte costituzionale aveva considerato illegittima una parte dell'art. 546 del Codice penale: quella che puniva l'aborto procurato di donna consenziente, anche in caso di grave pericolo per la sua salute psico-fisica. Stabilendo che l'aborto terapeutico non dovesse essere punito e affermando che i diritti del concepito andavano sì tutelati, ma non anteposti a quelli della madre, la sentenza n. 17/1975 costituì un punto di non ritorno nel dibattito politico e aprì la strada alla depenalizzazione dell'aborto.

Carettoni prese in grande considerazione la sentenza. Come si legge in un appunto dattiloscritto, la Corte costituzionale secondo lei non aveva fatto soltanto giustizia dei residuati fascisti ma, con la distinzione tra "embrione" e "persona", aveva introdotto un elemento di certezza che avrebbe spazzato via una serie di dubbi sollevati nei dibattiti quasi sempre in modo strumentale. Un altro aspetto qualificante della sentenza andava individuato nell'introduzione della categoria di benessere fisico e psichico, segnando un passo avanti nella tutela del diritto alla salute. Ma ancora più importante era, secondo lei, l'impatto che la sentenza avrebbe avuto nel dibattito parlamentare: nessuno in Parlamento avrebbe più osato affermare che non si dovesse legiferare sull'aborto o che almeno in certi casi l'aborto non dovesse essere consentito; nessuna forza politica quindi si sarebbe più potuta sottrarre alle proprie responsabilità.[100] In sintesi, questa sentenza le sembrò «una bella pagina nella storia del divenire democratico del nostro paese», come scrisse sulle pagine di «L'Astrolabio».[101]

In effetti, la sentenza del febbraio 1975 diede concretamente impulso alla scrittura di disegni di legge e al dibattito politico. Il Parlamento, di lì in avanti, lavorò su molti testi, muovendosi tra visioni estreme rappresentate da un lato dalla proposta democristiana (fortemente restrittiva), dall'altro da quella presentata da Democrazia proletaria (che regolamentava l'interruzione di gravidanza entro la 22 settimana e depenalizzava quella oltre tale termine).

100. Tullia Carettoni, *L'aborto sarà una legge ipocrita ma necessaria,* in «L'Astrolabio», 21 (1976), pp. 12-13.

101. AUFN, TRC/II, b. 53, fasc. 3, *Articoli 1973-1978*. Tullia Carettoni si appellò a questa sentenza anche il 3 agosto 1976 auspicando che fosse data la possibilità di interrompere la gravidanza alle donne contaminate a Seveso, in AUFN, TRC/I, Serie V, *Articoli, interviste, comunicati stampa, interventi*, b. 41, fasc. 5, *1976*.

Tullia Carettoni partecipò attivamente al dibattito parlamentare e a quello pubblico, dichiarandosi convintamente a favore di una regolamentazione che, senza moralismi e teleologismi ma con molto pragmatismo, riuscisse a stare dalla parte delle donne.[102] In questo dibattito confermò il suo rispetto per le istanze dei cattolici (ben rappresentati anche nel gruppo della Sinistra indipendente) e si mostrò attenta all'analisi dei nodi più controversi e difficili da sciogliere per arrivare a un risultato che sapeva non sarebbe mai stato perfetto, ma che sperava il più serio possibile.

Nel gennaio 1977, quando le *Norme sull'interruzione della gravidanza* (disegno di legge n. 483), giunsero al Senato dopo il voto favorevole della Camera,[103] Carettoni scrisse sull'«Astrolabio» che il paese poteva tirare un sospiro di sollievo perché stava per essere approvata una legge «non perfetta», ma «umana», esito di una discussione approfondita in cui la Dc aveva dato il suo contributo e aveva avuto varie soddisfazioni (tra cui l'introduzione dell'obiezione di coscienza) e che avrebbe posto fine a una civiltà repressiva di ispirazione razzista. Per poter leggere come positiva una legge sull'aborto, però, riteneva necessario approvare altre riforme collaterali – un sistema sanitario nazionale e un efficiente sistema di educazione sessuale, prime fra tutte – attraverso cui sostenere la maternità e renderla veramente una scelta libera e consapevole.[104]

Pochi mesi dopo, quando il 25 maggio 1977 confermò al Senato il suo voto a favore della nuova versione della legge, *Norme per la tutela sociale della maternità e sulla interruzione volontaria della gravidanza*, non tacque quelli che secondo lei erano i numerosi limiti del testo e gli effetti negativi di alcuni emendamenti democristiani nel frattempo approvati. Nonostante ciò, disse di poter considerare la legge, in generale, una vittoria della democrazia e, nello specifico, una vittoria delle donne perché avrebbe garantito loro assistenza:

> Lasciate dire ad una donna che l'aborto, procurato o no, è ben raramente assente nella storia della vita feconda di una donna e segna quasi con una cadenza inevitabile la sua vita come il menarca, il parto, la menopausa: sono

102. Carettoni, *L'aborto sarà una legge ipocrita ma necessaria.*

103. Il disegno di legge 843, approvato, in un testo unificato, dalla Camera dei deputati nella seduta del 21 gennaio 1977, era il frutto di ben dieci disegni di legge (25, 26, 42, 113, 227, 451, 457, 524, 537 e 661).

104. Tullia Carettoni, *Senza drammi il primo "sì" per l'aborto*, in «L'Astrolabio», 2 (1977), pp. 6-7.

eventi ricorrenti con regolarità nella vita di una donna. Ma la legge è una vittoria delle donne che avranno finalmente una norma che non prevede la galera in una situazione drammatica e umana come quella dell'interruzione di gravidanza, ma un poco di solidarietà, di comprensione, di assistenza.[105]

Tra i punti più problematici del testo segnalò il modo con cui si assegnava la responsabilità della scelta alla donna e non al medico (o a una commissione medica).[106]

Già nel 1976, riflettendo sull'articolo che attribuiva alla donna la responsabilità della scelta e, al tempo stesso, prevedeva il ruolo decisivo del medico (che avrebbe verificato l'effettiva condizione di pericolo per la salute fisica o psichica della gestante)[107] Carettoni aveva parlato di una formula «ipocrita» e, al tempo stesso, sensata perché «pragmatica». Questa norma, infatti, avrebbe garantito «una presenza positiva ed operante della società, una certa speditezza di procedure, la sottrazione della donna a ricatti e speculazioni».[108] Questa formulazione, inoltre, secondo lei era positiva anche alla luce dell'esperienza fatta a seguito del disastro ambientale di Seveso, in Brianza, dove il 10 luglio una nube di diossi-

105. SDR, VII Legislatura, 127ª Seduta, 25 maggio 1977, resoconto stenografico, p. 5546.

106. La proposta di istituire una commissione medica preposta alla valutazione e alla autorizzazione dell'interruzione volontaria di gravidanza fu caldeggiata dal Pci che la formulò nel suo disegno di legge (*Norme per la regolamentazione della interruzione volontaria di gravidanza*, presentato da Adriana Seroni il 14 febbraio 1975). Questo testo generò un dibattito interno molto acceso e fu alla base di uno scontro con l'Udi che tra il 1975 e il 1976 assunse il principio femminista dell'autodeterminazione. Sull'impatto della battaglia per l'aborto nel Pci, cfr. Monica Cesaritti, *«Liberazione dall'aborto»: l'articolato universo delle donne, il Pci e l'approvazione della 194*, in «Mondo Contemporaneo», 1 (2011), pp. 39-68; Eleonora Forenza, *Il politico è personale. Storie di donne e soggettività femministe nel Partito comunista italiano (1970-1991)*, tesi di dottorato in Storia delle donne e delle identità di genere in età moderna e contemporanea, Università degli Studi di Napoli "L'Orientale" (XII ciclo - nuova serie), a.a. 2015/2016.

107. L'articolo 2 del disegno di legge 483 approvato alla Camera recitava: «L'interruzione volontaria della gravidanza, entro i primi novanta giorni, è consentita quando la gravidanza, o il parto, o la maternità comporterebbero un serio pericolo per la salute fisica o psichica della donna, in relazione o al suo stato di salute, o alle sue condizioni economiche, o sociali o familiari, o alle circostanze in cui è avvenuto il concepimento, o a previsioni di anomalie o malformazioni del nascituro». L'articolo 4, però, prevedeva che fosse poi il medico, una volta ascoltata la donna, a compiere «in scienza e coscienza», gli accertamenti sanitari ritenuti necessari.

108. Carettoni, *L'aborto sarà una legge ipocrita ma necessaria*, p. 13.

na era fuoriuscita da un reattore dell'Icmesa, contagiando anche donne incinte.[109] L'anno dopo, al Senato, le Commissioni riunite (Giustizia, e Igiene e sanità) avevano però modificato questa parte della legge introducendo una formula ritenuta più vicina al comune sentire e rispondente alle richieste del movimento femminista e dell'Udi che rivendicavano per le donne la scelta esclusiva. In realtà, la formula con cui nel testo definitivo del 1978 si assegnò alla gestante, e non al medico, la scelta risultò comunque scivolosa:

> La donna che accusi circostanze per le quali la prosecuzione della gravidanza, il parto o la maternità comporterebbero un serio pericolo per la sua salute fisica o psichica, in relazione o al suo stato di salute, o alle sue condizioni economiche, o sociali o familiari, o alle circostanze in cui è avvenuto il concepimento, o a previsioni di anomalie o malformazioni del concepito, si rivolge ad un consultorio pubblico.[110]

Come notato sarcasticamente da Laura Conti, con questo articolo si stabilì che il certificato con la richiesta di interrompere la gravidanza sarebbe stato dato non alla donna che avesse deciso di abortire, ma – stando alle parole usate nel testo – a colei che avesse dichiarato di temere che la sua salute psichica o fisica fosse messa in pericolo dal proseguimento della gestazione. Un «gioco di inganni» nella visione della divulgatrice scientifica comunista, esperta di medicina del lavoro;[111] un escamotage ipocrita per Tullia Carettoni che però, il 25 maggio 1977, confermò il suo parere positivo: votò a favore di una legge caratterizzata da «un certo velo di ipocrisia» che, presente già alla Camera, si era deciso di non rimuovere neppure al Senato.

I punti qualificanti erano, secondo lei, salvi: la legge garantiva l'assistenza e la gratuità del servizio e, inoltre, aveva il merito di riuscire a tutelare il principio della «autodeterminazione della donna» (anche se, va notato, in realtà questa parola non era usata nel testo della legge):[112]

109. Alcune donne incinte si appellarono alla sentenza della Corte costituzionale del 1975 ma si trovarono a vivere un percorso labirintico (e politicamente strumentalizzato) tra autorizzazioni e divieti dei medici (anche a causa delle controversie sulla natura terapeutica o eugenetica degli eventuali aborti).

110. Questa formula dell'articolo 4 sarebbe stata confermata l'anno dopo nel testo definitivo della 194/1978, che prevede che la donna si rivolga a un consultorio pubblico, o a una struttura sociosanitaria a ciò abilitata dalla regione, o a un medico di sua fiducia.

111. Per una riflessione sull'articolo 4 della 194/1978 si rimanda a Laura Conti, *Il tormento e lo scudo. Un compromesso contro le donne*, Milano, Mazzotta, 1981, pp. 67-68.

112. Rimando a Paola Stelliferi, *Contro l'aborto clandestino: la mobilitazione politica negli anni Settanta e il contributo di Giovanni Berlinguer, tra scienza, diritto e morale*,

L'autodeterminazione è il punto di fondo della legge; bisogna non sottacere questo fatto. Io sono tra quelli che pensano che abortire non sia affatto un diritto civile; penso che sia il piegarsi ad una durissima necessità. Però la donna ha deciso sempre da sola, ha portato a termine concretamente la decisione da sola, sotto la sua responsabilità, a suo rischio, nella massima segretezza, a causa anche, ma non solo, delle gravi pene comminate. Il partner, diciamo la verità, onorevoli colleghi uomini, difficilmente partecipa se non forse in un momento di primissima decisione e poi, in generale, anche nel caso più affettuoso e più dolce, tende a lavarsene le mani. Questo atteggiamento ingiusto ma che è nella nostra società (ci saranno delle eccezioni ma sono certamente rare) ha creato un abito che sarà difficile trasformare: realizzare un coinvolgimento come qualcheduno continua a chiedere di altri, società o singoli, nel momento decisionale non ha senso. L'intervento della società è certo auspicabile ma per l'aiuto materiale o anche, come questa legge mi pare vorrebbe, sotto il profilo del consiglio. Questo dovrebbe fare a mio giudizio, se ho bene letto, il consultorio, il quale però non dovrebbe mai dissuadere o persuadere ad alcunché. Sarà questo possibile? Ecco, qui ci sono tutti i mei dubbi insieme con tutti gli auspici perché questo possa avvenire.

La legge 194/1978 venne dunque approvata il 22 maggio 1978 anche grazie al contributo della senatrice Carettoni, che avrebbe continuato a vigilare sulla sua applicazione e a credere nel ruolo dei consultori: nel 1978, infatti, venne chiamata a presiedere il Consiglio nazionale dell'Uicemp (l'Unione italiana centri educazione matrimoniali e prematrimoniali).[113] Nel 1981, inoltre, avrebbe partecipato attivamente alla campagna referendaria, tranquillizzando Enrico Berlinguer che era molto preoccupato per l'esito del voto,[114] difendendo l'efficacia della legge 194 e dichiarandosi quindi contraria alla proposta di modifica presentata dal Partito radicale perché, secondo lei, la via della liberalizzazione avrebbe reintrodotto le discriminazioni sociali.[115]

in *La salute da privilegio a diritto. Giovanni Berlinguer e le riforme del 1978*, a cura di Fabrizio Rufo, Roma, Ediesse, 2020, p. 114.

113. Cfr. materiale relativo all'attività dell'Unione italiana centri educazione matrimoniale e prematrimoniale conservato nella relativa cartella in AUFN, TRC/II, b. 39, fasc. 3

114. Catalano, *La felicità*, p. 28.

115. Tullia Carettoni, *Crociata per una vita peggiore*, in «L'Astrolabio», 22 (1980), pp. 24-26. Il referendum si tenne il 17 maggio 1981; la proposta di modifica del Pr (volta a una maggiore liberalizzazione) fu respinta dall'88,5% dei voti. Il quesito (radicalmente restrittivo) del Movimento della vita fu respinto dal 67,9% di no.

Per questo suo impegno a favore della depenalizzazione dell'aborto e del controllo delle nascite, ben visibile dentro e fuori il Parlamento, fu bersaglio di attacchi da parte del Movimento per la vita e di cittadini antiabortisti che più volte le scrissero, anche con toni molto aggressivi, per invocare l'interruzione dell'iter legislativo e il divieto del «diritto ad uccidere», equiparando la libertà di scelta individuale, prevista dalla legge, a un crimine.[116]

116. Le lettere in cui si chiedeva di salvare la vita ai «bambini già vivi in attesa di nascere» e gli opuscoli con informazioni sullo sviluppo dei feti arrivarono all'ufficio della vicepresidenza del Senato, dove per la senatrice lavorava la segretaria Barbara Dini che si occupava anche dello smistamento della posta. Cfr. AUFN, TRC/II, b. 52, fasc. 5, *Corrispondenza 1973 - 1978* che contiene tutta la corrispondenza inviata dalla senatrice e alla senatrice da privati cittadini, parlamentari, organizzazioni, associazioni (ad esempio Comunione e Liberazione, Caritas Italiana, Comitato Romano Movimento Vita).

6. Per l'abrogazione della causa d'onore

1. *25 aprile 1976: il contributo della Resistenza alla libertà femminile*

Terminate le iniziative per l'Anno internazionale della donna, un'altra celebrazione – quella dell'Anniversario della Liberazione dell'Italia dal nazifascismo – permise a Tullia Carettoni di fare un bilancio dei risultati conseguiti sul piano dell'emancipazione femminile. Nel cuore di quel decennio che sarebbe stato caratterizzato da «un sostanziale disinteresse delle istituzioni per i temi della guerra di Liberazione e della memoria resistenziale»,[1] la vicepresidente del Senato celebrò la Resistenza parlando di un processo rivoluzionario che non era terminato trenta anni prima, ma che andava riattualizzato nel nuovo scenario democratico. Nonostante l'innegabile ruolo ricoperto nell'"invenzione" della democrazia e l'impatto avuto nelle vite di chi ne aveva fatto esperienza diretta, la Resistenza non era riuscita, secondo lei, ad incidere sul piano dei rapporti tra i sessi, ossia su quella «eterna divisione dei ruoli maschile e femminile» – disse – che era invece fondamentale abbattere. La sperimentazione di

* I paragrafi dal 3 all'8 di questo capitolo sono frutto dell'approfondimento della ricerca già presentata con il saggio *Tutela dell'uguaglianza e valorizzazione della differenza. La battaglia di Tullia Carettoni Romagnoli contro le discriminazioni di genere*, in *Attraversando il tempo. Centoventi anni dell'Unione femminile nazionale (1899-2019)*, a cura di Stefania Bartoloni, Roma, Viella, 2019, pp. 165-192.

1. Riccardo Gualdo, *Il discorso politico e il vocabolario della Liberazione*, in *Il 25 aprile dopo il 25 aprile. Istituzioni, politica, cultura,* a cura di Paolo Carusi e Marco De Nicolò, Roma, Viella, 2017, p. 124. Sulla memoria pubblica della guerra e della Resistenza si rimanda anche a Filippo Focardi, *La guerra della memoria. La Resistenza nel dibattito politico italiano dal 1945 a oggi*, Roma-Bari, Laterza, 2005.

nuovi modelli di genere innescata durante il conflitto era rimasta un'eccezione: il 25 aprile 1945 aveva segnato «la fine di una trasgressione», per citare la partigiana Marisa Ombra.[2] L'intervento che meglio riassume la sua riflessione sull'eredità della Resistenza, sviluppata progressivamente nel corso del primo trentennio repubblicano, lo scrisse appunto nel 1976 per «La Gazzetta del popolo»:

> Durante la Resistenza parve proprio a noi donne di avere raggiunto la parità e ci sembrò che la nuova Italia avrebbe risolto i problemi di democrazia e dunque quello della uguaglianza dei cittadini, uomini e donne. Il voto ci fu dato, l'articolo 3 della Costituzione solennemente escluse ogni discriminazione di sesso.
> Ma le donne, che avevano salito i monti e combattuto come i loro compagni, quando tornarono a casa ripresero il ruolo di sempre e, nella maggioranza, non cercarono neppure il riconoscimento di partigiana o patriota. Pigrizia delle italiane? No di certo. È avvenuto sempre nella storia che nei momenti di grande tensione politica, di guerre popolari, di emergenza grave la donna esce di casa e si impegna come l'uomo. Nei fatti diventa pari. Poi torna la normalità.[3]

La costruzione dell'Italia democratica (dai lavori dell'Assemblea costituente alla nascita dello Stato sociale, dal consolidamento degli assetti istituzionali repubblicani alla "grande trasformazione" degli anni Cinquanta e Sessanta) non aveva sciolto il nodo dell'uguaglianza. Come scritto da Elda Guerra, uno dei capitoli più intensi della storia delle donne italiane (1943-1948) non aveva avuto esiti profondi nel cambiare un sistema fortemente asimmetrico.[4] Fu così che nel corso degli anni Settanta si avvertì il bisogno di riscoprire la "trasgressione" dai ruoli di genere che molte donne avevano sperimentato durante la guerra di liberazione.

> Però il grande tema della uguaglianza – continuò Carettoni – fu un aspetto di fondo della Resistenza, e a me pare che quando si dice che la Resistenza continua questo voglia dire certo l'impegno costante di lotta contro il fascismo ma anche lo sforzo di portare a compimento quegli spunti ideali traducendoli in realtà attuale.[5]

2. Marisa Ombra, *La fine di una trasgressione*, in «Dwf», 1 (1986), pp. 47-51.

3. Discorso dattiloscritto per la «Gazzetta del popolo» in AUFN, TRC/I, b. 41, fasc. 5, *1976*.

4. Guerra, *Donne e relazioni di genere nell'Italia postbellica*, p. 96.

5. Discorso dattiloscritto per la «Gazzetta del popolo» in AUFN, TRC/I, b. 41, fasc. 5, *1976*.

Questo suo discorso fa emergere la nostalgia per un periodo in cui una generazione politica di donne aveva creduto che la guerra civile sarebbe stata il preludio a un mondo nuovo, dove il protagonismo politico femminile non sarebbe stato più eccezionale o emergenziale. Invece – a distanza di oltre trenta anni – doveva prendere atto che la guerra antifascista, in quanto guerra contro l'ingiustizia e le discriminazioni, non era affatto terminata ed era ancora necessaria. Nella lotta per l'emancipazione, scrisse, «la Resistenza continua».[6]

> Durante la guerra di liberazione sognammo un mondo libero e di uguali: ci parve di averlo a portata di mano. [...] di quei momenti rimane nell'animo un segno indelebile che per un verso si colora di nostalgia per l'altro dà la forza di continuare a battersi attraverso i decenni per gli stessi ideali e infonde la capacità di trasmetterli agli altri – ai giovani – non come ricordo o sogno ma come preciso impegno di lotta del tutto coerente.

Nella sua celebrazione, dunque, collegò «i retaggi della Resistenza» con le novità del suo tempo. Un tempo in cui la memoria della Resistenza si stava rigenerando, l'impatto del pensiero femminista si stava facendo sempre più pervasivo e in cui la nostalgia per i sogni coltivati nel dopoguerra poteva tramutarsi in battaglie nuove:

> Credo che la grande novità del nostro tempo sia questa: che avendo chiarito i termini del problema sappiamo che il compito dei movimenti femminili o femministi oggi è quello di ricercare e fare emergere valori nuovi, diversi da quelli che l'attuale ordinamento sociale – pensato dagli uomini per gli uomini – privilegia [...].[7]

Il tono e i contenuti di questo discorso non sono scontati; non rientrano nelle modalità di celebrazione della Resistenza allora prevalenti. Sono distanti, ad esempio, dalla memoria femminile di matrice cattolica che emerge in un opuscolo prodotto dalla Presidenza del Consiglio nel 1975 in occasione dell'Anno internazionale della donna e che la senatrice criticò anche pubblicamente in una seduta del Senato: *La donna italiana dalla resistenza ad oggi*.[8] In questo testo, introdotto da Tina Anselmi, l'esperienza delle partigiane venne spogliata da una coscienza politica

6. *Ibidem*.
7. *Ibidem*.
8. Presidenza del Consiglio dei ministri, *La donna italiana dalla Resistenza ad oggi*, pp. 11-12. Cfr. *supra* cap. 4, par. 5, p. 157.

antifascista e raccontata come una scelta «appassionata e amorosa», e come «massiccia», «collettiva»: dunque, anonima e antieroica. In questa interpretazione, in sintesi, la guerra di liberazione era stata un'esperienza che aveva permesso alle donne partigiane di esprimere «generosa intraprendenza», «coraggio», «grande bontà», devozione, pazienza e «lunga, tenace, indomabile sopportazione»: tutte virtù definite «tradizionalmente femminili».[9]

Le parole della senatrice della Sinistra indipendente mostrano invece, oltre alla consapevolezza di una ex partigiana che intende attualizzare l'antifascismo, l'influenza della nuova storiografia femminista che stava proprio allora cominciando a contrastare una narrazione storica consolidata, incentrata sul partigiano «maschio e laico».[10] La sua riflessione sul ritorno alla normalità come perdita della parità sperimentata durante la guerra sembra echeggiare, ad esempio, le riflessioni di due storiche, Anna Maria Bruzzone e Rachele Farina, che proprio nel 1976 pubblicarono *La Resistenza taciuta*: una raccolta di memorie di partigiane pensata sia per colmare il vuoto esistente in quel genere di memorialistica, sia per contestare le «manifestazioni celebrative più o meno strumentalizzate» in coincidenza con l'Anno internazionale della donna e il trentesimo anniversario della Liberazione.[11]

Non è dato sapere se Tullia Romagnoli Carettoni conoscesse questa novità editoriale, ma possiamo ipotizzare che avrebbe concordato con quanto scritto da Anna Bravo molti anni dopo, introducendone una riedizione: l'aspetto nuovo dei racconti pubblicati stava nella rottura di quel «patto implicito» che aveva fatto della Resistenza un mito generazionale anche sul piano della parità fra i sessi. Il volume curato da Bruzzone e Fari-

9. È da notare che in questo racconto della Resistenza delle donne il carattere antifascista e antinazista della guerra di liberazione non è tematizzato, però la componente armata e militare della Resistenza femminile (dedita a atti di sabotaggio nelle fabbriche, aiuto ai partigiani, organizzazione di squadre di infermiere e posti di pronto soccorso) trova ampio spazio, come dimostrano anche le immagini inserite nel capitolo *La donna e la resistenza* che rappresentano partigiane armate.

10. Rimando alle recenti considerazioni sulla violenza partigiana di donne e clero in Santagata, *Una violenza "incolpevole"*, pp. 246-257. Sul lavoro delle storiche rimando al paragrafo *La Resistenza come laboratorio di democrazia* in Maria Pia Casalena, *Le italiane e la storia. Un percorso di genere nella cultura contemporanea*, Milano, Mondadori, 2016, pp. 183-186.

11. *La Resistenza taciuta* a cura di Anna Maria Bruzzone e Rachele Farina, Milano, Bollati Boringhieri, 2016, p. 3 (1ª ed. Milano, La Pietra, 1976).

na, secondo Bravo, aveva inoltre scompaginato la storiografia tradizionale rispetto al contributo delle donne alla Resistenza poiché la domanda suggerita dalle interviste non era quale contributo le donne avessero dato alla Resistenza, bensì «quale contributo avesse dato la Resistenza alla libertà femminile». Il bilancio di Bravo non sarebbe stato positivo: lo scambio era stato ineguale e i conti erano rimasti aperti perché i cambiamenti prodotti dalla guerra, per quanto significativi, si erano fermati sulla soglia del rapporto uomo-donna.[12]

Mi piace immaginare il consenso di Tullia a questa interpretazione: tutta la sua azione politica può infatti essere letta come una risposta al desiderio di colmare i debiti che la neonata democrazia italiana aveva contratto con le sue cittadine. Il suo impegno sul fronte dei diritti civili sembra infatti incoraggiato dalla convinzione che una modernizzazione sostanziale del paese non si sarebbe mai raggiunta se la politica avesse continuato a considerarsi estranea ai rapporti di potere presenti nella sfera privata. Per quanto i perimetri degli spazi esterni conquistati dalle italiane si fossero indubbiamente dilatati e moltiplicati nei primi decenni della storia repubblicana, l'asimmetria tra i generi non era stata intaccata.[13]

La celebrazione del 25 aprile 1976 mostra come su questi temi il suo pensiero fosse giunto a una fase di maturità. Una maturità che la senatrice Romagnoli Carettoni cercò di tradurre sul piano legislativo mettendosi a lavorare a un progetto di legge che presentò alla fine della VI Legislatura e che l'avrebbe impegnata per tutta quella successiva: la VII che, durata dal 5 luglio 1976 al 19 giugno 1979, sarebbe stata per lei l'ultima al Parlamento italiano.

2. *La protezione sotto attacco*

Nel gennaio 1976 l'onorevole Aldo Moro, appena dimesso dal ruolo di primo ministro, ricevette dal presidente della Repubblica Leone l'incari-

12. Anna Bravo, *Prefazione*, in *La Resistenza taciuta*, p. IX.

13. Cfr. *Una democrazia incompiuta* e, in particolare, il saggio di Elisabetta Palici di Suni, *Tra parità e differenza. Una legislazione incerta e ambigua*, in *Una democrazia incompiuta*, pp. 271-279; Lorenza Carlassare, *La parità dei sessi nella giurisprudenza della Corte costituzionale*, in *I confini della cittadinanza. Genere, partecipazione politica e vita quotidiana* a cura di Alisa Del Re, Valentina Longo e Lorenza Perini, Milano, FrancoAngeli, 2010, pp. 11-23.

co di provare a formare un nuovo governo. Il tentativo riuscì e il 12 febbraio vide la luce il V governo Moro: un monocolore democristiano che poté contare sull'astensione di Psi, Pri e Pli, che non venne votato dalla Sinistra indipendente e che avrebbe avuto vita breve: 5 mesi.[14]

Pochi giorni dopo l'insediamento, in occasione delle celebrazioni dell'8 marzo, Tullia Romagnoli Carettoni presentò la proposta di legge n. 2458 intitolata *Norme per la tutela dell'uguaglianza tra i sessi e istituzione di una Commissione parlamentare di indagine sulla condizione femminile in Italia*. Il testo della legge rompeva con la lunga tradizione della legislazione sociale improntata alla protezione delle donne: una legislazione a tutela della maternità e del lavoro femminile che affondava le sue origini alla fine dell'Ottocento, che era stata inaugurata dalle leggi emanate a inizio Novecento con l'obiettivo di proteggere la funzione riproduttiva minacciata dalle fatiche estreme del lavoro in fabbrica, che aveva ricevuto un impulso durante il fascismo e che aveva caratterizzato anche l'azione legislativa del secondo dopoguerra, sebbene in una forma nuova. Come spiegato da Elda Guerra, il salto qualitativo delle proposte dei primi anni della Repubblica rispetto alla precedente legislazione fascista stava nel significato sociale e nella concezione universale di un diritto alla tutela che era «proprio di tutte le donne in qualunque condizione lavorativa si trovassero, comprese le casalinghe».[15] Questo tipo di legislazione aveva raggiunto il suo apice nel 1971 con l'estensione delle norme protettive del lavoro femminile,[16] dopodiché lo stesso termine "tutela" aveva iniziato ad assumere un'accezione negativa.

La battaglia per una emancipazione sostanziale delle donne cambiò volto nel corso degli anni Settanta: iniziò ad essere condotta sulla strada dell'uguaglianza più che su quella della protezione. Il titolo della proposta 2458/1976 rifletteva questo slittamento: la tutela della differenza sessuale (alla base di quelle leggi che intendevano dare adeguata protezione alle donne in quanto madri e lavoratrici) fu infatti sostituita da un'altra espressione: la «tutela dell'uguaglianza». Le discontinuità rispetto al passato era-

14. Il 25 febbraio 1976 fu la stessa Carettoni a pronunciare al Senato la dichiarazione di voto per il suo gruppo cfr. AUFN, TRC/I, b. 8, fasc. 2.

15. Guerra, *Donne e relazioni di genere nell'Italia postbellica*, p. 105.

16. La legge del 1971, *Tutela delle lavoratrici madri* è stata abrogata con l'entrata in vigore della Legge 8 marzo 2000, n. 53 *Disposizioni per il sostegno della maternità e della paternità, per il diritto alla cura e alla formazione e per il coordinamento dei tempi delle città*. Su questi temi si rimanda a Ballestrero, *La protezione concessa e l'eguaglianza negata*.

no forti: l'impostazione di base della proposta della senatrice Romagnoli Carettoni era che i diritti – civili, politici e sociali – dovessero essere rivendicati sulla base del principio universale di uguaglianza e non in nome della maternità (biologica o sociale). Concordando con chi riteneva che le leggi di protezione si fossero rivelate un'arma a doppio taglio, quando presentò la legge a Palazzo Madama la senatrice citò il parere di Doriana Giudici, membro dell'Ufficio lavoratrici della Cgil e autrice di un recente saggio sul rapporto tra donne e diritto:

> Troppe leggi di protezione si sono rivelate dei mezzi "legali" per riportare le donne nell'ambito familiare» [...]. Sotto questo profilo, nelle necessarie revisioni della legislazione del lavoro – per limitare gli esempi – dovrebbe cadere il divieto dell'impiego della donna nel lavoro notturno e dovrebbe rivedersi la disciplina dell'età pensionabile; nella legge di tutela della maternità andrebbe previsto che il congedo dal lavoro per causa di malattia del figlio potesse essere usufruito dal padre o dalla madre indistintamente.[17]

Messa sotto attacco la protezione, era giunto il tempo di puntare a una sostanziale parità, principio ritenuto incompatibile con alcuni retaggi legislativi che tutelavano le donne (anzi, sarebbe meglio dire, la funzione riproduttiva delle donne) al punto da discriminarle.[18]

A ben vedere, però, quello progettato era un intervento legislativo che non contrapponeva uguaglianza e differenza, bensì perseguiva un difficile equilibrio tra le due. Per sciogliere il cosiddetto "dilemma di Wollstonecraft" e rispondere alla domanda posta fin dalle antenate del pensiero femminista – ossia, come rivendicare diritti universali (e quindi la parità tra uomini e donne) senza rinunciare al valore della differenza sessuale[19] – Tullia Romagnoli Carettoni immaginò un insieme di riforme legislative che potessero sradicare quegli elementi arcaici che, presenti soprattutto nella sfera privata e nello spazio simbolico e culturale, continuavano ad assegnare alle donne un ruolo impari.

La sua proposta di legge puntava contemporaneamente a tre macro-obiettivi: in primo luogo, eliminare dal sistema giuridico qualsiasi norma

17. *Ibidem*. Il riferimento è al saggio di Doriana Giudici in *La donna e il diritto: dall'incapacità giuridica al nuovo diritto di famiglia,* Roma, Editrice sindacale italiana, 1976.

18. Cfr. Ballestrero, *La protezione concessa e l'uguaglianza negata*.

19. Su questo tema segnalo il lavoro di sintesi di Rossi-Doria, *Le donne nella modernità* e rimando al mio saggio: Stelliferi, *I femminismi dall'unità a oggi*, in *Storia delle donne nell'Italia contemporanea*, pp. 79-107.

contenente discriminazioni (e quindi in contrasto con l'articolo 3 della Costituzione e con il riformato diritto di famiglia); in secondo luogo, agire sul piano culturale creando un sistema scolastico moderno, che non distinguesse tra percorsi maschili e femminili (né per il corpo studentesco né per quello docente); infine, garantire il diritto al lavoro a tutte le donne eliminando la contrapposizione antagonistica tra maternità e autonomia economica. Solo in questo modo si sarebbe sradicata quella «discrasia tra uguaglianza nella sfera pubblica e inferiorità nella sfera privata sancita dalla Costituzione»[20] ancora imperante nell'Italia degli anni Settanta.

Da questo punto di vista, il suo progetto era senz'altro in linea con quanto stabilito dalle Nazioni Unite nell'atto conclusivo della Conferenza di Città del Messico, dove si era pianificato un lavoro decennale durante il quale ogni Stato avrebbe dovuto attivare «tutta una serie di dispositivi atti ad avviare a soluzione positiva il problema della condizione femminile».[21] In effetti, il processo di scrittura della proposta di legge 2458 sembra direttamente ispirato dalle discussioni che avevano animato le riunioni di Città del Messico anche se, come da lei spiegato al Senato l'8 marzo 1976, era stato fondamentale il confronto sia con le "linee guida" elaborate in Italia dall'Unione donne italiane e da altre associazioni femminili; sia con le più recenti innovazioni legislative di altri paesi. Tra queste figuravano due leggi approvate nel 1975 in Gran Bretagna, la *Equal pay act* e la *Sex discrimination act* che avevano affermato la parità sia in ambito lavorativo, economico ed educativo, sia su quello simbolico (prevedendo ad esempio la vigilanza sull'immagine femminile veicolata dalle pubblicità). Similmente al caso britannico, anche la soluzione da lei delineata prevedeva di intervenire su un duplice piano – quello prettamente giuridico e quello simbolico-culturale – attraverso una serie di interventi che con il tempo avrebbero modificato nel profondo il "costume". Per il lavoro sul lungo periodo, sarebbe stato fondamentale l'insediamento di una Commissione di indagine sulla condizione femminile. In sintesi, nella logica di questo progetto di riforma la parità sostanziale tra uomini e donne si sarebbe raggiunta tramite l'abrogazione di norme anacronistiche, l'applicazione fedele di quelle già esistenti a difesa dei diritti civili e sociali, e la ricerca di ulteriori soluzioni per il miglioramen-

20. Rossi-Doria, *Le donne sulla scena politica*, p. 200.
21. SDR, disegno di legge n. 2458 d'iniziativa del senatore Romagnoli Carettoni Tullia comunicato alla presidenza l'8 marzo 1976, p. 2 (d'ora in avanti ddl 2458/1976).

to della condizione di vita delle donne e per l'evoluzione della società nel suo insieme.

Data la complessità degli interventi delineati e la «fluidità» dei temi affrontati, però, la legge 2458 non fu immaginata dalla sua firmataria come un testo esaustivo, bensì come «una bozza» su cui continuare a lavorare trasversalmente, dentro e fuori il Parlamento, mettendo a dialogo i vari schieramenti politici sia tra di loro, sia con le associazioni e i movimenti delle donne. La discussione su questo testo venne cioè immaginata come un'occasione per attenuare la contrapposizione tra movimenti sociali e istituzioni, preparando il terreno a quello che sarebbe stato il lavoro della Commissione di indagine, prevista nel disegno di legge.[22] L'auspicato confronto tra Parlamento e opinione pubblica, tuttavia, fu assai limitato in questa fase: lo scioglimento anticipato delle Camere interruppe, appena cominciato, l'iter del disegno di legge 2458/1976.

Saltato l'accordo tra Pci e Dc per l'elaborazione di una legge sull'aborto che scongiurasse il referendum abrogativo promosso dai Radicali, il 30 aprile 1976 Moro si dimise, determinando la fine anticipata della VI Legislatura. L'esito delle elezioni politiche, indette per il 20 giugno 1976, confermò la tendenza anticipata dalle amministrative dell'anno prima. Il Pci raggiunse il suo massimo storico (il 34,4%): un dato che dimostrò una grande presa sui più giovani (i quali, grazie all'abbassamento della maggiore età da 21 a 18 anni, furono un elemento determinante in questa tornata elettorale); e che favorì il gruppo della Sinistra indipendente. Questa, infatti, ottenne 18 senatori, tra cui Tullia Romagnoli Carettoni, alla sua quarta legislatura consecutiva. Con i nuovi ingressi, il gruppo si aprì maggiormente al riformismo cattolico, si fece ancora più autonomo dal Pci e più eterogeneo al suo interno, come sottolineò il giornalista Michele Concina dalle pagine di «Panorama»:

> diciotto componenti (erano dieci fino alle elezioni di giugno), oltre 700 milioni di finanziamento statale, un quindicinale, L'Astrolabio, circa 8 mila copie diffuse, che fa da portavoce ufficioso, la Sinistra indipendente è diventata il quarto gruppo a Palazzo Madama.
> Rafforzata dall'arrivo di alcuni intellettuali cattolici di spicco e galvanizzata dal dinamismo del vicecapogruppo Luigi Anderlini, un attivissimo ex-socialista, punta ora a elaborare una linea politica autonoma e il più possibile unitaria.

22. Ddl 2458/1976, p. 2.

> Non è impresa facile: i membri del gruppo, tutti grossi calibri della politica e della cultura, sono divisi sia dalle origini (si va da ex-azionisti come Ferruccio Parri e Carlo Galante Garrone a cattolici come Raniero La Valle e Mario Gozzini [...]), sia da divergenze sulla linea da seguire.[23]

Per quanto riguarda gli altri partiti, il Psi si fermò al 9,66%, mentre la Dc ottenne il 38,7% dei voti. I risultati elettorali delinearono quindi una situazione eccezionale: comunisti e democristiani avrebbero occupato, insieme, il 77,8% dei seggi alla Camera.

Le novità riguardarono anche la presenza femminile in Parlamento. I seggi occupati dalle donne passarono, complessivamente, da 31 a 60. Di questi, molti furono per le comuniste, ben 45: un dato che può essere considerato in linea con la crescita del movimento femminista divenuto, alla metà del decennio, molto largo e diffuso dal Nord al Sud, nelle città più grandi come in provincia e in grado di influenzare anche la politica istituzionale. Inoltre, i diritti delle donne sarebbero stati supportati dentro il Parlamento anche dall'apporto di un manipolo di deputati di Democrazia proletaria e del Partito radicale, per la prima volta eletti alla Camera. Se grazie a Dp entrò al Parlamento Luciana Castellina, del «Manifesto», con il Pr entrarono cinque deputati tra cui Adele Faccio che, appena iniziato il suo mandato, si sarebbe attivata per la creazione di un gruppo femminista transpartitico, tra senatrici e deputate, al quale non avrebbe mancato di invitare Tullia Carettoni Romagnoli.[24]

Le novità non finiscono qui. Fin dalla campagna elettorale, questo voto fu accompagnato dalla rivendicazione di una compagine governativa più rappresentativa della società e quindi, in sostanza, non più totalmente maschile. Le trattative per la creazione dell'esecutivo, quindi, inclusero l'ipotesi di assegnare almeno un ministero a una donna e, in questo modo, tennero sulle spine le elette nelle fila dei vari partiti. Benigno Zaccagnini, in un'intervista con Gabriella Parca, a fine maggio 1976 annunciò che, a prescindere dall'esito delle elezioni, il successivo governo avrebbe visto per la prima volta una donna a capo di un ministero. «Che anche le donne abbiano le carte in regola per essere leader politici – affermò il segretario

23. Michele Concina, *Davvero indipendenti*, in «Panorama», 28 settembre 1976, p. 41.

24. Lettera di Adele Faccio a Tullia Carettoni in AUFN, TRC/I, b. 11, sotto serie 2, *1972-1984*. Tullia Carettoni nutriva moltissima stima per Faccio come testimonia quanto da lei raccontato in una intervista intitolata *Senza il Pci non si fa niente* pubblicata in «Cronache mantovane», 5 luglio 1976, p. 4.

della Dc – è ormai fuori di dubbio. Nel prossimo governo, almeno una di loro dovrà avere la poltrona di ministro».[25] Il ministero prefigurato da Zaccagnini era in realtà un ufficio specifico per le donne, una sorta di ministero per la Condizione femminile, emulo di quello istituito in Francia un paio di anni prima da Valéry Giscard d'Estaing.

Tullia Romagnoli Carettoni fu indicata dai giornali come una tra le più qualificate aspiranti alla nuova poltrona. La giornalista Maria Gentile, ad esempio, firmò un articolo per «Il Tempo» in cui descrisse il profilo delle figure in *pole position* tra le quali spiccava la senatrice della Sinistra indipendente presentata, nell'articolo, da una fotografia che la coglieva intenta a mormorare qualcosa all'orecchio del presidente della Repubblica Leone:

> Ex partigiana, 58 anni, indipendente di sinistra e candidata nelle liste del Pci, farebbe di tutto per evitare che "un ministero del genere diventi solo un fiore all'occhiello, senza alcun potere reale, di un governo che vuole conquistarsi a buon mercato la patente di democratico". Il piano di attacco è pronto. Tanto per cominciare, la Carettoni farebbe votare il progetto di legge che lei stessa ha presentato nel marzo scorso. E da quel momento in poi le cose andrebbero così: da dieci a venti femministe si insedierebbero in Parlamento come consulenti della condizione femminile in Italia; il codice penale sarebbe rimesso sotto sopra (niente più norme che discriminano la donna come quella sul "delitto d'onore"; niente più impunità per chi rapisce e violenta una donna e dopo "ripara" sposandola); i criteri con cui sino ad oggi hanno funzionato le scuole professionali sarebbero capovolti ("Perché non mettere un trapano elettrico anche in mani femminili e un tappeto da ricamare in quelle maschili"?) e gli uomini avrebbero libero accesso anche nelle scuole materne. La legge per l'aborto assicura la senatrice, entrerebbe a gonfie vele nel dibattito parlamentare [...] e l'educazione sessuale finirebbe di essere un tabù per entrare, come materia di insegnamento, nelle scuole e nei mass-media.[26]

Il programma descritto da «Il Tempo» era audace e progressista (similmente a quello di altre aspiranti ministre, come la radicale Emma Bonino e la socialista Maria Magnani Noya) e senza dubbio molto più "femminista" di quello attribuito, nello stesso articolo, alla democristiana Tina Anselmi. Fatto sta che le previsioni della giornalista del «Tempo» non si realizzarono: il ministero per la Condizione femminile non venne istituito

25. Maria Giudice, (titolo dell'articolo non leggibile), in «Il tempo», 20 giugno 1976, p. 84 in AUFN, TRC/I, busta 41, fasc. 5, *1976*, s.fasc. 1.
26. Ivi, p. 87.

e l'onore di essere la prima donna ministra della storia repubblicana spettò ad Anselmi che conquistò la poltrona del Ministero del lavoro e della previdenza sociale.[27] Tullia Romagnoli Carettoni, invece, venne confermata vicepresidente del Senato.

A sinistra, le speranze per un reale cambio di passo vennero presto disattese. Nonostante la nomina della prima donna ministro della Repubblica, le dichiarazioni programmatiche di Andreotti delusero l'Udi (che inviò una lettera ai capigruppo per esigere la consultazione delle associazioni femminili nella stesura dei programmi di governo) e le elette dell'area comunista. Tra queste, Tullia Carettoni che insieme a Giglia Tedesco lamentò che Andreotti aveva sentito il «vento femminista» e aveva astutamente nominato Tina Anselmi ministra, per poi non spendere più neppure una parola per la questione femminile. Intervistata da «Paese Sera», la senatrice della Sinistra indipendente non usò mezze misure:

> Non può essere considerato un discorso di sviluppo democratico un programma che non affronta la questione femminile. Mi spiego meglio. Esistono nel Paese forti tensioni sociali, i protagonisti di queste mi sembrano, in questo periodo, siano maggiormente i giovani e le donne. Le quali chiedono, ormai in modo sempre più organizzato e compatto, un cambiamento di rotta, un mutamento radicale di questo sistema sociale. Andreotti ignora tutto questo. Eppure è assurdo se si pensa che l'ultima legislatura è caduta proprio su un tema, l'aborto, per il quale c'è stata una mobilitazione femminile mai vista.[28]

Alla luce delle forti tensioni che scuotevano la società italiana, la sua prima iniziativa della VII Legislatura sarebbe andata proprio nella direzione di dare risposte alla mobilitazione delle donne e di riconoscere le associazioni femminili come referenti politici di rilievo.

3. *La tutela dell'uguaglianza nel ddl 4/1976*

La VII Legislatura si aprì il 5 luglio e fu inaugurata da un terzo governo Andreotti, monocolore Dc, che si insediò a fine mese. Già il 6 luglio 1976 la senatrice ripresentò al Senato le *Norme per la tutela dell'uguaglianza tra i sessi e istituzione di una Commissione parlamentare di indagine sulla con-*

27. Anselmi sarebbe poi diventata ministra della sanità nei successivi due governi (Andreotti IV e V).

28. Bimba De Maria, *Per le donne non una parola*, in «Paese sera», 7 agosto 1976, p. 3.

dizione femminile in Italia.[29] Per illustrare la legge al Senato (la n. 4 della nuova Legislatura), Romagnoli Carettoni ripeté il discorso pronunciato l'8 marzo ricordando i motivi che l'avevano spinta a prendere una iniziativa parlamentare «doverosa ancor prima che opportuna» che andasse nello stesso senso in cui procedeva «la più avvertita opinione pubblica».[30]

La proposta 4/1976 era sostanzialmente identica alla 2458. Nei quattro mesi trascorsi dalla prima presentazione, la senatrice aveva continuato a lavorare al testo e aveva accolto le piccole modifiche che erano state suggerite dalle associazioni e dai gruppi femminili e femministi interpellati.[31] Queste tuttavia non avevano intaccato l'impianto della riforma che, proprio come la precedente, risultava composta da due parti: la prima, arricchita di due nuovi articoli, per la correzione dei codici civili e penali; la seconda, identica alla precedente versione, riguardante l'istituzione della Commissione di indagine.

Per l'incipit venne confermata l'abrogazione di due simboli della costruzione patriarcale del rapporto tra i generi: matrimonio riparatore e delitto d'onore. Il primo prevedeva che il matrimonio tra l'autore del reato di violenza sessuale (precisamente, di uno dei reati inclusi nel Titolo IX *Dei delitti contro la moralità pubblica e il buon costume*) e la persona offesa avrebbe estinto il reato; il secondo stabiliva attenuanti per l'omicidio compiuto da un uomo che – avendo scoperto la relazione "illegittima" della moglie, della figlia o della sorella – avrebbe reagito uccidendo la donna e/o il suo amante. A questo intervento sul Codice penale seguiva, all'articolo 3, la rimozione dal Codice civile della cosiddetta "promessa di matrimonio".

Dopo questi primi tre punti che avevano ispirato vari film, primo fra tutti il sarcastico *Sedotta e abbandonata* di Pietro Germi del 1964, venne inserita nel testo una nuova norma riguardante i processi per reati di violenza sessuale. L'articolo 4, infatti, prevedeva che il corpo giudicante fosse composto «almeno per la metà di magistrati di sesso femminile». Una proposta, questa, che possiamo immaginare frutto della battaglia contro la

29. SDR, VII Legislatura, disegno di legge n. 4 d'iniziativa del senatore Romagnoli Carettoni Tullia, comunicato alla presidenza il 6 luglio 1976, *Norme per la tutela dell'uguaglianza tra i sessi e istituzione di una Commissione parlamentare di indagine sulla condizione femminile in Italia* (d'ora in avanti: ddl 4/1976). Il materiale relativo a questa proposta è conservato in AUFN, TRC/I, bb. 22-24 (per un totale di 17 sotto fascicoli).

30. *Ibidem*.

31. Si rimanda alla corrispondenza con centri, gruppi e associazioni femminili e femministe conservata in AUFN, TRC/I, b. 22, s.fasc. 2, 8 e 14.

violenza carnale che proprio in quei mesi era stata infiammata dalla notizia di un drammatico fatto di cronaca nera: il massacro del Circeo.[32] Oltre alla eccezionale brutalità di questo duplice crimine, anche il relativo processo per stupro era stato un momento di presa di coscienza per quelle attiviste e avvocate che avevano iniziato a denunciare una cultura giuridica intrinsecamente maschilista. Aggiungendo questo articolo, possiamo dunque ipotizzare che Tullia Romagnoli Carettoni abbia voluto dare una risposta tempestiva alle riflessioni in corso sull'importanza di cambiare il modo di condurre i dibattimenti per contrastare quella "solidarietà maschile" che spesso univa giudici e imputati, trasformando la parte lesa in imputata.[33]

Con l'articolo 5 si entrava nel vivo dell'ambito lavorativo attraverso un intervento di natura pensionistica: l'introduzione del diritto alla reversibilità della pensione della moglie a favore del vedovo. Il permanere di una norma che garantiva alle vedove la reversibilità della pensione del marito, ma non il contrario, produceva, secondo la senatrice, distorsioni e discriminazioni. Questo sistema, infatti, non permettendo di riutilizzare i contributi previdenziali versati dalla donna, aveva l'effetto indiretto di porre su un piano superiore il lavoro del coniuge maschio (il solo che, in caso di morte, avrebbe assicurato una rendita alla famiglia). Sulla stessa linea si muoveva l'articolo 6 (non previsto nel precedente testo) che stabiliva che il pensionamento anticipato delle donne fosse facoltativo.

La terza novità introdotta nel ddl 4/1976 era quella prevista dall'articolo 7 che stabiliva che il congedo dal lavoro per causa di malattia del figlio potesse essere usufruito dal padre o dalla madre indistintamente. Seguiva l'articolo 8, relativo al mondo del lavoro agricolo, che correggeva una norma della legge Bonomi sull'assistenza ai coltivatori diretti in caso di malattia[34] estendendo la partecipazione alle elezioni del Consiglio direttivo della Cassa mutua contadini (allora prevista soltanto per i "capi famiglia") a tutti i membri della famiglia contadina, mogli e figli maggiorenni compresi.

32. Nella notte tra il 29 e il 30 settembre 1975 tre giovani romani (Angelo Izzo, Andrea Ghira e Gianni Guido) violentarono e seviziarono due giovani donne, Rosaria Lopez e Donatella Colasanti. Rosaria morì mentre Donatella si salvò fingendosi morta.

33. Laura Schettini, *La violenza maschile contro le donne*, pp. 158-159. Sulla "politica dei processi", a partire dal caso di un processo istruito a Verona nel 1976, cfr. Nadia Maria Filippini, *"Mai più sole" contro la violenza sessuale. Una pagina storica del femminismo degli anni Settanta*, Roma, Viella, 2022.

34. Legge n. 1136 del 22 novembre 1954, *Estensione dell'assistenza malattia ai coltivatori diretti*.

Gli ultimi due articoli della prima parte della proposta erano infine dedicati a un settore a lei molto caro: quello scolastico. L'articolo 9 puntava a superare la divisione dei ruoli nella società e nella famiglia partendo dall'eliminazione, nei programmi scolastici, di differenziazioni tra percorsi maschili e femminili anche e soprattutto rispetto alle materie tecniche. L'articolo 10 interveniva sul corpo docente per porre fine agli squilibri di un settore occupazionale considerato, di fatto, come peculiarità femminile: «lo sbocco di un processo di ghettizzazione femminile che parte dalle scuole per maestre d'asilo e passa attraverso gli istituti magistrali», come lei disse.[35] Va sottolineato che questo articolo riapriva una discussione a lei ben nota perché l'aveva affrontata in prima persona già dieci anni prima quando era stata affossata la proposta di consentire anche agli uomini di svolgere i lavori di insegnamento, assistenza e direzione delle scuole materne statali.[36] A corollario di questo articolo, l'ultima riforma del ddl 4/76 prevedeva di modificare il nome delle scuole materne statali in "scuole per l'infanzia". In questa puntuale modifica lessicale (a suo avviso non formale ma sostanziale) si può vedere il riflesso degli studi che proprio in quegli anni stavano rivoluzionando la pedagogia – e le scienze umane e sociali – a seguito dell'introduzione della categoria analitica di genere.[37]

Se ci soffermiamo su questa prima parte della legge, vediamo come l'obiettivo di Tullia Romagnoli Carettoni fosse garantire e incentivare le norme per la tutela della uguaglianza tra i generi uscendo sia dalla logica della protezione, sia da quella di una uguaglianza intesa come omologazione. Questo *modus operandi* era il frutto del suo percorso trentennale nella politica delle donne. Come da lei spiegato in più occasioni, infatti, un punto fermo del suo pensiero era che la rivendicazione della parità non dovesse mai tradursi in emulazione, da parte delle donne, dei modelli maschili.[38] Uno degli interventi più chiari, da questo punto di vista, l'avrebbe pronunciato l'anno successivo. Discutendo in Parlamento la proposta di

35. Si ricorda che l'insegnamento era nei primi anni Settanta la principale professione femminile, tanto che il 63,7% dei professori di scuola media, la metà di quelli della scuola secondaria e circa l'80% degli insegnanti della scuola elementare erano donne.

36. Cfr. *supra* cap. 3, par. 2.

37. Per il dibattito italiano in ambito pedagogico si ricorda il libro *Dalla parte delle bambine,* di Elena Gianini Belotti che, pubblicato per Feltrinelli nel 1973, divenne velocemente un caso editoriale.

38. Sui modelli femminili in politica cfr. Catalano, *La felicità,* pp. 72-73 dove è citata una interessante intervista rilasciata dalla senatrice a «Oggi» n. 14 (15 aprile 1973).

legge sulla parità in ambito lavorativo presentata da Tina Anselmi, la senatrice Romagnoli Carettoni invitò la ministra e le elette presenti nell'aula a lavorare per conquistare una società basata su ruoli di genere totalmente rinnovati, senza cadere nell'errore di imitare gli uomini:

> Dobbiamo – anche questo è stato detto – stare molto attente, soprattutto noi, onorevole Ministro, che abbiamo fatto della lotta di emancipazione un po', non voglio dire il nostro cavallo di battaglia, ma certo una delle cose con le quali ci siamo misurate, al rischio, ricorrente soprattutto per le donne impegnate, di immaginare che si possa imitare il modello maschile, mentre invece è questa imitazione del modello maschile che ci può portare ad affossare completamente il discorso, sissignore, dell'uguaglianza e della parità. Abbiamo di fronte a noi, tutti da scoprire, i problemi dell'autonomia – trovo con difficoltà i termini – che facciano dell'uomo e della donna esseri complementari ma esseri altrettanto forniti di dignità umana. È per questa ragione che si arriva alla conclusione che l'uguaglianza, la parità non è fine a sé stessa; è un passaggio obbligato, è qualche cosa attraverso la quale dobbiamo necessariamente passare. Per questo siamo costretti a fare qualche volta delle leggi imperfette, perché siamo in un periodo di transizione che ci costringe spesso all'approssimazione. Questo perché, nell'attuale società, l'uguaglianza o la parità di per sé non sono sufficienti: c'è qualche cosa di più da fare e noi oggi lo sentiamo, lo intravediamo, ma non siamo ancora nelle condizioni di dire con grande chiarezza quali devono essere i canoni su cui muoversi, quali i princìpi nuovi.[39]

La sensibilità per le trasformazioni in atto e non ancora compiute, insieme con la certezza che fosse opportuno sradicare dalla società gli elementi culturali più arcaici nonostante l'assenza di modelli nuovi ben definiti, aveva spinto la senatrice ad aggiungere alla sua proposta di legge una seconda parte, rivolta al futuro. La critica e la riforma dei codici di età fascista era seguita nel testo, infatti, dalle norme che istituivano uno strumento volto alla ricerca di «canoni» e «principi nuovi»: una Commissione parlamentare di indagine sulla condizione femminile in Italia.

La Commissione da lei delineata sarebbe stata composta da 30 membri rappresentanti di tutti i gruppi parlamentari (15 per il Senato e 15 per la Camera) e avrebbe avuto più compiti: indicare al Parlamento i provvedimenti da adottare per garantire parità occupazionale e formativa; elaborare una sorta di codice comportamentale per i partiti politici e per i sindacati (evitando la già tanto discussa ipotesi di quote per le liste elettorali); infine studiare

39. SDR, VII Legislatura, 183ª seduta, resoconto stenografico del 13 ottobre 1977.

una serie di interventi utili a «tutelare la dignità femminile» e a contrastare le discriminazioni soprattutto in materia di violenza sessuale fondando, ad esempio, centri di tutela legale e sanitaria (qualcosa di simile agli attuali "centri antiviolenza"). Inoltre, nei sei mesi previsti di attività, la Commissione avrebbe dovuto lavorare alla ideazione di un organo di indagine sulla condizione femminile che fosse permanente. In sintesi, questa seconda parte del testo svolgeva una funzione non correttiva dei codici, bensì *gender mainstreaming*, come diremmo oggi: finalizzata cioè a una adeguata analisi economica, politica e sociale delle differenze esistenti tra la vita degli uomini e delle donne e alla promozione di una uguaglianza intesa come fine delle asimmetrie di potere. In qualche modo, questa proposta era una anticipazione della legge n. 164/1990 con cui molti anni dopo sarebbe stata istituita la Commissione nazionale per la parità e le pari opportunità.[40]

Come si evince da questa panoramica, la legge 4/1976 stabiliva un insieme di interventi diversificati tra loro ma, al tempo stesso, interconnessi. Non era una caratteristica ovvia. Basti pensare che quando la legge sulla tutela dell'uguaglianza iniziò ad essere presentata e discussa dentro e fuori il Parlamento, il dibattito sulla "questione femminile" era incentrato su un testo di legge per alcuni versi contiguo eppure profondamente diverso: la già citata legge sulla parità tra uomini e donne in materia di lavoro proposta da Tina Anselmi.[41] Intervistata da «Noi Donne» nel maggio 1977 circa l'opportunità o meno di restringere l'ambito di intervento a un solo tema specifico (come il lavoro, appunto), Tullia Romagnoli Carettoni ribadì il

40. L'articolo 1 della legge n. 164 del 1990 recita: «Costituzione della Commissione. Nell'intento di assicurare la piena realizzazione del precetto di cui all'articolo 3 della Costituzione, è costituita presso la Presidenza del Consiglio dei Ministri la Commissione nazionale per la parità e le pari opportunità tra uomo e donna – indicata nella presente legge con il termine "la Commissione" – con il compito di promuovere l'uguaglianza tra i sessi rimuovendo ogni discriminazione diretta e indiretta nei confronti delle donne ed ogni ostacolo di fatto limitativo della parità in conformità all'articolo 3 della Costituzione».

41. La "legge di parità" verrà approvata in via definitiva il 9 dicembre 1977 (sarà la n. 903). Attraverso quindici articoli vieta la discriminazione sessuale (con alcune eccezioni) e il licenziamento della lavoratrice al cinquantacinquesimo anno di età; abroga alcune leggi fasciste; e più in generale cancella le vecchie forme di tutela del lavoro femminile, armonizzando l'ordinamento italiano con le direttive comunitarie. Inoltre, dispone la possibilità per il padre di assentarsi dal lavoro per motivi di cura: da questo punto di vista la legge Anselmi rientra perfettamente in un percorso di parità finalizzato a sancire l'uguaglianza sul lavoro ma anche ad estendere progressivamente i diritti della madre al padre, riformando il diritto di famiglia e includendo nella «essenziale funzione» familiare anche gli uomini.

suo scetticismo nei confronti di interventi di riforma parziali e criticò pertanto quello firmato dalla deputata democristiana:

> Il progetto Anselmi riguarda soltanto il lavoro. E qui bisogna avere la forza di ammettere che il problema del lavoro è fondamentale, non c'è emancipazione se non attraverso il lavoro, però non si può pensare di risolvere i problemi della condizione femminile solo con delle leggi che stabiliscono la parità nel lavoro. Perché la medaglia ha due facce: una è quella dei diritti civili, della condizione della donna nella società, l'altra faccia è quella del lavoro. Non si può tagliare a metà la medaglia. E credo che l'Udi lo abbia chiaramente intuito.[42]

Nella sua visione, l'ottenimento della parità in ambito lavorativo, da solo, non era sufficiente per migliorare in modo sostanziale e complessivo la condizione delle donne nella società italiana: era un primo importante passo, certamente, ma non la soluzione. Come aveva avuto modo di spiegare in aula dopo la Conferenza di Città del Messico, era convinta che fosse necessario intervenire sul piano lavorativo e delle strutture economiche e, contemporaneamente, su quello dei diritti civili e degli immaginari. Solo in questo modo si sarebbe trovato il coraggio di ripensare radicalmente l'assetto economico della società, ancora basato sullo sfruttamento del lavoro femminile domestico ed extradomestico. Approfondendo questo punto durante una delle discussioni della legge Anselmi, il 13 ottobre 1977 invitò l'Aula del Senato a pensare alla molteplicità di lavori svolti dalle donne che – retribuiti e non – erano essenziali per il vivere sociale; dopodiché, invitò gli astanti ad immaginare l'effetto che avrebbe avuto uno sciopero delle donne: cosa sarebbe successo se un bel giorno tutte le donne si fossero fermate?

> E la domanda che credo dobbiamo porci, anche se non siamo ancora in grado di dare la risposta, è la seguente: ci sono margini nell'assetto attuale dell'Europa industrializzata più generalmente nel mondo industrializzato per cambiare davvero la condizione femminile? Questa società può perdere questa lavoratrice subalterna per definizione, questa riserva di manodopera, questo servizio sociale e sanitario a prezzo zero? Questa è la domanda. C'è una nostra amica e collega che fa sempre un esempio: se ad un certo momento una bella mattina tutte le donne si fermassero, cosa succederebbe nelle case e dappertutto? Quando si fermano gli uomini, è uno scioperone, ma se si fermano le donne è qualcosa di più grosso. E ancora: questa società, questa organizzazione in cui viviamo, questo tipo di società, questo mondo può,

42. Valentina Savioli, *Un seme gettato*, in «Noi donne», 20 (1977), p. 29.

onorevole Ministro – so che questo è anche il suo interrogativo – sopportare una collocazione diversa nel settore produttivo? Ed ancora: si può superare ed a prezzo di quali sforzi la dicotomia tra lavoratore e lavoratrice, che ha fruttato profitti per la paga diversa e che rischia ancora oggi, onorevoli colleghi, di essere un elemento di divisione tra i lavoratori? Queste sono le domande angosciose che ci dobbiamo porre, le domande cui dobbiamo cercare di dare una risposta e che implicano un ripensamento di fondo, e in questo caso non solo sul piano teoretico della parità, ma anche sul piano degli equilibri economici, delle soluzioni economiche che il mondo industrializzato si deve dare. E ancora una volta, dunque, constatiamo che mai un problema riguardante la condizione della donna è settoriale, ma investe sempre – dico sempre – il discorso sulla società tutta intera ed addirittura investe i princìpi informatori della società stessa.[43]

Come già detto, Tullia Romagnoli Carettoni era convinta che per combattere le asimmetrie di potere fosse necessario estirparne le radici tanto sul piano pubblico, quanto su quello privato e intervenire ovunque le discriminazioni si manifestassero. Il ddl 4/1976, pertanto, non poteva essere esaustivo. Di conseguenza, qualche mese dopo aver ripresentato la legge sulla tutela dell'uguaglianza, la senatrice Romagnoli Carettoni si rimise all'opera per scrivere un'altra legge che sarebbe andata a colmare una questione rimasta fuori dal ddl 4/1976: una legge mirata a eliminare le distinzioni tra uomini e donne in un ambito professionale specifico, all'interno del corpo di polizia.

Il corpo della polizia femminile era operativo dal 1961 ma, fin dalla sua concezione, aveva avuto in sé elementi discriminanti: era stato creato, infatti, a seguito della legge Merlin per sostituire "la polizia di buon costume" con un nuovo un corpo femminile rivolto alla tutela delle prostitute, delle donne in difficoltà, e dei minorenni (in sostanza, ad una attività diretta al controllo sociale e sessuale di altre donne). Le disparità di trattamento tra le agenti ed i funzionari di pubblica sicurezza erano numerose ma iniziarono ad essere messe in discussione nel corso degli anni Settanta quando un movimento democratico nato dal basso riuscì ad imporre nel dibattito pubblico il tema della riforma della polizia (nello specifico, della smilitarizzazione e della sindacalizzazione). In questo periodo, anche il

43. Su questi temi è interessante anche il suo articolo *Da supersfruttata a donna europea,* in «L'Astrolabio», 4 (1979), p. 17. Per la pratica dello sciopero nei femminismi contemporanei cfr. *Lo sciopero delle donne. Lavoro. Trasformazione del capitale. Lotte*, a cura di Alisa Del Re, Cristina Morini, Bruna Mura, Lorenza Perini, Roma, manifestolibri, 2019.

corpo femminile espresse una serie di rivendicazioni di cui si fece interprete Tullia Romagnoli Carettoni.

Nel settembre 1976, infatti, la senatrice della Sinistra indipendente decise di proporre una legge che, in vista della riforma della polizia prevista per l'anno successivo, cancellasse le disparità di trattamento tra Assistenti di polizia e Ufficiali di pubblica sicurezza che riguardavano sia il piano normativo sia quello economico.[44] In questo lavoro, venne supportata da alcuni gruppi di Assistenti di polizia che le scrissero una serie di lettere per denunciare le discriminazioni cui si sentivano soggette. La proposta 144/1976, di conseguenza, stabiliva che identiche dovessero essere le attribuzioni riservate al personale maschile e a quello femminile di pubblica sicurezza e che all'eguaglianza di attribuzioni sarebbe dovuta corrispondere anche uguale progressione di carriera e medesimo trattamento economico.[45]

La logica che sottendeva la riforma del corpo di polizia femminile era la stessa alla base della legge 4/1976: l'emancipazione delle donne si sarebbe completata solo grazie a un processo complesso fatto di interventi sul piano giuridico, economico, simbolico, culturale. Come vedremo, però, sarà proprio questa lettura articolata delle cause delle asimmetrie di potere a diventare il bersaglio dei suoi critici. La complessità verrà letta, infatti, come frammentarietà e sarà quindi il principale pretesto con cui i suoi avversari smantelleranno, articolo dopo articolo, tutto l'impianto della legge, fino a snaturarla.

4. *Lo smantellamento della proposta*

Dopo la presentazione della legge 4/1976, la vicepresidente del Senato iniziò a illustrare il progetto di legge alla stampa e in televisione, e la sua

44. Sulla riforma della polizia cfr. Michele Di Giorgio, *Per una polizia nuova. Il movimento per la riforma della Pubblica Sicurezza (1969-1981)*, Roma, Viella, 2019; sulla storia del corpo femminile cfr. Molly Tambor, *The origins of the Polizia Femminile, 1948-1961*, in «Journal of Modern Italian Studies», 2 (2022), pp. 178-199.

45. SDR, VII legislatura, disegno di legge n. 144 d'iniziativa dei senatori Romagnoli Carettoni *et al.* comunicato alla Presidenza il 14 settembre 1976, *Modifiche alla legge 7 dicembre 1959, n. 1083, istitutiva del Corpo di polizia femminile.* Su questo tema riceverà varie lettere da parte di gruppi e singole appartenenti alla Polizia di Stato: cfr. AUFN, TRC/I, b. 25, fasc. 10, s.fasc. 1-3, *Ddl n. 144 Modifiche alla legge 7 dicembre 1959, n.1083, istitutiva del Corpo di polizia femminile.*

segreteria cominciò a ricevere via posta numerosi commenti della cittadinanza mentre la Commissioni Giustizia, quella Affari costituzionali e quella Programmazione economica avviavano l'analisi del testo. L'esito dell'esame arrivò più di un anno dopo. Il 4 novembre 1977 Mario Gozzini, esponente della Sinistra indipendente, espose all'Assemblea del Senato il parere della Commissione giustizia. Come ammesso subito dal relatore, la discussione del testo non era stata rapida e questo «sia per la complessità della materia trattata, che suscitava riserve in alcuni commissari», sia perché il Parlamento aveva contemporaneamente in esame vari provvedimenti contigui, se non proprio sovrapponibili, a quello Romagnoli Carettoni. L'informazione più rilevante era, però, che il lento lavoro della Commissione Giustizia si era concluso con un parere sostanzialmente negativo.

Come spiegato da Gozzini, tutti gli articoli dal numero 3 all'11 erano stati soppressi per varie ragioni: perché «irrilevanti ai fini perseguiti dalle norme del codice civile in questione» (era il caso dell'articolo 3, quello sulla promessa di matrimonio); per incostituzionalità (l'articolo 4 sulla parità di genere nella commissione di magistrati giudicanti i casi di stupro); o ancora perché nel frattempo erano stati assorbiti da altre leggi approvate o prossime alla approvazione (come quella sull'istituzione e sull'ordinamento della scuola materna statale; quella sulla parità di trattamento tra uomini e donne in materia di lavoro, la futura "legge Anselmi"; e quella di riforma del sistema sanitario).[46] Per quanto riguarda invece l'istituzione della Commissione di indagine sulla condizione femminile, la Commissione Giustizia aveva bocciato questa proposta non a causa del «misconoscimento dell'esigenza posta dal disegno di legge», ma per evitare un'eccessiva proliferazione di Commissioni. Rispetto a questo punto, Gozzini precisò che in realtà era emerso anche un altro problema: tra i commissari era diffusa la convinzione che la riflessione su questo tema non fosse ancora matura, né tra le forze politiche, né tra la cittadinanza. In sintesi, nella Commissione giustizia erano prevalse le reticenze di coloro che ritenevano necessario procedere gradualmente, di mediazione in mediazione, preoccupandosi di evitare sia "involuzioni burocratiche", sia eventuali «discrasie fra le nuove indicazioni legislative e le consuetudini radicate nella popolazione».

46. SDR, VII Legislatura, Relazione della 2ª Commissione Permanente Giustizia (relatore Gozzini) sul ddl 4/1976, comunicata alla presidenza il 4 novembre 1977 (d'ora in avanti: relazione del 4 novembre 1977).

> La Commissione – spiegò Gozzini in conclusione del suo discorso – ha affermato l'esigenza che il problema venga largamente dibattuto per giungere quanto prima possibile ad una soluzione soddisfacente, in grado di ottenere il più vasto consenso. Una soluzione, cioè, che rappresenti un traguardo veramente incisivo sul cammino della piena parità femminile: che è cammino, sì, legislativo, ma anche, e soprattutto, di modificazione di costume. Si tratta, infatti, di far passare le acquisizioni della cultura antropologica contemporanea nella mentalità comune della gente, non ancora liberata da condizionamenti remoti. Il problema femminile non riguarda solo le donne; in realtà, è un problema di tutti.[47]

Per cogliere i motivi più profondi che si celavano dietro la soppressione di gran parte degli articoli che componevano la legge sull'uguaglianza, è utile soffermarsi sul dibattito che si tenne il 9 novembre 1977 rispetto all'articolo 10, quello sulle scuole pubbliche per l'infanzia. Durante la 197ª seduta, il senatore democristiano Alessandro Agrimi pronunciò un intervento emblematico delle reticenze con cui venne recepita la legge sulla tutela della parità nel suo insieme. Agrimi iniziò il suo discorso elogiando il disegno di legge Romagnoli Carettoni («formalmente ineccepibile») e ringraziando la senatrice per il prezioso lavoro fino a quel momento svolto. Dopodiché, iniziò a criticare vari articoli della legge, tra cui quello sulla scuola per l'infanzia, chiarendo però che nel suo partito non vi era alcuna volontà di conservare le presunte discriminazioni presenti nell'ordinamento giuridico. Nondimeno, riteneva opportuno che l'aula del Senato riflettesse di più sulla modifica del nome delle scuole "materne", sia perché questo cambiamento avrebbe potuto avere effetti controproducenti (dietro all'appellativo "materna" si poteva individuare a suo parere «un privilegio per le donne» che sarebbe stato meglio conservare); sia perché avrebbe potuto produrre, indirettamente, effetti negativi. Ad esempio, quello di affermare una idea di uguaglianza così "estrema" da «negare la diversità dei sessi», in ambito lavorativo e non solo:

> Il titolo è indicativo, emblematico e pertanto chiamarla «Scuola statale per l'infanzia» come credo si debba fare invece di «Scuola materna statale» può importare delle conseguenze che potranno esplicarsi anche sul piano organizzativo: si possono, ad esempio, distribuire opportunamente compiti tra uomini e donne nell'ambito della scuola statale per l'infanzia.

47. Relazione del 4 novembre 1977, pp. 3-4.

> Credo che nessuno voglia spingere il criterio di uguaglianza tra i sessi fino a negare la diversità dei sessi che, comunque, esiste. L'uguaglianza giuridica è una cosa, la non discriminazione è fondamentale ed importante, ma la diversità di disciplina può essere dettata da motivi di opportunità [...]. Motivi di opportunità possono portare anche a distinguere particolari attitudini degli uomini e delle donne nell'organizzazione della Scuola statale per l'infanzia, non certo secondo principi discriminatori in partenza, ma perché nulla vieta, anzi, tutto incoraggia ad avere nella scuola statale per l'infanzia la presenza degli uomini e delle donne.[48]

Nonostante il rifiuto teorico di qualsiasi discriminazione, l'enfasi sulla «opportunità» di mantenere una distinzione tra le competenze maschili e femminili era forte: così forte da evocare una paura sociale – la fobia di una società "degenerata", senza una chiara gerarchia di compiti (per non dire di potere) tra uomini e donne – e da far sospettare che l'imminente approvazione della legge Anselmi fosse un ostacolo pretestuoso. Nel suo insieme, il discorso di Agrimi fu quindi emblematico delle resistenze che la legge sull'uguaglianza incontrò fin da subito perché svelò che le maggiori perplessità erano destate non tanto dalla struttura del testo («frammentaria»), quanto dal suo obiettivo: combattere la tradizionale separazione dei ruoli, mettere in discussione l'idea di una *naturale* predisposizione femminile per il lavoro di cura, sradicare – diremmo oggi – gli stereotipi di genere.

Dalle pagine di «Astrolabio» arrivò, tagliente, la protesta della prima firmataria che – a seguito del parere negativo della Commissione Giustizia – cercò di chiarire ulteriormente il senso della sua proposta di legge.

> Chi non ponesse a mente – e molti non l'hanno fatto – al filo conduttore che era quello della uguaglianza fra uomo e donna [...] poteva giudicarla frammentaria o disarticolata.
> Forse si trattava di una legge con molti difetti: ma se i problemi che una legge tocca *ci sono*, ebbene il legislatore fa *altre* proposte, corregge, rifà, dà – se vuole – dell'asino al proponente ma non giudicherà rinviabili o da non prendersi in considerazione le materie in esame.

Carettoni Romagnoli contestò anche le motivazioni con cui i senatori della Commissione giustizia avevano bocciato la seconda parte della legge. Il parere negativo era stato dato – disse – «senza accorgersi che la Commissione parlamentare proposta è qualcosa di diverso dalle solite Commissioni

48. SDR, VII Legislatura, 197ª seduta, 9 novembre 1977, resoconto stenografico, p. 8470.

parlamentari di cui c'è inflazione» e senza capire che il suo fine era innanzitutto garantire al movimento delle donne un interlocutore all'interno delle istituzioni, oltre certamente affrontare «problemi gravissimi – come la violenza – che ci angosciano tutti».[49] «Per fortuna» – proseguì la senatrice – «in Italia le donne non dormono». Grazie alle proteste dell'opinione pubblica e all'interesse dello stesso ministro della Giustizia, Bonifacio, infatti, sarebbe stata data una seconda *chance* alla sua proposta di legge.

Alla timidezza – per usare un eufemismo – con cui vennero accolti quasi tutti i primi articoli della legge 4/1976 e la proposta di istituire una Commissione di indagine, corrispose un maggior interesse per le norme relative alla causa d'onore. I Commissari avevano soppresso con motivazioni varie tutti gli articoli dal numero 3 al 16, ma avevano proposto di stralciare i primi due relativi all'abrogazione del matrimonio riparatore (articolo 544) e del delitto d'onore (articolo 587).

Prima di addentrarci sulle motivazioni di questa scelta e sul conseguente dibattito al Senato, vale la pena ripercorrere la storia dell'attenuante della causa d'onore e ricordare perché il legislatore fascista aveva previsto, alla fine degli anni Venti, una serie di reati meritevoli di indulgenza se compiuti per difendere l'onore: ossia, un valore collettivo condiviso (soprattutto nelle società mediterranee) all'interno di piccole comunità parentali, amicali, clientelari;[50] una costruzione sociale di stampo sessuale strettamente legata sia al controllo dei corpi delle donne da parte di terzi (il padre, il marito, o appunto la comunità), sia alla difesa di una maschilità di stampo virile; in sostanza, un bene che può essere «attribuito, riconosciuto, infranto, offeso, riparato, ristabilito, vendicato in un costante lavoro di negoziazione e relazione sociale», come hanno scritto Domenico Rizzo e Laura Schettini.[51]

Questo senso dell'onore era radicato nella tradizione giuridica e nella cultura italiana che nel tempo ha cercato, attraverso dispositivi normativi via via diversi, di definirlo e tutelarlo. Basti pensare che nell'età liberale era in voga il rituale del duello, ossia un combattimento di stampo cavalleresco (organizzato in difesa della reputazione virile degli uomini) che

49. Tullia Romagnoli Carettoni, *Tutela dell'uguaglianza dei sessi/diritti umani: attenti al voto del Parlamento*, in «L'Astrolabio», 24 (1977), pp. 10-12.

50. *Onore e storia nelle società mediterranee*, a cura di Giovanna Fiume, Palermo, La luna, 1989.

51. Domenico Rizzo, Laura Schettini, *Saggio introduttivo*, in «Genesis», XVIII, 2 (2019), *Maschilità e violenza di genere*, p. 9.

con il tempo avrebbe perso la sua capacità di risarcimento del disonore sul piano pubblico provocando, piuttosto, crescente sarcasmo.[52] Con il fascismo, però, lo spazio concesso all'onore nell'ordinamento giuridico non diminuì, anzi. Nella cultura politica e giuridica fascista, l'enfasi sulla funzione riproduttiva delle donne venne accompagnata dalla tutela di un senso dell'onore di stampo sessuale che presupponeva il controllo dei corpi femminili da parte degli uomini della famiglia e, in generale, della società. Conseguenza di questa concezione intrinsecamente patriarcale era che l'eventuale disonore di una donna sarebbe ricaduto sulla famiglia intera, trasmettendo "l'onta" legata ai suoi comportamenti sugli altri.

Tenendo conto di tutto ciò, il Codice Rocco prestò un'attenzione peculiare ad alcuni reati considerati lesivi della moralità pubblica e del buon costume (tra cui la violenza carnale, gli atti di libidine violenti e il ratto) prevedendo per questi l'eventuale attenuante della "causa d'onore". In questo modo trova una spiegazione il "delitto d'onore", un reato con una configurazione autonoma dall'omicidio poiché si riteneva causato da una *naturale* e *legittima* ira. Va infatti ricordato, come fanno Rizzo e Schettini riflettendo sull'importanza di de-essenzializzare la violenza maschile, che l'ira dell'uomo disonorato è stata a lungo considerata «una reazione emotiva dovuta e aspettata, in termini sociali e culturali», ossia:

> il primo passo nella procedura di riparazione della maschilità incrinata. Qualcosa di molto lontano da un gesto improvviso e impulsivo, quanto piuttosto una pratica immersa in un complesso sistema di significati che mettono in relazione il singolo, e le sue emozioni, con il contesto in cui vive.[53]

Oltre all'omicidio per causa d'onore, il Codice Rocco prevedeva come abbiamo detto anche il "matrimonio riparatore". L'articolo 544, infatti, stabiliva che il matrimonio contratto tra l'uomo che aveva agito violenza carnale e la donna violentata avrebbe estinto il reato e avrebbe scagionato anche gli eventuali correi. Questa misura aveva l'obiettivo di riparare al tempo stesso due onori feriti da una condotta sessuale femminile immorale: quello della donna ovviamente (perché le sue virtù erano ancorate alla purezza del suo sesso); ma anche quello del capofamiglia. Seducendo (o cedendo alla seduzione), il rapitore aveva ignorato l'au-

52. *Honour, Violence and Emotions in History*, a cura di Carolyne Strange, Robert Cribb e Christopher E. Forth, London, Bloomsbury, 2014, p. 2.

53. Rizzo, Schettini, *Saggio introduttivo*, pp. 9-10.

torità paterna ed era stato dunque irrispettoso della gerarchia di potere vigente sul corpo femminile.[54]

Il Codice Rocco era stato sostanzialmente confermato nella nuova Italia democratica. Gli anni Sessanta si erano però aperti con i primi tentativi di revisione. Ad esempio, nel 1963 il senatore socialista Fenoaltea (insieme con Tullia Carettoni e Giuliana Nenni) aveva presentato una legge per l'abrogazione dell'articolo 487.[55] Sebbene questa iniziativa non avesse avuto successo, è importante tenere a mente che il Senato aveva ascoltato relazioni indignate sul delitto d'onore e sul matrimonio riparatore già dieci-quindici anni prima della presentazione della legge sulla tutela dell'uguaglianza. Senza considerare che, come ricordato da Fenoaltea nel 1963, già al momento di votare il Codice Rocco erano emerse numerose critiche alle disposizioni che configuravano un titolo di reato autonomo per «l'omicidio commesso nello stato d'ira determinato dall'offesa recata all'onor suo o della famiglia», dando ancora più spazio all'onore di quanto ne avesse dato il legislatore di età liberale. Nel Codice penale Zanardelli, infatti, la ragion d'onore era stata prevista come attenuante del reato di omicidio soltanto se compiuto scoprendo in flagranza l'adulterio.

> È evidente – aveva affermato Fenoaltea nel 1963 – che un omicidio commesso nell'atto stesso della scoperta di un accoppiamento illegittimo è cosa molto differente da quello commesso da chi è in uno stato d'ira determinato da un fatto che si è potuto scoprire anche un mese prima!
> L'aver consentito che fosse lo stato d'ira l'elemento costitutivo fondamentale del reato è di certo l'errore più evidente che la norma contiene. [...]
> Di certo noi non vogliamo qui disconoscere che un padre o un coniuge possa nel momento che scopre un illecito congiungimento dell'altro coniuge o della figlia, giungere all'omicidio o alle lesioni in condizioni di non completa volontarietà e lo riconosciamo meritevole di tutte le possibili attenuazioni del reato, secondo la valutazione che caso per caso ne farà il giudice.[56]

Quello che il disegno di legge 9/1963 aveva contestato era dunque la legittimità di una fattispecie di reato specifica, non tanto la previsione di

54. Come studiato da Giorgia Alessi a partire dalla Toscana del Settecento, oltre al matrimonio anche la dote (aggiunta a quella paterna) poteva risarcire il danno arrecato: Giorgia Alessi, *L'onore riparato. Il riformismo del Settecento e le "ridicole leggi" contro lo stupro*, in *Onore e società nelle società mediterranee*, pp. 129-142.

55. Cfr. *supra* cap. 2, par. 4.

56. SDR, IV Legislatura, ddl 9 d'iniziativa di Fenoaltea *et al.*, comunicato alla Presidenza il 3 giugno 1963, *Abrogazione dell'articolo 587 del Codice penale in materia di omicidio e di lesione personale a causa di onore*.

un'attenuante per un'azione impulsiva compiuta in «non completa volontarietà» a seguito della sconcertante scoperta di una relazione adulterina. La flagranza avrebbe dovuto giustificare una dose di magnanimità da parte del giudice, ma non la creazione di un reato specifico. Fenoaltea non ebbe modo di partecipare al nuovo dibattito sulla causa d'onore: dal 1972, infatti, non sedeva più tra i banchi del Senato. Non possiamo sapere quindi se avrebbe ribadito o smentito l'importanza da lui data anni prima alla condizione in cui questo tipo di reato veniva commesso. Di sicuro, nel frattempo molto era cambiato a livello sociale.

A partire dalla vicenda di Franca Viola – la ragazza che all'inizio del 1966 in Sicilia, con il sostegno del padre, si era rifiutata di sposare colui che l'aveva rapita, violentata e quindi "disonorata" – la legittimità della causa d'onore era stata messa decisamente in discussione.[57] Il caso Franca Viola, infatti, costituì un *turning point* perché, come ricostruito da Laura Schettini, fu seguito da altri episodi di ribellione al secolare codice d'onore che testimoniano un processo di cambiamento ormai irreversibile: come quello di Mattea che, pochi mesi dopo (e sempre in Sicilia), decise di denunciare per ratto, violenza carnale e sequestro di persona il suo ex fidanzato che l'aveva violentemente rapita.[58]

Nonostante ciò, la cronaca aveva continuato a raccontare omicidi "comprensibilmente" innescati da uno shock emotivo (la scoperta del tradimento e di scandalose relazioni sessuali adulterine) e dal bisogno di riparare l'onore ferito, senza che nessuna modifica del Codice penale venisse ripresentata. Fu per questo motivo che Tullia Romagnoli Carettoni decise di dedicare all'abrogazione della causa d'onore i primi due articoli della legge 4/1976, destando molto interesse nell'opinione pubblica, nella stampa e, finalmente, anche nel Parlamento.

5. *Il dibattito su delitto d'onore e matrimonio riparatore*

Fin dalla prima discussione al Senato, il 4 novembre 1977, gran parte della discussione sulla proposta di legge sull'uguaglianza fu incentrata sul-

57. Sulla vicenda di Franca Viola e in generale sull'abrogazione della causa d'onore cfr. Vittoria Calabrò, *Storia di un contrastato tramonto. La legge abrogativa della causa d'onore e del matrimonio riparatore*, in *Violenza di genere, politica e istituzioni*, a cura di Maria Atonella Cocchiara, Milano, Giuffrè, 2014, pp. 275-328.

58. Schettini, *La violenza maschile contro le donne*, p. 157.

la causa d'onore. Le esitazioni su questo nodo della Commissione giustizia vennero criticate in modo severo da Gozzini che, senza giri di parole, chiamò in causa le responsabilità di un legislatore così tollerante nei confronti di alcuni reati da risultare omertoso:

> Già molti anni fa un film di Pietro Germi, *Divorzio all'italiana*, aveva denunciato con aspra e convincente efficacia tale assurdità (e dello stesso autore si deve ricordare, per l'articolo 544, l'altro film *Sedotta e abbandonata*, recentemente riproposto dalla televisione). Ha scritto Giovanni Conso, autorevole membro del Consiglio superiore della magistratura, commentando sulla Stampa del 30 ottobre la ricordata sentenza di Milano, che ha irrogato quattro soli anni di reclusione all'uccisore del *presunto* amante della moglie, e ricordando altre sentenze parimenti scandalose: «con il tener fermi schemi normativi non in linea con i tempi, non solo si creano ingiustizie sostanziali ma peggio! ancora si dà una spinta al loro moltiplicarsi. Nulla è nefasto quanto il persistere in un atteggiamento legislativo apertamente accusato di eccessiva benevolenza: la tentazione di approfittarne più che si può, diventa, in certi casi, irresistibile». Dunque, il legislatore è chiamato direttamente in causa, per la responsabilità di non aver provveduto a tempo, che può diventare, appunto, incentivazione al delitto.[59]

Malgrado «l'assurdità vergognosa» di norme che prevedevano la difesa dell'onore, Gozzini dovette ammettere che la Commissione non si era pronunciata per l'approvazione secca dei primi due articoli del ddl Romagnoli Carettoni, bensì per lo stralcio. Questa scelta, spiegò il relatore, non era stata motivata dalla volontà di conservare gli articoli 544 e 587 ma, al contrario, dal desiderio di prevedere un possibile ampliamento della materia trattata. L'attenuante della causa d'onore, aveva notato la Commissione, poteva infatti essere invocata anche per altri reati: oltre che per il matrimonio riparatore e per il delitto d'onore, anche per gli articoli 578 («Infanticidio in condizioni di abbandono materiale e morale») e per il 592 («Abbandono di neonato»).

Nonostante questa rassicurazione, le parole conclusive di Gozzini, il 4 novembre 1977, risuonarono come un presagio degli ostacoli che si sarebbero dovuti superare per arrivare a estirpare la *causa honoris* dal Codice penale:

> Non si sono manifestate, né probabilmente lo potevano, opposizioni di principio alla proposta abrogazione, da parte dei commissari; anzi, è stata unani-

59. Relazione del 4 novembre 1977, p. 2.

me la dichiarazione di disponibilità in tal senso. Ciò nonostante, sono state avanzate persistenti perplessità che hanno portato alla decisione, a maggioranza, di proporre all'Assemblea lo stralcio degli articoli 1 e 2 del disegno di legge per poterne ancora discutere in sede separata, con l'ausilio di dati statistici sull'applicazione giurisprudenziale degli articoli del codice penale in questione. Obbiettività e lealtà esigono di registrare che il parere del relatore è stato contrario.[60]

Questo è un passaggio fondamentale perché l'atteggiamento ambivalente della Commissione Giustizia – contraria alla causa d'onore ma anche all'abrogazione secca degli articoli 544 e 587 – verrà riprodotto nelle successive discussioni al Senato: come vedremo, chiunque prenderà la parola, a prescindere dagli schieramenti politici, affermerà di considerare anacronistici gli articoli in questione; e tuttavia l'abrogazione netta del matrimonio riparatore e del delitto d'onore verrà a lungo rimandata.

Da questo punto di vista è emblematica la seduta del 9 novembre 1977. In un primo giro di interventi presero la parola – oltre alla prima firmataria – Vera Squarcialupi (Pci), Antonio Guarino (Sinistra indipendente), Gastone Nencioni (Msi), Fabio Maravalle (Psi), Mario Gozzini (Sinistra indipendente), il ministro della Giustizia, Francesco Paolo Bonifacio, infine Agostino Viviani (Psi). La senatrice comunista Squarcialupi avviò la discussione sferrando un duro attacco a quanti, a suo avviso, da un lato esprimevano parole di sostegno per il progetto di abolizione della causa d'onore e dall'altro lavoravano, «subdolamente», per intralciarlo, ritardando così la modernizzazione del paese. A suo avviso era invece essenziale schierarsi apertamente, scegliendo una volta per tutte se stare dalla parte di Giovanni Melodia oppure di Franca Viola:

È vero: non c'è più nessuno che ignori la questione femminile e che non pensi che essa vada risolta. Ma le volontà espresse su questo argomento hanno varie gamme di intensità fino a diventare delle volontà inerti, con tante incertezze, tanti dubbi, tante paure, dietro le quali combattono una subdola guerriglia le volontà contrarie che apertamente non si esprimono, ma che agiscono perché la giustizia fra le donne ritardi o non giunga addirittura [...]. Il disegno di legge n. 4 che stiamo discutendo in quest'Aula, presentato proprio all'inizio della VII legislatura, è stato la prima, concreta interpretazione del modo nuovo di votare delle donne espresso il 20 giugno, un voto più consapevole, più cosciente ed anche più esigente. Questo disegno di legge ha interpretato talmente quel mo-

60. Ivi, p. 3.

> mento storico da diventare l'ossatura della legge di parità sul lavoro che forse proprio il Senato varerà definitivamente. I problemi, pur importantissimi, del lavoro saranno così affrontati e speriamo risolti. Ma rimangono altri problemi. Parlavo prima del mosaico della emancipazione femminile. Ogni legge conquistata è infatti una immagine a sé stante, ma non può assumere contorni definiti se non quando il mosaico sarà completo, cioè se non quando il legislatore sarà intervenuto in tutti i campi dove c'è un'ingiustizia, un anacronismo, una superficiale o sbagliata valutazione della donna e del suo ruolo.[61]

Dopo Squarcialupi, prese la parola il senatore democristiano Agrimi che anche sull'onore (come sul tema della scuola materna) mostrò abilità retorica. L'esame della Commissione giustizia, raccontò Agrimi, si era concluso con la decisione di stralciare i primi due articoli del ddl 4/1976 sulla base di «considerazioni di natura pratica». Secondo Agrimi, la parola "stralcio" era carica di un significato negativo che faceva diffidare delle intenzioni della Commissione. Quello che il gruppo democristiano auspicava rispetto agli articoli 1 e 2, tuttavia, non era un vero e proprio stralcio bensì un «breve rinvio» dovuto al fatto, semplicemente, che si sentiva l'esigenza di «un momento di riflessione» in più rispetto, ad esempio, all'abrogazione del matrimonio riparatore:

> Se poi si vuole avere un momento di riflessione sul fatto che possa essere eventualmente mantenuta una qualche disposizione per cui in qualche caso, per qualche famiglia (non si tratta certo della stragrande maggioranza) possa essere lasciata al giudice la possibilità di intervenire per evitare turbamento in una entità familiare già bene avviata, ciò potrebbe offrire occasione per uno studio attento, magari dell'onorevole Ministro attraverso gli uffici del suo dicastero.[62]

Prendere in considerazione la possibilità che una donna potesse "liberamente" scegliere il matrimonio con l'uomo che aveva agito su di lei «non una reale violenza» ma un reato meno grave (ad esempio «la sottrazione consensuale di minore»): fu su questa ipotesi che la Democrazia cristiana avrebbe invitato a riflettere più volte l'Assemblea, pur non arrivando a mettere in discussione l'abrogazione dell'articolo 544.[63] A scanso di equi-

61. SDR, VII Legislatura, 197ª Seduta pubblica, resoconto stenografico, 9 novembre 1977, p. 8462 (d'ora in avanti: seduta del 9 novembre 1977).

62. Seduta del 9 novembre 1977, p. 8469.

63. Si veda ad esempio il discorso pronunciato dal senatore Coco: SDR, VII Legislatura, 214ª Seduta pubblica, resoconto stenografico, 14 dicembre 1977, p. 9386 (d'ora in avanti: seduta del 14 dicembre 1977).

voci, infatti, Agrimi propose di programmare il rinvio in Commissione e di calendarizzare la successiva discussione, così da scongiurare il rischio di insabbiamenti e rasserenare i malfidati.

Nonostante i toni cauti e le ripetute manifestazioni di apertura e apprezzamento, il discorso dell'esponente democristiano accese gli animi dei sostenitori della legge, convinti che il gruppo Dc del Senato volesse ritardare l'invio alla Camera dei due articoli inerenti la causa d'onore. A rendere ancora più diffidenti i fautori della legge 4/1976 c'erano inoltre le voci di coloro che proponevano di attendere direttamente una riforma organica del Codice penale, evitando così di procedere attraverso singoli interventi. Chi protestò più vivacemente contro questa prospettiva «che faceva tremare i polsi» fu il senatore della Sinistra indipendente Guarino che scalpitò sia quando sentì parlare di rinvio (ipotesi verso cui il resto del suo gruppo era, nel complesso, abbastanza aperto), sia di stralcio.

> [...] mi si consenta di riferirmi ad una tecnica cinematografica, che credo sia a tutti nota, la tecnica del *flash back*, del ritorno improvviso e momentaneo a tempi più o meno arretrati. Ebbene, io mi sento vittima quasi di un *flash back*, in questo momento. Non so se siamo a palazzo Madama o a palazzo Carignano, se siamo i membri del Senato della Repubblica o i membri del Parlamento subalpino, se le persone che mi guardano sono quelle che risultano dagli elenchi del Senato di oggi, oppure sono il senatore Menabrea, il Senatore Lanza, Benedetto Cairoli – Cairoli salvi il Re!, e quello lo salvò veramente – e via dicendo.
>
> Francamente, non riesco in nessun modo a sottrarmi a questa allucinazione, che mi riporta indietro di oltre un secolo. Perché? Ma, signori miei, per il fatto che noi stiamo discutendo nel 1977, alla fine di questo anno 1977, niente di meno che dell'abolizione del delitto d'onore, che stiamo discutendo alla fine del 1977 niente di meno che dell'abolizione del matrimonio riparatore, che noi siamo in procinto di rimandare in Commissione, per il "riesame", una cosa che è stata esaminata, riesaminata, discussa e ridiscussa non una, ma cento volte [...].[64]

Se il senatore Agrimi aveva impostato il tema sul piano strettamente politico e giuridico, per Guarino il punto di vista da adottare era invece quello storico: e dal punto di vista della storia – affermò perentoriamente – non era per lui ammissibile rinviare ancora una volta l'abrogazione della attenuante dell'onore.

64. Seduta del 9 novembre 1977, p. 8472.

> Se si dà ascolto all'oratoria efficacissima – debbo ammetterlo –, del senatore Agrimi che mi ha preceduto, ci si può convincere facilmente: si tratta solo di riesaminare questi articoli: si tratta solo di ritardare di una settimana o due settimane; tra due settimane certamente avremo approvato l'articolo 1, l'articolo 2 e probabilmente aboliremo anche altri articoli sulla causa d'onore, magari aboliremo la rilevanza giuridica dell'onore, aboliremo persino l'ingiuria e la diffamazione. Senonché il senatore Agrimi ha impostato il tema sul piano strettamente politico, mentre il nostro è uno di quegli argomenti che vanno guardati dal punto di vista storico, e dal punto di vista della storia noi non possiamo rinviare ancora una volta in Commissione la decisione sui delitti d'onore. Comunque sia, arrivata la proposta di legge in Aula, oggi noi scriveremo un'altra pagina nera, la pagina nera della rinuncia, del rifiuto, del ritardo, quanto meno, nel decidere circa la abolizione del delitto d'onore. È una cosa veramente sconvolgente, è una cosa che fa vergognare, che fa vergognare almeno me, che probabilmente ho una sensibilità particolare ed esagitata.[65]

Guarino non difese in tutto la proposta della sua collega: ammise ad esempio che legge Carettoni poteva essere considerata una legge «satura» a causa della sua eccessiva ampiezza. Questi limiti a suo avviso non giustificavano, però, la lentezza e gli indugi con cui l'aula del Senato, da una legislatura all'altra, stava affrontando l'esame del testo in questione per poi, una volta arrivati alla discussione, demolirlo:

> Lo vedete, sembra il monumento ai caduti: primo articolo stralcio, secondo articolo stralcio, terzo articolo soppresso, quarto soppresso, quinto soppresso perché una legge, una seconda legge, una terza legge e così via sono frattanto intervenute con precedenza a togliere, diciamo così, materia al disegno di legge Romagnoli Carettoni. E siamo rimasti ai primi due articoli, relativi al consueto argomento del delitto d'onore e del matrimonio riparatore, siamo rimasti a quell'articolo 10 sulla scuola materna su cui si è soffermata una collega che mi ha preceduta, e siamo rimasti alla proposta di commissione d'indagine o quel che sia, proposta che poteva benissimo essere presa in esame anche in Commissione giustizia. Parliamoci chiaro: quel poco che è rimasto, era in Commissione già stato esaminato, era in Commissione già stato discusso.[66]

Guarino invitò dunque il Senato a «tagliare la testa al toro», eliminando immediatamente gli articoli 544 e 587. Di altro parere fu l'esponente del Movimento sociale italiano che prese la parola dopo di lui. Nencioni rassicurò i sostenitori della legge che le «incrostazioni del codice penale»

65. Ivi, p. 8472.
66. *Ibidem*.

sarebbero state cancellate con coraggio, ma dopo un'ulteriore verifica da parte della Commissione giustizia. Questa revisione era necessaria perché, spiegò Nencioni, c'erano delle «norme in contrasto» che andavano valutate: ossia tutti gli articoli del Codice penale dal numero 545 al 551 che – prevedendo anch'essi l'attenuante dell'onore – avrebbero meritato di essere analizzati almeno brevemente:

> Ed ecco la meditazione. Siamo di fronte alle norme dal 545 al 551. Siamo di fronte alla norma sull'infanticidio, articolo 578; siamo di fronte all'articolo 592 sull'abbandono di infante per causa d'onore. E per quale ragione, addivenuti finalmente all'esame di questa situazione, non possiamo esaminare tutta questa materia sia pure brevemente?[67]

Una volta terminato l'intervento dell'esponente di estrema destra, arrivò il turno di Tullia Romagnali Carettoni. La firmataria del ddl 4/1976 parlò poco ma non nascose il suo rammarico. La delusione era dovuta soprattutto al fatto che mentre le associazioni femminili e femministe si erano impegnate nel miglioramento della proposta di legge, il Senato aveva avuto soltanto un ruolo distruttivo.

> Ma vede, onorevole Ministro, non è che una bella mattina io mi sia messa a scrivere questo testo per conto mio: l'abbiamo scritto insieme, con delle amiche, con delle compagne, sentendo le associazioni femminili, sentendo anche gruppi femministi, cercando di mettere insieme le nostre esperienze e dicendo: ecco, vi offriamo una materia di discussione, diteci che cosa si può fare e che cosa non si può fare. Questo non ci è stato detto; per questa ragione c'è questa profonda delusione.[68]

Approvare almeno i primi due articoli sarebbe stato, sul piano simbolico, un passaggio importante. In un periodo storico in cui, secondo lei, c'era una diffusa diffidenza nei confronti delle istituzioni, si sarebbe dimostrato che anche il Parlamento, così come la società civile, considerava superati «certi dinosauri» ancora presenti nei codici: «si trattava di dire in qualche modo simbolicamente al movimento delle donne che questa Assemblea è con loro», affermò.[69] Detto ciò, la senatrice dedicò qualche parola a un tema a lei molto caro, quello della scuola, scongiurando la soppressione degli articoli che riguardavano quello che poteva essere considerato il prin-

67. Seduta del 9 novembre 1977, p. 8477.
68. Ivi, p. 8478.
69. Ivi, p. 8479.

cipale ambito – insieme alla famiglia – in cui si costruivano quelli che oggi chiamiamo "ruoli di genere":

> Dunque sui primi due articoli siamo d'accordo; benissimo, speriamo che con una procedura o con l'altra si possa arrivare presto a cancellare queste brutture. Ma rimangono aperti gli altri problemi ed anche se è giusto che cadano le norme che riguardano la problematica del lavoro, credo che rimanga un enorme campo così com'è inesplorato, se non ce ne facciamo carico. Faccio solo alcuni esempi. Ho parlato del mondo della scuola; tutti quanti noi sappiamo che la grande divisione dei ruoli comincia certo nella famiglia ma ha la sua cristallizzazione, la sua fissazione nella scuola. Ecco la ragione per cui abbiamo proposto anche il cambiamento di titolo per la scuola materna e la possibilità di accesso a tale tipo di scuola sia per le donne che per gli uomini.[70]

Terminato il primo giro di interventi, il relatore Gozzini cercò di tirare le fila del discorso: in sintesi, spiegò che l'Aula del Senato aveva rinviato alla Commissione giustizia i primi due articoli del ddl 4/1976 (con i relativi emendamenti proposti da Dc e governo); aveva fissato perentoriamente la data del successivo dibattito in assemblea per inizio dicembre; e, infine, aveva fatto rivivere, come disegno autonomo, la parte che riguardava la Commissione di indagine sulla condizione femminile.

Se da un lato la seduta del 9 novembre 1977 aveva ridato vita al disegno di legge Romagnoli Carettoni, al tempo stesso il progetto originario ne era uscito in gran parte trasformato. Come lamentato dal senatore della Sinistra indipendente Anderlini, gradualmente si era perso di vista lo spirito con cui la legge era stata proposta: quello della tutela della parità tra l'uomo e la donna, non l'abrogazione della attenuante dell'onore dal Codice penale. L'inversione di rotta era tuttavia oramai impossibile. Tanto più che fu annunciata una pioggia di emendamenti che non fece ben sperare neppure rispetto alle sorti dei primi due articoli del ddl 4/1976.

La diffidenza manifestata il 9 novembre 1977 da alcuni senatori nei confronti delle ipotesi di stralcio presto apparve fondata. Il repubblicano Venanzetti, ad esempio, aveva insinuato che la Dc, con tutti i suoi emendamenti, volesse in realtà raggiungere un secondo fine (ossia, prendere tempo) e non – come ufficialmente affermato – estirpare in modo ancora più radicale la causa d'onore. Guarino, il senatore della Sinistra indipendente che aveva pronunciato il discorso più appassionato, carico di rabbia e di sarcasmo, era stato ancora più diretto: aveva infatti esplicitato di te-

70. Ivi, p. 8480.

mere che, di rinvio in rinvio e di riesame in riesame, si arrivasse ad approvare un intervento di riforma parziale che avrebbe indebolito il «ripudio che si deve avere da un popolo civile nei confronti della causa d'onore». Infine, il senatore della Sinistra indipendente, giurista per professione, aveva aggiunto:

> È inutile nasconderci che le difficoltà non sorgono soltanto in ordine alla causa d'onore per quanto attiene allo omicidio per causa d'onore, ma le difficoltà sorgono anche e principalmente per l'infanticidio per causa d'onore. Già sento che mi si verrà a dire che la povera donna che partorisce un figlio non avendolo avuto da una unione legittima è talvolta costretta a compiere questo atto per salvare il suo onore.
> Ma che onore salva, la disgraziata? È la maternità che deve salvare e soprattutto dovrebbe esserne convinto chi la maternità la vuole proteggere in tutti i modi, chi vuole che la maternità sempre, si esterni, senza possibilità di aborto, in un nato vivo e vitale. La maternità non può non essere offesa dall'infanticidio per causa d'onore.[71]

Guarino aveva svelato il nodo più problematico del processo di abolizione della causa d'onore: la modifica del regolamento del reato di infanticidio, soggetto alla stessa attenuante. Il seguito della vicenda gli avrebbe dato ragione. Come vedremo, infatti, sul trattamento di quello che era considerato uno dei reati femminili per eccellenza, il conflitto in Parlamento si sarebbe fatto sempre più aspro, di seduta in seduta, da una Camera all'altra, e di legislatura in legislatura.

6. *L'infanticidio per causa d'onore*

Le concezioni e le regolamentazioni del reato di infanticidio sono mutate molto nel tempo.[72] Basti pensare che a inizio Ottocento, nei codici preunitari, l'uccisione del proprio figlio subito dopo il parto era considerato uno dei crimini di sangue più efferati (da punire con la pena di morte) e che un secolo dopo, invece, questo reato iniziò a godere di una certa

71. Ivi, p. 8475.

72. Per una ricostruzione sintetica si rimanda a Enrico Mario Ambrosetti, *L'infanticidio e la legge penale*, Padova, Cedam, 1992 e la tesi di dottorato di Laura Zanellato, *La madre che uccide: la repressione penale dell'infanticidio e del figlicidio*, Scuola di dottorato di ricerca in Giurisprudenza, ciclo XXIV, Università degli Studi di Padova.

indulgenza. Nell'Italia liberale, infatti, l'infanticidio divenne un omicidio attenuato da un movente meritevole di attenzione: la necessità di evitare il disonore del concepimento di un figlio che, essendo nato fuori dal matrimonio, era considerato "frutto della colpa". Oltre al movente – la difesa del decoro familiare e dell'ideale di una maternità legittima – il legislatore volle tener conto anche delle condizioni di fragilità psichica e fisica legate alla gravidanza, potenzialmente tali da richiedere di considerare la responsabilità giuridica della madre con indulgenza. Come racconta Patrizia Guarnieri, tuttavia, il legislatore volle tenere conto anche di un altro fattore che coinvolgeva i padri e, in un certo senso, la società intera: le infanticide sarebbero state soggette a pene sempre più leggere tra XIX e XX secolo per bilanciare il fatto che i padri non venivano puniti affatto. Secondo questa interpretazione, la tolleranza nei confronti di questo reato manifestava, oltre al peso dell'onore e una tendenza alla vittimizzazione della donna criminale, anche un senso di colpa sociale.[73]

Dopo il Codice Zanardelli – che aveva eliminato la pena capitale prevista dal Codice sardo (prevedendo una pena lieve, da tre a dieci anni) – il Codice Rocco intervenne nuovamente nella regolamentazione di questo reato. La soluzione trovata dal legislatore fascista fu quella di creare un delitto a sé stante in cui l'attenuante fosse estendibile anche ai familiari eventualmente coinvolti nel crimine. Questa scelta – che rafforzava la concezione dell'infanticidio come un reato non esclusivamente femminile – era strettamente connessa all'alto valore attribuito all'onore sessuale. Tuttavia, il suo obiettivo non era solo l'indulgenza verso una donna che avesse cercato di cancellare la prova della sua sessualità (considerata) disonorevole; ma anche (o soprattutto) la tolleranza verso le (cor)responsabilità maschili. L'intento non dichiarato della configurazione dell'infanticidio per *causa honoris* nel Codice penale fascista sarebbe stato, cioè, la tutela dell'uomo reo o correo che, già sposato, avesse agito per proteggere la sua famiglia legittima.[74]

73. Patrizia Guarnieri, *Forzate analogie. L'infanticidio nel discorso giuridico*, in *In scienza e coscienza. Maternità, nascite e aborti tra esperienza e bioetica*, a cura di Patrizia Guarnieri, Roma, Carocci, 2009, pp. 47-62. Sulla incapacità di intendere e di volere delle donne (ritenuta inficiata dalla presunta debolezza e minorità femminile) si rimanda a Giuseppina De Giudici, *«La donna di fronte alla legge penale». Il problema dell'imputabilità della donna tra Otto e Novecento*, in «Historia et ius», 10 (2016), pp. 1-25.

74. «Art. 578 - *Infanticidio per causa d'onore* - Chiunque cagiona la morte di un neonato immediatamente dopo il parto, ovvero di un feto durante il parto, per salvare l'onore proprio o di un prossimo congiunto, è punito con la reclusione da tre a dieci anni. Alla stessa

Alla luce di queste considerazioni, si comprende meglio un elemento apparentemente paradossale del Codice Rocco: la convivenza, nello stesso regolamento, di una dura penalizzazione dell'interruzione di gravidanza, insieme con un articolo (il 551) che prevedeva attenuanti nel caso in cui una serie di reati fosse stata commessa per evitare il pubblico scandalo. Tra questi, l'abbandono di neonato, l'aborto e, per l'appunto, l'infanticidio.[75] E si comprendono meglio anche le perduranti difficoltà con cui – ancora negli anni Settanta – la Commissione giustizia e poi l'Assemblea del Senato si confrontarono sia con la cancellazione della causa d'onore, sia con la riconfigurazione del reato di infanticidio.

Dopo il rinvio del disegno di legge sulla tutela dell'uguaglianza, la Commissione elaborò un nuovo testo (il 4 A bis, *Norme per la tutela dell'uguaglianza tra i sessi*) nel quale fu ampliato il progetto di revisione del Codice penale includendo l'eliminazione anche di altri reati, oltre al matrimonio riparatore e al delitto d'onore, che prevedevano l'attenuante della causa d'onore. Questo nuovo testo fu illustrato al Senato il 7 dicembre 1977 dal relatore Gozzini il quale spiegò attentamente il modo in cui la Commissione Giustizia aveva lavorato. Per quanto riguarda la regolamentazione del reato di abbandono di neonato e del delitto d'onore, la Commissione aveva convenuto, senza intoppi, che l'unica soluzione possibile fosse la cancellazione secca di questi due articoli. Alcuni dubbi erano invece sorti sull'articolo 544 relativo al "matrimonio riparatore" per il quale si volle prendere in considerazione nuovamente l'eventualità che una minore, dopo il rapimento, avesse voluto sposare «in piena libertà di consenso», l'autore del reato per il quale era stata sporta querela. I riferimenti alle zone arretrate d'Italia, verso cui sarebbe stato necessario prestare attenzione, non mancarono. Alcuni senatori dovettero dunque ricordare all'Assemblea che il Nord Italia non era immune da certi reati e che, in ogni caso, tutto il paese avrebbe beneficiato dell'abrogazione secca dell'articolo 544. Solo a questo punto, l'eliminazione del matrimonio riparatore venne approvata. Questo risultato, spiegò Gozzini, avrebbe contribuito a promuovere una valutazione più adeguata del legame matrimoniale: avreb-

pena soggiacciono coloro che concorrono nel fatto al solo scopo di favorire taluna delle persone indicate nella disposizione precedente [...]».

75. Per gli artt. 545-550 – tutti relativi all'aborto procurato – era prevista la diminuzione della pena (dalla metà ai due terzi) nel caso in cui fossero stati commessi «per salvare l'onore proprio o quello di un prossimo congiunto».

be cioè finalmente delegittimato il collegamento tra rapporto sessuale e vincolo matrimoniale anche in quelle zone d'Italia dove – disse – «tuttora prevalgono abitudini arcaiche».[76]

Risolta la questione del "matrimonio riparatore", la causa d'onore permaneva ancora in alcuni reati a causa di ragioni procedurali: tra queste, il fatto che era in discussione alla Camera la nuova regolamentazione dell'aborto che prevedeva la cancellazione di tutto il Titolo X del Codice penale. Vi era però un caso specifico per il quale la situazione era apparsa fin da subito complessa: il reato di infanticidio sulle cui sorti i commissari si erano incagliati, come il relatore spiegò all'Assemblea:

> Più gravi difficoltà si sono dovute affrontare a proposito dell'articolo 578. Qui l'abrogazione «secca», attribuendo all'infanticidio il titolo di omicidio volontario, farebbe passare da una pena certo troppo mite a una particolarmente grave [...].
> D'altra parte, nelle legislazioni straniere che ignorano la causa d'onore, è tuttavia considerata in maniera particolare la posizione della donna che uccide il proprio figlio immediatamente dopo il parto (o il feto durante il parto). Ciò in relazione al fatto che il delitto può venire commesso in uno stato di grave turbamento psichico, conseguente al travaglio del parto e a condizioni di solitudine che provocano angoscia e disperazione a tal punto da rovesciare il sentimento materno in un rapporto di totale estraneità distruttiva.[77]

I commissari avevano esitato davanti alla convalida della abolizione secca dell'articolo 578 e avevano optato per una attenuante specifica (e non per una figura autonoma di reato) da attribuire solo alla madre. In questo modo, l'infanticidio non avrebbe smesso di essere considerato un omicidio "speciale", non sarebbe stato cioè punito come un omicidio volontario, bensì come un reato certamente efferato ma commesso «in condizioni psichiche di grave turbamento».[78]

C'è di più. Se alcuni senatori – tra cui il comunista Francesco Lugnano – avevano espresso rammarico per la mancata previsione di un reato

76. SDR, VII Legislatura, relazione della 2° Commissione permanente (Giustizia), n. 2-A-bis, relatore Gozzini, comunicata alla presidenza il 7 dicembre 1977, p. 2 (d'ora in avanti: relazione del 7 dicembre 1977). Vera Squarcialupi il 9 novembre 1977 aveva ricordato che pochi giorni prima, in Piemonte, una madre aveva ucciso la figlia nubile alla notizia che attendeva un bambino, mentre Lugnano il 14 dicembre, «con amarezza meridionale», ricorderà recenti delitti d'onore avvenuti a Cuneo e a Milano.

77. Relazione del 7 dicembre 1977, p. 3.

78. *Ibidem*.

autonomo poiché questa scelta avrebbe impedito «una adeguata e completa configurazione dei fattori psico-sociali che determinano l'azione della donna» (in particolare le «pressioni su essa indebitamente esercitate» da terzi); altri membri della Commissione giustizia (tra cui il democristiano Silvio Coco) avevano temuto la creazione di un reato autonomo perché si sarebbe originata una «anomalia»: quella di un crimine in cui l'autore sarebbe stato punito meno dei concorrenti. Fu questo uno dei rari momenti in cui si fece riferimento – seppur indirettamente – alla necessità di tutelare o meno gli uomini responsabili o corresponsabili di questo reato.[79]

La Commissione, spiegò Gozzini, alla fine di una vivace discussione aveva deciso di eliminare qualsiasi trattamento di clemenza nei confronti della persona che – diversa dalla madre – fosse eventualmente coinvolta o autrice di questo reato: solo «lo stato soggettivo» della donna avrebbe meritato un particolare riguardo da parte del legislatore. In sintesi, quindi, tutti i commissari si erano allineati su una soluzione di compromesso: l'eliminazione dell'art. 578 e, contemporaneamente, la creazione di un'attenuante specifica all'interno della generale regolamentazione del reato di omicidio della quale avrebbe potuto beneficiare solo la madre imputata di infanticidio.

C'è un'ultima importante questione che tenne impegnati i commissari. L'attenuante, nel loro parere, non avrebbe dovuto correre il rischio di essere confusa con il "vizio di mente" – la ridotta capacità di intendere e volere – che comportava la reclusione in manicomio (in base all'articolo 89 del Codice penale). Tenendo in considerazione anche questa questione si era arrivati alla seguente formulazione presentata al Senato:

> L'articolo 578 del codice penale è sostituito dal seguente: "Art. 578 (Circostanza attenuante speciale) - La pena prevista dagli articoli 575 e seguenti del codice penale è diminuita dalla metà a due terzi per la madre che cagiona la morte del proprio neonato immediatamente dopo il parto, ovvero del proprio feto durante il parto, trovandosi in uno stato di alterazione psichica, conseguente al parto, che ne riduca la capacità di intendere e di volere, anche se non ricorrano le condizioni dell'articolo 89 del codice penale".

La soluzione ideata dalla Commissione giustizia, secondo Gozzini, avrebbe meritato di essere accolta dal Senato perché era frutto di un lavoro complesso, «operato con meditato equilibrio».

79. Cfr. resoconto della sedute della Commissione Giustizia del 1° dicembre 1977, p. 30.

Il testo, invece, ottenne un consenso molto largo, ma non totale. Quando nel pomeriggio del 14 dicembre 1977 la proposta di legge n. 4-A-bis approdò in Senato per essere discussa e approvata nella sua nuova forma – lapalissiana fin dal titolo, *Abrogazione della rilevanza penale della causa d'onore* – il dibattito che si generò non fu una formalità. Nonostante si fosse giunti a una soluzione considerata equilibrata dalla Commissione giustizia, la seduta n. 214 della VII Legislatura fece presagire che i tempi sarebbero stati lunghi. Come vedremo, infatti, le discussioni avrebbero continuato ad animare l'aula e i corridoi di Palazzo Madama e, ancora di più, quelli di Montecitorio, incentrandosi in particolare su due questioni: la configurazione del reato come circostanza attenuante dell'omicidio (a cui si sarebbe contrapposta la possibilità di creare un reato autonomo); e il movente psicologico (lo stato di alterazione psichica).

7. *«Un gioco perfido di contro luci»*

Il ministro della Giustizia Bonifacio avviò la seduta del 14 dicembre 1977 ripercorrendo tutto l'iter della proposta 4/1976, ricordando nuovamente i punti salienti del testo, le sue trasformazioni da una legislatura all'altra e manifestando infine soddisfazione per un esito che prevedeva positivo e immediato anche se – lo precisò subito – il governo non aveva accolto in tutto la soluzione proposta dalla Commissione Giustizia rispetto all'articolo 578. Se delitto d'onore e matrimonio riparatore appartenevano – disse – «a un mondo che non è più il nostro» in cui l'onore di una persona è collegato alla condotta sessuale dei suoi congiunti, diverso era il caso dell'infanticidio. L'orientamento del governo tendeva verso la configurazione di un reato autonomo, più che di una circostanza attenuante del delitto di omicidio, di cui però in alcun modo avrebbero potuto beneficiare gli eventuali concorrenti.[80]

Tullia Romagnoli Carettoni prese la parola prima della votazione dell'articolo 1. Fu l'ultima volta che intervenne sulla legge da lei proposta, originariamente, nel marzo 1976. Innanzitutto, sottolineò l'alto valore simbolico delle norme che stavano per essere votate e la loro assoluta coerenza sia con la Costituzione repubblicana, sia con il diritto di famiglia

80. SDR, VII Legislatura, 214ª Seduta pubblica, resoconto stenografico, 14 dicembre 1977, p. 9360 (d'ora in avanti: seduta del 14 dicembre 1977).

recentemente riformato. Dopo questo incipit, la senatrice si soffermò sul tema dell'infanticidio – questione non presente nell'originale ddl ma ormai diventata il nodo più intricato di tutta la vicenda – dichiarandosi favorevole alla proposta della Commissione giustizia (ovvero la delineazione di una figura autonoma di reato). Il suo consenso – ci tenne a precisarlo in vista della votazione – era tuttavia contingente, legato cioè all'urgenza di sbloccare una situazione di stallo e al vuoto normativo in materia di regolamentazione della interruzione di gravidanza che sperava, però, si sarebbe presto colmato:

> Io, come donna, sento assai vivo il salto di qualità per quanto riguarda i problemi attinenti alla maternità e al rapporto tra la madre e il figlio. A me pare che un paese civile dovrebbe vedere piuttosto una linea in cui fosse possibile a tutte le cittadine di non arrivare mai alla aberrazione dell'infanticidio. Certo dovrebbe essere possibile, come speriamo che tra breve sia, la via della contraccezione, la via di una giusta legge sull'aborto che consenta alla donna di non arrivare al termine di una gravidanza indesiderata. Allora, se noi avessimo queste condizioni che, ahimè, non abbiamo ancora, avremmo potuto abrogare *tout court* anche l'articolo che riguarda le attenuanti per l'infanticidio. Ma non siamo in questa condizione ed è questa la ragione per la quale io accetto [...] questa proposta della Commissione [...].[81]

Dopo aver quindi auspicato sia la depenalizzazione dell'aborto sia un intenso lavoro sul piano della prevenzione e del sostegno a una maternità consapevole,[82] Tullia Romagnoli Carettoni celebrò la modernità e la sensibilità della stampa e dell'opinione pubblica che avevano dato ampio risalto a un insieme di riforme che invece il Parlamento aveva trattato, in più occasioni, come futili. «Il paese – affermò a gran voce in Aula – è più avanti dei codici, è più avanti, onorevoli colleghi, delle nostre prudenze!».[83]

Concluso l'ultimo discorso della sua prima firmataria, furono avviate le votazioni del primo articolo («gli articoli 544, 587 e 592 del Codice

81. Seduta del 14 dicembre 1977, p. 9364.

82. Era a quel tempo in discussione alla Camera la proposta di legge n. 1524, *Norme per la tutela sociale della maternità e sull'interruzione volontaria della gravidanza* redatta da Vincenzo Balzamo ed altri a nome di sette gruppi parlamentari (Pci, Psi, Psdi, Pri, Pli e Democrazia proletaria) che prestava molta attenzione alla questione della prevenzione. Questo testo sarebbe stato approvato alla Camera e inviato al Senato nella primavera successiva, portando alla promulgazione della legge 194/78. Cfr. Giovanni Berlinguer, *La legge sull'aborto,* Roma, Editori Riuniti, 1978.

83. Seduta del 14 dicembre 1977, p. 9365.

penale sono abrogati») che fu accettato senza indugi. Come attesta il discorso pronunciato da Benedetti a nome del Pci, la sensibilità sul tema della violenza sulle donne era ormai così diffusa da unire tutto il Senato nell'abrogazione del delitto d'onore e del matrimonio riparatore e nella difesa dell'idea di famiglia promossa dalla Costituzione, in rottura con gli ordinamenti dello Stato fascista e dello stato liberale prefascista.[84]

La seduta proseguì con la discussione del secondo punto della proposta di legge, quello che riformulava la norma del Codice penale relativa all'infanticidio per causa d'onore prevedendo, come abbiamo visto, la diminuzione della pena dalla metà a due terzi per la donna infanticida che si fosse trovata «in uno stato di alterazione psichica, conseguente al parto», e quindi con una diminuita capacità di intendere e di volere. Rispetto a questa proposta incentrata sulla «circostanza attenuante» dell'omicidio, fu presentato l'emendamento del Governo anticipato da Bonifacio (che riscriveva l'articolo 578 facendone un reato a sé stante).

Il senatore del Pci Luberti, membro della Commissione giustizia, spiegò l'opportunità (condivisa da vari membri del Pci e della Dc) di aggiungere a quest'ultima proposta un subemendamento che re-introducesse il riferimento all'articolo 89 del Codice penale, per scongiurare che la donna colpevole di infanticidio finisse in manicomio. Questa preoccupazione era molto sentita e può essere considerata il riflesso del processo di critica alla psichiatria tradizionale che alla fine degli anni Settanta – mentre il Parlamento era impegnato nella riforma della psichiatria – era molto vivace. Ricordo infatti che figure come Franca Ongaro Basaglia erano a quel tempo molto impegnate a denunciare il legame tra malattie mentali femminili e oppressione patriarcale: «Pazzia e manicomi – scrisse Ongaro proprio nel 1977 introducendo il volume *Le donne e la pazzia* – generalmente rispecchiano l'esperienza femminile e penalizzano sia l'essere "donna" quanto il desiderio o il coraggio di non esserlo».[85]

84. Ivi, p. 9363.

85. Phyllis Chesler, *Le donne e la pazzia*, Torino, Einaudi, 1977, p. 17 cit. in David Forgacs, *Margini d'Italia. l'esclusione sociale dall'Unità a oggi*, Roma-Bari, Laterza, 2015, p. 247. Franca Ongaro, femminista, collaboratrice e moglie dello psichiatra e neurologo Franco Basaglia, accese i riflettori sulle specifiche condizioni delle donne malate di mente e fu l'autrice, nel 1977, dell'introduzione alla traduzione italiana di *Women and madness* di Phylls Chesler, la prima vera critica femminista della psichiatria come «estensione del patriarcato». Cfr. John Foot, *La "Repubblica dei matti". Franco Basaglia e la psichiatria radicale in Italia*, Milano, Feltrinelli, 2017, pp. 56-59.

Per il gruppo comunista (che stava dando un grande contribuito a quella che sarebbe diventata la "legge Basaglia" 180/1978) era dunque necessario creare una figura autonoma di reato – un «*tertium genus*» disse Luberti – nel quale la condizione psichica di una donna subito dopo la gravidanza venisse riconosciuta come eccezionale, ma che al tempo stesso fosse ben distinta sia dalla «incapacità di intendere e di volere» (l'articolo 89), sia da uno «stato emotivo e passionale qualunque». Secondo Luberti, infatti, a dover essere privilegiato non era lo stato emotivo e passionale né tantomeno lo stato d'ira, lo sconforto, o la seminfermità mentale, bensì, spiegò, un'altra condizione strettamente legata a una maternità non scelta:

> quella grave e specifica turba psichica, particolare e qualificata in cui si rinvengono e la frustrazione per una maternità non voluta e il senso di colpa che obnubila la coscienza e offusca il valore degli atti compiuti nello stato di prostrazione naturale conseguente o connesso al parto.[86]

Su queste questioni la diatriba si riaccese. Quasi ogni parola dell'articolo, dell'emendamento del governo e del subemendamento della Commissione fu presa in considerazione e attentamente esaminata. Le controversie riguardarono le diverse soluzioni possibili (tra cui secca abrogazione o riformulazione dell'articolo 578) e si infiammarono tanto per questioni giuridiche (ad esempio la durezza della pena per la madre ed eventualmente per gli eventuali corresponsabili, nonché la menzione o meno dell'articolo 89 sul vizio parziale di mente); quanto filologiche (se lo stato di alterazione psichica fosse "conseguente" o "connesso" al parto). Tra le tante voci che si levarono, segnalo quella del senatore Benedetti del Pci che decise di esplicitare quale, secondo lui, fosse la logica alla base dell'articolo 578 del Codice Rocco e, quindi, per contrasto, quale nuovo approccio avrebbe dovuto guidare la riforma penalistica in discussione:

> Vorrei brevemente ricordare che la dottrina medico-legale ha più volte espresso fondati dubbi sulla stessa capacità della gestante di rendersi conto della cosiddetta, famosa causa d'onore. [...] Eppure, esclusa l'ipotesi, che è ben diversa, della infermità di mente, questo non è assolutamente richiesto dall'articolo 578 del vigente codice penale. La ragione di tutto ciò è evidente: la previsione del codice è tutta fondata sulla considerazione dell'elemento psicologico, sull'esaltazione della famosa causa d'onore che vogliamo abrogare. Credo di non sbagliare, o perlomeno di non sbagliare di molto se affermo che, al di là di quella

86. Seduta del 14 dicembre 1977, p. 9366.

che viene comunemente definita come la «verità processuale», la consumazione del delitto di infanticidio è più raramente riferibile, almeno nella materialità, alla madre e assai più frequentemente ad autori diversi.[87]

L'intervento di Benedetti indicò l'elefante nella stanza: i correi. Era dunque necessario che la donna accusata di infanticidio fosse inquadrata in un contesto sociale per far emergere quali fossero i reali beneficiari dell'attenuante della causa d'onore. Per il senatore comunista, il Codice penale fascista aveva enfatizzato il movente della difesa dell'onore – considerandolo l'unico motivo che avrebbe potuto portare la donna a compiere un gesto così estremo – non per una cura particolare nei confronti delle condizioni soggettive della gestante né per ragioni di natura morale, bensì per tutelare tutti quei soggetti, diversi dalla donna, che spesso erano i veri autori o i veri responsabili del reato. L'obiettivo del legislatore fascista era stato cioè quello di prevedere un'attenuante di cui avrebbero potuto beneficare innanzitutto i terzi: e quale migliore movente dell'onore che, lo abbiamo visto, era un bene che stava "legittimamente" a cuore a tutti i membri della famiglia?

> Voglio fare un raffronto: nel caso dei delitti contro la libertà sessuale il legislatore fascista del 1930 aveva mutuato dal costume della causa d'onore l'istituto del matrimonio cosiddetto riparatore, abrogato qualche momento fa, estendendone gli effetti ai concorrenti con un vero e proprio colpo di forza, con un atto di imperio di rinuncia alla potestà punitiva, giustificato con la ragione della famiglia, identificata nella ragione di Stato.
> Nel caso dell'infanticidio invece non c'era possibilità alcuna di cosiddetta «riparazione», ovviamente al di là di quella, ben diversa, di carattere economico-risarcitorio. Ne deriva che la causa d'onore è stata di volta in volta, in un gioco perfido di contro luci, governata ed usata, a seconda delle convenienze, o nella logica delle ragioni di politica penale (vedi il matrimonio riparatore) oppure nella dinamica del reato (vedi l'infanticidio).[88]

Da questa ricostruzione emergeva, secondo Benedetti, «la vera natura» di un reato che nella sua impostazione era «ferocemente contro la donna», anche se mascherava «il suo feroce sottofondo» prevedendo una pena mite. Nella formulazione di questo articolo, infatti, il legislatore fascista aveva finto di non sapere che in molti casi la donna era costretta a compiere il reato di infanticidio (o ad accettare che altri uccidessero il figlio appena

87. Ivi, p. 9368.
88. *Ibidem*.

nato); e aveva finto di credere che l'unica motivazione ammissibile per questo reato fosse la difesa dell'onore. In sintesi, così come in epoche lontane le critiche al matrimonio riparatore avevano avuto come vero intento non la tutela delle donne, bensì degli uomini (costretti a sposare donne di ceto inferiore, dopo averle violentate);[89] così il Codice fascista aveva introdotto pene indulgenti verso le infanticide con il fine però di tutelare gli uomini («i terzi») più che la donna. Benedetti espresse questa teoria in modo molto chiaro:

> E quand'anche sia stata in ipotesi la sola donna a vivere il dramma di un ritenuto conflitto con quel modello d'onore, difficile ipotizzarla sola, senza altri possibili complici o istigatori, nel momento del parto.
> Voglio dire che è tutta questa logica, che definirei perversa, che viene ribaltata con l'ipotesi che stiamo discutendo.[90]

Luberti rafforzò il ragionamento del suo compagno di partito affermando che la nuova formulazione dell'articolo 578 evitava il rischio del manicomio e non mostrava indulgenza verso terzi e che, in questo modo, voltava pagina rispetto al passato fascista: si passava da un diritto che considerava come attenuante una condizione psicologica estesa a terzi (basata sul dis/onore), a un diritto che mostrava indulgenza nei confronti di specifiche condizioni psicologiche e fisiologiche della gestante, ricollegabili all'evento del parto.

A ben vedere, però, nell'impostazione comunista e, in particolare, di Benedetti la questione non era solamente (o realmente) fisiologica e psicologica. L'ultima considerazione che Benedetti condivise avviandosi alla conclusione, infatti, merita di essere riportata e approfondita:

> Più o meno cento anni fa fu elaborata una duplice formula la cui sfortuna all'epoca ci dice quanto fosse in realtà rivoluzionaria. Ma non c'è da meravigliarsene se poco più di cento anni fa anche il comunismo era uno spettro che si aggirava per l'Europa.
> La formula era quella della politica sociale intesa come la migliore politica criminale e del diritto penale come estremo rimedio della politica sociale. A tale formula si sono prima o poi ispirate molte legislazioni straniere, non quella del nostro paese. Perché lo voglio ricordare qui? Mi spinge la considerazione [...] dei tanti drammi umani e sociali che determinano o concorrono notevolmente a determinare nella realtà tante ipotesi di infanticidio.

89. Cfr. Alessi, *L'onore riparato*.
90. Seduta del 14 dicembre 1977, p. 9369.

Alla fine del suo discorso, Bendetti esplicitò quale fosse secondo lui e il suo partito la più importante novità della legge che si stava per approvare: il fatto che, rispetto al Codice fascista, si introducevano, seppur indirettamente, valutazioni etico-sociali; una sorta di rispetto per i «tanti drammi umani e sociali» celati dietro i reati di infanticidio. La cancellazione della causa d'onore e, ancor di più, la nuova configurazione del reato di infanticidio non costituivano forse una rivoluzione, ma erano secondo lui un segnale molto forte: testimoniavano una inedita attenzione per le condizioni di solitudine e oppressione in cui ancora molte donne si potevano trovare. Questo pensiero, fu sottolineato, era tra l'altro perfettamente in linea con la «ratio più immediata» della legge 4/1976, ossia l'emancipazione femminile intesa come emancipazione della società intera. Qualche mese dopo anche Giglia Tedesco avrebbe chiarito la posizione del Pci. Riflettendo sulla legge 194 e sul valore sociale della maternità, si soffermò sui casi di infanticidio che continuavano a farsi spazio nella cronaca nera. Questi, a suo avviso, mostravano con tutta la loro drammaticità la condizione particolarissima di una madre che, disperata, sopprimeva suo figlio all'atto della nascita. Secondo la deputata comunista, il permanere di questi delitti rendeva sempre più urgente difendere il diritto a una maternità desiderata, prima ancora che il diritto alla vita, come spiegò in un articolo per «Donne e politica»:

> "Voi che partorite comode in un letto / e il vostro grembo gravido chiamate benedetto / contro i deboli e i reietti non scagliate l'anatema / ogni creatura ha bisogno dell'aiuto degli altri".
> Così la ballata di Bertolt Brecht su Maria Ferran, "minorenne, rachitica, orfana"; che puliva le scale e che non aveva nessuno a proteggerla; che, rimasta incinta senza quasi saperlo, tentò di abortire ma non ci riuscì; che partorì da sola, ma perse la testa al pianto di quel bambino e l'uccise come senza volerlo. Certo, un caso limite. Ma fatti pressoché simili sono ancora nelle nostre cronache.

Il racconto di Tedesco proseguì con il recente caso di una donna, già madre di tre figli, che dopo aver cercato di nascondere la gravidanza aveva partorito in un gabinetto e aveva poi soppresso il neonato. Casi come questi – frutto di solitudine, disperazione, marginalità – erano da considerarsi, in ultima istanza, responsabilità della società.[91]

Le motivazioni con cui il gruppo comunista sostenne la configurazione di un reato autonomo – ossia, tenere conto delle condizioni fisiologiche, psicologiche (e sociali, come abbiamo visto) della donna respon-

91. Giglia Tedesco, *Il segno di una legge*, in «Donne e politica», 45 (1978).

sabile del reato (escludendo attenuanti per terzi) – non furono condivise da tutti gli schieramenti neppure quando il voto fu allineato. Il consenso della Dc alla nuova figura di reato si basò su un altro motivo: non tanto il riguardo per la situazione drammatica vissuta dalla madre, quanto per la vita (violentemente interrotta) del neonato. Lo spiegò chiaramente il senatore Coco:

> Non si poteva più accettare come attenuante o come discriminante una concezione arcaica dell'onore né che l'onore proprio dipendesse dal comportamento di altri e neppure che l'onore si potesse salvare sopprimendo o condizionando a questo preteso valore il diritto assoluto e indisponibile alla vita, sia che fosse la vita del coniuge, della figlia o della sorella sorpresi a macchiare questo onore, sia che fosse la vita del neonato assolutamente incolpevole.[92]

Come sarebbe stato ripetuto anche in successive discussioni parlamentari, il rifiuto di «una concezione arcaica dell'onore» andava espresso in modo forte, affinché non sembrasse «che la soppressione di un piccolo uomo, sia per ciò stesso un reato minore rispetto alla soppressione di un adulto».[93] Questo passaggio può essere considerato un riflesso della centralità assunta, nella comunicazione politica della fine degli anni Settanta, dalla difesa della sacralità della vita nascente. Il dibattito sulla depenalizzazione/regolamentazione dell'aborto era infatti caratterizzato da una contrapposizione antagonistica tra madre e feto che progressivamente si fece sempre più forte, trasversalmente agli schieramenti, al punto da apparire come inevitabile, indiscutibile e imperitura.[94] Da questo punto di vista, la protezione della vita nascente (diventata per antonomasia "difesa della vita") cementò l'opposizione a ogni forma di aborto (compreso quello terapeutico) e, al tempo stesso, indirizzò i parlamentari cattolici verso il rifiuto dell'infanticidio per causa d'onore.

8. *La legge 442/1981*

Con i riferimenti di Benedetti ai drammi umani e sociali celati nei reati di infanticidio, la discussione non si esaurì, ma i nodi più

92. Seduta del 14 dicembre 1977, p. 9386.

93. Camera dei Deputati, VIII Legislatura, Commissione IV giustizia, seduta del 4 marzo 1981, resoconto della relazione di Mariapia Garavaglia (Dc), p. 507.

94. Nadia Maria Filippini, *Generare, partorire, nascere. Una storia dall'antichità alla provetta*, Roma, Viella, 2017, p. 250.

problematici erano stati ormai affrontati e in gran parte sciolti. Quando fu chiaro che la seduta si sarebbe di lì a poco chiusa con l'approvazione dell'ultima versione della legge promossa «con simpatica ostinazione»[95] dalla senatrice Romagnoli Carettoni, la parola passò alla Sinistra indipendente. Anderlini intervenne per ricordare il ruolo di primo piano che il suo gruppo aveva ricoperto in questa vicenda e il buon operato del Senato che, «sia pure sotto lo stimolo o la frusta della collega Carettoni», si era deciso ad affrontare un tema così spinoso. Dopodiché, venne il turno di Guarino, scelto dalla Sinistra indipendente come portavoce per la dichiarazione di voto in riconoscimento dell'*ars oratoria* e della passione dimostrate nella precedente seduta:

> Sono contento, dopo aver vissuto per qualche mese la vita della Commissione giustizia, la vita dell'Aula, la vita anche dei corridoi, perché anch'essi fanno parte del Senato, sono contento dell'unanimità di oggi intorno all'eliminazione di questo delitto d'onore [...]. L'abbiamo vinta tutti, la battaglia del delitto d'onore, perché pian piano alcune tenaci resistenze conservative, alcuni residui di vecchie idee, di vecchie impostazioni, attraverso una discussione pacata e tranquilla fra tutti sono state felicemente superate. Questo era, del resto, l'importante. Mi si permetta a questo punto di osservare, nello spirito di quella che è stata l'iniziativa della senatrice Carettoni Romagnoli, che se la battaglia è stata vinta, la guerra non è stata ancora vinta.[96]

La guerra effettivamente non era stata ancora vinta, come aveva ben capito Guarino. Le difficoltà riguardavano la parte della legge che era stata stralciata, relativa all'istituzione della Commissione di indagine sulla condizione femminile;[97] ma anche la permanenza nei codici di altri elementi discriminatori. Tra questi, l'ipotesi di seduzione con promessa di matrimonio, di cui il Senato per il momento aveva deciso di non occuparsi. Ol-

95. Espressione del senatore comunista Lugnano (seduta del 14 dicembre 1977, p. 9378).

96. Ivi, p. 9382.

97. Tra il 1978 e il 1979 Carettoni Romagnoli continuò a lavorare a questo progetto, coinvolgendo varie associazioni femminili (tra cui il Centro italiano femminile, il Consiglio nazionale donne italiane, la Fidapa, e, ovviamente, l'Udi) e i gruppi femministi con sede nella casa delle donne di via del Governo Vecchio a Roma. Nel corso dello studio della materia la senatrice si orientò sempre più verso la necessità di istituire non una commissione, bensì un organo permanente presso la Presidenza del Consiglio dei Ministri che si sarebbe dovuta intitolare "per la condizione femminile" (cfr. la corrispondenza conservata in AUFN, TRC/I, b. 22, fasc. 8, s.fasc. 4).

trepassata una trincea, proseguì Guarino, era quindi essenziale «cercare di superare immediatamente la seconda, la terza, la quarta», così da tentare di rendere «più moderno, più civile, più dignitoso il nostro diritto penale».[98] Guarino non immaginava, probabilmente, che in realtà neppure la battaglia per l'abrogazione della causa d'onore era stata vinta.

L'ultima discussione in Senato terminò, il 14 dicembre 1977, con la tanto attesa approvazione del disegno di legge d'iniziativa della senatrice Romagnoli Carettoni che, fin dal titolo, risultava profondamente modificato rispetto alla prima versione: *Abrogazione della rilevanza penale della causa d'onore*. Il testo era composto di due soli articoli: il primo abrogava gli articoli 544, 587 e 592 del Codice penale; il secondo sostituiva l'articolo 578 con il seguente:

> Art. 578. - *Infanticidio in stato di alterazione psichica* – La donna che cagiona la morte del proprio neonato immediatamente dopo il parto, ovvero del proprio feto durante il parto, trovandosi in uno stato di alterazione psichica, connesso col parto, che, pur non ricorrendo le condizioni dell'articolo 89 del Codice penale, ne riduca la capacità di intendere o volere, è punita con la pena della reclusione da 6 a 12 anni.
> Ai concorrenti nel reato si applicano le disposizioni relative all'omicidio.

La notizia dell'approvazione di questa legge trovò molto riscontro nei giornali che la senatrice della Sinistra indipendente conservò con cura. È interessante notare, però, che la stampa si concentrò sulla cancellazione del delitto d'onore – il cosiddetto «divorzio all'italiana» – e non prestò attenzione alla nuova configurazione del reato di infanticidio.[99]

L'iter legislativo, in realtà, non era concluso e neppure vicino alla meta. Arrivata a Montecitorio il 19 dicembre 1977, la legge dapprima si arenò nel critico passaggio dal III al IV ministero Andreotti (dal governo della "non sfiducia" a quello della "solidarietà nazionale") e poi venne insabbiata dallo scioglimento anticipato delle Camere da parte del presidente Pertini, dopo che il quinto esecutivo Andreotti non aveva ottenuto la fiducia.

Quando nel giugno 1979 fu avviata la VIII Legislatura, la causa d'onore era ancora ben salda nel Codice penale. L'iter legislativo ripartì dunque dal Senato dove l'abolizione della causa d'onore fu approvata il 15 maggio 1980, quindi dopo quasi due anni di ulteriori discussioni sul medesimo te-

98. Seduta del 14 dicembre 1977, p. 9383.

99. Si veda la rassegna stampa (con 61 ritagli e copie di giornali vari) conservata in AUFN, TRC/I, b. 23, fasc. 10.

sto di legge riproposto dal gruppo della Sinistra indipendente, questa volta attraverso la figura di una nuova senatrice, la giornalista femminista Carla Ravaioli.[100] La nuova versione approvata venne trasmessa il 19 maggio 1980 dal Senato alla Camera dove – indicata come la n. 1699/1980 – venne esaminata insieme a un altro progetto di legge concorrente di stampo socialista (il n. 557/1979). Deferita alla IV Commissione giustizia e lì analizzata sei volte (dal luglio 1980 fino all'aprile 1981), fu presentata all'Assemblea della Camera dalla relatrice democristiana Maria Pia Garavaglia e infine definitivamente approvata il 5 agosto 1981, a un mese dall'insediamento del governo pentapartito guidato dal repubblicano Giovanni Spadolini.

Non mi soffermerò sui problemi che vennero affrontati nuovamente a Palazzo Madama e poi a Montecitorio nei primi anni della VIII Legislatura. Mi limito a segnalare due questioni. La prima è che tra il 1978 e il 1981 venne nuovamente messa in discussione, con le stesse motivazioni degli anni precedenti, l'opportunità di cancellare il matrimonio riparatore (scettici furono anche deputati della Sinistra indipendente – gruppo molto cambiato nella sua composizione interna a partire dalla sua terza legislatura – così come quelli del Movimento sociale).[101] La seconda riguarda invece una novità emersa nella discussione sul reato di infanticidio che dimostra come la logica prevalsa nella VII Legislatura sia stata rifiutata nei primi anni Ottanta.

Come ho già detto, al Senato venne riproposto nel maggio 1980 il testo che era stato approvato a Palazzo Madama il 14 dicembre 1977. Questa scelta era stata motivata non tanto da un unanime apprezzamento, quanto dalla possibilità di usufruire della procedura abbreviata che avrebbe permesso alla proposta di aggirare rinvii e lungaggini parlamentari e, in questo modo, anche di dare un impulso alle contemporanee discussioni sulla legge contro la violenza sessuale.[102] I firmatari della nuova proposta, infatti, erano convinti dell'urgenza di riscrivere completamente l'articolo 2 che aveva sostituito il reato di «infanticidio per causa d'onore» con quello

100. Ricordo che Ravaioli qualche anno prima aveva pubblicato un'importante raccolta di interviste sul rapporto del Pci con il femminismo: Ravaioli, *La questione femminile. intervista col Pci*, Milano, Bompiani, 1976.

101. Si veda ad esempio il resoconto della seduta della Commissione Giustizia della Camera dei Deputati del 18 febbraio 1981 e in particolare gli interventi dei missini Antonino Macaluso ed Enzo Trantino, e di Aldo Rizzo. Su questo si rimanda inoltre al già citato saggio di Calabrò, *Storia di un contrastato tramonto*.

102. Si veda l'intervento di Carla Ravaioli in SDR, VIII Legislatura, 131ª seduta pubblica, 15 maggio 1980, resoconto stenografico, p. 6969.

di «infanticidio in stato di alterazione psichica».[103] La formula votata il 14 maggio 1977 era considerata insoddisfacente per quanto riguardava il movente del reato. Come venne chiaramente spiegato all'Assemblea da Carla Ravaioli il 15 maggio 1980, la formulazione dell'articolo 2, parlando di temporanea riduzione della capacità di intendere e di volere connessa alla condizione della partoriente, avanzava secondo lei,

> [un concetto] assolutamente inaccettabile e sostanzialmente omogeneo alla più retriva cultura patriarcale che da sempre è orientata a una lettura in negativo dell'intera fisiologia genitale femminile e a una categorizzazione patologica di fenomeni che sono mere funzioni naturali.

L'idea che l'esperienza della maternità e del parto potessero alterare la condizione psicologica fu considerata frutto di una cultura misogina – proseguì Ravaioli – «oggi rimessa in discussione sia dai movimenti delle donne, sia dall'evoluzione dei rapporti tra i sessi, sia dalla stessa iniziativa di riforma legislativa che si proponeva».[104]

Sul rifiuto della «alterazione psichica» fu concorde anche il gruppo della Democrazia cristiana, come esemplarmente dimostra la relazione tenuta da Rosa Russo Jervolino la quale affermò che non si dovevano addurre motivazioni soggettive, bensì oggettive. In occasione della medesima seduta, Russo Jervolino affermò che il Parlamento era riuscito a produrre un testo equilibrato che, nonostante «la delicatezza dell'argomento», teneva conto di varie esigenze:

> La prima esigenza è quella che il fatto sia punito in modo significativo, trattandosi sempre di soppressione di una vita umana e quindi di omicidio.
> La seconda esigenza è che la pena sia ridotta a causa del turbamento della madre, dovuto non certo ad una presunta fisiologica incapacità da parto o da dopo-parto, ma allo stato di abbandono materiale e morale, e quindi a condizioni oggettive, in cui il reato è stato consumato.[105]

Dopo altri rinvii in Commissione e l'analisi di moltissimi emendamenti,[106] si arrivò dunque a una nuova formulazione che, rispetto al reato di infantici-

103. Proposta di legge 1699 d'iniziativa dei senatori Tedesco Tatò Giglia, Gozzini, Benedetti *et al.*, approvata dal SDR nella seduta del 15 maggio 1980, *Abrogazione della rilevanza penale della causa d'onore*, trasmessa alla Camera il 17 maggio 1980.

104. Seduta del 15 maggio 1980, p. 6969.

105. Ivi, p. 6980.

106. Si veda ad esempio il resoconto della seduta della IV Commissione giustizia della Camera dell'11 marzo 1981.

dio per causa d'onore del 1930, configurava questo reato come "reato proprio" (che poteva essere compiuto solo dalla madre naturale), innalzava la pena per la figura della infanticida e, soprattutto, per quella del concorrente-istigatore.[107] Rispetto invece a quanto stabilito al Senato nel maggio 1980, reintroduceva delle attenuanti per la figura del complice che avesse agito per favorire la madre e rifiutava l'attenuante della condizione soggettiva connessa al parto. Al suo posto, veniva prestata attenzione a oggettive condizioni gravemente deficitarie, tra cui l'assenza di una qualsivoglia assistenza pubblica, privata e affettiva. Si sostituì così la condizione di «alterazione psichica» con quella di «abbandono morale e materiale».

> L'articolo 578 del codice penale è sostituito dal seguente:
> "Art. 578 - *Infanticidio in condizioni di abbandono materiale e morale* – La madre che cagiona la morte del proprio neonato immediatamente dopo il parto, o del feto durante il parto, quando il fatto è determinato da condizioni di abbandono materiale e morale connesse al parto, è punita con la reclusione da quattro a dodici anni.
> A coloro che concorrono nel fatto di cui al primo comma si applica la reclusione non inferiore ad anni ventuno. Tuttavia, se essi hanno agito al solo scopo di favorire la madre, la pena può essere diminuita da un terzo a due terzi.
> Non si applicano le aggravanti stabilite dall'articolo 61 del codice penale".

In ambito medico-legale vi era allora una sostanziale concordia nel ritenere che il travaglio del parto – per quanto potesse causare un forte turbamento nella psiche femminile – non fosse da considerare un'esperienza in grado di limitare le capacità di intendere e volere. Pertanto, non era lecito mettere in discussione l'imputabilità della donna partoriente per cause "organiche".[108] Come spiegato da Ravaioli, non era più il tempo di interpretazioni misogine della fisiologia femminile che rimandavano o alla ginecologia greca (con il suo «tirannico, stringente condizionamento uterino delle volizioni femminili»),[109] o al determinismo biologico delle teorie lombrosiane.

107. La questione della pena da comminare all'infanticida era stata molto dibattuta: i comunisti avevano proposto una riduzione della pena, considerando la madre colpevole e al tempo stesso vittima; la destra radicale aveva invece spinto per una punizione dura, di minimo cinque anni: cfr. Calabrò, *Storia di un contrastato tramonto*, pp. 318-319.

108. Zanellato, *La madre che uccide*, p. 45.

109. Liliosa Azara, Luca Tedesco, *Introduzione*, in *La donna delinquente e la prostituta. L'eredità di Lombroso nella cultura e nella società italiane*, a cura di Idd., Roma, Viella, 2019, p. 10.

Volendo tener conto di motivazioni oggettive e non soggettive, e volendo rifiutare senza ambiguità interpretazioni misogine della differenza sessuale, il Parlamento decise di approvare una formulazione in cui era inserito il concetto di «abbandono» (al posto di quello di stato di alterazione psichica); e veniva rafforzato il legame temporale tra infanticidio e parto (per evitare sovrapposizioni con il figlicidio). Tutto questo, nonostante si fossero da poco approvate alcune fondamentali riforme volte proprio a garantire il diritto alla salute fisica e mentale (la legge 883/1978 sul sistema sanitario nazionale e la "legge Basaglia"), e a tutelare il valore sociale della maternità (la legge sui consultori 405/1975 e la 194/1978 sull'aborto, confermata nel maggio 1981 dal referendum).

Si può dunque affermare che la formula finale della legge 442/1981, rispondendo al tentativo di trovare un movente oggettivo, e avendolo individuato nell'assenza di assistenza durante il parto, abbia comunque portato a un risultato se non ipocrita, certamente molto ambiguo. Come spiegato da Patrizia Guarnieri,

> di contro a già risaputi pareri specialistici, si rifiutò di considerare che nel divenire madre una donna possa sentirsi profondamente sola, pur non essendo materialmente abbandonata, e viva un'esperienza psichica del tutto particolare pur senza avere mai presentato disturbi mentali. In questo tipo di considerazioni alcune senatrici ravvisarono una maschilista concezione di inferiorità psico-fisica della donna. La respinsero, dunque, per una mal intesa difesa della dignità femminile, preferendo l'interpretazione "oggettiva".[110]

Questa configurazione del reato di infanticidio si spiega in primo luogo con la convinzione che la libertà e l'autodeterminazione delle donne in ambito procreativo fossero ormai garantite, così come il diritto alla salute. Carla Ravaioli, infatti, fin dalle prime discussioni al Senato aveva fatto riferimento alla legge sull'aborto, a quella sui consultori e alla istituzione del sistema sanitario nazionale, ossia a leggi che, «se applicate a pieno regime», avrebbero avuto l'effetto di far diminuire i casi di infanticidio. Con questa scelta, però, venne messa in secondo piano quella attenzione per i «drammi umani e sociali» celati nei reati di infanticidio che invece aveva guidato il lavoro del Pci e della Sinistra indipendente nella precedente legislatura. Quanto a Tullia Romagnoli Carettoni, possiamo ipotizzare che concordasse in parte con la nuova impostazione. Come abbiamo visto, quando la sena-

110. Guarnieri, *Forzate analogie*, p. 57.

trice, nella seduta del 9 novembre 1977, aveva espresso il suo favore all'articolo 2, aveva precisato che il suo consenso era «contingente»: e questo poiché riteneva che una volta approvata la legge sull'aborto non sarebbe più servita una regolamentazione specifica per il reato di infanticidio. Con questa precisazione aveva mostrato consapevolezza circa la storia di questo fenomeno che, in epoche passate e ancora nel Novecento, poteva avere la funzione di controllo delle nascite e di rimedio estremo ad una gravidanza indesiderata.[111]

Alla fine di questo viaggio nel tortuoso iter verso l'abrogazione della causa d'onore mi sembra dunque importante sottolineare la scivolosità di una soluzione imperniata sulla (presunta) oggettività del movente dell'infanticidio. Questa ricerca di oggettività dimostra la fiducia nelle conquiste culturali, sociali e istituzionali degli anni Settanta ma anche che, all'alba degli anni Ottanta, il conflitto tra tutela della differenza sessuale e tutela dell'uguaglianza non era stato risolto. Nel caso del dibattito sull'infanticidio, prese infatti la forma di una contrapposizione inconciliabile tra chi intendeva tutelare l'esperienza peculiare della maternità e chi ne temeva interpretazioni misogine. Questo conflitto, paradossalmente, imbrigliò l'atto finale della discussione iniziata nel 1976 con la presentazione delle norme per la tutela dell'uguaglianza tra i sessi che erano state pensate proprio per risolvere «il dilemma della cittadinanza».[112] La constatazione della perdurante difficoltà nel conciliare l'universalità dei diritti con il rispetto per le differenze potrebbe spiegare il silenzio con cui Tullia Romagnoli Carettoni accolse l'approvazione della legge n. 442/1981. Una legge spartiacque nella storia culturale italiana che, nonostante il suo innegabile ruolo, non le avrebbe portato il riconoscimento che meritava.

111. Ambrosetti, *L'infanticidio e la legge penale*, p. 13.

112. *Il dilemma della cittadinanza*, a cura di Gabriella Bonacchi e Angela Groppi, Roma-Bari, Laterza, 1993.

Epilogo

1. *Al Parlamento europeo (1979-1984)*

Nel 1981 la legge 442 abrogò definitivamente la rilevanza penale della causa d'onore. Si trattò, ha commentato Vittoria Calabrò, di un'innovazione profonda, dalla grande rilevanza sociale oltre che giuridica, in netta contrapposizione con l'impianto del Codice Rocco che «si basava sul principio della subordinazione della donna rispetto all'uomo, attribuendo a quest'ultimo la proprietà del corpo femminile».[1] L'eliminazione del matrimonio riparatore e del delitto d'onore, superando finalmente le resistenze conservatrici diffuse tra gli scranni del Parlamento, diede una spinta verso la riforma del Codice penale in materia di violenza sessuale: un'altra complessa battaglia legislativa che avrebbe impegnato il Parlamento per vent'anni.[2]

L'epilogo di questa vicenda vide protagoniste Carla Ravaioli (firmataria dell'ultimo disegno di legge), Angela Maria Bottari e Maria Pia Garavaglia (come relatrici) e alcune deputate del Pci particolarmente combattive (come Romana Bianchi); ma non Tullia Romagnoli Carettoni che lo seguì

1. Calabrò, *Storia di un contrastato tramonto*, p. 326. Cfr. Schettini, *La violenza maschile*, pp. 155-158.

2. Nel Codice Rocco il reato di violenza carnale era inserito tra i *Delitti contro la moralità pubblica e il buon costume* (Libro II, Titolo IX), insieme agli atti di libidine violenti e al ratto. Per la lunga storia della legge 66/1996 è importante ricordare il ruolo del Comitato promotore di una legge di iniziativa popolare che nel marzo 1980 depositò 300.000 firme in Parlamento dove nel frattempo tutti i partiti, primo tra i quali il Pci con la proposta firmata dalla deputata Angela Bottari del 1977, avevano iniziato a presentare dei progetti di legge. Cfr. Laura Elisabetta Bossini, *Le proposte di legge in materia di violenza sulle donne all'inizio del dibattito italiano (1979-1980)*, in *La violenza contro le donne nella storia*, a cura di Simona Feci e Laura Schettini, Roma, Viella, 2017, pp. 197-212.

da lontano. Il 24 aprile 1979, infatti, aveva lasciato il Parlamento italiano, in cui era stata presente ininterrottamente dalla IV alla VII Legislatura, ed era entrata nel Parlamento europeo.[3]

Grazie al risultato ottenuto nelle prime elezioni a suffragio universale diretto, Tullia Romagnoli Carettoni fu una delle 69 eurodeputate dell'Assemblea di Strasburgo: un dato incoraggiante se si considera che nel 1974 lei e Nilde Iotti avevano fatto parte di un gruppo femminile molto più esiguo (7 donne su 198 deputati rappresentanti "l'Europa dei Nove"). Il gruppo in cui venne eletta, quello comunista, raccoglieva cinque donne tra cui Marisa Rodano, con la quale lei aveva iniziato a far politica trenta anni prima. Nei ricordi di un'avversaria politica come Paola Gaiotti de Biase, il gruppo comunista formava una delegazione di altissima qualità: «sul Pe Berlinguer aveva investito davvero il meglio dell'esperienza del suo partito, mandandovi la delegazione più preparata e culturalmente attrezzata fra tutti i paesi presenti».[4]

A pochi mesi dall'inizio di questa nuova esperienza politica, l'ex senatrice del Psi e della Sinistra indipendente sentì il bisogno di stilare un bilancio dei suoi sedici anni trascorsi a Palazzo Madama. L'occasione la fornì un convegno dell'Aidda (l'associazione delle imprenditrici e dirigenti d'azienda) che si tenne a Firenze il 22 settembre 1979, intitolato *L'impegno politico della donna*, al quale partecipò insieme a Susanna Agnelli, Tina Anselmi, Maria Eletta Martini: donne che per anni avevano fatto parte della sua fitta rete di relazioni senza che la solidarietà femminile ne divenisse la cifra dominante. Un dato che potrebbe spiegare il tono malinconico che aleggia sul suo discorso. Vale la pena leggerne un lungo estratto.

> Io ormai sono in un'età in cui si può fare un bilancio, ahimè, della propria vita; devo dire francamente che, nonostante i molti dispiaceri che ho trovato nella vita politica, le molte delusioni, le cosiddette settimane sgranate, come le chiamo io (quelle settimane che le cominci e pensi già a quell'altro lunedì che verrà [...]), ai malintesi, alle difficoltà che si determinano anche sul piano umano, affettivo, famigliare, delle amicizie ecc... Con tutte queste cose, se io mi guardo dentro, dico: lo rifarei, ricomincerei, continuerei. E questo perché? Perché io credo che dobbiamo fare un bilancio globale: è vero che ci sono molti dispiaceri, molte nostalgie, molte difficoltà, però è anche vero che

3. Alla fine degli anni Settanta si allontanò anche dall'Udi: l'ultimo congresso in cui venne eletta nel Comitato nazionale fu il X, del gennaio 1978.

4. Paola Gaiotti De Biase, *Passare la mano. Memorie di una donna dal novecento incompiuto*, Roma, Viella, p. 196.

> noi non dobbiamo guardare solo alle nostre difficoltà, ai nostri dispiaceri, ai nostri insuccessi; dobbiamo vedere se in qualche modo le cose in cui abbiamo creduto hanno cambiato o no, e noi qui in questo tavolo, che quantomeno siamo d'accordo nel credere che bisogna battersi per un miglioramento della condizione femminile, per trasformare almeno questo settore della società (io penserei che bisogna trasformarla molto di più), ma almeno su questo siamo d'accordo, noi dobbiamo dire che il bilancio non è totalmente positivo, ma grandemente attivo [...].

Dal bilancio politico «globale», da lei considerato «grandemente attivo», passò poi a quello personale:

> E detto questo sul bilancio generale, termino con una frase: – siamo sulle confessioni: appartengo a una famiglia di intellettuali, di formazione borghese, ad un ambiente di notevole cultura e sono io stessa Professore di Licei e devo dire che, se non avessi fatto politica, una quantità di esperienze, una quantità di conoscenze, di contatti con mondi difficili, diversi, non ne avrei avuti. Se io non avessi fatto politica, se avessi fatto il professore di Liceo, forse dopo, come piaceva alla mia famiglia, il professore Universitario, non avrei mai saputo cosa significa il lavoro alla catena di montaggio, non avrei mai saputo che cos'è una vertenza sindacale: e allora ecco io dico che questa somma di esperienze, questa possibilità di conoscere è la nostra ricchezza, è il nostro bagaglio. [...] perché viviamo se non per questo? Per allargare i nostri orizzonti.[5]

Negli anni a venire, il suo orizzonte si sarebbe allargato ancora molto.

Con l'elezione al Parlamento europeo per la legislatura 1979-1984, Tullia Romagnoli Carettoni cominciò a scrivere un nuovo capitolo della sua biografia politica: un capitolo nel quale avrebbe dimostrato ulteriormente – se ce ne fosse stato bisogno – che l'affermazione delle donne si poteva esplicare non solo nel campo dell'assistenza e delle politiche sociali, né tantomeno soltanto in ambito nazionale, bensì intrecciando in qualsiasi ambito universalismo e particolarità, fiducia nella parità e rifiuto dell'omologazione.[6]

Appena iniziata la prima legislatura, nell'ottobre 1979 supportò il progetto di costituzione di una Commissione per i diritti della donna. Il

5. Trascrizione del suo intervento al convegno dell'Associazione imprenditrici e donne dirigenti d'azienda, delegazione toscana, *L'impegno politico della donn*a, Firenze, 22 settembre 1979, in AUFN, TRC/I, b. 40, fasc. 23, *Aidda*.

6. Il materiale relativo a questa attività, solo parzialmente utilizzato per questa ricerca, è conservato soprattutto in AUFN, TRC/II, bb. 14-21.

successo di questa battaglia lo condivise con un'altra italiana, la comunista Vera Squarcialupi, con la quale, quasi contemporaneamente, aveva condiviso un insuccesso in patria: quello della Commissione di indagine sulla condizione femminile, stralciata dalla legge 4/1976. In Europa, però, non si occupò "soltanto" di diritti delle donne. Oltre che nella Commissioni Affari sociali e occupazione, entrò in quella dedicata alle Relazioni economiche esterne e in quella Sviluppo e cooperazione, e fece parte della Delegazione alla Commissione parlamentare mista dell'associazione Cee-Turchia.[7] Fece inoltre parte del Comitato paritetico Cee-Acp (Africa, Caraibi e Pacifico), avendo già seguito al Parlamento italiano la ratifica della Convenzione di Lomè, firmata nella capitale della Repubblica federale del Togo il 28 febbraio 1975 dalla Comunità economica europea con i quarantasei paesi dell'area Acp.[8]

Nella nuova veste di europarlamentare, inoltre, tenne per due anni una rubrica settimanale su «Paese Sera», *Lettere dall'Europa*, attraverso la quale raccontò con spirito critico i provvedimenti e i dibattiti che animavano l'assemblea di Bruxelles. Sempre più frequentemente, questa rubrica ospitò le sue riflessioni sui rapporti tra i paesi della Cee e le ex colonie in Africa e sui problemi e le tradizioni delle società africane: un segno della sua sensibilità sempre meno eurocentrica.[9]

Senza dubbio i collegamenti tra questa attività e la sua pregressa esperienza politica furono strettissimi. Innanzitutto perché tra il 1974 e il 1976, in qualità di rappresentante italiana a Bruxelles, aveva già portato all'attenzione del Parlamento europeo i temi a lei più cari;[10] ma anche perché, come abbiamo visto in particolare nel quarto capitolo, fin dalla fine degli anni Sessanta aveva cercato di farsi spazio in un ambito politico allora

7. Cfr. Federica Di Sarcina, *Dalla "parità salariale" al gender mainstreaming. Le europarlamentari italiane e la politica di pari opportunità (1979-1984)*, in «Annali della Fondazione Ugo La Malfa», XXI (2006), p. 133-149.

8. Cfr. Catalano, *La felicità*, p. 106.

9. AUFN, TRC/I, b. 43, fasc. 12, *1980-82 Paese sera.*

10. Catalano, *La felicità*, p. 46. Va notato che alla metà degli anni Settanta si occupò, anche in Europa, dei temi che in Italia stava affrontando nel Parlamento italiano. Ad esempio, in occasione delle discussioni sulla *Direttiva europea sulla parità di trattamento*, nel 1975 intervenne a nome del gruppo comunista denunciando come la maternità costituisse ancora un fattore di emarginazione per le donne e incitando l'assemblea europea a prendere iniziative per favorire la responsabilità sociale nella riproduzione della vita: cfr. Di Sarcina, *L'Europa delle donne,* pp. 131-132. Si veda inoltre il materiale conservato in AUFN, TRC/II, b. 18, fasc. 1, *Affari europei [1973-1976].*

prettamente maschile come quello della politica estera. Nella VII Legislatura, infatti, la senatrice della Sinistra indipendente – ormai membro della Commissione permanente Affari esteri – era stata assegnata anche a quella sul Trattato di Osimo.[11] In qualità di vicepresidente del Senato aveva rappresentato il Parlamento italiano in una infinità di appuntamenti internazionali, tra cui ad esempio la sessione speciale dell'Onu sul disarmo (questione di cui si era occupata, a livello nazionale, come senatrice della Sinistra indipendente)[12] organizzata nel maggio 1977 a New York, una delle sue città preferite.

Nel corso degli anni Settanta, inoltre, aveva partecipato attivamente alle iniziative dell'Unione interparlamentare, un'organizzazione internazionale dei Parlamenti istituita nel 1889, con la quale aveva partecipato anche a varie missioni internazionali (ad esempio tra marzo e aprile 1975 era andata in Sri Lanka in occasione della Conferenza sulla cooperazione e sulla sicurezza in Europa e sulla pace nel mondo).[13] Il suo impegno in questo ente fu tale da ottenere, nel 1977, la carica di vicepresidente del Gruppo italiano dell'Ui, ruolo che l'aveva portata a collaborare con Giulio Andreotti che ne era stato dapprima un attivo membro e poi presidente dal 1979.[14]

Anche nell'Ui aveva lavorato per promuovere i diritti delle donne a livello mondiale, cercando di stimolare il confronto tra le delegate italiane e quelle degli altri Paesi. Esemplare è, da questo punto di vista, il suo lavoro per la Conferenza internazionale di Sofia (21-30 settembre 1977) dove si erano riunite le delegate all'Assemblea dell'Ui che, alla fine degli anni Settanta, non arrivavano a coprire l'8% dei seggi.[15] Dopo Sofia, insieme a Vittoria Quarenghi (Dc) e a Cecilia Chiovini (Pci) aveva cercato di organizzare una «conferenza speciale» che facesse il punto sul rapporto tra donne e diritto e pianificasse interventi condivisi per promuovere la parità di genere a livello mondiale. Tutto questo, in vista dell'appuntamento

11. La Commissione per il parere sugli accordi di Osimo venne istituita l'8 giugno 1977 e fu attiva fino al 1979 con l'obiettivo di fornire pareri al governo circa la validità degli accordi firmati il 10 novembre 1975 da Italia e Jugoslavia relativamente ai confini tra i due paesi e l'opportunità dei decreti attuativi dell'articolo 3 della legge 73/1977, *Ratifica del Trattato di Osimo*. Si veda anche la cartella *Jugoslavia* in AUFN, TRC/II, b. 27, fasc. 3.

12. Cfr. *supra* cap. 4, par. 5; AUFN, TRC/I, b. 40, fasc. 20.

13. AUFN, TRC/II, b. 27, fasc. 7, *Ceylon*.

14. Catalano, *La felicità*, p. 27.

15. *Gender Equal-Ipu*, www.ipu.org/about-ipu/gender-equal-ipu (ultima consultazione l'8 gennaio 2022).

intermedio fissato dall'Onu per il 1980, a cinque anni dalla Conferenza di Città del Messico.[16]

Fondatrice e promotrice di varie associazioni di amicizia internazionale (dal Comitato di amicizia tra Italia e Vietnam a quello italo-malgascia), dalla metà degli anni Settanta Tullia Romagnoli Carettoni si impegnò con solerzia per rinsaldare il legame dell'Italia con la Repubblica democratica tedesca in un quadro, più ampio, di distensione e di superamento dei blocchi (fig. 12). Tra il 1975 e il 1976 fu presidente del "Centro Thomas Mann", l'associazione per i rapporti culturali italo-tedeschi fondata nel 1957;[17] dopodiché fu nominata presidente della Associazione Italia-Ddr, un comitato finalizzato a sostenere il riconoscimento della Germania Est, preliminare alla riunificazione della Germania. Questo incarico testimonia la sua vicinanza alla Repubblica Democratica Tedesca in anni in cui, nella sinistra italiana, si stava diffondendo la critica nei confronti della propaganda tedesca orientale. Un aneddoto ci racconta che nel 1979, durante una conferenza sul dissenso politico organizzata a Milano dal gruppo del Manifesto, venne attaccata da due esuli (il sociologo comunista Manfred Wilke e l'attivista per i diritti civili Thomas Auerbach) perché durante la sua ultima visita a Berlino «aveva elogiato i persecutori di Havemann come garanti dell'antifascismo, senza spendere nessuna parola in solidarietà per le vittime del regime».[18] Per tutti gli anni Ottanta Tullia Romagnoli Carettoni rimase un punto fermo di questa associazione impegnata nella promozione dell'arte e della cultura della Ddr, tanto che il 23 novembre 1988 il Consiglio Scientifico dell'Università Karl Marx le conferì il titolo di dottore *Honoris causa*. Con questa onorificenza, l'Ateneo di Lipsia volle ringraziare la presidente

16. Il materiale relativo all'attività di Tullia Romagnoli Carettoni nell'Unione interparlamentare è conservato in AUFN, TRC/I, bb. 29 e 30 e, per la Conferenza di Sofia, in AUFN, TRC/II, b. 27, fasc. 4, *Bulgaria*. La sua proposta di conferenza speciale non venne approvata, provocando grande rammarico in Tullia Carettoni, come raccontato in una lettera a Cecilia Chiovini conservata in AUFN, TRC/I, b. 30, fasc. 5.

17. Ringrazio Costanza Calabretta per la segnalazione. Questa associazione era stata fondata da intellettuali vicini al Pci e al Sed con l'obiettivo di sottolineare l'unità della cultura tedesca e di favorire – similmente a una ambasciata – le comunicazioni tra i due paesi. Cfr. Michele Sisto, *Gli intellettuali italiani e la Germania socialista*, in *Riflessioni sulla Ddr. Prospettive internazionali e interdisciplinari vent'anni dopo*, a cura di Magda Martini e Thomas Schaarschmidt, Bologna, il Mulino, 2011, p. 110.

18. Magda Martini, *La cultura all'ombra del muro. Relazioni culturali tra Italia e Ddr (1949-1989)*, Bologna, il Mulino, 2007, p. 285. Wilke e Auerbach si erano mobilitati contro l'espulsione dalla Ddr del cantautore Wolf Biermann e, per questo, entrambi espatriati.

dell'Associazione Italia - Repubblica democratica tedesca soprattutto per le sue «importanti iniziative, in materia di disarmo, di intesa fra i popoli» e per la sua «lotta contro il fascismo a favore la pace».[19]

2. *La Presidenza dell'Istituto italo-africano (1980-1996)*

Negli anni Ottanta Tullia Romagnoli Carettoni esplorò nuovi percorsi mettendo a frutto la sua curiosità, la sua fiducia nella cooperazione internazionale, la sua "vocazione" per il dialogo interculturale. Progressivamente si lasciò alle spalle il continente europeo per proiettarsi, sempre di più, nel Mediterraneo, guidata dal suo interesse per i diritti umani e dalla sua fiducia in un "nuovo umanesimo".[20]

Nel novembre 1980 fu eletta alla presidenza dell'Istituto Italia-Africa,[21] in origine Istituto coloniale italiano. L'Ici, infatti, era stato fondato nel 1906 nel clima di riorganizzazione dell'espansione coloniale e aveva avuto una funzione di propaganda coloniale, di promozione economica all'estero e di sostegno all'emigrazione fuori dai confini della patria, allora favorita dallo sviluppo industriale e dei commerci.[22] Cambiata denominazione durante il ventennio fascista (dapprima aveva preso il nome di Istituto coloniale fascista dal 1928 al 1937 e poi di Istituto fascista dell'Africa italiana) nel secondo dopoguerra questo ente aveva cambiato funzione: era stato indirizzato alla tutela degli interessi degli italiani rimasti nelle ex colonie e alla promozione delle culture africane in Italia. Infine, nel 1975 la ristrutturazione di questo istituto ne aveva fatto un ente pubblico che, sotto la direzione del ministero degli Esteri, avrebbe dovuto sia procedere nel lavoro di diffusione della storia e della

19. Emanuele Zinevrakis, *Laurea honoris causa alla Sen. Carettoni*, in «Africa: Rivista trimestrale di studi e documentazione dell'Istituto Italiano per l'Africa», 1 (1989), p. 149.

20. Cfr. *supra*, capitolo 2, paragrafo 4.

21. A seguito della legge 70/1975, con il Dpr 246 del 1° aprile 1978, l'ente assume la forma parastatale, la sua attività viene ripartita tra la prima unità (amministrazione) e seconda unità (consulenza africanista, programmi di cooperazione etc.). La sua attività istituzionale era vigilata dal dipartimento allo Sviluppo del Ministero Affari esteri. Il consiglio di amministrazione raccoglieva, oltre a soci onorari, sostenitori ed effettivi, anche rappresentanti del ministero Affari esteri, del Tesoro, della Pubblica Istruzione e del Commercio estero.

22. Alberto Aquarone, *Dopo Adua: politica e amministrazione coloniale*, Roma, Ministero per i beni culturali e ambientali, 1989.

cultura dei paesi africani nella ex madre patria (lavoro delicato poiché tanto la politica quanto la società erano restie a misurarsi con il proprio passato coloniale); sia in un'attività di vigilanza, ossia nella conduzione di indagini finalizzate a verificare l'effettiva ricezione degli aiuti stanziati dall'Italia soprattutto nel Corno d'Africa.[23] Negli anni Settanta, infatti, la cooperazione italiana allo sviluppo si stava concentrando nei paesi che fino alla Seconda guerra mondiale erano state colonie. In sintesi, la denominazione Iai (Istituto italo-africano) indicava che l'obiettivo dell'ente era, in questa nuova fase, lo sviluppo di rapporti di solidarietà e amicizia basati, in gran parte, sulla promozione di scambi interculturali. La candidatura della parlamentare europea a questa carica era motivata innanzitutto dalla sua esperienza nell'ambito della cooperazione internazionale. La nota biografica con cui il notiziario mensile dell'Istituto presentò nel 1980 la nuova presidente, succeduta a Paride Stefanini, merita di essere riportata perché restituisce efficacemente l'ampiezza e l'eterogeneità delle responsabilità istituzionali che Tullia Romagnoli Carettoni aveva fino a quel momento ricoperto:

> Nata a Verona e residente a Roma, la sen. Tullia Romagnoli Carettoni è laureata in lettere e insegnante di ruolo nei Licei. Partigiana combattente, decorata di Croce di guerra, ha iniziato la vita politica durante la guerra di liberazione ed ha in seguito ricoperto numerosi incarichi nel Psi. Il 28 aprile 1963 è stata eletta Senatore nel collegio di Mantova, in cui è stata rieletta per quattro volte fino al 1979. Nell'ottobre del 1966 ha fondato con altri esponenti socialisti il "Movimento dei socialisti autonomi". Al Senato ha fatto parte delle Commissioni per l'Istruzione, Belle arti e Affari esteri, e per due legislature, dal 1972 al 1979, è stata Vicepresidente del Senato. Indipendente di Sinistra nella lista del Pci per la I Circoscrizione, fa parte delle Commissioni Relazioni economiche Esterne, del partito stesso il 10 giugno 1979 è stata eletta membro del Parlamento europeo, nel cui ambito già dal 1971 si era occupata di problemi sociali dell'emigrazione, della condizione femminile, dell'istruzione e della politica estera della Cee. È rappresentante del Parlamento europeo nel comitato paritetico nell'Assemblea Consultiva della Convenzione tra gli stati dell'Africa, dei Caraibi e del Pacifico e la Comunità Economica Europea

23. Cfr. il resoconto stenografico dell'audizione del segretario generale dell'Istituto italo-africano, ambasciatore Luigi Gasbarri, e del dottor Vincenzo Caputo, dell'Istituto medesimo in SDR, IX Legislatura, III Commissione Affari esteri, *Indagine conoscitiva sulla cooperazione con i paesi in via di sviluppo e la lotta alla fame nel mondo*, seduta del 7 marzo 1984, p. 3.

(Acp-Cee). Ricopre incarichi importanti anche in altri organismi operanti nella sfera internazionale (Comitato consultivo italiano per i diritti dell'Uomo Società italiana per l'Organizzazione Internazionale, Associazione Italia-repubblica Democratica Tedesca, Comitato per la Cooperazione Italia-Spagna, Associazione CEE-Turchia, ecc.). È autrice di numerosi articoli e saggi di carattere sociale e politico.[24]

Accettando l'incarico di presidente dell'Istituto Italia-Africa, Tullia Romagnoli Carettoni accolse una sfida non facile: continuare a portare avanti le attività di promozione culturale e cooperazione previste dallo statuto, fronteggiando una fase di ristrettezze economiche, ma anche di tangibile calo d'interesse nei confronti del continente africano.[25] L'obiettivo della sua direzione fu dunque quello di stabilizzare la situazione finanziaria dell'ente, realizzando un'operazione di "salvataggio" che beneficiò del sostegno dell'allora ministro agli Affari esteri Emilio Colombo[26] e che raggiunse il suo compimento nel 1996, quando entrò in vigore la legge n. 505/1995.[27] Con questa legge, l'Istituto italo-africano confluì – insieme con quello per il Medio e Estremo Oriente (IsMEO) – in un nuovo organismo, l'Istituto italiano per l'Africa e l'Oriente (IsIAO),[28] fondato con l'obiettivo di preservare il patrimonio storico, artistico, culturale e archivistico di questi enti e di continuare a promuovere il legame tra l'Italia e i paesi dell'Oriente e dell'Africa.

Marocco, Madagascar, Mali, Senegal, Somalia... è banale dire che nel corso degli anni Ottanta viaggiò moltissimo in Africa e in Asia, dedicando

24. «La Voce dell'Africa. Notiziario mensile dell'Istituto italo-africano», 7 (1980), p. 77.

25. Ricordo che il Museo coloniale italiano, dopo varie vicende, è stato chiuso nel 1972 e definitivamente smantellato alla metà degli anni Ottanta. Cfr. Gian Paolo Calchi Novati, *L'Africa d'Italia. una storia coloniale e postcoloniale*, Roma, Carocci, 2011, p. 14.

26. Cfr. interventi di Tullia Romagnoli Carettoni in occasione del convegno *Le incognite della transizione del Corno d'Africa* che si tenne a Roma il 15 gennaio 1993 per presentare il numero del 1992 della rivista dell'Ipalmo «Politica Internazionale». Cfr. www.radioradicale.it/scheda/51213/le-incognite-della-transizione-del-corno-dafrica (ultima consultazione il 5 gennaio 2021). Colombo fu ministro degli Affari esteri nei governi Forlani I (1980-1981), Spadolini I (1981-1982) e II (agosto-dicembre 1982), Fanfani V (1982-1983) e poi nuovamente nel 1992-1993 con il primo governo Amato.

27. Cfr. AUFN, TRC/II, b. 26, fasc. 1, *Isiao*.

28. Cfr. Beatrice Romiti, *Gli archivi confluiti nell'Istituto italiano per l'Africa e l'Oriente: rilevazione e descrizione*, in «Nuovi annali per la scuola speciale per archivisti e bibliotecari», 2014, pp. 95-106.

gran parte delle sue energie al dialogo interculturale, alla promozione dello studio delle civiltà asiatiche e africane, e alla progettazione di programmi di cooperazione.[29] In questo periodo partecipò inoltre a varie missioni umanitarie,[30] organizzò iniziative di studio sul diritto agrario in Africa e sostenne progetti contro la diffusione dell'Hiv (in particolare, tramite il sostegno al "Centro internazionale di riferimento nella ricerca sulla prevenzione e il trattamento dell'Aids", fondato in Camerun).[31]

All'interno dell'Istituto Italia-Africa fondò il "Comitato donne e sviluppo" con l'obiettivo di mantenere alta l'attenzione sulla condizione femminile, peggiorata in molti paesi africani a oltre venti dall'inizio del processo di decolonizzazione. Alla base di questo gruppo di lavoro c'era la convinzione che fosse importante affermare una nuova sensibilità per la ricerca dello «specifico femminile» anche e soprattutto in quei contesti caratterizzati da problemi generali (fame e sottosviluppo) che penalizzavano particolarmente le donne. Nel suo approccio si può inoltre intravedere la consapevolezza circa i rischi di proporre politiche di stampo neocoloniale, come suggerisce questo suo intervento del 1983 in occasione di un seminario sulle politiche di sviluppo nel Sahel:

> Riflettiamo sul prezzo più alto pagato dalle donne in uno sviluppo su modelli maschilistici, importati brutalmente, brutalmente gestiti dagli uomini senza interlocutori donne né al vertice, né tantomeno alla base. Riflettiamo che mai lo sviluppo di qualsivoglia società portò con sé automaticamente la liberazione della donna; figuriamoci cosa succede con uno sviluppo distorto, disarmonico, prevaricatore, culturalmente arrogante.[32]

Nel frattempo, continuò a lavorare per i diritti umani in America Latina, sostenendo il "Comitato italiano di solidarietà con le famiglie degli scomparsi". Anche in questo tipo di attività non mancò di prestare un'attenzione specifica alle donne.[33] Ad esempio, nel 1982 si dedicò all'organizzazione di un convegno intitolato *La donna, la comunicazione e lo svi-*

29. Le tracce dei suoi viaggi, sebbene non esaustive, sono numerose e sono presenti soprattutto nel materiale della seconda donazione.

30. Bernardo Bernardi, *La quinta sessione del congresso internazionale di studi africani*, in «Africa», 41, 1 (1986), pp. 147-149.

31. Cfr. l'intervista con il virologo Vittorio Colizzi in Catalano, *La felicità*, pp. 141-142.

32. Atti del seminario *I riflessi sulla condizione femminile delle attuali politiche di sviluppo nel Sahel: prospettive per l'avvenire*, in «Africa», 2 (1984), pp. 271-292.

33. Cfr. AUFN, TRC/I, b. 40, fasc. 25, *Comitato italiano di solidarietà.*

luppo in America latina per il quale costituì presso l'Ipalmo un comitato organizzativo ad hoc di cui fecero parte attiviste del Comitato e ad altre figure di spicco della cultura e della politica delle donne, alcune delle quali conosciute a Città del Messico nel 1975 (Margherita Boniver, Julia Constella, Paola Gaiotti, Giulia Glisenti e Ida Magli).[34]

3. *All'Unesco (1984-2005)*

Terminato nel 1984 il suo mandato di eurodeputata, Tullia Romagnoli Carettoni iniziò una nuova avventura nella Commissione nazionale dell'Unesco di cui, supportata in questo incarico da Andreotti, per due mandati fu direttrice generale.[35] Delusa per la disattenzione del Parlamento europeo nei confronti dei problemi del Mediterraneo e insofferente verso una politica caratterizzata da troppa burocrazia e da poca attenzione alla cultura, l'ultima parte della sua lunga e intensa biografia politica fu dedicata a questa agenzia dell'Onu nata sotto le bombe della seconda guerra mondiale con l'obiettivo di «innalzare nello spirito degli uomini le difese della pace», come da lei stessa raccontato in una intervista per il mensile «30giorni».[36]

Il suo precedente impegno nella difesa del patrimonio artistico e culturale nazionale venne a questo punto declinato sul piano globale. In questo lavoro si richiamò idealmente agli ideali del filosofo francese Jacques Maritain (1882-1973) il quale aveva invitato a credere nella possibilità di una struttura sovranazionale che potesse impegnarsi culturalmente per la pace: «L'accordo degli spiriti si può fare non su un pensiero speculativo comune ma su un pensiero pratico comune […], su uno stesso insieme di convinzioni che dirigano l'azione».[37]

Nell'Unesco, la presidente della Commissione italiana promosse l'educazione al multiculturalismo e alle diversità sostenendo non tanto il valore della tolleranza, quanto piuttosto quello della solidarietà: un sentimento necessario, a suo avviso, a far nascere un'umanità non paurosa del-

34. Cfr. AUFN, TRC/I, b. 40, fasc. 28, *La donna, la comunicazione e lo sviluppo in America latina*.

35. Catalano, *La felicità*, p. 118.

36. *Cercando un pensiero pratico comune*, intervista di Roberto Rotondo con Tullia Romagnoli Carettoni, in «30giorni nella Chiesa e nel mondo», 12 (1999).

37. *Ibidem*.

le differenze, e quindi meno conflittuale.[38] In occasione delle celebrazioni del cinquantenario della Carta dei diritti umani, auspicò il superamento dell'antagonismo tra la visione dei diritti individualistica (tipica dell'Occidente) e quella comunitaria (tipica, per esempio, dei Paesi africani). La soluzione delineata – spiegò in un'intervista rilasciata al giornalista Roberto Rotondo – sarebbe stata «fare le cose assieme»: una via senz'altro difficile, ma a suo avviso imprescindibile.

> Molte volte quello che per noi è un valore positivo per altri è imperialismo e non possiamo avere la pretesa di rappresentare l'umanità. La molto evocata società multiculturale dovrebbe essere questo, un luogo dove sono rispettate le tradizioni e le culture di tutti ma dove ognuno può liberamente accedere ai progressi della scienza e della tecnologia. [...] Non dobbiamo pensare che i Paesi in via di sviluppo seguiranno i nostri stessi passi, come se noi fossimo più avanti (e quindi superiori) in un processo di sviluppo che è uguale per tutti.[39]

Questa visione fu applicata anche alle politiche riferite alle donne. Nel 1992 divenne presidente del Forum delle Donne del Mediterraneo, un'organizzazione non governativa posta sotto l'egida dell'Unesco nata a seguito del Congresso *Cultures and its transmission* che aveva riunito a Valencia numerose donne rappresentanti di vari paesi del bacino mediterraneo. Come spiegato nella Dichiarazione approvata alla fine dei lavori, il Forum avrebbe avviato percorsi di collaborazione e confronto finalizzati a migliorare la condizione sociale delle donne a livello globale.

> Il mondo attuale – scrisse Romagnoli Carettoni nelle *Premesse* della *Dichiarazione di Valencia* – soffre di una crisi multimediale (economica, sociale, politica e culturale) che è particolarmente tragica in numerose regioni del bacino del Mediterraneo, essa contribuisce a rendere ancora più fragile la situazione delle donne. Le donne del Mediterraneo, pertanto, rivendicano in misura crescente il riconoscimento del ruolo fondamentale che esse hanno nei processi politico-sociale, economico e culturale. Le donne partecipano all'evoluzione delle società verso atteggiamenti più umani, di pace, di giusti-

38. Cfr. Università della Tuscia, *Dalla tolleranza alla solidarietà*, Milano, FrancoAngeli, 1991 contenente il suo intervento al convegno organizzato dalla Commissione nazionale dell'Unesco. Su questo tema si rimanda anche al suo intervento al convegno *Libertà di stampa: i media nelle aree di conflitto* organizzato dall'Università di Roma La Sapienza, nell'ambito del corso di perfezionamento in tutela internazionale dei diritti umani fondamentali, il 5 maggio 2000 (cfr. www.radioradicale.it/scheda/282026/la-donna-araba-nel-xxi-secolo-prospettive-sulluguaglianza-di-genere?i=679973, ultima consultazione il 5 gennaio 2022).

39. *Cercando un pensiero pratico comune*.

zia e di tolleranza. Il nostro Forum, reso inquieto da tale crisi, intende privilegiare l'azione culturale per favorire la comprensione tra i popoli del Mediterraneo. Questa prospettiva, seppur maggioritaria, non può farci dimenticare l'interesse alla promozione dello sviluppo economico ed il soddisfacimento delle esigenze sociali e politiche.[40]

Nel Forum delle donne del Mediterraneo, così come nella Commissione italiana dell'Unesco, la sua visione politico-culturale trovò una sintesi nella parola *metissage*, con la quale descriveva la necessità di creare nuove trame attraverso l'intreccio di «fili di natura e provenienza le più disparate».[41]

Nel 1997, in occasione del convegno dedicato ai cinquant'anni dell'Onu e dell'Unesco – *Democrazia ed informazione a servizio dell'umanità* – Tullia Romagnoli Carettoni pronunciò a Roma un discorso nel quale non nascose le sue preoccupazioni per il futuro di questi istituti e invitò il pubblico presente a riflettere su «l'avenir du passé»:

> Senza una sburocratizzazione dura, senza l'avvio di una reale trasparenza, senza un rilancio degli ideali delle origini, credo non si possa fare molta strada; per cui, pur celebrando, dobbiamo tenere conto che di fronte a noi c'è un compito di revisione e di riflessione [...].
> Mi pare che S. Agostino dicesse: "il presente del passato è la memoria, il presente del presente è l'intuizione, il presente del futuro è la speranza", forse noi dovremmo ricercare questa intuizione e raggiungerla attraverso la memoria per proseguire poi per il terzo presente che è quello della speranza.[42]

L'Unesco sarebbe potuto essere uno dei luoghi in cui dare spazio al "presente del presente" e in cui coltivare "intuizioni" a patto che questa sede delle Nazioni Unite venisse concepita realmente come uno strumento collettivo a livello internazionale. Concluse dunque il suo intervento con un monito: «noi dobbiamo capire che siamo immersi in questo sistema e che la trasformazione e l'efficienza di questi istituti è un affare che ci

40. Citazione riportata nel documento *Conversazione con Maria Paola Azzario Chiesa, Presidente del Forum Internazionale delle Donne del Mediterraneo (FIDM)*, a cura di Alfredo Casiglia, disponibile online: http://www.centrounesco.to.it/media/intervista.pdf (ultima consultazione il 14 maggio 2022).

41. *Ibidem* (espressione della sua più stretta collaboratrice nel Forum, Maria Paola Azzario Chiesa).

42. *I cinquant'anni dell'Unesco: democrazia e informazione a servizio dell'umanità*, a cura di Maria Rita Saulle, Edizioni scientifiche italiane, 1997, p. 14.

riguarda».[43] Con questo spirito si apprestò a guardare al nuovo millennio. Nel 2005, terminato il suo mandato all'Unesco, fu insignita dal presidente della Repubblica Carlo Azeglio Ciampi della nomina di "Dama di Gran Croce dell'Ordine al Merito della Repubblica Italiana". Interrogata da Catalano su quanto si fosse emozionata ricevendo questo riconoscimento, Tullia Romagnoli Carettoni ha espresso grande gratitudine nei confronti del presidente Ciampi. Poi ha aggiunto: «Emozionata? Ma sa, io non mi emoziono mai molto».[44]

4. *Attraverso i confini*

In conclusione, per restituire lo spirito della sua duratura e vasta attività politica, vorrei fare un passo indietro e tornare alla fine degli anni Settanta quando, a mio parere, giunse a maturità la sua coscienza politica sulla dimensione transnazionale dei movimenti di liberazione femminile.

Nel 1978, ventitré anni dopo il suo primo viaggio nella Repubblica popolare cinese con una delegazione di donne socialiste, Tullia Romagnoli Carettoni tornò in Cina invitata dalla Associazione cinese di amicizia tra i popoli. L'Unione delle donne cinesi, infatti, si stava allora ristrutturando e sentiva l'esigenza di riallacciare rapporti con personalità del mondo femminile internazionale. Appena rientrata in Italia scrisse un dettagliato rapporto per Gian Carlo Pajetta (membro della Direzione del Pci e responsabile della Commissione per la politica internazionale) nel quale condivise le sue riflessioni sul significato e sugli effetti dell'apertura cinese verso l'Europa occidentale e gli Usa. Nella sua lettera riportò le principali critiche che venivano rivolte al Pci; e raccontò di aver percepito un forte desiderio, dal punto di vista economico e produttivo, di aprire un canale preferenziale con la Cee e con l'Italia.[45] Infine si soffermò molto, visto l'obiettivo del viaggio, sulla condizione delle donne. La delegazione italiana – di cui avevano fatto parte anche Susanna Agnelli (allora deputata repubblicana), Emma Bonino (alla sua prima

43. Ivi, p. 15.

44. Catalano, *La felicità*, p. 29.

45. Cfr. lettera riservata a Pajetta del 18 settembre 1978, documento dattiloscritto in AUFN, TRC/I, b. 42, fasc. 7, *1978*, s.fasc. 1, *Articoli su Cina*. Altra documentazione di questo viaggio in Cina è conservata anche in AUFN, TRC/II, b. 27, fasc. 2, *Cina*.

esperienza parlamentare), e la scrittrice femminista Dacia Maraini – si era confrontata per dieci giorni con artiste, scienziate e dirigenti politiche (fig. 11). «Molto spesso, specie per le donne – raccontò a Pajetta – si trattava di persone (anche piuttosto anziane) richiamate da poco a lavoro e già esautorate dalla "banda dei quattro"».[46] Su questo punto il suo report insistette molto: la senatrice era rimasta infatti impressionata dal «recupero dei vecchi militanti e quadri» e, in particolare, dal fatto che il lavoro dell'Unione femminile cinese fosse ripreso dopo molti anni di interruzione reintegrando nelle posizioni originali le ex dirigenti: quelle donne che lei stessa aveva conosciuto alla metà degli anni Cinquanta, ormai invecchiate e non aggiornate rispetto alle trasformazioni avvenute, a livello internazionale, nella politica delle donne.

Nei giorni successivi continuò a meditare su questa vicenda chiedendosi in particolare che impatto avrebbe avuto su queste anziane donne il confronto con la nuova realtà politica internazionale, ormai caratterizzata da un movimento femminile globale che, dalla Conferenza di Città del Messico, non aveva smesso di crescere:

> E qui le amiche cinesi troveranno delle grandi sorprese quando toccheranno con mano la realtà del movimento delle donne, delle nuove impostazioni che hanno fatto della questione femminile uno dei problemi chiave della nostra epoca: potrebbe anche darsi che dall'incontro-scontro tra modi e maturazioni diverse della lotta di emancipazione e di liberazione vengano elementi vitali per l'affermazione più piena di quella metà del cielo alla quale tutte apparteniamo.[47]

Una riflessione, questa, che a mio avviso mostra come Tullia Romagnoli Carettoni – nata nel 1918, cresciuta durante il fascismo, protagonista della politica dei partiti e "donna delle istituzioni" – riuscisse a sfuggire alle briglie dei confini generazionali (oltre che di quelli delle identità nazionali ed etniche) senza temere né il nuovo, né il diverso: bensì, nutrendo una profonda fiducia nel confronto e nella contaminazione culturale, nella sperimentazione di alleanze impreviste e, come diremmo oggi, in una dimensione plurale dell'esperienza femminile.

46. Lettera riservata a Pajetta, p. 3.

47. Bozza dattiloscritta per un articolo da pubblicare sulla «Gazzetta del popolo» del 24 settembre 1978 in AUFN, TRC/I, b. 42, fasc. 7, s.fasc. 2.

Indice dei nomi*

* Visto l'elevato numero di occorrenze si è scelto di non indicizzare il nome "Tullia Romagnoli Carettoni".

Finito di stampare
nel mese di ottobre 2022
da The Factory s.r.l.
Roma